U0531815

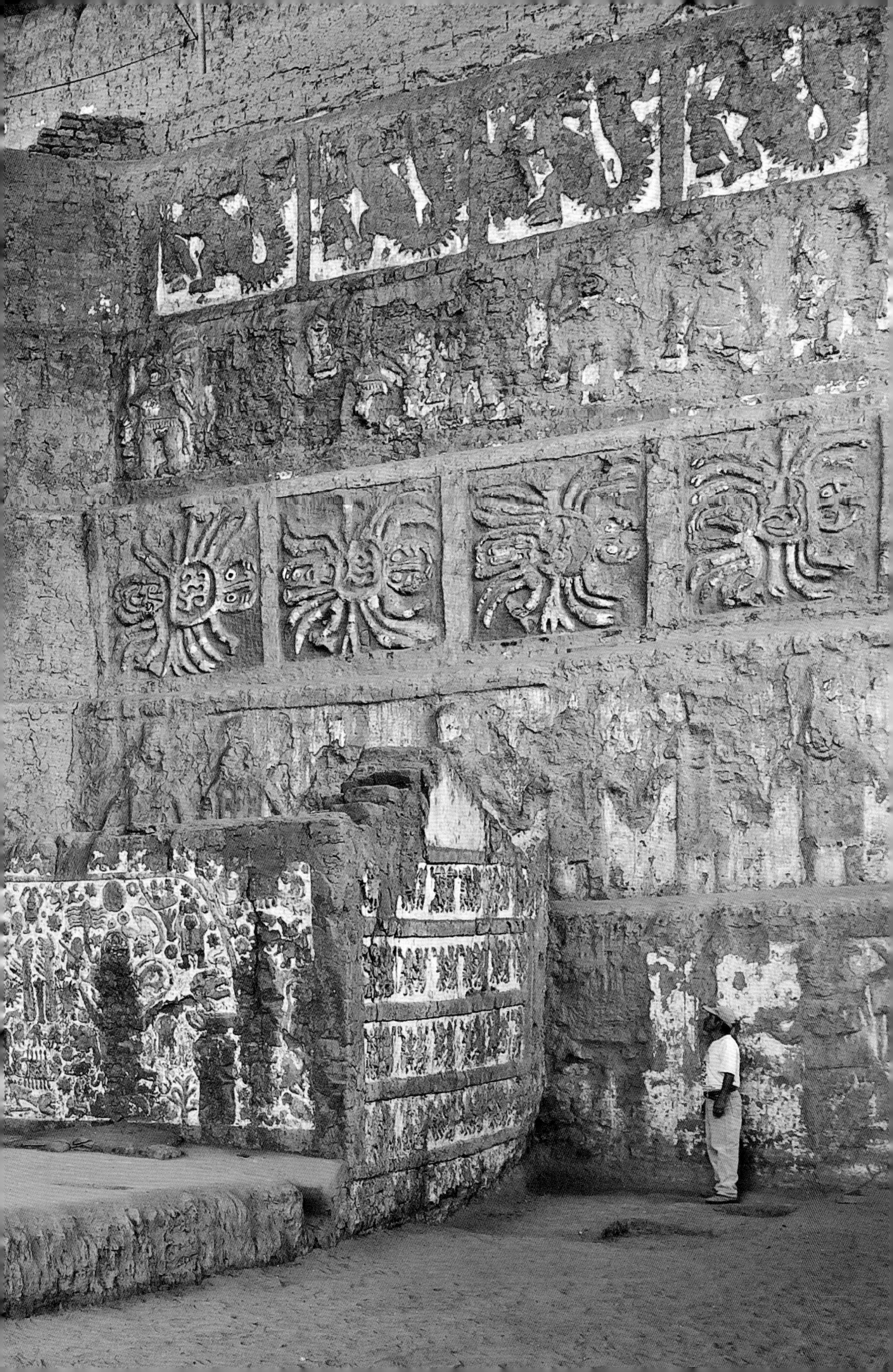

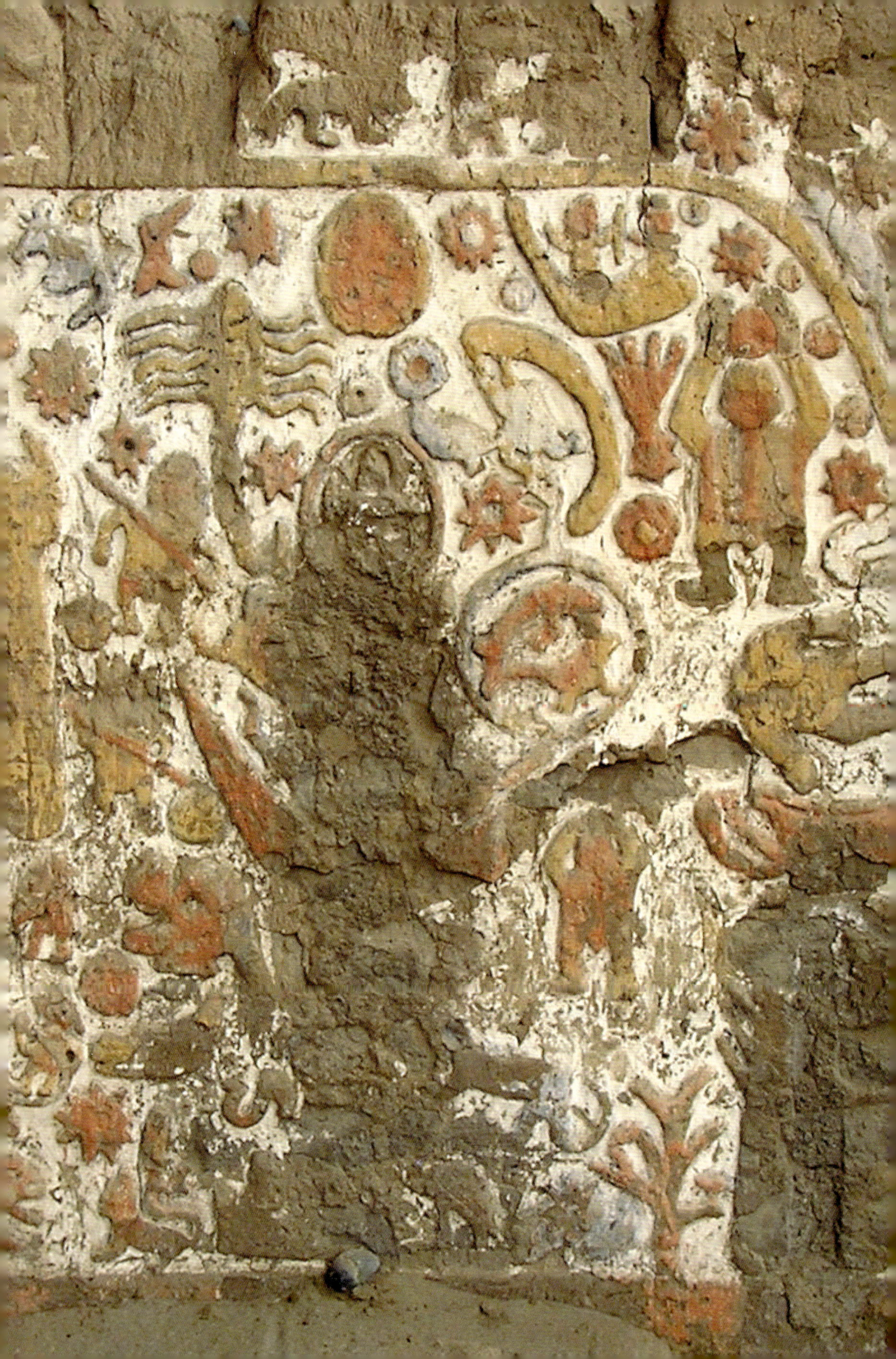

考古 x 艺术

图像的邂逅
莫切壁画与考古艺术史

Image Encounters
Moche Murals and Archaeo Art History

〔美〕莉萨·特雷弗（Lisa Trever）著
徐蔷 译　林蓉 校

商务印书馆
The Commercial Press

Originally published as *Image Encounters:
Moche Murals and Archaeo Art History* by Lisa Trever.
Copyright © 2022 by University of Texas Press.
All rights reserved.

写在前面

> 这是何种奇迹降临?大地啊,我们向你祈求甘泉,你的怀抱将馈赠什么上来?在深深的地下也有生命吗?在火山岩石下是否栖居着一个未知的族群?流逝的还会再归返吗?哦,希腊人、罗马人,你们来了!啊,看吧,古老的庞贝城找到了,海格力斯城又重新出现!

席勒(Friedrich Schiller)火焰般的诗行,展现了1738年、1748年赫库兰尼姆和庞贝两座古城从火山灰下被发现时,在欧洲知识界迅速蔓延的对古典世界的热情。策拉姆(C. W. Ceram)将这些文字放置在《神祇、陵墓与学者》第一部的开篇,这种围观者的兴奋已成为考古学史的一部分。两百多年来,人类相似的体验在一次次新发现面前不断重复,历史不再仅仅寄居于口口相传的故事、代代传抄的竹帛,也现身为昭昭在目、可触可感的实物。古老的宫殿陵墓、金玉瓦石获得了新生,成为灌溉新知识、新思想的活水之源。那些历史大戏的舞台和道具、日常生活的碎片和印痕,赤裸裸、活泼泼地站在前方,有时与我们的猜想不谋而合,让我们为之四顾;有时又全然无视我们已有的信念,逼迫我们从头开始。

在18世纪,考古学和艺术史还是同义词,德国学者温克尔曼(Johann Joachim Winckelmann)同时拥有"考古学之父"和"艺术史之父"两顶桂冠。在19世纪，古典艺术品的出土仍令人目不暇接，但考古学家的视野却大大扩展。比《圣经》创世说所定年代更为古老的石斧被发现，进化论拥有越来越多的支持者，借助地质科学新兴的层位学方法，田野发掘技术不断提高，手铲下的草蛇灰线展现出古代世界更为宏阔的景观。面对那些艺术品之外的寻常物，以及与人类活动相关的植物枝叶、动物粪便，艺术史家常常无处置喙，他们与考古学家最终走上了不同的道路。

但是，对于20世纪的中国学界而言，古典考古学却有着特殊的意义。流亡日本的郭沫若听闻殷墟开始发掘的消息后，在1929年写给容庚的信中急切地追问："李济安阳发掘是否即在小屯，发掘之结果如何？可有简单之报告书汇否？仆闻此消息，恨不能飞返国门也。"为了学习考古学知识，他向考古学家滨田耕作求教。滨田将德国学者米海里司（Adolf Michaelis）的《美术考古一世纪》一书介绍给他，书中那些古典艺术品的考古发现给身处困顿之中的郭沫若极大的慰藉。差不多同一时期，郑振铎辗转于法、英、意等国，参访各大博物馆。他在《近百年古城古墓发掘史》一书中热情地介绍了古巴比伦城、尼尼微、克里特等地的考古发掘成果。这些见闻和写作，成为日后这位新中国第一任文物局局长重要的精神背景。

对于郭沫若、郑振铎来说，古典考古学和艺术史的价值已与温克尔曼、席勒所认为的不同，他们并没有将古希腊看作唯一的理想样板，而是将焦点转向中国，带着一种世界性眼光，热情地推动中国考古学和艺术史的发展。中国的田野考古发掘虽比欧洲、近东晚了一个世纪，却结出了令全球瞩目的果实，从仰韶村（1921年）开始，到殷墟（1928年）、三星堆（1929年）、良渚（1936年）、二里头（1959年）、秦始皇陵（1962年）、都兰热水墓群（1982年）、法门寺地宫（1987年）、南海1号沉船（1987年）等，每一项发现，都召唤着数代考古人献身其中。近代意义的艺术史学大约与田野考古学同时输入中国，新的艺术概念既能涵括历史久远的本土绘画史写作传统，又提醒国人迅速补充雕塑史、建筑史和工艺史等板块,而蓬勃发展起来的考古学,为之提供了及时的支援。郑振铎在50年代出版的《伟大的艺术传统图录》,除了卷轴画,还收入了大量考古发现的器物;而今,一本初中生书架上的中国艺术史普及读物就已连海跨山,上溯千年万年,足以令张彦远、董其昌艳羡。

考古发掘关联着文物修复、科技检测、遗产保护与管理等多个方面,与多种自然科学和社会科学紧密联系;考古研究关心人类进化、农业起源、文明诞生、文化传播、环境变迁等重大问题,必然占有更多的资源。作为一个独立的人文学科,艺术史所面对的是人类精妙柔软的精神世界及其物质呈现。与考古学相比,艺术史虽然显得势单力薄,却依然保持着应有的尊严和活力。这个学科的形状不只是由其研究对象来决定的。依靠对于艺术品的物质属性、视觉特征的敏感和分析能力,艺术史家既流连于大师的名作,也关心贩夫走卒的趣味,在不断重新定义艺术史自身的同时,也对历史与文化的研究做出了特有的贡献。

语言、文学和思想研究长久以来占据着古典学的统治地位,但地下出土的各类艺术遗存仍散发着迷人的光辉,无法也不该被等闲视之。即使欧洲和近东考古发掘不再有当年的盛况,但已获得的大量藏品仍有待艺术史家更深入地钩沉剔抉。大约二十年前,近东艺术史专家温特(Irene J. Winter)教授在一篇回顾其学术历程的短文中谈到,面对博物馆琳琅满目的藏品和古典文献学的坟典丘索,她每每因艺术史家的缺位而扼腕。在关于其他许多地区的研究中,这种遗憾同样存在,甚至更为显著。一个世纪以来,新的艺术概念和丰富的考古材料共同重塑了中国艺术传统的整体形象。然而,艺术史家对于考古材料的介入仍然不足,特别是史前与上古阶段的材料,其积累虽汗牛充栋,却没有得到艺术史家系统深入的讨论。考古学和艺术史固然有着不完全相同的学术轨迹,不完全相同的目标、理论、方法和技术,但二者却共同面对着物质性和视觉性材料,面对着同一个古代世界。在宏观和微观的各个层面，重建二者的联系与合作，既是必须的，也是可行的。

人文学科的压力与动力不仅源于其自身的传统，还来自社会现实的不断追问。今天，将古典世界看作连续的西方文明体系之本源的观点受到强烈质疑，光怪陆离的当代艺术实践、新技术、新概念令人迷醉，已眼花缭乱的人们似乎不再寄希望于向历史寻求答案，影响广泛的《詹森艺术史》在一次次修订中，上古部分所占比例越来越小，昨天正在成为今天的异域。我们不得不深思，在当下，对于古代的研究是否还有意义，我们又该如何改变对于这个领域的期待，如何改善我们的工作。好在世界并不是在一条轨道上运行，在全球化受到经济、政治和战争挑战的当下，学者们仍在执着地讨论全球艺术史的可能性和具体路径。在中国，考古发掘屡屡登上热搜榜，博物馆一票难求。业内人士还找不到确切的词语去描述庙底沟彩陶盆上绽放的花瓣、三星堆青铜器奇异的组合，但它们却能让玻璃展柜外一名十岁的女孩睁大双眼。要回应这样的社会需求，履行学者的使命，就值得再次回顾席勒时代的社会环境与学术发展的联系，思考不同学科交流与合作的意义。

米海里司的《美术考古一世纪》并没有从学科的角度对"美术考古"一词加以界定，但长期以来，这个将艺术和考古紧密联系起来的词组，成为许多中国学者重要的概念工具，他们或以考古学材料为基础，努力拓展艺术史的视野；或以艺术史家的眼光，对考古材料进行更为精细的再发掘；或自觉地从理论和方法论的角度，致力于学科框架的设计与建设。已有多个综合性大学考古院系和艺术专业院校开设了"美术考古"的课程。无论是将其作为考古学的分支，还是作为艺术史的一部分，都说明这个概念已经深入人心。此外，也有一些学者使用了"考古艺术史"或"考古美术史"等词语。我在十几年前写过一篇文章，追踪"美术考古"一词的渊源。在那个阶段，一部分考古学家和美术史家围绕这个术语展开讨论，表面上似乎在进行一场拔河比赛，我则从中看到了他们对彼此的期待，因此主张将这类术语理解为沟通两个学科的桥梁。

这套丛书名之以"考古 × 艺术"，并不是模糊的修辞，而是试图明确地标举一种开放的格式——既鼓励借助发掘出土的考古材料、博物馆藏品、地上历史遗存揭示更多的艺术类型和现象，发展艺术史研究，也提倡考古学家借助艺术史的概念和方法对田野材料进行更细致的再发掘。我们应该以两个多世纪以来的学术积累为新的阶梯，反思学科高度专门化的局限，重新审视温克尔曼时代的精神价值。就像"×"这个符号的形状一样，我们倡导考古学与艺术史研究的交错、交融、互补、互通，让人类古老的艺术与文明在新世界生出新的枝丫，开出新的花朵。

丛书所收的研究著作既包括古典艺术史旧有的城池，也涵盖非西方艺术的田野；既含有经受过学界苛刻检验的经典，也欢迎年轻学者实验性的新锐作品；既可以是译作，也可以是原创，保证品质而又不拘一格、不专一宗。借由这些研究，我们可以观察考古学和艺术史写作在国际范围内的新发展，对照反思中国学术的使命。之所以将针对中国艺术和考古的研究成果也包括进来，除了强调这些研究已成为整个艺术史学和考古学的组成部分，还试图提示学界当严肃地思考从中国出发的提问和探索能否在跨文化、全球化的学术研究中激发出全新的诗篇。

郑 岩

2024 年 6 月 28 日于均斋

献 给

斯蒂芬和马德琳

目 录

1 前 言

7 导论　图像的邂逅

73 第一章　壁画的起源与沿海地带的身体性

123 第二章　形成传统

　　　祖先的神祇、北部沿海设计与莫切壁画艺术中的复制美学（公元 200—650 年）

195 第三章　为叙述选址

　　　莫切壁画作品与媒介的简缩（公元 650—850 年）

271 第四章　考古 - 图像学

　　　对图像体验与反应的考古

309 结论　关于瓦卡

317 参考书目

335 索 引

前　言

　　二十多年前，作为秘鲁田野学校的一名学生，我初次造访了位于秘鲁北部沿海的莫切文化遗址月亮瓦卡（Huaca de la Luna）；此后，我多次重访此地。1998年，考古学家们才刚开始将沙丘和倾倒的土坯拉起，使旧神殿宏伟的外墙得以显露。当我回想本书的起源及它所欠下的人情时，我意识到，灵感的火花始于目睹列队前进的武士逐一涌现的身躯及神祇行列那一刻，于我而言，这是具有形塑意义的一次邂逅。在此后的数十年中，由圣地亚哥·乌塞达（Santiago Uceda）和里卡多·莫拉莱斯（Ricardo Morales）领导的项目让旧神殿和新神殿得以重新进入人们的视野，并推动了对其绘画与浮雕作品的研究。同时，在埃尔布鲁霍（El Brujo），雷古洛·佛朗哥（Régulo Franco）与同事们正在努力发掘和记录考维耶霍瓦卡（Huaca Cao Viejo）的神殿。十多年前，当我还是一名研究生时，曾协助杰弗里·奎尔特（Jeffrey Quilter）在殖民时期的马格达莱纳德考（Magdalena de Cao）遗址进行的考古项目，该遗址就建在考维耶霍瓦卡附近，我得以花时间观察并拍摄了莫切人的瓦卡（huaca），亦对此展开了思考。此后不久，在2010年，我开始在帕尼亚马卡（Pañamarca）开展自己的田野研究，我的团队在那里发掘、保护并记录在20世纪50年代首次公开的已知的莫切绘画。我们有幸发现了其他绘有壁画的墙面，它们自数世纪前被埋葬起就再无人得见。最近，在2018年和2019年，我在帕尼亚马卡的田野工作得以继续，这次的团队不同，目的也不同。我们的壁画发掘与保护工作原定将在 2020 年重新开始，但由于全球流行病而暂时中止了。本书的酝酿时间很长，也欠下了众多人情。在人生的大部分时间里，我都在脑海中与瓦卡共同生活。

本书原计划作为我于 2017 年出版的《秘鲁帕尼亚马卡的壁画考古》(The Archaeology of Mural Painting at Pañamarca, Peru) 一书的第三部分。那本书的成形源自一种道义上的必要，即出版我与同事们开掘、记录，继而重新掩埋彩绘建筑的考古与保护的全过程。考虑到个人生活中存在的不确定性，那本书有必要先于此书出版，以展示并保存我们在帕尼亚马卡发现并有幸见识到的事物。事实上，自那本书出版以来，公共与个人领域的危机都在提醒着我们，人生短暂，未来是否还有机会是无人能保证的。在最初构思这本书时，引导我的是如下问题：帕尼亚马卡的壁画是如何形成的？它们与在其他地点及更早的时期所发现的壁画艺术整体有何关联？是什么样的艺术传统和图像制作文化孕育了这些壁画并使其制造者们参与其中？虽然这些问题的答案也总是带着这样的警告：下一次发掘可能会为我们已知的信息带来深远的变革，但如果存在答案的话，它们能带来远超帕尼亚马卡这一处遗址的影响力。

我十分感激许多人和机构对我的支持。首先，我要感谢内佩尼亚（Nepeña）和卡佩拉尼亚（Capellanía）的社群在帕尼亚马卡的田野工作中所给予的热情接待与配合。我的工作得以展开，也要感谢秘鲁的合作者们：在 2010 年有豪尔赫·甘博亚（Jorge Gamboa）、里卡多·托里维奥（Ricardo Toribio）、里卡多·莫拉莱斯、佩德罗·内吉奥萨普（Pedro Neciosup），在 2018 年和 2019 年有乌戈·池原（Hugo Ikehara）、杰茜卡·奥尔蒂斯（Jessica Ortiz）和何塞·奥卡托马·卡夫雷拉（José Ochatoma Cabrera）。我们都受惠于阿德里安·比略（Adrián Villón）那不知疲倦的工作，他是文化部唯一一位负责看顾与管理帕尼亚马卡的工作人员。我们应纪念在 2020 年因患新冠去世的赫尔曼·卢普顿（Germán Llupton）。

我要感谢已故的杜乔·博纳维亚（Duccio Bonavia）和圣地亚哥·乌塞达，以及里卡多·莫拉莱斯、雷古洛·佛朗哥和莫伊塞斯·图菲尼奥（Moisés Tufinio）在秘鲁所提供的专业知识与支持。我要感谢汤姆·卡明斯（Tom Cummins）、杰弗里·奎尔特、乔安妮·皮尔斯伯里（Joanne Pillsbury）、卡罗尔·麦基（Carol Mackey）和布赖恩·比尔曼（Brian Billman）的指导。我要感谢众多研究安第斯文化的同事们与我的交谈，他们是：尤里·别列兹金（Yuri Berezkin）、休·伯格（Sue Bergh）、艾丽西亚·博斯韦尔（Alicia Boswell）、卡里耶·布雷赞（Carrie Brezine）、卡伦·布鲁恩斯（Karen Bruhns）、理查德·伯格（Richard Burger）、阿里·卡拉玛尼卡（Ari Caramanica）、克劳德·沙普德莱纳（Claude Chapdelaine）、戴维·希科恩（David Chicoine）、帕特里夏·奇里诺斯（Patricia Chirinos）、马尔科·库拉托拉·彼得罗基（Marco Curatola Petrocchi）、索赛利·库西坎基（Solsiré Cusicanqui）、卡罗琳·迪安（Carolyn Dean）、克里斯·唐南（Chris Donnan）、阿拉韦尔·费尔南德斯（Arabel Fernández）、彼得·富克斯（Peter Fuchs）、米沃什·盖尔什（Miłosz Giersz）、安德鲁·汉密尔顿（Andrew Hamilton）、克里斯汀·哈斯托夫（Christine Hastorf）、萨拜因·海兰（Sabine Hyland）、玛格丽特·杰克逊（Margaret Jackson）、米歇尔·孔斯（Michele Koons）、乔治·劳（George Lau）、克日什托夫·马科夫斯基（Krzysztof Makowski）、路易斯·穆罗（Luis Muro）、斯特拉·奈尔（Stella Nair）、塞西莉娅·帕尔多（Cecilia Pardo）、埃琳娜·菲普斯（Elena Phipps）、加布里埃尔·普列托（Gabriel Prieto）、戴夫·里德（Dave Reid）、卡洛斯·伦希福（Carlos Rengifo）、约翰·里克（John Rick）、胡利奥·鲁卡巴多（Julio Rucabado）、露西·萨拉查（Lucy Salazar）、萨拉·谢尔（Sarahh Scher）、岛田泉（Izumi Shimada）、杰弗里·斯皮里茨托瑟（Jeffrey Splitstoser）、亨利·坦塔莱安（Henry Tantaleán）、马赛厄斯·厄本（Matthias Urban）、帕克·范·瓦尔肯伯

格（Parker Van Valkenburgh）、约翰·贝拉诺（John Verano）、埃克托尔·瓦尔德（Héctor Walde）、玛丽·魏斯曼特尔（Mary Weismantel）、朱丽叶·维尔斯马（Juliet Wiersema）、瑞安·威廉斯（Ryan Williams）和韦罗妮克·赖特（Véronique Wright）。

此研究获得了富布赖特－海斯项目、温纳－格伦基金会、邓巴顿·奥克斯研究图书与收藏馆、赫尔曼家族基金会、斯塔尔考古研究资助金、加州大学伯克利分校的汤森人文中心、拉斯特家族基金会、伦费斯特青年教师发展资助计划和哥伦比亚大学教务长办公室，以及鲁宾－拉德基金会的资助，还有伯纳德（Bernard）和莉萨·塞尔兹（Lisa Selz）的慷慨解囊。对此做出重要贡献的以前与现在的学生包括：柯尔斯滕·拉森（Kirsten Larsen）、梅拉妮·米勒（Melanie Miller）、莎拉·曾（Sarah Tsung）、加布里埃拉·韦伦斯（Gabriella Wellons）、斯潘塞·鲍·墨菲（Spencer Pao Murphy）、索菲娅·格巴拉（Sophia Gebara）和伊万娜·罗德里格斯·罗哈斯（Ivanna Rodríguez Rojas）。同样不可或缺的还有阿曼达·斯帕罗（Amanda Sparrow），她在初期编辑工作中给予了帮助。

2013—2018年，加州大学伯克利分校的教师写作小组以及2019年秋在哥伦比亚举办的为期一天的书稿研讨会都对我有着至关重要的影响，他们对本书中的观点提出了挑战，并帮助完善了它们。我要感谢莎拉·科尔（Sarah Cole）、迈克尔·科尔（Michael Cole）、罗伯特·哈里斯特（Robert Harrist）、塞韦林·福尔斯（Severin Fowles）、罗斯玛丽·乔伊斯（Rosemary Joyce）、米歇尔·孔斯、克劳迪娅·布里滕纳姆（Claudia Brittenham）、特里·达艾尔特罗伊（Terry D'Altroy）、索尼娅·索伦蒂尼（Sonia Sorrentini）、凯瑟琳·麦卡锡（Katherine McCarthy），以及所有研讨会的参与者在后者中所扮演的角色。我还要感谢2021年春我与塞韦林·福尔斯共同教授的"艺术、人类学、考古学"这门课程中的研究生们对书稿的反馈，以及贝亚特·弗里克（Beate Fricke）和伯尔尼大学的前现代艺术全球视野小组所贡献的深刻洞见。

我要感谢乌拉·霍姆奎斯特（Ulla Holmquist）、詹尼纳·巴达尔斯（Giannina Bardales）、伊莎贝尔·科利亚索斯（Isabel Collazos）、伊格纳西奥·阿尔瓦（Ignacio Alva）、里卡多·莫拉莱斯、艾莉森·威廉斯（Alyson Williams）、卡罗尔·麦基、海科·普吕默尔斯（Heiko Prümers）、大贯良夫（Yoshio Onuki）、爱德华·兰尼（Edward Ranney）、圣地亚哥·萨拉萨尔·梅纳（Santiago Salazar Mena）、何塞·路易斯·克鲁萨多·科罗内尔（José Luis Cruzado Colonel）、米里亚姆·科拉尔（Miriam Kolar）、让－弗朗索瓦·米艾尔（Jean-François Millaire）、弗兰纳里·苏雷特（Flannery Surette）、罗伯特·本弗（Robert Benfer）、芝田幸一郎（Koichiro Shibata）、保罗·贝尔（Paul Bell）和蒂姆·特朗布利（Tim Trombley），以及艺术史媒体中心的工作人员，在图像方面给予我的慷慨帮助。我非常高兴能在书中纳入由乌戈·池原制作的示意图，以及科学插画师凯瑟琳·基尔莱基（Kathryn Killackey）所创作的水彩原画。我要感谢得克萨斯大学出版社的克丽·韦布（Kerry Webb）一直以来的支持，以及安德鲁·赫纳托（Andrew Hnatow）、林恩·弗格森（Lynne Ferguson）和德里克·乔治（Derek George），还有自由编辑南希·沃林顿（Nancy Warrington）、艾米罗斯·吉尔（Amyrose Gill）和索引编辑盖恩斯（Sue Gaines），感谢他们所付出的才华、技能与关切。

我要感谢我的家人：我的父母唐娜（Donna）和乔·森基许（Joe Senchyshyn），我的兄弟和他们的家人，我的嫂子和她的孩子们，我的丈夫斯蒂芬·特雷弗（Stephen Trever），还有我们的女儿马德琳（Madeleine），感谢他们在漫长且时常艰难的年月里所给予的不懈支持、耐心与爱。

最后，我要感谢瓦卡们向我展示并教会我的一切。我感谢并尊敬那些创造了它们的人，照料它们的人，在许久之前曾与它们共同生活、至今仍与它们同在的人，以及现在仍在看顾它们的人。

图0.1

贯穿帕查卡马克(Pachacamac)沿海中心的前西班牙式道路。(照片由因戈·梅林［Ingo Mehling］拍摄 维基共享资源网依据创作共享许可［CC BY-SA 3.0］提供，在原图的基础上进行了编辑)

导论

图像的邂逅

在沿海的道路上

一位异国船长及其随行人员在赤道的烈日下行进着。踏上印加帝国的领土时，在通贝斯（Tumbes），一位书吏记录了他们在看到伟大的"太阳神殿"时的震撼，神殿的"内外墙上都绘有巨幅色彩鲜艳的壁画"。[1] 当他们或骑马或步行，在皇家大道上继续前进时（见图0.1），他们发现有些路段不那么晒了，道路建造者种植了一排排成荫的树木，或建起了为疲惫的旅者遮阳的高墙。他们对印第安人——这是他们对在此处生活的人的指称——绘在墙上的大批"怪兽、鱼和其他动物"感到惊奇。[2] 1532年，弗朗西斯科·皮萨罗（Francisco Pizarro）麾下的成百上千名男女从现今的厄瓜多尔进入秘鲁北部，而后向东来到山城卡哈马卡（Cajamarca）。在那里，他们被告知印加国王阿塔瓦尔帕（Atahualpa）正在附近的温泉处造访皇家浴场。[3] 在安第斯土著盟友的帮助下，皮萨罗及其手下伏击了印加军队，并俘虏了他们的统治者。[4] 在随后的几个月里，他们收取赎金并处决了阿塔瓦尔帕，然后向南进军帝国的首都库斯科（Cusco），由此引发了一系列彻底改变南美洲安第斯历史的事件。皮萨罗与阿塔瓦尔帕之间的首次对抗成了一

图 0.2

考维耶霍瓦卡的壁画局部。(照片由作者拍摄)

图 0.3

一对武士,考维耶霍瓦卡的浮雕局部。(照片由卡罗尔·J.麦基提供)

个标志,不仅象征着西班牙对秘鲁的征服,也象征着以这些暴力事件为起始点的欧洲与印加之间在传统、价值观和视觉性上的冲突。⁵ 然而,在沿海平原地带,在印加帝国的中心高地之外,无论是在到达卡哈马卡之前,还是在随后的年月里,皮萨罗及其随行人员所面对的都是一个不同的世界,一个近来才被印加帝国所征服的世界。

本书是关于前西班牙时代的被殖民大陆。本次研究的主题是前印加时代秘鲁的古代沿海中心及其早期社群的纪念碑性艺术实践。研究聚焦创造于莫切时代(约公元200—850年)的壁画艺术。莫切壁画师用泥土、黏土和颜料塑造出各种各样令人赞叹的图像,其中就包括祖先的神祇(见图0.2),古代英雄与一系列怪物之间的史诗般的较量,精英武士之间的战斗场景(见图0.3),队列与舞蹈,祭祀和献祭，以及其他关于创造与变形的复杂叙述。在建筑师与艺术家手中，这种柔韧的媒介被塑造出多种多样的效果，供不同的观众欣赏，在广场、中庭以及沿海神殿（瓦卡）⁶的内部空间里均有展示。尽管"瓦卡"（"huacas"）一词是废墟或土丘的俗称，但它们并非仅是建筑；随着时间的推移，它们变成了并将一直是活生生的纪念碑，以及景观中具有神圣存在感的古老的生物。正如本书所展示的那样，在这几个世纪中，壁画艺术的用途发生了极大的变化。事实上，大约公元650年以后，壁画媒介的改变是如此之大，以至于莫切壁画艺术的历史应该被一分为二。7世纪不仅是壁画艺术的外观发生转变的时期，也是社会变革的时代，其间，图像塑造世界、产生社会凝聚力与排斥力的作用同样发生了改变。本书通过对莫切壁画艺术及其前身的关注，将艺术史与考古学连接起来，但其目的并不是要把前现代的南美课题强行划入以西方为标准制定的艺术史分类中，相反，本书包含了大批在沿海的古建筑土墙上绘制、雕造及刻画出的图像，它们既是为正式的艺术项目所创造的，也是更为便捷的图像制作实践。

古代文本的缺失与殖民者的描述

鉴于本书是以秘鲁沿海地区的久远历史为背景展开的，其书写无法以常规的历史资料为依据。南美洲的前西班牙社群不使用文字书写（可狭义地定义为"以可视的标记作为语音参考的口语"）⁷，而是通过口述传统和集体记忆来留存他们的历史，有时还会借助有意义的物品，例如结绳文字（quipus，扭曲打结的绳索）来作为账簿和口头叙述的记忆辅助工具。⁸在西班牙殖民统治最初的数十年里，以安第斯语言书写的本土文本十分稀少。除了对帕查卡马克的圣祠的描述外，早年间欧洲人对亲眼看到的秘鲁沿海地区土制建筑的描述极为罕见；埃尔南多·皮萨罗（Hernando Pizarro）等人于1533年造访并洗劫了此圣祠，摧毁了他们口中被恶魔附身的"神像"。[9] 对更为古老的前印加时期遗迹的描述就更少了。[10] 常见的情况是，在16世纪，记录其在这片土地上的旅程的书吏和士兵似乎缺少恰当的词语——有时是缺少意愿——去描述他们所看到的事物。[11] 他们的描述缺乏细节（"这是一个值得一看的东西"），[12] 带有困惑、恐惧和傲慢的色彩，并深受他们对个人财富与荣誉的追求的影响，他们将这种态度描述为对天主教信仰的捍卫。在帕查卡马克遭到洗劫一个多世纪后，耶稣会传教士贝尔纳韦·科沃（Bernabé Cobo）回忆道：帕查卡马克的城墙上"涂抹着泥土和多种颜色的颜料，其中有许多就其风格而言十分精美的作品，尽管在我们看来它们是粗糙的。墙上有各种各样的动物形象，不过图案笨拙，就像这些印第安人画的其他东西一样"[13]。即使原住民的神殿和历史古迹在入侵者的劫掠与"偶像崇拜的灭除者"的狂热中得以幸存，在这些稀少的早期殖民者的叙述中，它们又进一步遭到了外来者诋毁的侮辱。

时不时地，殖民者会在拆除古迹以开采金银财宝的过程中发掘出

图 0.4

莫切山谷中的太阳瓦卡。(照片由皮特西奎[Pitxiquin]拍摄，维基媒体共享资源网依据创作共享许可[CC BY-SA 4.0]提供，在原图的基础上进行了剪裁)

埋藏已久的壁画。¹⁴ 有时，他们会记录自己的所见。在 1602 年的一次此类活动中，"矿工们"将莫切河的水流改道，炸掉了约三分之二的太阳瓦卡（Huaca del Sol），以将藏在里面的金属器物冲出来。太阳瓦卡是莫切时代的大型建筑群，由阶梯状平台和由风干砖坯建成的露台组成（见图 0.4—图 0.6）。数十年后，圣奥古斯丁学派的修士安东尼奥·德·拉·卡兰查（Antonio de la Calancha）忆起了这次水利作业。卡兰查回忆说，在一处金银器（其中包括一尊被他描述为一位"主教"的大雕像）的藏匿点附近突然出现了一面墙，墙上粗糙地绘着骑在马上、手持剑和长矛、蓄着胡子的男人。¹⁵ 尽管安第斯男性通常会用镊子拔除面部的毛发，但莫切武士常被描绘为面部带有黑色颜料的形象，在 17 世纪的人看来，很可能像是"蓄着胡子"（见图 0.3）。然而，在欧洲人登陆前，南美洲没有马。这个细节无法被轻易地用欧洲中心主义造成的误解来解释，而这正是问题的关键。事实上，作者明确声称在太阳瓦卡的内部（即无可争议的前西班牙建筑）结构的捣毁过程中看到的不可能是西班牙人的图像。卡兰查将这幅古老的壁画解释为古安第斯预言的证据，它要么是来自恶魔的警告，要么是来自天堂的启示，预示着外来者的入侵，这些人将征服秘鲁，但也将"打开通向他们灵魂救赎的门"。¹⁶ 这种对在美洲所见事物的广为流传但真实性存疑的解读，一如声称使徒圣多马或圣巴多罗买确实存在的说法，¹⁷ 揭示的更多的是殖民作者传福音的意图和对历史的想象，而非告诉我们有关前西班牙遗迹的实际情况。

消失与罕见的目击

这些早期西班牙殖民者的记载数量稀少且不可靠，入侵与宗教狂热又造成了实质的破坏，而物质保存的问题更使情况进一步恶化。在秘鲁沿海地区，前西班牙的纪念碑性建筑常由风干砖坯或泥土堆砌而

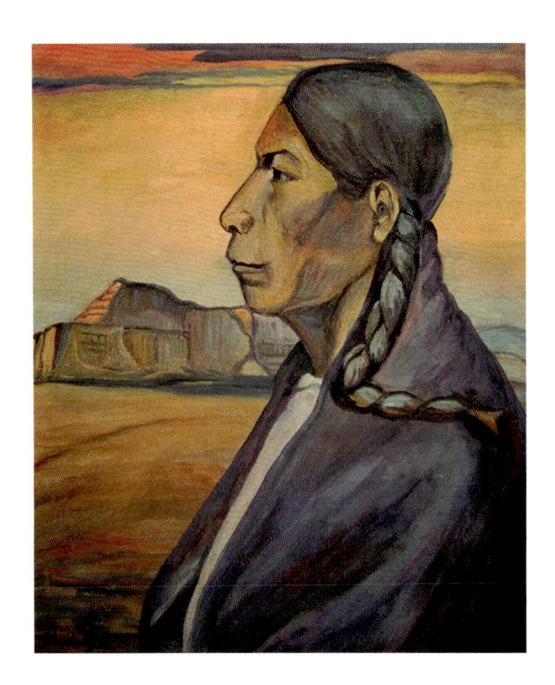

图0.5

佩德罗·阿扎瓦切(Pedro Azabache),《莫切人与太阳瓦卡》(Mochera con la Huaca del Sol),2006年,布面油画,62×50厘米。由威尔伯·奥利韦罗斯(Wilbor Oliveros)收藏,特鲁希略,秘鲁。(照片由圣地亚哥·萨拉萨尔·梅纳提供)

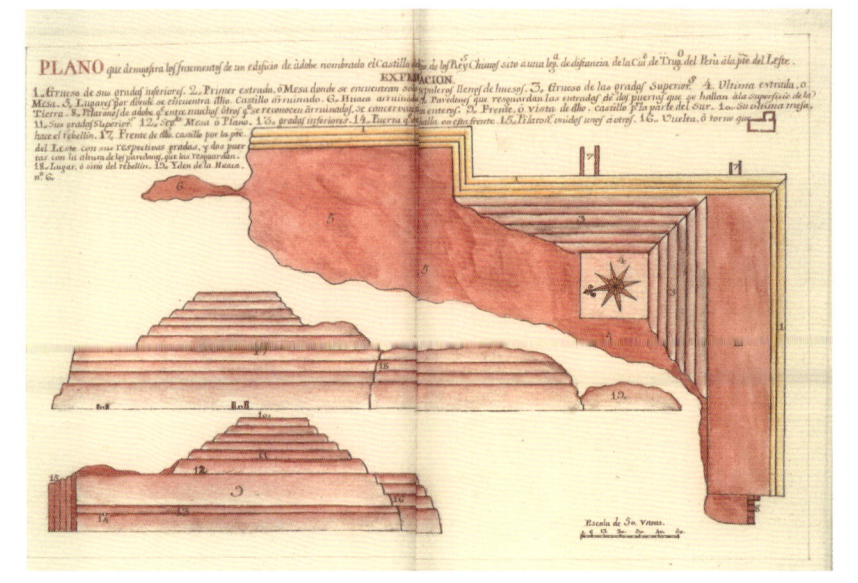

图0.6

太阳瓦卡的平面图和立面图。(来源:Martínez Compañón, *Trujillo del Perú*, 18世纪80年代。皇家图书馆[马德里], II/351 [vol. 9], fol. 7r, © Patrimonio Nacional)

成。早期的壁画师并不像包括中美洲在内的古代其他地区（例如特奥蒂瓦坎）的人们那样使用灰泥或湿壁画等更为耐久的材料。土坯、黏土和由植物基黏合剂制成的颜料等可溶性介质极易受到沙漠风与偶发的厄尔尼诺南方涛动（ENSO）所带来的降雨的影响。[18]当暴露在外时，如果没有人工的照料与维护，其物质存在是非永久性的，转瞬即逝。古代沿海地区的建筑师们当然十分清楚这些不可避免的情况。许多壁画之所以能够幸存，是因为它们在当时就被掩埋了，通常是被后来加盖的、包裹原有建筑的结构所覆盖了。[19]随着时间的推移，在大自然的力量下，没有被覆盖住的墙壁很快就消失不见了，壁画艺术的意象也随之化于无形。

到了18世纪初，印加人占领海岸前建造的永久性建筑上已经很少能见到绘画或雕塑图像的痕迹。在其于18世纪80年代进行的对秘鲁北部的勘查中，特鲁希略的主教巴尔塔萨·海梅·马丁内斯·康帕农－布汉达（Baltasar Jaime Martínez Compañón y Bujanda）及其员工详细记录了当地的遗迹，显然是受到了西班牙波旁王朝的国王卡洛斯三世对那不勒斯的维苏威进行考古发掘的启发。[20]主教的平面图与立面图（见图0.6）——包括太阳瓦卡，以及后来昌昌的奇莫人的奇穆（Chimú）众王的宫殿——都十分详细且标有细致的注释，但其中并无对壁画艺术的标识。[21]直到19世纪，外国探险家和第一批科学考古学家才开始系统地揭示和记录位于昌昌地表下的土质浮雕（见图0.7）。[22]在其他殖民时代的城镇中，前西班牙传统中的某些方面以土坯画中的几何图案为形式续存着，至今仍可在为特鲁希略的西班牙殖民者建造的大房子（*casonas*）的墙壁上看到。[23]然而，这些壁画不过是原住民曾经的艺术形式的幽灵。

在20世纪，偶然被发现的壁画持续浮现，矛盾的是，它们的发现是在寻宝者以镐和锹捣毁古建筑时得到的，或是由于地震和厄尔尼诺南方涛动所带来的降雨使后来加盖的建筑层的覆盖松动了（见图0.8）。有时，考古学家可以介入，研究并记录所发现的事物。然而，

图0.7

来源：Charles F. Lummis, *At Chan Chan: An Adobe Wall with Bas Relief Sculpturing*, 1893。（氰版照相，布朗研究图书馆收藏，奥特里博物馆［洛杉矶］，P.31810）

图0.8

1958年，在帕尼亚马卡出土的一组残缺壁画。（照片由汉斯·霍克海默尔［Hans Horkheimer］拍摄，文化部，秘鲁国家考古学、人类学与历史博物馆，利马）

由于缺乏对保护带有装饰的土坯建筑的系统性操作指导，许多此类壁画也很快消失不见了。只在极少的情况下，在最干旱的地区，例如印加的沿海中心坦博科罗拉多（Tambo Colorado），暴露在外的永久性建筑上的壁画或土质浮雕才得以幸存至今。[24] 到了 1974 年，依旧可见的秘鲁古代壁画是如此之少，以至于该领域最权威的人士悲叹道："我们所知甚少。文献记录几乎为零，直接证据更可以说是完全不存在。时间与人类的疏忽已抹去一切。"[25]

纪念碑性的重现

然而，尽管困难重重，过去几十年间的考古学却证明了这种悲观是错误的。沿着秘鲁海岸，从至少四千年前到印加时代建造的中心地区，一个纪念碑性的意象世界重新浮现。与之前数个世纪不同的是，这些近期项目中所涉最广的是由秘鲁人领导并由秘鲁团队执行的项目，有时还获得了外国团队的合作与支持。现在我们可以看到，在最初建造时，许多沿海中心地区的神殿、宫殿和广场的外墙上都排列着丰富的形象与图案，就像 1532 年在通贝斯和印加道路上被顺带记录下来的那些一样。直到现在，我们才得以开始理解这些古代美洲图像制作的纪念碑性传统的规模、范围及持久性。

其中最具活力的也许要数莫切人的传统。在 20 世纪 10—70 年代，一些莫切壁画在月亮瓦卡（位于莫切瓦卡建筑群［Huacas de Moche］内）、帕尼亚马卡、大潘帕（Pampa Grande）等地被发现。[26] 随着 1987 年西潘（Sipán）王室墓葬被发现这一转折性事件，[27] 莫切考古学重新获得了关注，大规模、长期的田野项目开始在莫切的瓦卡内展开。[28] 其中规模最大的是 1990 年起在埃尔布鲁霍的考古建筑群内展开的项目，以及次年在莫切瓦卡建筑群（也被称为太阳与月亮瓦卡群［Huacas del Sol y de la Luna］）展开的项目（见图 0.9）。[29] 这些艰巨的

图0.9

月亮瓦卡旧神殿广场内的阶梯式外墙与转角室,外墙每一阶的高度约为3米。(照片由太阳与月亮瓦卡群考古项目提供)

图0.10

2010年,佩德罗·内吉奥萨普在为帕尼亚马卡的一根彩绘柱子绘图。(照片由作者拍摄)

发掘、保护与研究项目使得自前西班牙时代起就未曾得见的彩绘建筑具有了相当宽广的远景。在其他莫切遗址展开的较小规模的项目,包括我的团队在帕尼亚马卡进行的工作(见图0.10)[30]亦为本书所探讨的日益增多的壁画全集做出了贡献。

重新定义媒介

在过去的三十年中,莫切壁画的文献资料数量大增,但这一艺术传统却鲜少成为艺术史研究的对象。对这种媒介的唯一一次通览发生在增量出现前,且仅限于平面壁画。[31] 然而,正如我在本书中所展现的那样,在秘鲁沿海地区,黏土浮雕才是更为古老的媒介,而非平面壁画;前者可称得上是千年来更重要的媒介。在早期的环境中,平面绘画相对罕见,完全平整的就更少了。许多壁画的创作方法是先在墙上以浅表的切痕将图像勾勒出来,形成一个粗糙的微浮雕表面。虽然土(barro 或"泥")这种看似基础的材料在艺术史评价中一直是一个减分项,但土和黏土是极具可塑性的媒介,让使用者得以发挥出非凡的创造力。有时,莫切壁画师交替使用壁画与彩绘浮雕(或者你也可以认为其是"浮雕画",因为无论表面是否平整,他们都会将其涂上颜料[32])的技法,两者无明显区别。将有浮雕或无浮雕的壁画视为一种媒介,而不是根据推理将两者分割开来,才是更有成效的方法,也更符合这里所探讨的古代研究对象。在本书中,我对壁画艺术的定义更为宽泛,包含了在墙壁上绘制或刻画的形象、主题与图案,不论它们是事先被画好或被雕刻好的,还是没有使用绘画或雕刻技法(即"涂鸦")的。在此种对壁画艺术的宽泛定义中,对图像制作、图像意义和视觉回应的广泛关注要优先于艺术史对鉴赏力和审美标准的信奉。

南美洲的"史前史"或无文字记载的历史

严格来讲，16世纪20年代末欧洲人来到南美洲之前的所有人类历史事件和传统都属于"史前史"（prehistory）。这个词在19世纪中期首次被学术界使用，[33] 原住民作者们却认为它在当代的使用是不恰当的。[34] 这一描述是由书面文字（取其狭义）在"历史"是什么和可以是什么的现代概念中的主导地位所决定的，在被殖民的地方就更是如此了[35]，但它也受到研究美洲的人类学家对考古学进行支配的传统主张的限制[36]，特别是在排除更多历史主义或人文主义的可能性这方面。[37] 一些社群拥有历史，另一些社群被剥夺了历史，这毒害了我们对过去的理解，并助长了现今存在的不平等现象。为了写出更有深度且维度更广、更丰富的历史，我们必须认真对待过去被铭记并被彰显的多种形态的权威：在景观与事物的实体化中，在口语的生命力中，在文字与图像被铭刻的过程中。如果"史前史"除了作为一种霸权式的分化工具外并不存在，那么我们就可以正视南美洲过去的千年历史（正如其他前殖民时代的地方一样）了：没有文字记载的历史，在其他地区被认为是长时段、深度历史、大历史等。[38] 这些早期历史的叙述不是以传统档案为材料写就的——传统档案本身就是制度性权力与选择性保存大行其道的地方，而是在以社会记忆，由考古记录下的纪念碑、人造环境、集合体和个体物品所组成的"物质文本"中写就的。[39]

从某种程度上说，从物质遗存中"阅读"古代历史的努力并不是一项新的探索。早在17世纪，在发现了这个迅速扩张的世界的古代传统，而这些传统已不能再仅以《圣经》或古典历史来解释时，欧洲学者们就开始提出，在撰写世界史时，物品的证据分量可以与文本相提并论。[40] 例如，在19世纪，英国地理与历史学家克莱门茨·马卡姆

（Clements Markham）建议将印加帝国遗址和安第斯的其他"巨石"建筑作为历史文献的一种形式来阅读，尽管他的解读是基于有关建筑形态的进化假设的。[41] 与马卡姆一样，美国外交官、原考古学家 E. 乔治·斯奎尔（E. George Squier）带着怀疑的态度阅读西班牙人撰写的美洲历史。他自行设计了对秘鲁的调研计划，"主要是为了解释清楚其原住民的历史遗迹，这些遗迹是其古代居民真实情况的唯一积极可靠的见证者"[42]。与同时代的其他人一样，[43] 斯奎尔以这些建筑学证人的证词为材料撰写的叙述有着其自身的帝国主义效应：否认当地社群是他所赞颂的古代纪念碑的继承者。[44]

将通过非文本材料阅读历史的现行实践与早期尝试区分开来的关键性突破是 20 世纪中期的"放射性碳革命"。有了这种技术，年代可以通过读取植物和其他碳基生物（它们见证了更久远的历史）的遗骸缓慢的放射性衰变的"地球时钟"而被独立测量出来，不再依赖文本和历史遗迹。[45] 放射性定年法及后来碳年代测定领域的发展——加速器质谱法（AMS）的诞生，为考古学家提供了阅读久远历史的有力工具。[46] 现代精密计时技术为"史前史"的研究带来了解放。也就是说，有了独立的定年手段，陶器、建筑及其他形式的艺术和物质文化生产就摆脱了先前社会演化的目的论模式，也摆脱了作为其自身的时序坐标的同义反复的负担。[47] 一张一丝不苟的陶器形式演化年表毕竟无法等同于一个社会的伴随历史，而仅仅是"一段无与伦比的陶器史"。[48] 有了这种方法论上的改进，从历史主义的角度关注发明、回应和拟古主义之间的相互影响在前西班牙物质文化与图像研究领域成了一种新的可能。

现代考古学实践为深度历史化提供了必需的空间与时间的基本坐标（见图 0.11）。然而，编年史的定义仍然不只是一个度量的问题，也涉及政治寓言。[49] 自 20 世纪 60 年代以来，考古学家用来排列安第斯中部时间顺序的术语都是按照明确的、先验的对有着几个世纪长度的"地平线"时期（以及紧随其后的"中段"期）的优先考虑

巴尔迪维亚

通贝斯

圣安娜-拉佛罗里达

哈恩
琼戈亚佩
大巴坦
西潘
埃滕
圣何塞-莫罗
埃尔布鲁霍
特鲁希略　昌昌
莫切瓦卡建筑群
帕尼亚马卡

科拉帕
雷瓦什

卡哈马卡
查文-德万塔尔
科托什

瓦卡梅堡
卡拉尔
艾斯佩罗
韦查玛
加拉盖
利马　布埃纳维斯塔
帕查卡马克
下曼查伊
坦博科罗拉多遗址
帕拉卡斯
上阿尼马斯
卡瓦其

瓦里
库斯科
奎尔卡亚

太平洋

托克帕拉
伊洛
蒂瓦纳库
钦乔罗
维拉-科柳

N

阿托法加斯塔

图0.11

来定制的，每段"地平线"时期都可以从广泛存在且大体同步的物质文化的可识别的风格中看出来。[50] 这些编年史从太古时期或前陶器时代（约前 5000—前 1800 年）开始，紧随其后的是形成与初始时期（后者指的是陶器工艺的出现，尽管这在各地并不是同时发生的事件），继而在公元前 800 年左右被早期宗教传统的传播（查文［Chavín］，早地平线时期，在一些模型中与形成时期重合）与两个前西班牙时代帝国的领土扩张分割开来。瓦里（Wari 或 Huari）帝国，始于公元 600 年左右（中地平线时期）；印加帝国，始于公元 1400 年左右（晚地平线时期）。在过去的半个世纪中，随着对时间控制的完善和对在地政治组织越来越明晰的判断，这些编年史与推动其发展的社会叙事都得到了修订，历史得以以世纪甚至是数十年的真实时间流逝为单位来书写。

长时段中的莫切

安第斯中部的长时段对于理解莫切艺术中的图像制作、物质性和媒介性的谱系至关重要。我认为，古代沿海造像，特别是人形塑像的重要先例[51]可被定位于久远的公元前 5000—公元前 2000 年。然而，莫切艺术的图像学研究往往包括对其自身更近的历史（前 1200—前 450 年）的复兴，在来自查文的库比斯尼克（Cupisnique）的难以解读的意象中，凶恶的掠夺者们常奇怪地伴有毒蛇与长着獠牙的面孔，以及相关的宗教传统（见图 0.12）。[52] 那是一个社会融合的时代，经济往来的路线得以扩展，新的具有纪念意义的中心开始崛起，至少是部分借鉴了亚马孙文化中的掠夺和视角主义概念的宗教习俗似乎已逐渐成形。[53] 在这个时代结束时，即最终形成时期或萨利纳尔时期（Salinar period），考古记录中显示出暴力、政治冲突和社会分裂的显著增长。[54] 到了公元 1 世纪左右，社会凝聚力、建筑的纪念碑性以及共有的物质与视觉文化在现今秘鲁的北部和中部沿海地区重现，尽管是以新的形式。

正是在这种环境下，被考古学家们称为莫切的风格与文化出现了，时间在公元200年左右，来自并形成于加伊纳索（Gallinazo）、比鲁（Virú）和比库斯（Vicús）社群中。[55] 莫切视觉文化部分借鉴了北部沿海传统（*tradición norcosteña*）中的某些方面，这是其与同时代文化所共有的一种"流行底色"。[56] 北部沿海风格的基础是由纺织业衍生出的美学，是由几何化、相互交错的水生物的重复图案组成的，包括鲇鱼、蝠鲼和海鸟（见图0.13），[57] 例如，在奇卡马谷的利卡帕瓦卡（Huaca Licapa）的加伊纳索浮雕中可以看到（见图0.14）。[58] 直线形设计，包括无处不在的阶梯状回纹饰海浪，至今在更广泛的安第斯原住民纺织传统中仍极为常见。[59] 在许多地方，加伊纳索物质文化都先于莫切物质文化出现，但随后也继续与之共存，或许证明了这些社群

图0.12

来自查文–德万塔尔（Chavín de Huántar）的平面浮雕板，刻画的是一个咆哮的人物，紧抓住凤螺和海菊蛤的贝壳。(前900—前550年，花岗岩，58.3×53.5×18.3厘米。秘鲁查文国家博物馆，MACH-00542。照片由何塞·路易斯·克鲁萨多·科罗内尔提供)

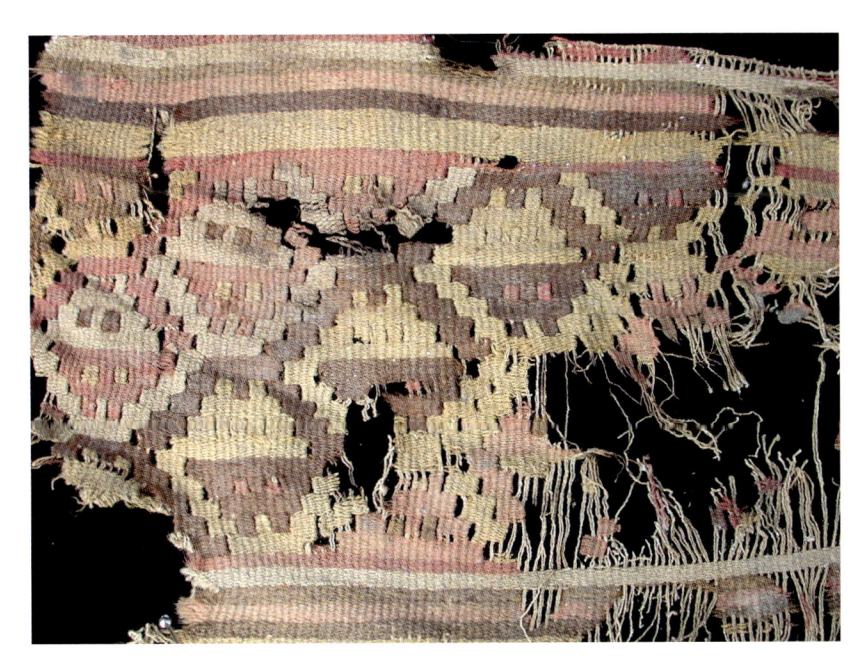

图 0.13

带有交错的鲇鱼图案的狭长挂毯残片(局部图),公元 200—600 年,棉与驼类纤维,28×11.5 厘米。出土于比鲁谷圣克拉拉瓦卡,HSC 97i。(照片由弗兰纳里·苏雷特拍摄,让-弗朗索瓦·米艾尔提供)

图 0.14

奇卡马谷的利卡帕瓦卡(又名莫坎[Mocan])遗址的墙壁上有风格化的水生生物彩绘黏土浮雕

内社会异质性和等级制度的存在。

在疆域最广阔的时期，古莫切世界占据了 700 公里的秘鲁沿海沙漠地带，北至皮乌拉（Piura），南至瓦尔梅（Huarmey，见图 0.15）。每个沿海谷地都有莫切人的定居点、墓地和中心，从海岸延伸至山谷中部的安第斯山脉脚下。这些社群的历史与水源，农田灌溉系统的开发、维护和防御关联密切。沿海谷地可耕地的扩张带来了内部的社会与政治阶层的分化，[60] 丰富的物质财富，以及对专业劳动力的控制。

有关莫切政治组织的早期理论出现在 20 世纪 30 年代拉斐尔·拉尔科·奥伊莱（Rafael Larco Hoyle）的学术研究中。拉尔科是第一个将此考古文化命名为"莫奇卡"（Mochica）的人（在其他地方称为莫切）。[61] 在他的预想中，莫奇卡人的世界是一个统一的国家，其首都位于莫切瓦卡群。拉尔科与父亲拉斐尔·拉尔科·埃雷拉（Rafael Larco Herrera）从他们在奇克林（Chiclín，奇卡马谷）的庄园及周边地区收集到了彩绘及带有雕塑的器皿，以这些物件为依据，拉尔科发展出了他有关古代政治的形成及年代学的理论。他认定为莫奇卡人制造的陶器主要是以红与赭石双色涂在泥釉（cream slip）上。他认为，对军事题材的描绘，再加上复杂的基础设施的证据，都表明了一个统一的扩张主义国家的存在。[62] 拉尔科的五阶陶器年表（莫切一至五阶）迅速广为流传，并被沿用至今。[63]

近几十年来，拉尔科关于莫切历史的早期构想在两方面受到了挑战。首先，一个统一的莫切国家的观点已被打破，更为多样化的政治与社会组织模式才更为合理。[64] 统一国家这一观点首次受到挑战是在 20 世纪 90 年代初，考古学家们提出了另一种理论：莫切的南境、北境是两个国家。[65] 统一论继而被一个更为复杂的图景所取代：一个由不同的独立政体（城邦或酋长国）所组成的网络，这些政体时而结成战略性同盟（以联盟或王朝为形式），时而相互敌对。[66] 在诸如赫克特佩克谷（Jequetepeque Valley）等北部地区所进行的长期考古

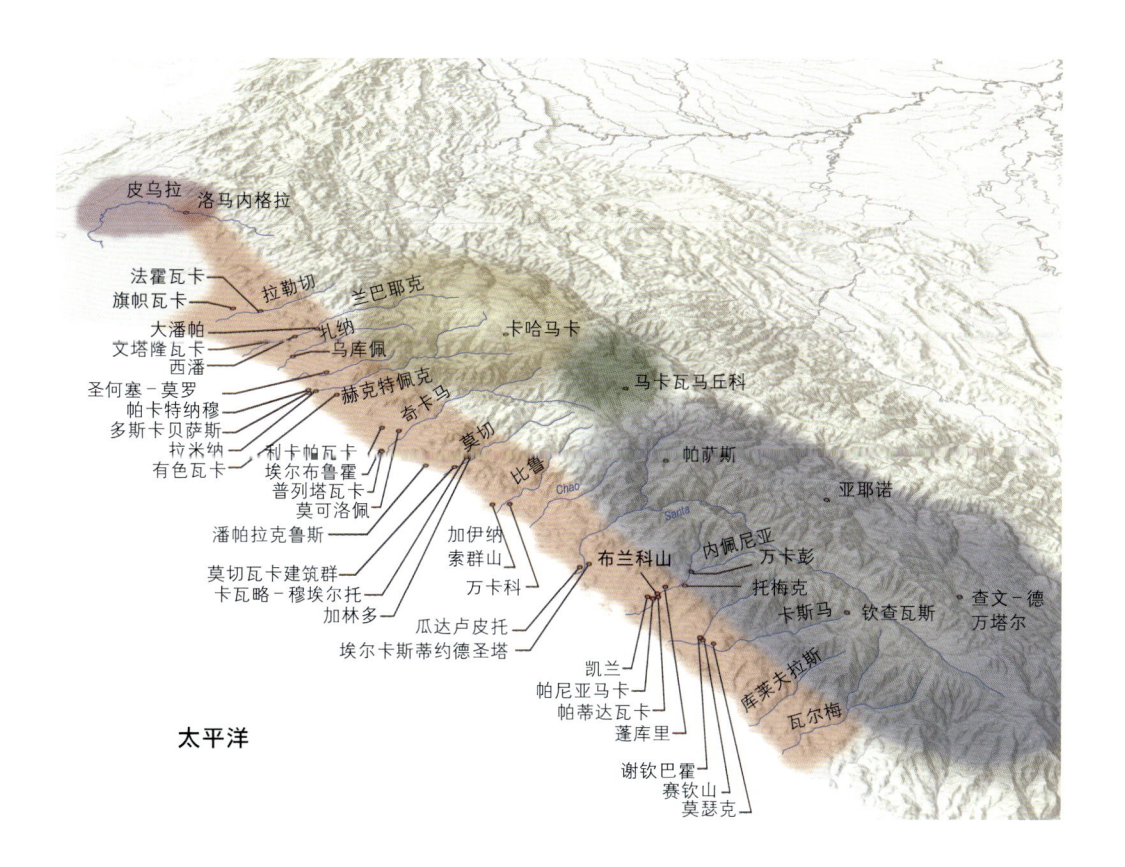

项目揭示了莫切人内部的复杂协议。⁶⁷ 相比之下,单一国家的模式在对南部谷地的研究中仍占主导地位。⁶⁸ 不过,有一点南境与北境一样:正在进行的田野研究显示,当地的物质与视觉文化存在更大的差异性,这可能也反映了那里社会与政治上的多样性。⁶⁹

其次,年代分析学的进展挑战了拉尔科的陶器发展的五个阶段的效用,特别是在他所聚焦的核心地带——奇卡马和比鲁谷——以外的地方。莫切一阶和二阶的陶器形制如今被认为是奇卡马和赫克特佩克谷当地的风格。在一些地区,它们的出现年代要晚于莫切三阶。在其他地方,形制在当地的发展阶段中或重合,或完全缺失。在大部分地区,莫切四阶和五阶大致上是同时

图0.15

秘鲁北部示意图。公元200—850年的主要文化地区以阴影标示。莫切(红色)、比库斯(紫色,根据马科夫斯基的著作《比库斯》)、卡哈马卡(金色,根据图希和奇里诺斯的文章《卡哈马卡的传统》)、瓦马丘科(绿色,根据托皮奇的文章《定居点的规律》),以及雷瓜伊(蓝色,根据劳的文章《各文化间的关系》)。© 乌戈·池原和莉萨·特雷弗

出现的，而非依次出现。[70] 重新评估后，从前广获认可的莫切时代范围（约为公元 1—700 年）被推后至公元 200—850 年。[71] 拉尔科的发展顺序在大体上仍有意义。莫切一阶、二阶、三阶的形制大多与公元 200—650 年的早期、中期相关，而莫切四阶、五阶的形制基本上属于公元 600—850 年后期，但莫切瓦卡群是个重要的例外，那里的莫切四阶形制在公元 500 年就已出现。陶器发展阶段的这一变调出现在社会与艺术转变广泛发生的 7 世纪。

莫切艺术家综合了祖先的沿海宗教意象、分布广泛的北部沿海设计，以及他们自己发明的有关上层社会的辉煌、尚武文化、宗教奇观和英雄叙事的丰富意象。特别是武士的图像志，将莫切艺术与其前身及来自毗邻文化的意象区分开来。然而，艺术家与他们的赞助人是在内部相对稳定的时期发展出了这种图像志，也许是对数代人之前普遍存在的暴力的回忆。[72] 莫切社群与聚居于卡哈马卡、瓦马丘科（Huamachuco）、雷瓜伊（Recuay）及其他东部地区的高地邻居（见图 0.15）仍保持着矛盾的关系。[73] 有时，莫切艺术家会从高地艺术中选取一些主题纳为己用，例如，被称为雷瓜伊"龙"或月兽的生物的形象（见图 0.16）。[74] 莫切艺术家有时将高地人描绘为他们在战斗中的敌人，[75] 有时又是经济交流中的伙伴或宗教信徒（见图 0.17）。[76] 对社会差异的呈现与维持——无论是他们社会内部自己人之间的，还是他们与"他者"之间的——都是莫切艺术所聚焦的核心主题。[77]

莫切时代在 9 世纪结束的原因依然未知，考古学家曾假设，瓦里帝国的军队从秘鲁南部高原的入侵导致了莫切文化于 7 世纪的瓦解；长时间的干旱后，又发生了厄尔尼诺南方涛动所带来的洪灾，或者是这些政治与环境因素的叠加。发生于 6 世纪（公元 563—594 年）的三十年干旱和发生于 7 世纪（公元 602—635 年）的洪水，其证据来自秘鲁南部奎尔卡亚（Quelccaya）的冰芯。[78] 然而，有些人对将此环境数据用于推断北部沿海地区的情况提出警示，因为在那里，厄尔尼诺现象的影响在不同的谷地差异巨大。要评估各社会相互关联的历史

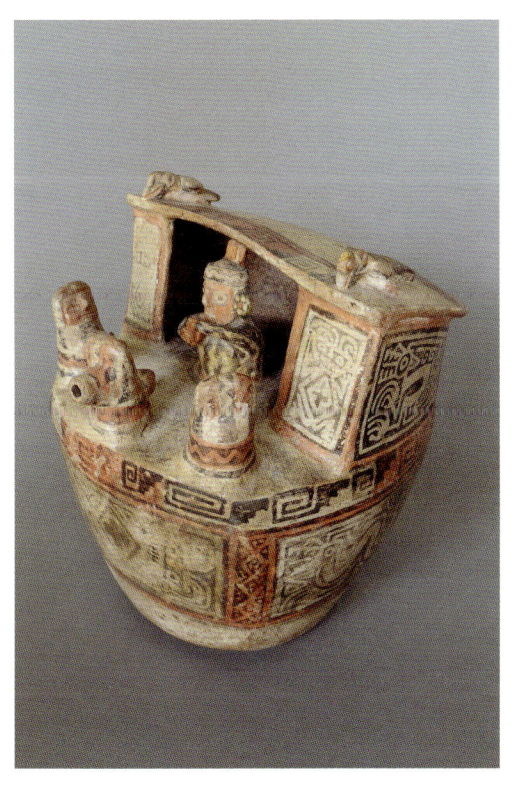

图 0.16

雷瓜伊容器，公元 250—650 年，陶器，20×17×22 厘米。雷瓜伊"龙"（又称月兽）以二维形式出现在容器表面。(文化部，秘鲁国家考古学、人类学与历史博物馆，利马，C-63979)

图 0.17

造型为咀嚼古柯者(*chacchador de coca*)的瓶子，公元 300—600 年，陶器，18.8×13×18 厘米。据称来自秘鲁比鲁谷的普尔普尔(Pur Pur)遗址。(拉尔科博物馆，利马，秘鲁，ML001064)

和气候事件在地方与区域层面的影响，就需要更为细化的数据。[79] 但是，即使这些气候事件在 6 世纪、7 世纪影响了整个北部沿海地区，也没有造成大范围的社会崩溃。绝对年代学显示，尽管诸如多斯卡贝萨斯（Dos Cabezas）等莫切文化的中心在公元 600—650 年[80] 后逐渐衰落，其他，如莫切瓦卡建筑群等，在此时期式微的中心又重新恢复了活力。[81] 更有甚者,如瓜达卢皮托(Guadalupito)和帕尼亚马卡等南部中心在 7 世纪迅速崛起。[82] 近期的环境研究表明,古代的农民预见到了洪水的发生,并设计了灌溉系统以利用随之急剧增加的降雨量。[83] 这项研究表明,古代农业工程师完全有能力从气候事件中创造机遇,尽管类似的事件对于基于临时性城市扩张的现代定居点而言是灾难性的。

瓦里帝国的征服是莫切文化瓦解的原因这一早期观点也发生了变化。[84] 现在很清楚的是,瓦里帝国(如果它确实是一个帝国的话)从未主张对秘鲁北部沿海地区拥有领土控制权,尽管前者可能从 7 世纪起对某些地区进行了霸权控制或某种形式的间接统治。对中地平线时期更好的描述是"一个极其动荡的时期"[85],通过贸易路线、对异国风格的模仿及后来(公元 800 年后)对外国商品的进口,此时在社会与经济方面越来越多地受到了瓦里帝国的影响;北部沿海与北部高原的当地精英们选择性地吸纳并操纵着南方文化的方方面面。在一些莫切文化中心,如圣何塞－莫罗(San José de Moro),考古学家已经发现了对外国制造的瓦里陶器的进口;当地陶工也会模仿瓦里风格,而且,在社会上层人士的墓穴中发现的莫切晚期陶器,其制造工艺中融合了多色化妆土绘画等瓦里文化的特征。[86] 圣何塞－莫罗的晚期,莫切精英人士对瓦里及瓦里风格的物品产生了兴趣,并将其作为声望的标志。来自圣何塞－莫罗的证据所表明的不是征服,而是通过卡哈马卡,后来又从帕查卡马克沿着海岸线有意将瓦里艺术与文化的方方面面融入当地精英的生活(及死亡)中。除了陶器,雷瓜伊及后来瓦里的织工还擅长织精美的挂毯,会对人类及兽形生物进行复杂的抽象处理(见图 0.18)。[87] 到了公元 500—550 年,莫切的织工开始从更多的方面吸纳高地纺织传统。[88] 越来越明显的是,莫切、瓦里,以及帕查卡马克、雷瓜伊、瓦马丘科和卡哈马卡的过渡社群之间的政治、经济与审美关系比早期叙述所允许的要更为复杂。

田野考古学所展现的图景与其说是一段关于"瓦解"或莫切时代

图0.18

瓦里短袍，公元600—900年，驼类纤维与棉，100×92.5厘米。（文化部，秘鲁国家考古学、人类学与历史博物馆，利马，RT-1650。照片由丹尼尔·詹诺尼［Daniel Giannoni］提供）

突然结束的叙述，不如说是莫切的物质文化、丧葬习俗和定居点转变成了不同的形式与政治结构。在北部，这种转变成为考古学家所说的兰巴耶克（Lambayeque 或西坎［Sicán］）文化。[89] 在南部，后莫切时代的社群及其所产生的物质文化风格被称为卡斯马（Casma），[90] 还有包括北瓦里（Huari Norteño）在内的其他名称；随后在10世纪，奇莫（Chimor）的奇穆帝国（Chimú Empire）崛起，其首都位于昌昌。1470年左右，库斯科的印加人在对奇莫及其他政体进行了一系列征服后将北部沿海地区纳入其版图，并向北进入今厄瓜多尔，这里将成为印加帝国的北区（Chinchasuyu）。[91] 在其视觉文化的历史中，印加人与其盟友接纳了抽象设计（见图0.19），尽管沿海元素在他们的统治下在当地的物质文化中幸存了下来。[92] 就在印加人征服了奇莫

图0.19

印加风格的彩绘墓塔（*chullpas*，修复后），维拉-科柳（Wila-Kkollu），玻利维亚萨哈马国家公园。（照片由保罗·贝尔提供）

数十年后，皮萨罗的手下进军该地区，继而在不接受或不满库斯科统治的北方社群的帮助下篡夺了印加帝国的主权。

这段漫长的后莫切时代沿海历史——从社会变革到印加帝国和欧洲人的入侵与殖民——使从16—21世纪的民族史与民族志视角分析前殖民时代的历史变得困难重重。西班牙殖民时代开启后，暴力与疾病导致了人口崩溃和文化抹除。[93] 1532年后，无论是在西班牙殖民时期还是在1821年秘鲁宣布独立后，作为对亚洲和非洲侨民具有重要意义的地带，沿海地区成为一个更具有社会复杂性的地方。新殖民主义的政治与经济结构在独立后的城市化和农工业化时期继续存在，一些原属西班牙的庄园被转手，落入了外国经济的控制之下。在20世纪的秘鲁文学中，沿海地区一直与现代性关联在一起，而高原则被描绘成一个本土性的永存之地，也是本土文学钟爱的主题。[94] 如今，相较于混血儿，或者是除了莫切族人（*mochero*）、特鲁西略人（*trujillano*）和钦博特（*chimbotano*）等之外，"成为莫切人"意味着在北美语境下的身份、归属以及被阿尼什纳贝族作家杰拉尔德·维泽诺（Gerald

Vizenor）称为"生存抵抗"（survivance）的议题的交织。[95] 沿海地区的原住民身份，与一般意义上的本土性一样，[96] 并非一个稳定不变的类别，而是一个过去与现在都在被不断讨论的议题，特别是考虑到自 20 世纪 90 年代以来，莫切艺术、文化和语言一直在被积极地重新唤醒并予以重塑。[97]

沿海传统（*LO COSTEÑO*）：沿海地区的他异性

我在本书中的一个主要论点是，在"古安第斯"艺术中，[98] 早期的沿海传统不能完全用后来的高地视角来解释。相较于印加人和其他克丘亚语使用者的文化与艺术传统，无论是在被西班牙征服前还是在被征服后，这里都存在着一种沿海地区的他异性。也就是说，存在一种沿海习俗的本土性，它遭受了不是一组而是至少两组入侵与征服。今秘鲁的太平洋沿岸的古代世界有一种凝聚力，与安第斯高原的毗邻社群的凝聚力明显不同。这些区别在北部沿海与中南部高原之间尤为明显，后者是瓦里人与印加人的家园。

地理、生物考古学和语言学证据的相互叠加强化了沿海地区的凝聚力，以及其对印加高原文化模式的不可化归性。尽管沿海、高原与亚马孙热带雨林之间持续的"垂直"交流和社会联结对古安第斯的经济至关重要，[99] 但由于人员和物品在环境区域之间的流动是理所当然的，沿海岸线向北和向南的流动比从海岸高地向科迪勒拉山系的流动要更容易。[100] 这种横向或"水平"[101] 流动使一个相互连通的世界得以发展，在陆地上以古代沿海公路为连接，在海上则由沿着今智利、秘鲁和厄瓜多尔近海移动的水运工具连接起来，甚至延伸至更北。这种连通不一定是持续不断的；正如在厄瓜多尔、巴拿马、哥斯达黎加和墨西哥西部地区可以看到的那样，港口和贸易伙伴的视觉与物质文化的相似性可能比陆地上离得更近的毗邻文化要更高。[102]

对莫切古墓中人类遗骸的生物距离和稳定同位素的研究，为了解古代个体与社群间的生物关系，以及个体在其生命周期内跨地理区域的流动性提供了重要视角。基于古基因组建模的新兴研究产生了关于沿海地区与高地社群之间差异的另一种观点。初步研究结果表明，安第斯山脉北部与南部的人口在五千八百年至四千一百年前的前陶器时代晚期已经呈现出了遗传学上的区别。北部沿海与北部高地，以及北部高地（秘鲁、厄瓜多尔和哥伦比亚）与南部高地（秘鲁、玻利维亚、智利和阿根廷）之间的基因流动在距今两千年（约为公元后第一个千年初，或比莫切时代早两百年）后放缓，这些地区的内部变得更加同质化了。直到欧洲殖民时代前，这些地区都保持着遗传学上的差异。[103] 最令人惊讶的发现也许是亚马孙西北部的古代人口与秘鲁北部、中部沿海的人口之间有着更大的遗传相似度，这似乎比该低地地区与秘鲁北部高地之间的人口遗传相似度更为接近。[104] 秘鲁北部和厄瓜多尔南部较低的山脉形成了一个双向的通道，以便人员、物品和思想进行流动。如前所示，这种跨安第斯山脉的北部横越对理解这些地区之间的亲缘关系十分重要。例如，在位于厄瓜多尔低地圣安娜-拉佛罗里达（Santa Ana-La Florida）遗址的马约-钦奇佩（Mayo Chinchipe）地区发现的陶器——包括镫形口瓶，与秘鲁北部沿海地区发现的同类物品很早就出现了相似性。[105]

语言学证据显示了古代南北分界线两侧的可比性、沿海地区的延续性，以及南北两边更远距离的联系存在的痕迹。安第斯中部地区的原住民语言具有高度的多样性。[106] 北部沿海的社群使用多种语言：塔兰语（Tallán）、塞丘拉语（Sechura）、钦纳穆语（Quingnam）、穆奇克语（Muchik，也被称为莫奇克语［Mochica］，云伽语［Yunga］，奇穆语）等，这些语言在词法上与安第斯南部高地的语言不同（见图0.20）。[107] 北部沿海地区的语言学文献明显稀少，主要以17和18世纪的基督教会文本以及19和20世纪初的民族志为形式。[108] 塔兰语和塞丘拉语（也称赛克语）在秘鲁最北的皮乌拉附近被使用。皮乌拉

图 0.20

1600 年左右的原住民语言分布图。(来源：Cerrón-Palomino, "Contactos y desplazamientos lingüísticos"; Lau, "The First Millennium AD"; Urban, "Is There a Central Andean Linguistic Area?"; Urban, *Lost Languages*。©Hugo Ikehara)

向南到至少奇卡马谷的沿海地区使用穆奇克语，[109] 从赫克特佩克谷向南与钦纳穆语（也许与渔民语言一样）的使用地区重合，后者的使用远至利马。[110] 在利马以南的沿海地区，语言的图景大不相同。[111] 北部沿海地区的语言中，记载最完整的是穆奇克语，这种语言在 19 世纪末的北部社群中仍在流通，在 20 世纪 20 年代的埃滕（Eten），一些年长者也使用它。[112] 除了借词之外，这些语言与南部高地所使用的克丘亚语和艾马拉语（Aymara）几乎没有共同之处。相较于南部的语言，沿海地区的语言与北部高地（如库里［Culli］），以及安第斯东部和亚马孙河上游地区（如查－查［Cha-cha］和伊比多－乔隆［Hibito-Cholón］）[113] 所使用的语言有着更多的共同点。[114] 共有的词语表明，秘鲁北部沿海的民族与厄瓜多尔和哥伦比亚的民族之间存在早期接触，以及可能与向南远至智利的阿塔卡马（Atacama）地区的民族存在海事联系。[115] 公元 200—850 年，莫切社群内部所使用的是哪种语言仍没有答案，[116] 但多语言的使用似乎是有可能的。[117] 克丘亚语是后来才传播到沿海地区的，或是随着瓦里人向阿亚库乔（Ayacucho）之外的扩张传播，或是通过印加帝国的征服传播。[118]

综合来看，这些各自有其片面性的证据线汇合在一起，便形成了一幅更为完整的古代社会图景。这并不是要将语言、遗传学和社会混为一谈，就好像它们是一体的或同源的；[119] 而是要表明，它们之间的重叠是相补的。秘鲁的现代边界是在硝石战争（1879—1883 年，亦称太平洋战争）后重新划定的，此后在一些地方仍有争议，这在古代南美研究中造成了错误的邻近关系与错误的划分。一方面，海岸、山地和热带雨林等截然不同的区域被混在一起，组成了"古代秘鲁"；另一方面，超越现代边界线的广泛存在的连续性往往遭到了忽视。从马约－钦奇佩（Mayo Chinchipe）到智利北部，聚焦这些初看似乎相距甚远的遗址和传统之间的亲缘关系，使这一古老的沿海地理环境及其社会、传统的多样性得以"去边界化"。

然而，在后来成为其帝国的整片领土上，印加模式继续主导着对更为古老的历史的解读，包括对莫切和其他沿海传统的解读，其影响力甚至比现代民族主义更甚。[120]诉诸西班牙殖民时代有关印加文化样貌的文本，至少在某种程度上是一种务实的选择。历史学家和人类学家用来解读古安第斯艺术与文化的大部分文字记录都是以印加人或其他使用克丘亚语或艾马拉语的高地社群为基础的。20世纪的民族志也同样偏向高地，对沿海地区的原住民传统的关注少之又少。但是，这种实用主义的分析方法是有其政治后果的。这些推断需要跨越数千公里、多个语言群体和一千多年的历史才能将其解读模式转移到研究对象身上。[121]从时间上反向推断，这种解读上的跨越往往依赖对存在于"安第斯传统"（lo andino）这个概念中的泛安第斯文化的稳定性（如果不是僵化的话）的假设，此概念首次出现在20世纪20年代的本土文学语境中。[122]无视诸多地区性差异存在的证据，以印加帝国的模式为例强行解释整个"安第斯"地区参差多态的古代艺术与文化，直白地说，就是以学术的名义重演帝国主义的压迫。

同时，莫切艺术因其对造像、逼真度和叙事性的强调而独树一帜。莫切陶工在利用黏土的可塑性来呈现人脸、植物和动物的轮廓上表现出了高超的技巧和灵敏度（见图0.23和图0.24）。陶艺师们在其他器皿的表面排列出精巧细腻、以细线勾画的场景，其中兽形与拟人化的形象有时似乎显示出叙事顺序（见图0.29a—c）。与北部的库比斯尼克、比库斯以及南部的帕拉卡斯（Paracas）、纳斯卡（Nasca）等沿海传统一样，莫切陶艺师擅长以黏土塑造人体及其他形体，对细节的模仿和对体积效应的观察都细致入微。相比之下，主要以印加为例来定义的安第斯艺术整体上的特征是非形象且非叙事的。印加艺术家被描述为更为关注与世界的一致性和内在本质，而非人类戏剧或对生命形态的外在模仿。[123]在20世纪，现代主义艺术家们在印加与瓦里艺术大胆的几何图形中寻找他们自身实践的本土源头，并进一步加深了这种对安第斯抽象主义的印象。[124]人们在莫切艺术中看到的东西既不符合印加视觉规则，也不符合现代主义美学观。然而，我既不是在宣扬莫切例外论，也不是要将其描绘为安第斯传统中一个"反潮流"的局外者，[125] 更符合古代中美洲的世界观和自然主义审美；而是提出了一种不同的观点。相较于将 16、17 世纪有关印加以及其他克丘亚语使用者的描述逆向应用于许多个世纪前使用穆奇克语与钦纳穆语的社群身上，我想要以从其前身的沿海文化所获取的视角、遵照莫切艺术自身的规则来研究它，而非根据来自其被殖民的未来的特权之声。

莫切艺术、图像学破译的诱惑，以及可读性的局限

莫切时代是一个艺术蓬勃发展的时代。艺术家们掌握了多种多样的媒介——金属制品、宝石艺术（见图 0.21）、彩绘和雕塑陶器、木雕，以及纺织品（见图 0.22）。[126] 这众多的艺术产出与社会分层的出现有关，其基础是低谷地区农业经济的增长，以及远距离交流的系统——沿海岸线向北和向南，向东进入科迪勒拉山系，继而进入亚马孙河上游。莫切政体统治阶级的崛起与独特的艺术风格和视觉意识形态的发展相呼应，后者聚焦尚武文化、史诗般的战役，以及与血祭相关的社会风俗奇观。奢华的艺术显示出对个人配饰和个人荣耀的不同寻常的投入，无论是在生前还是死后。[127] 这种追求，以及显著的对财富和由此产生的权力象征的展示，其背后的推动因素可能是各中心或相互敌对的联盟间的政治竞争，[128] 以及与东部非莫切社群之间的矛盾关系。尽管在莫切世界中存在明显的人类暴力的物理证据：年轻人参与肉搏战，以及有时会在血祭仪式中被献祭，[129] 但常出现的对战斗中的武士及其他尚武主题的描绘是有目的的。对尚武视觉文化的强调是基于精英人士对莫切赞助人选择如何表现自己及他人的偏好，而非基于对事件的实事求是的透明记录。

莫切艺术以其精巧的工艺和物质辉煌吸引着现代人的目光，特别

图 0.21

一对有带翅膀的奔跑者图案的莫切耳饰，公元400—700年，黄金、绿松石、方钠石、贝壳，9.5×9.8×8.3厘米。纽约大都会艺术博物馆藏，爱丽丝·K.贝奇(Alice K. Bache)的遗赠，1966年，1977年，66.196.41。(照片依据创作共享许可[CC0 1.0]提供)

图 0.22

在赫克特佩克谷的帕卡特纳穆(Pacatnamú)出土的莫切晚期纺织品局部。照片由威廉·康克林(William Conklin)拍摄。(莫切档案，邓巴顿·奥克斯研究图书与收藏馆)

是在其陶器艺术中尤为突出的人物意象的简明易懂。自该领域的学术研究开始以来，植物和动物、男人和女人（见图0.23）、武士和战俘（见图0.24），以及拟人化的神祇与兽形敌人交战的图像，以其可读性的诱惑和图像学破译的前景吸引着研究者们。学者们对形象和生物进行了分类与编目，每一位通常依据的都是他们自己的分类规则。一些学者认为，从肖像器皿模制的脸中可以识别出特定的历史人物，有时则是民族类型。[130] 在学者们试图将海量的具象意象归类的过程中，大致依据的是潘诺夫斯基的图像学方法，[131] 丧葬、战斗、祭祀和献祭等反复出现的"主题"已被识别和命名。[132] 一些学者提出了假设，认为单个场景可能可以被连成一段段视觉叙事。[133] 其他人则对意象与材料、语境和考古发现的纪念碑之间的对应关系进行了重要的观察。[134] 莫切陶器与壁画艺术中所描绘的形象被直接与埋在西潘、圣何塞－莫罗、埃尔布鲁霍等中心的身着精制盛装的上层精英男女联系了起来，但在这些常被提及的关联中，绘画表现与生活现实之间不可避免的偏差所获得的批判性关注要远远少于其所应得的。[135] 在没有穆奇克语和钦纳穆语的古代文本可阅读的情况下，一些考古学家和艺术史学家试图将古代意象作为交流符号、会意文字或原始类文字来解码。[136]

尽管在细线彩绘陶器上描绘的某些主题在英语世界对莫切图像学的研究中占据了主导地位（即"献礼主题"，后来又被命名为"祭祀仪式"），但在秘鲁及其他地方，研究者们所聚焦的是一个佩着蛇形腰带、长着獠牙的可识别的形象。他常与其同伴一起出现——一只小狗和一个鬣蜥人，并与许多大都来自海里的可怖敌人作战（见图0.25a—b）。拉尔科将这个人物称为阿依·阿巴艾克（Ai-Apaec），[137] 一个意为"造物主"的殖民时期的新词，他是从17世纪为协助天主教在北部沿海地区的福音传播而收集的穆奇克语的词汇中挪用的。[138] 献礼主题、丧葬主题及其他复杂的叙事主题主要出现在莫切晚期的陶器上，制造于公元6世纪以后，[139] 而这个长着獠牙的英雄的图像则遍布整个莫切历史。自拉尔科以来的其他学者们为这同一个人物取

图 0.23（左）

莫切"肖像"瓶，公元 400—800 年，陶器，35.6×24.1 厘米。(芝加哥艺术学院，凯特·S. 白金汉捐赠基金，1955.2338。照片依据创作共享许可[CC0 1.0]提供)

图 0.24（右）

俘虏造型莫切罐子，公元300—800年，陶器，高 24.8 厘米。芝加哥艺术学院，内森·卡明斯(Nathan Cummings)捐赠，1958.392。(照片依据创作共享许可[CC0 1.0]提供)

了不同的名字（见表格 0.1）。[140] 一些研究者认为，阿依·阿巴艾克并不是单独的一个生物，而是一对双胞胎，或是数量更多的一组生物。例如，在"瓦罗奇里手稿"（Huarochirí Manuscript，约 1598—1608 年）中就发现了许多安第斯超自然存在的潜在的多重性。在这份由高地克丘亚语的使用者创作的评论沿海世界的文本中，[141] 作者描述了帕里亚喀喀瓦卡（huaca Pariacaca）是如何从五颗蛋中诞生的，这些蛋孵化出了五只猎鹰，然后它们又变成了五个人。[142] 手稿既没有准确地论述人与诸神之间本体论的分离，也没有提到自然与超自然之间的区别。相反，在本书中，我以"超自然"来指代拥有包含并超越了生物的正常能力的"神物"（瓦卡）。在一些图像中，这位莫切英雄与静态的山神一同出现，两者具有许多共同的特性。正如伊丽莎白·本森（Elizabeth Benson）在讨论"从山上下来的神"时所提出的那样，这位山上的先祖（在其他地方被称为群山之神［Divinidad de las Montañas］）也许与活跃于海岸和海洋之间的那位英雄存在着本体或谱系上的联系。[143] 使问题进一步复杂化的是，这位英雄显然可以变身，

25

表格 0.1　从20世纪70年代至今，学者们为显现为被拉斐尔·拉尔科·奥伊莱指认为阿依·阿巴艾克的莫切生物所赋予的各种名字（并非全部）

名称	出处	参见
Ai-Apaec（穆奇克语中意为"造物者"）	拉尔科，1938年、1939年	帕尔多和鲁卡瓦多，2016年
长着獠牙的海岸之神（"从山上下来的神"）	本森，1972年	
山中的造物之神（"deus otiosus"）	本森，1972年	
皱脸（Cara Arrugada）	唐南和麦克莱兰，1979年	齐格博伊姆，1955年 布尔热，2006年
神 A	别列兹金，1980年	
神 B	别列兹金，1980年	
神 C	别列兹金，1980年	
Mellizos de ancestros de cinturones de serpientes（佩着蛇形腰带的双子先祖）	奥康让，1987年	
Dios inmóvil（一动不动的神）	奥康让，1987年	
Personaje antropomórfico con cinturones de serpientes 或 PACS（佩着蛇形腰带的拟人形象）	卡斯蒂略，1989年	
斩首者（Degollador）	科迪-柯林斯，1992年	
Quismique（穆奇克语中意为"长者"）	戈尔特，1993年（童书）	

续表

名称	出处	参见
El dios F（神 F）	戈尔特，1993年（沿用利斯克，1992年）	
El adversario T（对头 T）	戈尔特，1993年（沿用利斯克，1992年）	
Demonio de las Cejas Prominentes（眉毛突出的恶魔）	坎帕纳和莫拉莱斯，1997年	
Mellizos Divinos（神圣双子）：Mellizo Terrestre（陆地双子）	马科夫斯基，2000年	
Mellizos Divinos（神圣双子）：Mellizo Marino（海洋双子）	马科夫斯基，2000年	
Divinidad de las Montañas or Dios de las Montañas（山神）	乌塞达，2001年	德博克，2003年；盖尔什和普扎德卡，2005年
Dios intermediador or Divinidad F（仲裁之神或神祇 F）	戈尔特，2009年	
Dios de la Vía Láctea（银河系之神）	戈尔特，2009年	
佩蛇腰带的神	本森，2012年	
El héroe moche（莫切英雄）	鲁卡瓦多，2020年	

加阴影的名字对应或包括阿依·阿巴艾克作为主角出现在史诗般的战斗图像中的情况，如绘在帕尼亚马卡的柱子上的那样（见第三章）。请注意自20世纪30年代以来这种名称泛滥所造成的复杂的不一致性。

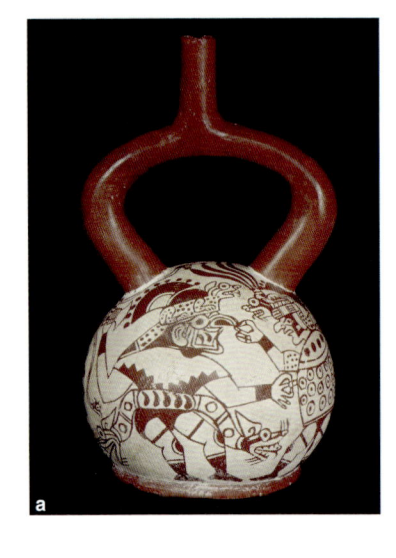

图0.25a—b

绘有两场战斗的莫切瓶子，公元500—800年，陶器，高28厘米。
a：大英博物馆，伦敦，Am1909,1218.120；
b：唐纳·麦克莱兰(Donna McClelland)绘图(第0223号)。
(莫切档案，邓巴顿·奥克斯研究图书与收藏馆)

拥有植物和动物的一些特征，甚至还可以占有其敌人的某些能力。然而，没有独立的文本来源或留存下来的口头叙述，我们很难对这些古代的图像叙事做出确定的解读。[144] 在这种情况下，图像志解读就要冒着演变为一段段幻想的危险了。[145]

也许就像针对来源未定的藏品所进行的传统研究一样，对莫切图像学的研究也正在接近其解读可能上的极限。在专业文献外几乎无人知晓的一只柏林的彩绘陶瓶就是这一观点的很好的例证（见图0.26）。[146] 这个镫形口破损的双色陶瓶在泥釉的底上以红色绘有两幅场景，球状瓶体的两面各有一幅。在展开图中，两面被展平了（见图0.27）。[147] 在其中一面，我们看到一个男性的形象，可以识别出是上文所描述的那位，立于一个三角墙结构下。他摆出欣喜若狂的姿态，两只手掌合在一起，这种姿势在其他莫切意象中是虔诚或敬畏的表现。场景中充满了大量的生物和蠕动的线条，使气氛失去了活力。在另一

图 0.26

细线描画的莫切瓶子,公元 400—800 年,陶器,19.8×15.4 厘米(瓶嘴损坏)。民族学博物馆,柏林国家博物馆,VA3187。(照片由马丁·弗兰肯[Martin Franken]拍摄,由纽约艺术、文化和历史图片社[bpk Bildagentur]/艺术资源网[Art Resource]提供)

图 0.27

威廉·冯·登·施泰嫩(Wilhelm von den Steinen),上图中瓶上意象的展开图,约 1900 年。(图片来源:Kutscher, *Nordperuanische Keramik*, pl. 75)

面,同样的形象再次出现,更大但同样向后仰着头,骑在一条双头蜈蚣的背上,并由一个戴着兜帽的女人服侍着。两个场景中主要人物的重复暗示了其中的叙事关系,但容器的球状形态使其缺乏确定的开头与结尾。一把系着绳子的刀变成了一条有着狐狸头的蛇,将两个场景连在了一起(在插图中出现了两次,但在彩绘瓶上只出现了一次)。

　　许多图像学家都对这个不同寻常的容器提出了复杂的解读,每个人写出的故事都不一样。[148] 一个人看到的是一位"被恶魔侵扰的国王";[149] 另一个人描述了一个萨满正在照料一位先祖的尸体,蜈蚣的躯体是银河,三角墙结构内的活动是先祖的葬礼,由鬣蜥和一只头戴羽冠的猫科动物做看守。[150] 还有人解释说,彩绘图像所描绘的是"陆地双子"在地层深处所行的事,蜘蛛吐出的细丝表明了这一点;黑云中长着獠牙的脸是"猫头鹰武士",他囚禁了双子,但他在蜈蚣和秃鹫女的帮助下逃走了。[151] 又有人看到的是仲裁之神来到了冥界里暗夜之神的殿堂中——黑暗与飞蛾是冥界的标志。仲裁者向夜神祈祷，夜神便将他抬升到蜈蚣背上，让治疗师照料他的伤口。[152] 其他人将这一场景描述为负伤的猫头鹰治疗师用以蛛丝制成的绷带为负伤的英雄阿依·阿巴艾克疗伤。在另一面，英雄被困在一个茧形的神殿中，当他开始进入亡者的世界中时，他获得了夜行生物的视觉。[153] 解读层出不穷，图像学界的声音逐渐嘈杂。莫切图像学的工作已变得充满着不一致的观点，其程度在古代艺术史的其他子领域中甚为罕见。

但是，从图像解读的多重性中，我们可以学到更重要的一课。和所有的莫切艺术一样，柏林的彩绘瓶是在一种口头文化中被创造出来的。它过去可能是一种被用作辅助记忆的物品，帮助人们回忆和讲述现已失传的故事。图像学研究者常常希望能复原这类沉默物体的声音。事实上，这个彩绘容器也许的确有话要说。[154] 在我们与它邂逅的过程中，出现了某种形式的腹语术，[155] 但使容器开口的并不是我们。相反，是容器本身一次又一次地发出声音，促使人类移动他们的嘴唇，而现在，则是催动作者的手写下文字。即使是在被创造了一千多年以后，柏林的这只瓶子仍在以其原始目的——讲述故事——激励着它的所有者。在我们看来，相互矛盾的解释造成的令人不安的争议可能正是瓶子所"希望"的。它驱使着人们讲述灵活、可调整的故事（正如口头叙述本身），而非封闭的、确定的（正如书面文字被认为的那样）故事，无论叙述者的本意是否如此。正因如此，现代人企图从一只彩绘容器中破译出一则单一的主叙事的愿望可能从一开始就是具有误导性的。

尽管学者们后来发现的殖民时代文本似乎为莫切意象的一些方面提供了令人信服的解释，图像与证据之间的历史距离仍意味着根本性问题的存在。[156] 一种模制陶瓶上描绘着一个呈坐姿的长发人物（见图0.28），卡兰查写于 17 世纪的《道德的编年史》（*Corónica moralizada*）似乎为此提供了解释。[157] 此人物的穿着打扮是女性化的，但交叉在一起的獠牙表明她是一个超自然的存在。几个小生物依附在她的身上。

图 0.28

莫切瓶的形状是一个长着獠牙的女人,她的身体上粘着一些类似人类的小生物,公元400—800年(陶器,20.9×17.4×13.4厘米,拉尔科博物馆,利马,秘鲁,ML002308)

27 　此莫切图像似乎符合卡兰查的记录中的一则传说：一位叫作莫莱普（Mollep，"糟糕的人"）的巫师预言，该地区的人口将如他肮脏身体上的虫子一般大量繁衍。[158]卡兰查所撰写的殖民时代的历史也被用来解释"丧葬主题"（见图0.29a—c）中出现的一个暴露的女性身体——她的外阴显露，身体受到食腐鸟类的攻击。[159]作者描述了男性治疗师（Oquetlupuc）因未能获救的病人而被处死。[160]失败的治疗师的尸体会被绑在死者的埋葬之地，任由秃鹫吞食（恰是丧葬待遇的对照）。

28 　虽然陶瓶上画着的女性身体没有受到明显的捆绑，但其处于丧葬场景中，这已表明是类似的做法。尽管存在着这些共振，但将殖民时代的编年史直接安在年代更早的莫切图像上不能解释明显的性征与性别上的不一致。可能是受罚的治疗师的裸露人物与类似莫莱普的雕塑形象都明显是女性——其中一个形象的解剖学性征被很明显地表现了出来，另一个形象的性别身份则通过衣着和发型得到了传达，而卡兰查的主角则是男性。在经历了近千年的征服战争、人口崩溃和基督教化的过程中，古代女性主体被剥夺了其作为神话中的先祖与治疗师的地位。如果这些陶器上的图像的确是17世纪记载中的形象的前身的话，那么对女性宗教权威的认可可能已经受到了外国殖民力量的侵害。

　　早期现代史对前西班牙生活与沿海地区的传统提供了重要的洞见，[161]但作为殖民时代的文件，它们必须被置于历史背景中加以看待。同样，当我们试图直接通过当代传统了解古代物品时，也应格外小心。[162]在秘鲁沿海地区，即使西班牙或其他外国传统可以从更早期的原住民基质上被"分离"[163]出来，我们也不能假定本土的传统存在不曾中断的"纯洁性"。在后来的历史和民族史资料的基础上进行推断是非常有价值的实践，但正如卡罗琳·迪安所言，当我们逆向分析更古老的语境时，"不能按字面意义去理解，（尽管）应当认真对待"[164]。

　　鉴于这些解读上的挑战，正如古代或其他艺术史的其他领域长期

图 0.29a—c

绘有墓葬主题的莫切瓶子，公元600—850年，陶器，高25.4厘米。
a：罗德岛艺术学院博物馆，杰西·H. 梅特卡夫 (Jesse H. Metcalf) 夫人捐赠。（照片依据创作共享许可 [CC0 1.0] 提供）
b、c：唐纳·麦克莱兰绘（第0093号），裸露的女性身体局部图。（莫切档案，邓巴顿·奥克斯研究图书与收藏馆）

以来的情况一样，最富有成效的前进方法是"越过图像学"[165]的领域，采用后图像学的方法来进行图像研究。[166] 我所说的后图像学并不是对图像学的否定（那就是反图像学了，而我的努力，更确切地说，是超图像学的），相反，最近的田野考古学所产生的源源不断的背景信息，以及在莫切瓦卡建筑群、考维耶霍瓦卡和帕尼亚马卡等地的早期发掘和遗产收集所产生的档案数据，为莫切艺术研究带来了力量，使其能够以先前的图像学发现为基础，在空间、时间和社会差异的动态参数中丰富对图像的解读。尽管针对古安第斯的图像学研究主要聚焦于以主叙事为形式的古代宇宙观的构建，[167] 但我们已经逐渐有可能研究图像创造过程中的变化（以及有意义的连续性）、承载意象的物体与纪念碑的社会用途，以及图像在时空变化中所留下的遗产了，正如我们通过考古记录的历史所看到的那样。随着考古学"物质文本"的"档案"的扩大，对图像、物品、纪念碑本身及其意义在时间与地理上更为宏观的理解——即艺术史在时间深处的发展——可以逐渐成形了。[168]

考古艺术史与考古-图像学：在深邃往昔与图像邂逅

鉴于学者们对莫切世界的认知或自以为是的了解大多来自对古代意象的现代解读，而没有更加重视对图像制作、视觉修辞与接受的批判性解读，这实在是一桩怪事，因为这些都是艺术史和视觉研究在当代实践中的基本组成部分。不论是在古代还是在当代语境中，把文本和图像的表面内容视为它所彰显或代表的内容，都是错误的做法。一件艺术品既不是一扇窗，也不是一张真实呈现古代生活的幻灯片，而是一层"具有其自身特性和品质的"膜。[169] 正如我将"历史"广泛地定义为人类的过去一样，无论是否存在文字记录，我在本书中对"艺术"一词的用法也同样存在着充裕的解读空间。[170] 艺术史的作用是唤起人们对这些"膜"的关注,并研究艺术与图像在过去是如何发挥作用的(并将继续发挥作用),它们为谁服务,它们影响了谁,以及长远看来,它们带来了怎样的影响(或带走了些什么)。同时,艺术史所发挥的作用也并不止步于物质图像领域内,从你意识到"图像并非来源于现实,而是其状况的一种表现"那一刻起,它就在哲学意义上延伸至各个领域了。[171] 为艺术史中的一种实践在前西班牙时代的南美研究中找到其位置,能进一步扩展该学科的边界,使其超越在方法论上依赖文本材料来分析和解释图像的局限。古美洲艺术史为来自深度历史的视觉形式提供了帕特里夏·维多利奥(Patricia Victorio)称之为"批判性历史学"(*histórico-crítico*)[172] 的方法,在物质记录中确定它们的语境。这种方法抵制了人类考古学对古美洲研究的主导,以及其"将艺术史作为学科陪衬的倾向"。[173]

在本书中,莫切时期(一个洋溢着艺术表现力的时代)的壁画(一种背景丰富的媒介)全库是对图像制作的一系列交叉研究的基石,对其进行的研究是置于南美历史上没有文字记录的时代的。[174] 这些图像研究在时间、地理和分析上的尺度在各章中会有变化,但每一项都是基于在形式、制作方法和视觉效果上使用艺术史式的检视方法,辅以从田野考古学得来的关于文化传统、地缘政治动态、建造环境及历史变化的涵盖更广的视角,以及对地理、生物考古学和语言学因素的考虑。我把这种结合了艺术史的探索与考古学数据的研究称为考古艺术史(archaeo art history)。[175] "考古的"(archaeo)+"艺术史"(art history)这种复合形式在西班牙语中被更有效地表述为"*arqueohistoria del arte*"。[176] 在一些鉴定因素更为丰富的语境中,考古艺术史可以以更具体的形式出现,我将其称为"考古-图像学":根据图像参与和回应的物理证据,研究图像感知与意义构建。

莫切壁画所处的环境为我称为"图像的邂逅"的考古-图像学研究提供了条件。这些词语也需要介绍。表面看来,"图像"是一个具有实用性的基本词语,指的是以颜料、黏土或其他"可塑"媒介对形象、主题或图案进行视觉表现：W. J. T. 米切尔（W. J. T. Mitchell）在其图像家谱中把它列为"图形的"图像（与之并列的是"视觉的""感知的""心理的"和"语言的"）[177]，尽管在前西班牙时代的美洲，物质图像与精神相似性（"上帝形象"，*imago dei*）[178] 的联系并不能得到推定。公元第一个千年秘鲁北部沿海图像的本体论并不只局限于地区研究，而是具有更广泛的理论意义。本书所聚焦的核心问题是：图像是什么（而不仅仅是它们代表着什么）？[179] 创造与认知是如何对应的？[180] 图像起到了什么作用？[181] 它们表达了怎样的愿望（以及这些愿望的主体是谁）？[182] 它们引发了怎样的反应？[183] 它们带来或夺走了怎样的遗产？

在更多受益于原住民语言的美洲语境中，有时可以对"图像"的主位概念进行定义。纳瓦特语（Nahuatl）中的中美洲概念 *ixiptla*（相似性，图像，代理，替代，神祇的尘世"扮演者"）[184] 和出自玛雅铭文的 *baah*（身体、自我、图像、肖像）[185] 表明，通过相似性，神灵或王室主体的在场充满了其物质载体，并得以显现。在南美洲，源自克丘亚语的概念显示出对图像制作的不同态度。在这种语言中，物质再现通常并不意味着创造表面的相似性，而在于引出事物内在、富有生命力的本质（*camay*）。[186] 在印加艺术中，"存在"不需要具有相似性，而是需要物质性与借喻。[187]

从秘鲁沿海地区的原住民语言中得出概念性的观点要困难得多，这些语言的前西班牙形式如今已无人使用。在其关于莫切意象中存在图形字谜装置的提案中，玛格丽特·杰克逊提到了穆奇克语中意为太阳的"*xian*"一词，根据伊西多拉·伊希克（Isidora Isique）于1929年在埃滕向沃尔特·莱曼（Walter Lehmann）所做的证词，该词也被用来指代一种螃蟹，其蟹壳上的天然纹路看起来像太阳。[188] 太阳与螃蟹之间的这种联系在早先的17、18或19世纪文献中都没有得到证实。这似乎是一种特殊的存在，而非词语与图像间关系的基本概念。在大多数其他穆奇克语词汇表中，"太阳"（*xllang*）一词更多是与表示"隐藏"和"埋葬"的动词,以及表示"坟墓"的名词 xllangir 一同出现。[189] 落日就写作"血日"(cul xllang)。[190] 在 1906—1910 年,布吕宁(Brüning)记录了各种在穆奇克语中表示"螃蟹"(cangrejo)的词,包括"蜊蛄"(llang lláncaj),伊希克后来可能是将其与 xllang 混淆了。[191]

从穆奇克语词语 c'häpmong 和 quellca 中,我们可以找到一些关于"图像"这一概念的语言学洞见。在其富有感染力但常常沦为空想的关于莫切美学词汇的论文中,建筑师、历史学家埃米利奥·阿特-特雷(Emilio Harth-Terré)将前者定义为"imagen、retrato、estatua"(图像、肖像、雕像)。[192] 他的解读是基于恩斯特·米登多夫(Ernst Middendorf)在 19 世纪对 c'häpmong 的定义:Bildnis、Bildsäule。[193] 这两个德语词可粗译为英语中的"肖像"(但取雕塑画像之意)和"画像柱"(或雕刻柱,一种雕像)。有意思的是,米登多夫没有简单地使用"Bild"(图像、图片)一词。因此,我们可以推断,穆奇克语中表示"图像"的词没有二维图片的意思,而是指一种雕塑形式,也许是取雕刻物之义,或帕查卡马克中的"偶像"[194] 之义,还有可能是指天主教的圣徒雕塑。在穆奇克语中,唯一接近二维图像这个概念的词是 quellca(或 kélyka),借自克丘亚语中的 quillca(带有标记的表面)一词,[195] 至少到 20 世纪初,它在穆奇克语中是被用来表示"纸"的。[196] 穆奇克语中更古老的用来表示"图像"的词则传达了一种雕塑图像优先的次序感。事实上,秘鲁沿海地区最早的已知壁画项目是雕刻的浮雕,而非平面图像,这可能与这种微弱的语言上残存的联系相符。

壁画的物质性保留了人与图像邂逅的证据。"邂逅"是一种关联,[197] 是会为双方都带来转变的事件。它是互动的,也要求知觉与情感表达。它先于智力上的"认识"而存在,或在后者缺席时发生。[198] 通过对壁画的物质表面及其考古环境的细致关注,我们可以察觉到曾经的邂逅所留下的痕迹,以及(在某些情况下)借由这些邂逅所产生的米切尔称之为"感知"或"精神"图像存在的暗示。

研究古代图像的考古艺术史学方法可以提出这样的问题：图像程序是如何在时空中被构思、创造并邂逅的，即使其中所描绘的具体人物或叙事无法被完全识别或破译。[199] 这种方法必然是基于形式、背景和现象的。它还需要对在美洲所实践的传统的艺术与考古学关系进行批判性颠覆。这种方法不是将古代意象视为可供发掘的原始材料，以呈现过去的生活方式或宗教信仰，而是利用考古研究所产生的证据来书写图像制作、图像邂逅和图像体验的叙事。[200] 这种方法要求实践者遵守塞西莉娅·帕尔多的跨学科呼吁，"抛开艺术与考古学之间老旧且错误的对立"，[201] 并建立茱莉娅·格恩齐（Julia Guernsey）所描述的"合声"来进行解读。[202] 当然，这样的方法并不局限于古代美洲，[203] 甚至也不局限于遥远的过去，而是可以应用于任何时代中，使被边缘化且未被以其他形式记录下来的传统得以从物质遗迹中复原。[204] 这样，科学探究就可以为"人文主义目标"做出贡献，正如乔治·库布勒（George Kubler）所写的："复原那些意义与价值脆弱的骨血，它们仅存微弱的痕迹附着在考古史的外加框架之上。"[205]

本书的结构

为了发展莫切壁画的考古艺术史，本书涵盖了一系列的研究，分为四章。就时间与空间而言，各章的分析规模不一：从南美洲古代太平洋沿岸图像创作的广阔全景（第一章）到对秘鲁北部沿海地区莫切壁画在公元200—650年的形式与空间的分析（第二章），再到较为短期的莫切晚期时代（公元650—850年，第三章），接着是更为具体的有关图像感知、体验与反应的考古-图像学事件（第四章）。随着每一次规模的变化，每一章也都着重聚焦于一个不同的方面——身体、复制品、叙事和质地，以引导读者逐步体验这些与古代壁画艺术的邂逅。

在第一章中，我大体评估了南美洲西部，特别是太平洋沿岸的造像与壁画艺术的起源。尽管有证据表明壁画是从更为古老的岩画（即象形图画）演化而来的，但种类更广的壁画艺术（包括绘画和土质浮雕）的起源要更为复杂。公元前2300—公元前2000年，在秘鲁太平洋沿岸被创作出来的最早期的壁画大多是用黏土按真实大小塑造的人类和动物的未经上色的图像。我认为，这些有计划的壁画雕塑项目的起源无法在石模中找到，但可以在原始的黏土作品中找到，包括秘鲁南部和智利北部沿海地区的手持小雕像和复杂的墓葬雕塑。太平洋沿岸强调具象的图像制作的古老传统彰显了莫切艺术中具象主义的深厚渊源，此前这被认为是该地区的一种异常现象。莫切壁画对身体的表现并没有提供关于"古代身体"的单一视角，而是在早期（约公元前2300—公元650年）沿海壁画艺术的谱系中积累了多种形式的雕塑实体，我认为，这是建立在肉体与黏土、骨头与骨架的核心隐喻之上的，以及对外在性与内在性的辩证关系的细致理解上的。

在第二章中，我开始讨论如何定义在约公元200—650年的莫切壁画艺术的艺术基础。在月亮瓦卡和考维耶霍瓦卡神殿群的壁画项目中，共有的图像创作实践是基于常见的建筑和设计模式的。在这些中心以及其他中心，艺术家们使用了与山有关的长着獠牙的祖先的神祇形象，以及北部沿海设计所共有的形式，因为艺术家需要借助过去和现在关联。门廊和神殿立面上的壁画显示出一种明显的"复制美学"。尽管壁画本身是费时费力地手工雕琢和绘制的，但重复性的雕带是基于可复制图像（来自织布机、模具，以及其他早期的机械复制技术）的构成逻辑的。在关键时期，这些瓦卡的视觉项目被完整地复制下来，或是就地，或是在别处其他瓦卡的地基上。

在第三章中，我将目光放在了7世纪北部海岸所发生的重大社会与艺术变革上。旧的神殿被遗弃了，其中一些被大幅扩建，其他——例如月亮瓦卡的新神殿和帕尼亚马卡的纪念中心——则被重新建造。在7世纪莫切世界的复兴中，壁画艺术曾经的样貌也发生了变化。过去那长着獠牙的掠食者之神、共有的北部沿海设计、复制美学，以及对雕制浮雕的投入都消失不见了。新创造的艺术形式变为平面的，执行更为迅速，使用的是更经济的手段，着重强调武士列队前进的具象场景，以及对莫切意识形态经久不衰的叙述。莫切文化得到进一步传播并以新的强度发展起来，这些后来出现的壁画似乎服务于新的社会目的，特别是在南部山谷中。在晚期的莫切壁画中，我们可以看到媒介在技术和风格上的简缩。莫切瓦卡和帕尼亚马卡的壁画艺术家们以不同的方式回应了瓦里帝国从南方崛起所带来的加重的社会与经济压力，与北方高地社群的关系，以及莫切社群自身铭记并确认塑造内部归属感的叙事的渴望。

在第四章中，我从考古艺术史转向了考古–图像学（狭义的考古艺术史）。这一章首先深入探讨了我的项目在帕尼亚马卡的田野调查中记录下来的一栋带柱遗迹的视觉与物质特性。考古地层、建筑序列，以及献祭、奠酒、焚烧和古代涂鸦的物质证据组成了纪念碑及其图像，还有它曾经贮存的社会生活的多感官的物质历史。在帕尼亚马卡，我们的挖掘工作与我视为对这些彩绘柱进行过古代发掘的证据是相吻合的，这些证据揭示了数代人对隐藏在表面之下的东西是知晓的。我的团队与那些曾两次出土的图像的邂逅，不过是漫长的一系列图像邂逅中最新的一次。对帕尼亚马卡、月亮瓦卡的旧神殿等地的壁画的表面纹理的关注，揭示了古代人们看到这些图像时是如何对其做出反应的，以及借由这些邂逅，意义是如何产生的。频繁出现的人物图像的"涂鸦"（或"图像行为"）让人想起在石洞中以颜料或切痕在表面做标记的做法。在几个莫切中心，可以看到将从壁画中提取主题并缩小比例的图像划入背景和画作边界的递归做法。这些划出来的形象可以被理解为长时段内更为正式的壁画艺术项目的一种有趣的对比。

本书的写作是基于这样一些理念，它们超越了我对莫切壁画的特别关注：历史不需要局限于书写文字；图像的意义可以从那些从深度历史遗留下来的零星证据中得到线索，即使它们不能被确凿地证明；考古学无须局限于人类学范畴，正如艺术史无须局限于鉴赏或艺术家传记；关于古美洲历史的叙述需要得到书写；我们当今的世界需要这些东西，因为，借用唐纳·哈拉韦（Donna Haraway）的话："开放的未来是建立在新的过去之上的。"[206] 作为一个整体，作为看待壁画艺术多层次视角的顶点，本书的各章合力协作，力图达成此处所列出的考古艺术史目标。这种努力是更广泛的追求的一部分，即撰写一部人文主义历史，关于在印加帝国统治太平洋沿岸或第一个欧洲人踏足南美大地许久以前所成就的意义、价值、创造性行为以及事件。

注 释

1 "Lo del templo del sol en quien ellos adoran era cosa de ver, porque tenían grande edificio y todo él por de dentro y de fuera pintado de grandes pinturas y ricos matices de colores, porque los hay en aquella tierra." Estete, "Noticia del Perú," 249.

除非另有说明，注释中的所有翻译均由作者完成。这部写于 1535—1540 年、未署名的编年史被认为是埃斯特特（Miguel de Estete）的作品，虽然一些历史学家认为它是由皮萨罗一行中的另一个人撰写的。

2 "Y en las partes que están a menudo las poblaciones va a trechos, dos y tres y cuatro leguas más o menos, plantado de árboles de una parte y de otra, que se juntan arriba y hacen sombra a los caminantes; y donde éstos faltan, van paredes hechas de una parte y de otra, y en ellas pinturas de monstruos y pescados y otros animales para que mirándolos pasen tiempo los caminantes." Estete, "Noticia del Perú," 270.

3 在皮萨罗的带领下进入印加帝国领土的"西班牙"一行包括伊比利亚人和地中海人（包括卡斯蒂利亚人、安达卢西亚人、加泰罗尼亚人和希腊人等）、自由的黑人男性（包括在西班牙出生的男性）、被奴役的非洲及非裔男女，以及来自中美洲的被奴役的原住民男女。Lockhart, *The Men of Cajamarca*; Restall, "Black Conquistadors."

4 西班牙人第一次到达今秘鲁时，正值印加帝国争夺继承权的内战期间。如果没有数千名反对阿塔瓦尔帕和印加帝国的原住民盟友的帮助，皮萨罗在卡哈马卡和库斯科是不可能获得胜利的。这些盟友们欢迎、供给并引导"征服者"的到来，帮助他们先来到卡哈马卡，再进入帝国的中心。Mikecz, "Beyond Cajamarca."

5 Cummins, *Toasts with the Inca*, 14–20. Herring, *Art and Vision in the Inca Empire*.

6 "瓦卡"（"huaca"，有时写为 guaca 或 wak'a）一词来自克丘亚语（印加人等高地民族的语言），泛指多种类别的神圣存在、地方和事物。Salomon, "Introductory

Essay." 该词在秘鲁沿海地区的指称更为狭义，主要用于描述景观中的前西班牙土坯建筑的遗迹。

7 Boone, *Stories in Red and Black*, 29. 布恩（Boone）提出了一个对书写更为广泛的定义："通过永久性的可见标记，以常规方式传达相对具体的想法。"（同上，第30页）这更适用于理解墨西哥中部的图绘文字，如果依"标记"的意涵，也可包括绳索上的结，则可扩展到印加的结绳文字上。

8 Brokaw, *A History of the Khipu*. 印加人主要将结绳文字用于记账；关于破译叙事性结绳文字的可能性，也许是以意音文字的形式，见 Hyland, "Writing with Twisted Cords"。

9 Estete, "Noticia del Perú," 260–263; Estete, "La relación del viaje," 110–112; Pizarro, "A los magníficos señores," 81–83.

10 尽管一些早期的西班牙殖民时代文本顺便提到了兰巴耶克和奇穆王朝的北部王国在乔特（Chot）（即乔图纳瓦卡 [Huaca Chotuna]）和昌昌（Chan Chan）的前印加时代的神殿与宫殿，但其描述都十分简略。昌昌的建筑给这些早期作家留下了深刻印象，但他们没有花费篇幅予以描述。他们也没有对昌昌的土质壁画进行评论，尽管在始于16世纪的寻找金银财宝的发掘过程中，人们一定会时不时看到这些壁画。16世纪和17世纪的西班牙作家对这些沿海中心的所谓"偶像"给予了更多关注，据说，这些偶像是以雕刻的柱子、一只金狐狸、一块绿石头、鱼和其他动物的形式出现的。关于这些资料的进一步讨论以及它们在考古学中的应用，见 Rowe, "The Kingdom of Chimor"; Ravines, *Chanchán: Metrópoli chimú*; Moseley and Cordy-Collins, *The Northern Dynasties*; Pillsbury, "Sculpted Friezes"; Donnan, *Chotuna and Chornancap*。

11 秘鲁的第一批西班牙士兵和文员通过伊比利亚征服者的语言来描述他们所看到的景观，例如，他们常把原住民的神殿称为"清真寺"（*mezquitas*）。MacCormack, "The Fall of the Incas," 422–423.

12 "Era cosa de ver." Estete, "Noticia del Perú," 242、249、261.

13 "Estaban enlucidas de tierra y pintura de varios colores, con muchas labores curiosas á su modo, si bien al nuestro toscas, y diversas figuras de animales mal formadas, como todo lo que estos indios pintaron." Cobo, *Historia del Nuevo Mundo*, 4:50 [bk. 13, ch. 17]. 英语翻译来自 Cobo, *Inca Religion and Customs*, 87。关于帕查卡马克的多色壁画的现代文献，见 Muelle and Wells, "Las pinturas del Templo de Pachacamac"; Colonna-Preti, Eeckhout, and Luján-Dávila, "Pinturas y pintores en Pachacamac"。

14 关于西班牙殖民时代对秘鲁北部沿海遗址的破坏与获得许可的掠夺，见 Zeva-

llos, *Huacas y huaqueros*; Delibes, *Desenterrando tesoros en el siglo XVI*。

15 "Por cosas dignas de memoria quiero poner dos que en la guaca grande de Trugillo se vieron por los años de 1602 … Un dia cayò un grande lienço de pared, i descubriò chafalonias de plata, cascabeles, i ojas de oro bajo, i entre todo una figura de oro finisimo … a esta forma un Obispo … Descubriose un lienço entero de pared, i en el pintados con pinzel burdo, i colores bastardos muchos onbres armados a cavallo con sonbreros, espadas de rodajas, lanças de ristre en las manos, i figuradas barbas en el rostro." Calancha, *Corónica moralizada*, 486. 另见 Bonavia, *Mural Painting in Ancient Peru*, 72。

16 "De que onbre armado, o de que onbre a cavallo pudieron sacar los Indios esta pintura? Ya de decirse que estos Indios, i los del Cuzco tuvieron antiquisimos oraculos, como lo repetia su Rey Guaynacapac (i dejamos probado) que una gente armada con barbas, i sobre animales, avian de ser los sugetadores deste Inperio, i los señores deste vasallaje, enseñando mejor ley i Religion que la suya. Con estas pinturas aparecio el Obispo; a todos nos admirò, i cada qual juzgò como sentia, i los mas atentos lo atribuyeron a pronostico, que advertidos del demonio o alunbrados del cielo pusieron en pintura a los que conquistando sus tierras los avian de abrir puerta a la salvacion de sus animas, i poniendo orcgera Real a nuestros Obispos, le colocaron entre las pinturas de los Españoles." Calancha, *Corónica moralizada*, 486.

17 MacCormack, "Calancha, Antonio de la," 98; Adorno, *Guaman Poma*, 27–29.

18 Sandweiss and Quilter, *El Niño, Catastrophism, and Culture Change*.

19 鉴于他对太阳瓦卡的前西班牙时代壁画的描述曾出现西班牙骑兵这种不可能的存在，卡兰查能提供对这种叠加的建筑形式的敏锐观察确实令人惊讶。但是，他的主张中有很重要的一点，即他证明了带有壁画的墙在古代就已出现，而非后来的殖民主义作品。卡兰查指出，正是由于建造者用一面墙来覆盖另一面墙，这些图像和它们的记忆才得以保存下来。"Ya dige que una pared està contigua con otra como un pliego de papel, que cubre a otro, o lienços o laminas, que arrimadas se juntan… Para que las pinturas se perpetuasen, i los memoriales no se perdiesen." Calancha, *Corónica moralizada*, 486.

20 Pillsbury and Trever, "The King, the Bishop, and the Creation of an American Antiquity."

21 Martínez Compañón, *Trujillo del Perú*, 9:5–7. 水彩画中唯一的建筑装饰是查查波亚斯地区的一个结构上的石雕带状壁画。（同上，9:4。）

22 Pillsbury, "Sculpted Friezes," 19–25; Pillsbury, "Reading Art without Writing." 昌昌的

那些纪实项目恰好与摄影的广泛采用相吻合。织物式浮雕，以及它们通过光影效果形成的图案，为新的记录媒介提供了一个理想的主题。

23 在特鲁希略，在最早的殖民时代大房子之一——位于吉隆独立路 527 号（Jirón Independencia 527）、约建于 1560 年的加西亚·奥尔金之家（Casa García Holguín）中，管理员里卡多·莫拉莱斯发现了三层用前西班牙时代的材料和技术绘制的壁画（私人通信，2016 年）：一个由直线构成的设计，后面是一个穆德哈尔式设计；然后是一个文艺复兴风格的花卉图案。在特鲁希略市中心的门廊和天井中，可以看到其他早期现代壁画的遗迹。解放之家（Casa de Emancipación）内的 18 世纪壁画与马丁内斯·康帕农创作的水彩画的风格相似。受过共同的绘画传统训练的画家可能同时创作了壁画和水彩画。Restrepo, "'Trujillo del Perú' en la Biblioteca Nacional de Colombia," 68.

24 Protzen, "Max Uhle and Tambo Colorado"; Wright et al., "Mural Paintings in Ancient Peru."

25 "Así, poco se sabe de ella. La documentación es casi nula y la evidencia directa casi inexistente. El tiempo y la incuria del hombre lo han destruido todo." Bonavia, *Ricchata Quellccani*, 6.

26 博纳维亚在 *Mural Painting in Ancient Peru*, 47–109 中记叙了这段历史中的大部分情形，但并非全部。

27 Alva and Donnan, *Royal Tombs of Sipán*.

28 Pillsbury, *Moche Art and Archaeology in Ancient Peru*.

29 三十年来，这些项目所产生的文献十分广泛。近期最具代表性的出版物包括：Uceda, Morales, and Mujica, *Huaca de la Luna*; Franco, "El complejo arqueológico El Brujo"; Mujica et al., *El Brujo*。

30 Trever, *The Archaeology of Mural Painting*.

31 Bonavia, *Mural Painting in Ancient Peru*.

32 我要感谢阿维诺罕·沙勒姆（Avinoam Shalem，私人通信，2019 年），他激发了我超越对艺术媒介的传统描述的思考。

33 Souvatzi, Baysal, and Baysal, "Is There Pre-History?," 4.

34 Younging, *Elements of Indigenous Style*.

35 Cañizares-Esguerra, *How to Write the History of the New World*.

36 戈登·威利（Gordon Willey）和菲利普·菲利普斯（Philip Phillips）的著名宣言是："美洲考古学要么是人类学，要么什么都不是。"（Willey and Phillips, *Method and Theory in American Archaeology*, 2.）威利和菲利普斯声称对梅特兰（Maitland）的

著名格言进行了"转述",但实际上是对其进行了颠倒。1911 年,后者曾写道:"我自己的信念是,不久以后,人类学将在成为历史和什么都不是之间做出选择。"(Maitland, *The Collected Papers of Frederic William Maitland*, 3:295.) 关于采用人类学视角的考古学对人文学科给出的"领域信息",见 Kubler, "History—or Anthropology—of Art?," 763.

37 在美洲考古学的其他领域——例如,在墨西哥北部和美国西南部,考古学和历史学的学科仍然更为紧密地交织在一起,有时被视为"考古史"。DiPeso, "The Northern Sector of the Mesoamerican World System," 11; Whalen and Minnis, *Casas Grandes and Its Hinterland*, 47–49. 考古学和历史学的毗连性——即考古学作为一种物质化铭刻的历史存在——在安第斯研究中较少显现。例外情况包括 Wernke, "An Archaeo-History of Andean Community and Landscape"。

38 Souvatzi, Baysal, and Baysal, "Is There *Pre*-History?," 12. 另见 Smail and Shryock, "History and the 'Pre,'" 722。

39 "历史始于身体和人工制品:活人的大脑、化石、文本和建筑。"Trouillot, *Silencing the Past*, 29.

40 1670 年,英国古文物研究者约翰·奥布里(John Aubrey)写道:"这些古物是如此古老,以至于没有书籍能够接近它们:因此,除了通过比较古物——正如我在古迹现场所写的那样,没有其他办法能找回它们。"引自 Schnapp, "The Birth of the Archaeological Vision," 218。

41 Stephens, "Cómo leer ruinas."

42 Squier, *Peru*, 3 & 571–576.

43 例如,可参见 Roberts, "Landscapes of Indifference"。

44 Mould de Pease, "Squier, Ephraim George," 653.

45 在此之前,考古学家几乎没有办法确定没有铭文的古代作品的"绝对"年代(相较于基于陶器或建筑序列而得出的相对年代)。然而,在 1948 年,艺术史学家乔治·库布勒通过测量掩埋文物的鸟粪的深度,并根据已知的历史地平线对其进行校准而获得了沉积于秘鲁海岸外的鸟粪石岛上的文物(包括莫切陶器和木雕)的年代,这个年代我们现在可以确认是非常准确的。(Kubler, "Towards Absolute Time," 29–50.)

46 AMS 大大提高了对较小的碳样本进行测年的准确性。同时,考古学家们也开始更加关注"旧木头"的问题,特别是在南美洲太平洋沿岸这样干旱的环境中,因森林稀少,木质梁柱常被重复使用,有时使用时间甚至超过几个世纪。

通过关注肯定会在与所调查事件相同或相近的时间枯萎的一年生植物，考古学家们已经能够创建更为精确的年表了。有关莫切考古学的可靠的放射性碳年代学领域的讨论，参见 Koons and Alex, "Revised Moche Chronology"。

47 长期以来，如何处理时间一直是撰写古代南美洲艺术史的可能性的核心问题。Rowe, "La posibilidad de una historia del arte del antiguo Perú."

48 Kubler, "Period, Style and Meaning in Ancient American Art," 132.

49 Kubler, "Aesthetics since Amerindian Art before Columbus," 40.

50 Rowe, "Cultural Unity and Diversification in Peruvian Archaeology"; Rowe, "Stages and Periods in Archaeological Interpretation"; Stone-Miller, "An Overview of 'Horizon' and 'Horizon Style.'"

51 "造像"（Figuration）在这里被定义为"以二维或三维的方式表现可见世界的各个方面"。Morley, "Material Beginnings," xvii.

52 Burger, *Chavin*.

53 Ikehara, "Multinaturalismo y perspectivismo"; Lathrap, "Jaws"; Weismantel, "Seeing Like an Archaeologist."

54 Arkush and Tung, "Patterns of War in the Andes"; Ikehara, "Leadership, Crisis and Political Change"; Ikehara and Chicoine, "Hacia una reevaluación de Salinar."

55 Millaire, with Morlion, *Gallinazo*.

56 Millaire, "Gallinazo and the *Tradición Norcosteña*," 13. 米艾尔（Millaire）的理论是基于加思·鲍登（Garth Bawden）早期关于加伊纳索和莫切之间关系的作品。Bawden, "The Structural Paradox."

57 Surette, "Virú and Moche Textiles."

58 Bonavia, *Mural Painting in Ancient Peru*, 44, fig. 27. 在莫切遗址埃尔卡斯蒂约（El Castillo de Santa），克劳德·沙普德莱纳和他的团队记录了一个由土坯砖排列成十字图案的黄色灰泥带状壁画，他们认为这与早期的加伊纳索传统有关。Chapdelaine, "Moche Political Organization in the Santa Valley," 265. 另见 Bennett, *The Gallinazo Group*, 107–108, fig. 9, pls. 2, 4, 5。

59 Millaire, "Woven Identities in the Virú Valley," 160.

60 Castillo, "Gallinazo, Vicús, and Moche," 227.

61 Larco, *Los mochicas* (1938、1939); Larco, *Los mochicas* (2001). 马克斯·乌勒等人的早期工作将同一传统称为"原奇穆"或"早期奇穆"。

62 一些研究人员坚称莫切入侵者对加伊纳索社群进行了殖民这一征服模式。例如，见 Chapdelaine, Pimentel, and Gamboa, "Gallinazo Cultural Identity"。然而，如果没有曾发生战争的实物证据，就很难将征服模式建立在文化差异与战斗的图像之上。

63 Larco, *Cronología arqueológica*, 28–36.

64 Quilter and Castillo, *New Perspectives on Moche Political Organization*.

65 Castillo and Donnan, "Los mochica del norte y los mochica del sur."

66 在玛雅考古学中亦是如此，早期的政治统一模式已被对王权中心的政治竞争与对联盟的更细致入微的理解所取代。在玛雅地区，对这些政治与社会动态的领悟要极大地归功于对古迹铭文的破译。(Martin and Grube, *Chronicle of the Maya Kings and Queens*.) 尽管莫切研究无法从铭文的角度获益，但用多学科的方法来分析人类遗骸、物质文化和纪念性实践这一做法，有很大的潜力能使这些中心的人口与内部的关系变得明朗。例如，见 Klaus et al., "Biological Distance Patterns among the Northern Moche Lords"。

67 Castillo, "Moche Politics in the Jequetepeque Valley."

68 Chapdelaine, "Moche Political Organization in the Santa Valley"; Chapdelaine, "Moche Art Style in the Santa Valley."

69 学者们的期望影响了如何解读拉尔科所称的"经典"莫切风格的变化。例如，在比鲁谷中的万卡科，史蒂夫·布尔热（Steve Bourget）发掘出的莫切风格的陶器与更北部的莫切中心地带已知的经典类型不一致。他得出的结论是，万卡科的陶器和居民都不应被视为属于"莫切"。Bourget, "Cultural Assignations during the Early Intermediate Period"; Bourget, "Somos diferentes." 在比鲁谷中的其他地方，让-弗朗索瓦·米艾尔在圣克拉拉瓦卡（Huaca Santa Clara）将与万卡科有关的莫切风格的陶器解释为当地顺应莫切帝国主义的证据。Millaire, "Moche Political Expansionism as Viewed from Virú." 克里斯托弗·唐南认为，万卡科的陶器代表了表达当地文化与政治身份的诸多莫切风格的替代品之一。Donnan, "Moche Substyles." 在南美考古学中，将陶器风格解释为民族或政治身份的代用指标，在很大程度上仍是一个未被理论化的问题。

70 在北部山谷，考古学家们设计了一个更为灵活的年代序列，即早期、中期和晚期莫切，来取代拉尔科的序列。例如，见 Castillo, "The Last of the Mochicas."

71 尽管一些学者坚持认为开始的日期为公元 50 年左右，但与莫切陶器有关的可靠的碳定年开始于公元 200 年之后，并持续到 9 世纪。Koons and Alex, "Revised Moche Chronology"; Koons, "Moche Geopolitical Networks"; Quilter and Koons, "The

Fall of the Moche"; Lockard, "A New View of Galindo."

72 这个想法来自与乌戈·池原（私人通信，2019 年）的持续对话。

73 Lau, *Ancient Alterity in the Andes*; Lau, "Intercultural Relations in Northern Peru."

74 Bruhns, "The Moon Animal."

75 Lau, "Object of Contention."

76 Pardo and Rucabado, *Moche y sus vecinos*; Scher, "Dressing the Other."

77 Rucabado, "Los otros, los no-moche."

78 Shimada et al., "Cultural Impacts of Severe Droughts in the Prehistoric Andes," 261.

79 Billman and Huckleberry, "Deciphering the Politics of Prehistoric El Niño Events."

80 Moseley, Donnan, and Keefer, "Convergent Catastrophe and the Demise of Dos Cabezas."

81 Uceda, "Theocracy and Secularism"; Uceda and Canziani, "Evidencias de grandes precipitaciones."

82 Chapdelaine, "Moche Political Organization in the Santa Valley"; Trever, *The Archaeology of Mural Painting*.

83 Caramanica et al., "El Niño Resilience Farming on the North Coast of Peru"; Dillehay and Kolata, "Long-Term Human Response to Uncertain Environmental Conditions in the Andes."

84 一些学者仍主张瓦里征服了莫切。例如，见 Giersz and Makowski, "El fenómeno wari"。

85 Lau, "Intercultural Relations in Northern Peru," 42–43.

86 Castillo, "La presencia de Wari en San José de Moro"; Castillo, "The Last of the Mochicas"; Castillo, Fernandini, and Muro, "The Multidimensional Relations between the Wari and the Moche States."

87 Stone, "Technique and Form in Huari-Style Tapestry Tunics"; Bergh, "Tapestry-Woven Tunics."

88 Jiménez, "The Evolution and Changes of Moche Textile Style."

89 Shimada, *Cultura Sicán*.

90 Vogel, *The Casma City of El Purgatorio*; Moseley and Day, *Chan Chan*.

91 D'Altroy, *The Incas*.

92 Cummins, *Toasts with the Inca*; Mackey and Nelson, *Life, Death and Burial Practices*.

93 Cook, *Demographic Collapse*.

94 Vargas Llosa, *Death in the Andes*; Arguedas, *The Fox from Up Above and the Fox from Down Below*.

95 Vizenor, *Survivance*.

96 "源于暴力殖民这一遭遇的本土性构成了殖民主义的另一面。与其将其视为一种固定的身份，不如将其看作一个持续的过程和一个关系性类别，其中既包括自我认同，也包括他人（如殖民者、定居者、教会、国家，以及拥有大量象征资本的学者）的认同。" Kaltmeier, "On the Advantage and Disadvantage of Heritage," 24.

97 关于本土沿海地区语言的复兴，见 Eloranta and Bartens, "New Mochica and the Challenge of Reviving an Extinct Language"。想要了解近期的一个以社群为基础记录民间传说的项目，见 *Relatos de la Campiña de Moche*。

98 遵循目前艺术史和考古学的惯例，我在这里使用的是"安第斯"和"安第斯山脉的"这两个词的学术性泛指，指的是沿太平洋海岸和安第斯山脉的南美地区，包括厄瓜多尔南部、秘鲁、玻利维亚以及智利和阿根廷北部，有时也被称为"中安第斯"。具体指代安第斯山脉及其山麓的高海拔地区时，我使用的是"高地"或"安第斯高地"。

99 Murra, "El control vertical de un máximo de pisos ecológicos." 另见 Van Buren, "Rethinking the Vertical Archipelago"。

100 Topic and Topic, "Coast-Highland Relations in Northern Peru." 新的证据也带来了理论的修订（例如"海藻公路假说"），即在距今两万年前，首批美洲定居者是从东北亚通过"环太平洋沿海走廊"到来的，而非传统上广为流传的陆路。Braje et al., "Finding the First Americans."

101 Shimada, *Pampa Grande and the Mochica Culture*, 91.

102 Beekman and McEwan, *Waves of Influence*.

103 Nakatsuka et al., "A Paleogenomic Reconstruction." 应该指出的是，这篇论文是基于相对较小的样本量得出结论的，特别是秘鲁北部沿海地区。

104 Nakatsuka et al., "A Paleogenomic Reconstruction," 1138–1139.

105 Valdez, "Complejo cerámico: Mayo Chinchipe."

106 Urban, "Is There a Central Andean Linguistic Area?"

107 Torero, "Deslindes lingüísticos en la costa norte peruana"; Cerrón-Palomino, *La lengua de Naimlap*; Urban, *Lost Languages*; Quilter et al., "Traces of a Lost Language."

108 想要查看世纪之交使用穆奇克语的社群的罕见照片，见 Schaedel, *La etnografía*

muchik。

109 Urban, *Lost Languages*, 62.

110 Ibid., 64.

111 Ibid., 69.

112 Salas, *Diccionario*; Brüning, *Mochica Wörterbuch*.

113 Eloranta, "Language Contact across the Andes."

114 Urban, "Is There a Central Andean Linguistic Area?"

115 Urban, *Lost Languages*, 207–208, 212–213, 220–221.

116 Ibid., 228.

117 Herrera, "Multilingualism on the North Coast of Peru."

118 Urban, *Lost Languages*, 67, 70.

119 Urban, "Linguistic and Cultural Divisions in Pre-Hispanic Northern Peru"; "Dillehay, Un comentario."

120 最直接地使用印加历史来解释作为同质的泛安第斯文化一部分的莫切艺术意象的作品包括 Hocquenghem, *Iconografía mochica*; de Bock, *Human Sacrifices for Cosmic Order and Regeneration*。

121 考古学家、人类学家和艺术史学家也越来越多地将从亚马孙民族学中发展出来的泛灵论和视角主义模型跨越空间与时间，应用于广泛的"美洲印第安"主题中（包括莫切艺术和视觉文化），作为除西方认识论之外的另一个选择。Tantaleán, "Andean Ontologies," 11–12.

122 Coronado, *The Andes Imagined*. 关于通过"安第斯世界观"、使用克丘亚语词汇来指导对泛安第斯艺术史的解读，见 Stone, *Art of the Andes*, 16–19。

123 这种区别在 Pasztory, *Pre-Columbian Art* 中得到了最为明确的阐释。另见 DeMarrais, "Animacy, Abstraction, and Affect in the Andean Past"。

124 Paternosto, *The Stone and the Thread*.

125 Pasztory, *Pre-Columbian Art*, 20.

126 尽管在秘鲁北部沿海的各个地点都曾发掘出重要的例子，但莫切纺织品在博物馆的藏品中并不出名。那里的保存情况不如更为干燥的南部沿海，因此幸存下来的往往是残片。然而，莫切纺织品使用的技术范围十分广泛。例如，见 Conklin, "Moche Textile Structures"。出土的藏品包括来自北部遗址帕卡特纳穆的和南部遗址埃尔卡斯蒂约德圣塔的。Ubbelohde-Doering, *On the Royal Highways of the Inca*, 22–84; Chapdelaine and Pimentel, "Un tejido único Moche III"; Su-

rette, "Virú and Moche Textiles."

127　Pillsbury, "Luminous Power."

128　古代玛雅中心之间的政治异质性和竞争性"艺术竞赛"可能与同世纪莫切世界的政治与艺术动态具有相似的模式。Benson, "Maya Political Structure."

129　Bourget, *Sacrifice, Violence, and Ideology*; Bourget, "Rituals of Sacrifice"; Verano, "War and Death in the Moche World."

130　Donnan, *Moche Portraits*.

131　Panofsky, "Iconography and Iconology."

132　Donnan, "The Thematic Approach"; Donnan and McClelland, *The Burial Theme*. 相比之下，安妮·玛丽·奥康让（Anne Marie Hocquenghem）专注于对神话和仪式的识别。Hocquenghem, *Iconografía mochica*. 关于莫切艺术与表现经典的现代形态，见 Scher, "Destituir a los sacerdotes"。

133　Quilter, "The Narrative Approach."

134　Benson, "Iconography Meets Archaeology"; Wiersema, *Architectural Vessels of the Moche*.

135　Alva and Donnan, *Royal Tombs of Sipán*; Donnan and Castillo, "Excavaciones de tumbas." 例如，尽管唐南根据其新月形的金头饰在献礼主题中辨识出了图 A 中的西潘领主（1 号墓），但这位已故统治者的陪葬品中有着多种不同形式的头饰。在圣何塞-莫罗，社会地位高的女性被识别为莫切女祭司（唐南的图 C），这些女性本身并未佩戴可识别的羽状头饰。相反，她们的拟人化棺木才有着这样的装扮。

136　Donnan, *Moche Art of Peru*; Jackson, "Moche as Visual Notation"; Jackson, "Proto-Writing in Moche Pottery." 爱德华·德博克（Edward de Bock）在文本模式上更进一步，将带有人物意象的莫切容器称为"陶制文献"。De Bock, "Templo de la Escalera y Ola," 308.

137　Larco, *Los mochicas* (1938, 1939); Larco, *Los mochicas* (2001).

138　Salas, *Etimologías mochicas*, 115–120; Gayoso, "¿Por qué *Aiapaec* y *Chicopaec* no son nombres de dioses?" 另见 Prządka-Giersz, "*Ai Apaec*."

139　正如尤里·别列兹金和伊丽莎白·本森都观察到的那样，莫切 I—III 期和莫切 IV—V 的细线陶器在描绘主题的风格上存在着重要差异，这大致相当于莫切早期到中期（公元 200—600 年）和莫切晚期（公元 500/600—850 年）之间的划分。Benson, "Cambios de temas y motivos"; Berezkin, "The Social Structure of the Mochica."

140 Makowski, "La deidad suprema en la iconografía mochica."

141 Weismantel, "Cuni Raya Superhero," 179.

142 Avila, *The Huarochirí Manuscript*, ch. 5, 54–60.

143 Benson, *The Mochica*, 27.

144 潘诺夫斯基的图像志分析法在莫切研究中常被明确或含蓄地使用，该方法是建立在对文本叙述（《圣经》及圣徒传等）的引用上的。因此，依照潘诺大斯基的模式，莫切图像志分析几乎无法超越"前图像学"的识别。Castillo, *Personajes míticos*. Hocquenghem, *Iconografía mochica*, 19–36; Cordy-Collins, "The Moon Is a Boat!"

145 这种风险并非解读古代南美意象所独有的。在中国早期青铜器中为寻求意义而进行相似检索时也存在过度阐释和"自由联想"的类似风险，这点可参见 Bagley, "Meaning and Explanation"。

146 此瓶藏于柏林国家博物馆的民族学馆中（VA 3187）。Seler, *Peruanische Alterthümer*, pl. 32, no. 4.

147 此插图是根据失传原件的 1908 年副本创作的，出现在 Lehmann and Doering, *The Art of Old Peru*, 17, fig. 9。在标题中，作者称该瓶子来自特鲁希略地区。此容器的一张照片出现在 Schmidt, *Kunst und Kultur von Peru*, 190, no. 2。这幅插图后来被库切尔（Gerdt Kutscher）的作品所转印，作者详细列出了最初为泽勒（Seler）创作的图像的谱系。Kutscher, *Chimu*, 60–61, fig. 56; Kutscher, *Nordperuanische Keramik*, 10–11, 45–46（关于此插画的历史）; 38–39, 71–73, pl. 75（关于该容器）。

148 库切尔是较为简略地叙述此瓶子意象之谜的作者之一，他描述了其视觉内容，但没有给出特定的解释。Kutscher, *Chimu*, 60–61.

149 Means, *Ancient Civilizations of the Andes*, 86, fig. 20.

150 Hocquenghem, *Iconografía mochica*, 132–138, fig. 129.

151 Makowski, "Las divinidades en la iconografía mochica," 162, fig. 85. 另见 Bonavia and Makowski, "Las pinturas murales de Pañamarca," 47, fig. 20。

152 Golte, *Moche*, 368–369, fig. 13.49.

153 Pardo and Rucabado, *Moche y sus vecinos*, 52, fig. 21n.

154 Weismantel, "Obstinate Things."

155 斯蒂芬·休斯敦（Stephen Houston）曾借鉴达斯托（Lorraine Daston）和柯纳

（Joseph L. Koerner）的学术研究，对古代玛雅艺术的"健谈性"及其向腹语术的靠拢做出了评价。Houston, "The Best of All Things," 99. 另见 Daston, *Things That Talk*。

156 有关古代传统在对抗历史变革的断裂中的持久性（即连续性与断裂）的争论在前哥伦布研究领域的大部分历史中都非常活跃。这个问题在 1970 年大都会艺术博物馆举办的"在科尔特斯之前"展的相关研讨会上成为中心议题。Bernal et al., *The Iconography of Middle American Sculpture*. 另见 Quilter, "Continuity and Disjunction in Pre-Columbian Art and Culture"。

157 Donnan, *Moche Art and Iconography*, 82–85, figs. 66 and 67. 此类以模具制成的瓶子还有几个已知的例子，在利马的拉尔科博物馆中就有。

158 Calancha, *Corónica moralizada*, 606–607.

159 Donnan and McClelland, *The Burial Theme*.

160 Calancha, *Corónica moralizada*, 556.

161 例如，可参见 Rostworowski, *Curacas y sucesiones*; Rostworowski, *Costa peruana prehispánica*。

162 道格拉斯·沙伦（Douglas Sharon）和克里斯托弗·唐南在 20 世纪 70 年代认为，民间医生爱德华多·卡尔德龙（Eduardo Calderón）的做法与莫切图像志所描绘的之间存在连续性。不过，性别上的差异再次出现了。陶器艺术中所描绘的有着猫头鹰脸的莫切"萨满"形象往往是女性，而非男性。Sharon and Donnan, "Shamanism in Moche Iconography." 另见 Joralemon and Sharon, *Sorcery and Shamanism*。

163 Sharon and Donnan, "Shamanism in Moche Iconography," 51.

164 Dean, "The Inka Married the Earth," 503.

165 Lepinski and McFadden, *Beyond Iconography*.

166 正如惠特尼·戴维斯所写，"在最普遍的层面上，主要践行图像志意义的考古研究（识别一种符号形式的外部来源与参照）而不做图像志研究（对不连贯的含义与使用的考察）仍将是以理性为中心的"。Davis, *Replications*, 126–127.

167 这种趋势也有重要的例外。唐南和唐纳·麦克莱兰对细线陶器绘画的重要研究——因为它在形式、技术和意象上的变化贯穿了拉尔科的莫切 I—V 风格——是一则基础性文本，构成了一种"莫切陶瓶全集"（Corpus Vasorum Mochicorum）。Donnan and McClelland, *Moche Fineline Painting*. 另见 McClelland, McClelland, and Donnan, *Moche Fineline Painting from San José de Moro*。

168 主要聚焦于莫切出土物品的艺术史研究数量之少出人意料。其中包括玛格丽特·A. 杰克逊（与格伦·拉塞尔［Glenn Russell］）对马亚尔山（Cerro Mayal）出土的陶器的研究，她近期对月亮瓦卡和考维霍耶瓦卡的复杂主题壁画的研究，以及萨拉·谢尔对月亮瓦卡的陶器和未经烧制的黏土雕像的分析（包括那些由马克斯·乌勒在 1899 年发掘的和最近由圣地亚哥·乌塞达、史蒂夫·布尔热及其同事所发掘的）。Jackson, *Moche Art and Visual Culture*; Russell and Jackson, "Political Economy and Patronage"; Jackson, "La narrativa de las Pléyades"; Scher, "Malleable Victims and Discourses of Dominance."

169 Kubler, "History—or Anthropology— of Art?," 766.

170 在关于"艺术"的定义（通常是与"人工制品"相对而言）及其在前现代美洲背景中的适用性的辩论中，我发现艾尔弗雷德·盖尔（Alfred Gell）对"艺术作品"的定义是最有用的："它们是作为复杂想法的载体而被审视的物体，旨在实现或传达一些有趣的、困难的、具有暗示性的、难以实现（等等）的意义。我会将任何能回馈这种审视的对象或表演视为候选艺术作品，因为它体现了复杂的、需要被关注的、也许难以完全重构的意向性（参照康德的'认知能力的自由发挥'这一概念）。" Gell, "Vogel's Net," 36. 另见 Trever, "A Moche Riddle in Clay"。

171 Bredekamp, *Image Acts*, 283.

172 Victorio, "Reflexiones en torno al estudio del arte del Perú antiguo," 60.

173 Fowles, "Absorption, Theatricality and the Image in Deep Time," 680.

174 本作建立在关于莫切壁画艺术的早期学术研究之上，这些研究也强调视觉意义的情景化。Quilter, "Moche Mimesis"; Morales, "Iconografía litúrgica y contexto arquitectónico."

175 与之对应的英文表述"艺术的考古史"（archaeo-history of art）更为烦琐，尤其是其形容词形式。Trever, "Cómo escribir una historia del arte," 104.

176 关于艺术的考古学有大量的文献。然而，其中很少有从艺术史的角度来撰写的。令人惊讶的是，在田野考古学丰富的物质背景下，对图像，特别是对人类与图像接触的研究很少。这方面的重要作品倾向于聚焦美洲之外的旧石器时代和新石器时代的图像，特别是岩石艺术。它们包括 Tilley, *The Materiality of Stone*; Bradley, *Image and Audience*; Jones and Cochrane, *The Archaeology of Art*。关于安第斯山脉的研究，见 Grieder, *The Art and Archaeology of Pashash*。

177 Mitchell, "What Is an Image?," 505. Elkins and Naef, *What Is an Image?*

178　Mitchell, "What Is an Image?," 521–523.

179　Bahrani, *The Infinite Image*.

180　Ingold, *Making*.

181　Gell, *Art and Agency*.

182　Mitchell, *What Do Pictures Want?*

183　Freedberg, *The Power of Images*.

184　Hvidtfeldt, *Teotl and Ixiptlatli*. 关于 *ixiptla*（*teixiptla, ixiptlatl*）这一概念在艺术史中的应用，见 Boone, "Incarnations of the Aztec Supernatural"; Russo, "Plumes of Sacrifice"; Finegold, *Vital Voids*。

185　Houston, Stuart, and Taube, *The Memory of Bones*, 67. 另见 Brittenham, *The Murals of Cacaxtla*, 78。

186　Taylor, *Camac, camay y camasca*. 关于 *camay* 在金属、布艺和木材艺术创作中的应用，见 Lechtman, "Andean Value Systems," 33; Lechtman, "Cloth and Metal," 42; Cummins, *Toasts with the Inca*, 28–29。

187　Dean, "Metonymy in Inca Art."

188　Jackson, *Moche Art and Visual Culture*, 130–131. 另见 Schumacher de Peña, *El vocabulario mochica*, 29。

189　Salas, *Diccionario*, 40.

190　Ibid., 5.

191　Brüning, *Mochica Wörterbuch*, 84.

192　Harth-Terré, *El vocabulario estético de los mochicas*, 42.

193　Middendorf, *Das Muchik oder die Chimu-Sprache*, 61. 伊西多拉·伊希克在 1929 年向沃尔特·莱曼报告了同一词语（*siaeg mon*）意为图像（*imagen*）。Schumacher de Peña, *El vocabulario mochica*, 22.

194　Sepúlveda et al., "Unraveling the Polychromy."

195　Dean, "The Trouble with (the Term) Art," 31–32. 关于在殖民主义的影响下，克丘亚语中 "*quillca*" 一词逐渐包含了"书写""书"和"纸"的含义，见 Rappaport and Cummins, "Between Images and Writing"。

196　Brüning, *Mochica Wörterbuch*, 24, 116.

197　在殖民时代的马达加斯加背景下使用"邂逅"一词时，佐薇·克罗斯兰（Zoë Crossland）解释道："该词未能阐明关于这些相遇与接触的性质的明确假设，这意味着它为我们提供了一个恰当的起点，可以逐步追踪其中所涉的关系，并考虑到它们的模糊性和间接的政治、经济影响。" Crossland, *Ancestral Encounters*, 12.

198　O'Sullivan, *Art Encounters Deleuze and Guattari*. 另见 Back Danielsson, Fahlander, and Sjöstrand, *Encountering Imagery*; Cornell and Fahlander, *Encounters, Materialities, Confrontations*。

199　正如戴维·萨默斯（David Summers）所写："图像学问题不应以'这意味着什么，以及其所被赋予的形式是如何表达这个意义'的形式来陈述，而是该问'为什么人们不断（或不再）以这样的方式制作圣母玛利亚或羽蛇神的图像，甚至是无法识别的人物形象？'（着重强调）" Summers, *Real Spaces*, 17.

200　弗农·奈特（Vernon Knight）也呼吁人们重视考古学的田野数据的重要性，它能通过提供风格上的年表、总体社会环境以及建筑和储藏处中所配置的图像的叙事序列来协助进行图像学分析。Knight Jr., *Iconographic Method*, 37, 61–63, 106. 然而，他的倡议并未像本书的方法那样延伸至想象法医式地复原古代图像体验这一方面。

201　"Este planteamiento deja de lado la vieja y falsa oposición entre arte y arqueología, al permitir formular proyectos que demuestran que la convivencia de ambas disciplinas es posible y necesaria." Pardo, "Objeto ritual," 231.

202　Guernsey, *Human Figuration and Fragmentation*, xiv.

203　在古代中美洲研究中，艺术史、田野考古学和社会人类学之间富有成效的交集在学术研究中十分显著，包括 Brittenham, "Style and Substance"; Freidel, Rich, and Reilly, "Resurrecting the Maize King"; O'Neil, *Engaging Ancient Maya Sculpture*; Mollenhauer, "Sculpting the Past"; Gillespie, "Journey's End(?)"。

204　在不断拓展的历史考古学领域，例如，可参见 Ferguson, *Uncommon Ground*; Deetz, *In Small Things Forgotten*。在历史考古学中，仍然稀少的是对图像所起到的作用的关注，如 Wilkie et al., "Ode to a Grecian Boy"。

205　Kubler, "Science and Humanism among Americanists," 167.

206　Haraway, "Animal Sociology," 59.

图1.1

考维耶霍瓦卡外墙上雕刻着的三名囚犯。(照片由作者拍摄)

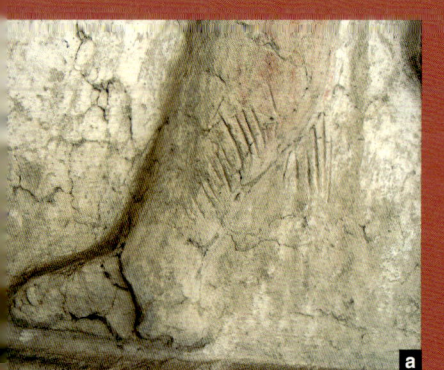

图1.2a—b

裸体囚犯身上的划痕,考维耶霍瓦卡。(照片由作者拍摄)

第一章

壁画的起源与沿海地带的身体性

（首先，请注意，本章含有人类遗骸的照片。）

这是位于秘鲁北部海岸、现被称为埃尔布鲁霍（魔法师）的考古建筑群中的一座神殿。[1] 一排男性囚犯的雕塑以黏土为原料雕制并涂上红色赭石，沿着考维耶霍瓦卡的外墙排成一行（见图1.1），这些赤裸的人像看起来比真人要大，在壁画纯白色的背景中伫立不动。一根粗绳索将他们一个接一个地拴在一起，在一名武士的引导下永不停歇地行进着。他们的双脚沿着抬高的地平线起落，仿佛以定格动画的形式捕捉其被迫行进的切分节奏。7世纪初，当这些泥塑的战俘刚刚铸成时，它们必然十分逼真，是莫切壁画艺术的典范，唤起了战败武士活着的身体的肉体记忆。事实上，在这些泥塑完工后不久，就有人在它们着色的腿和勃起的阳具上留下了划痕（见图1.2a—b），[2] 其裸露的肉体的逼真程度似乎激起了实际的暴力行为。

在阶梯式平台更高一层的外墙上有一些带状壁画，从中也可以感知身体存在的证据。在那里，艺术家们雕刻了一组胸腔宽阔的男性手拉手的图案（见图1.3）。在其上方，神殿外墙的更高一层只有一小部

图 1.3

考维耶霍瓦卡第二层外墙上的带状壁画中手拉手的莫切男性。(照片由作者拍摄)

图 1.4

考维耶霍瓦卡的带状壁画遗迹,图中的蜘蛛长着人半手臂,手持图米弯刀。(照片由作者拍摄)

图 1.5

考维耶霍瓦卡第二层外墙上的一个人物脚上嵌着裸露的骨头。(照片由作者拍摄)

分残存了下来。墙上，长着人类手臂的巨蜘蛛挥舞着金色的图米（*tumi*）弯刀（见图 1.4），将下方的庆典场景与上方的超自然领域的入侵连接了起来。这些男性身穿莫切领主那带有装饰的短袍，头戴精致的黄金头饰和耳套，手牵手面对着广场，正好位于囚犯游行队伍的上方，仿佛在视察下面的军事列队。他们的身体僵硬而呆板，与下方那些被征服的人的悲怆形成了鲜明的对比。最引人注目的是他们的脚，以高凸浮雕的形式雕刻而成，比身体的其他部分更突出于墙面，其泥塑的重量需要内部支撑。但与在考维耶霍瓦卡的其他地区制作的带状壁画不同，这些使用了高凸浮雕的区域不是以藤条或木棍为原料建模的。在这里，雕塑家们使用的是骨头。在人像受到侵蚀的脚部，有人类和鹿的长骨从墙面上伸出来（见图 1.5）。[3] 在这些骨头中，有"一根人的股骨，上面的切割痕迹表明它是从肉身上取出来的"，而非来自骨架上的枯骨。[4] 在莫切的视觉文化中，人类囚犯和鹿常被混为一谈，也许将两者的骨头都纳入其中也有着类似的象征意义。当带状壁画完好无损时，这些骨头会被隐藏在彩绘的黏土中。在塑造囚犯和他们的俘获者的形象时，考维耶霍瓦卡的壁画师通过对外部形态的模仿和内部的物质性实现了可见和不可见的肢体存在。

  本章中，我追溯了从秘鲁到智利的太平洋沿岸的艺术实践的谱系，以更精确地寻找莫切艺术和壁画中的形象模仿的起源——正如考维耶霍瓦卡的这些带状壁画所展现的那样。为此，我从源头入手。我没有从 16 世纪的第一位西班牙殖民者的描述开始，继而通过古物回溯这些理解，而是从遥远的往昔开始探索。这种重新定位既是时间上的，也是空间上的。在本章中，我没有依赖研究库斯科的印加文明所建立起的模式，而是将注意力集中在沿海地区——从秘鲁北部向南穿过中部海岸，一直到现今的智利北部，依靠的是海上贸易路线以及语言学与生物考古学所证实的微弱的祖先谱系关系的证据（参见《导论》）。尽管人群之间跨区域的互动十分常见，古代的太平洋沿岸仍然构成了一个在诸多方面与安第斯高原截然不同的地区。在追溯造像的沿海源头，以及更确切地寻找壁画艺术的起源的过程中，我搜集了

"一系列相互连接的考古学证据",[5] 这些是由最早的土质浮雕、岩画、手持泥塑和早在公元前 5000 年前就被创造出来的制作精巧的"木乃伊"拼凑而成的。尽管有关后世历史和传统的知识可以为古代艺术形式与实践提供重要的启示,但在本章中,我有意忽略了西班牙殖民者的历史和高地克丘亚人或艾马拉人民族学的影响,以便重新定位从更古老的物质历史中收集到的沿海艺术和图像制作的本土基础。

沿海地区已知最早的壁画艺术是由黏土和土质浮雕组成的,通常未经上色。这些作品在高凸浮雕中创造了有形的存在,与后来的一些壁画不同,那些壁画为二维意象的投射提供了平面,在感知上脱离了真实经验的"真实空间"。[6] 如同在文塔隆瓦卡(Huaca Ventarrón)和布埃纳维斯塔(Buena Vista)见到的那样,平面绘画在早期环境中十分罕见,但即使是在那些地方,绘画也不仅仅是表面的图像。早期的壁画艺术体现了浮雕的首要地位,身体的中心性,以及对外在表象与内部结构关系的细致入微的理解,这也许与后来安第斯高地的内部本质概念产生了共振,但不能被完全简化为后者。[7] 在早期壁画和其他形式的身体图像制作中,我们可以看到外部形象与内部形式的辩证联系,有时还能看到两者可感的相近性;这表明,在考维耶霍瓦卡,以骨为架、以土为体并非偶然。相反,我认为这种材料的混合体现了沿海地区艺术、制作和具身性的核心"概念隐喻"。[8]

在本章中,我探索了古代太平洋沿岸身体图像创造的久远历史。然而,我并无意将"身体的"一词的必要的多义性扁平化,也无意将与物化的"身体"相关的讨论归化为一种普遍的人类现象。[9] 相反,我把身体视为"一个文化上可变的实体,需要哲学上与批判性的关注"。[10] 在使用"身体性"一词时,我指的是对身体呈现与再现的重要艺术手法和概念化。真实的身体与被描绘的身体相互构成"对社会的隐喻、真实经验的工具,以及刻写的表面"。[11] 对物质性、形式和制作法的密切关注为我们提供了关于古代人物图像的作用这一视角,以及对存在、主观性和具身性经验的多方面洞见。

莫切艺术揭示了黏土的可塑性与人体的易变性之间古老的可通

约性有着更为悠久的先例。然而，这并不是简单的直接继承或赓续传统的问题。相反，我在莫切造像中看到的是一个增生的、积累下来的谱系，这在长长的沿海走廊和遥远的往昔共有的物质意义所投射的暗示性一瞥中得到证实。我在这些莫切的身体图像中看到了至少三种趋势：从前陶器时代晚期（约前2300—前1600年）开始传承下来的在活着的人（和死去的人）身上再造先祖显现的做法；有意唤起身形庞大的掠夺者，将其视为来自库比斯尼克、曼查伊（Manchay）和查文等相关传统（约前1200—前400年）的以暴力作为威慑的神圣侵略者；以及，在他们自己的时代（约公元200—850年），莫切的雕塑制造者们在战斗、提审和祭祀的场面中会强调武士身体的男性特征。也就是说，正如在此处看到的考维耶霍瓦卡的带状壁画所展现的那样，莫切的"身体性"可以被归结为一种明显为男性的身体形态，着重强调政治力量和暴力，这在早期沿海地区化身的模式中已有所体现，这种模式既是传承而来的，也是被积极复活的。

造像的起源与壁画艺术的开端

古代南美洲最早的造像例子可追溯至至少一万两千万年前的狩猎采集者们在石棚和洞壁上绘制和雕刻的场景（也被称为壁顶艺术或石洞艺术）。[12] 到了公元前第三个千年，具象和几何图像的创造也成为在其他形式或媒介中广泛传播的传统，包括未经烧制的黏土雕塑、热刻葫芦和纺织品。[13] 同样是在公元前2000年左右的前陶器时代晚期，壁画艺术首次在安第斯地区的沿海和高地地区成形。

杜乔·博纳维亚在其出版于1985年的《古代秘鲁壁画》（*Mural Painting in Ancient Peru*）一书中断言，壁画"无疑是（岩画）在单一传统中的延续"，但他并没有对自己想象中的跨媒介起源或其影响进行彻底的审视。[14] 在整个安第斯地区，岩画包括描绘狩猎原驼（一种

图1.6

秘鲁托克帕拉的岩画。这是由佩德罗·罗哈斯·庞塞(Pedro Rojas Ponce)制作的复制品

图1.7

岩石和陵墓中的砖石上的绘画,乌特库班巴桥,查查波亚斯。(图画来源:Langlois, "Utcubamba," fig. 41)

与美洲驼和羊驼相近的野生骆驼）的绘画。例如，在秘鲁的托克帕拉（Toquepala），这种狩猎的图像以及包括人像在内的其他图案被绘在山洞和石棚的壁上，大多数不超过5—10厘米大小（见图1.6）。[15] 到了约公元前1200年起的库比斯尼克视觉传统时期，后来可识别的文化风格中的意象也开始出现在岩画中。卡尔瓦里奥山（Monte Calvario）的山洞中和秘鲁北部的上拉吉塔拉（Alto de la Guitarra）等地，无颌、上颚长着明显獠牙的面孔和以蛇为装饰的人物被涂上

明亮的色彩，刻在岩石上。[16] 从查查波亚斯的乌特库班巴桥（Puente Utcubamba）的一个部分坍塌的陵墓内的图像中，可以看到从象形图画到壁画的流畅转变（见图1.7）。悬崖的岩面和墙壁的内面上都绘有四足动物和人类的图像，羽毛或太阳光从一些形象的头上四散开来。[17] 在雷瓦什（Revash）的崖边陵墓中以及查查波亚斯的其他地方，[18] 画师们模糊了建筑结构与自然表面之间的界限，建筑与有生命的岩石相连，壁画与岩画也变得没有本质上的区别了。这些例子构成了绘画传统中最明显的连续性，并揭示了两者在学术上被分隔的欺骗性，但它们是在前西班牙时代的秘鲁历史晚期（约公元1000—1450年）被创造出来的。博纳维亚有关岩画的提议只为壁画艺术的开端提供了部分解释，我们可以看出，它的起源实际上是更为复杂的。

科托什

博纳维亚写于20世纪80年代的文章指出，古代秘鲁最早的壁画是前陶器时代晚期科托什（Kotosh）神殿建筑的墙壁上孤立的形象。[19] 20世纪60年代初，东京大学的一个考古小组在位于秘鲁中部高原城市瓦努科（Huánuco）附近的科托什发掘出了大片的古建筑。[20] 他们记录了一些小型图像，描绘的是一条风格化的蛇和一个人的上半身（见图1.8a—d），这些图像被绘在一些最早期的米托时期（Mito-phase）的神殿内，可追溯至约公元前1950年。[21] 这些图像是通过将白色颜料涂在建筑物浅色的土质表面绘制成的，人物与地面间的对比度非常低。半身像是一个带有污渍的轮廓，只有12厘米高，位于布兰科神殿（Templo Blanco, ER-27）的两个壁龛之间。它的双臂高举，一只在头上弯曲，也许是在模仿很久之前进入寺庙之人的虔诚姿态。附近，沿着有双手交叉图像的神殿（Templo de las Manos Cruzadas, UR-22）东北角的一条曲折的楼梯，考古学家们记录了一幅稍大些的

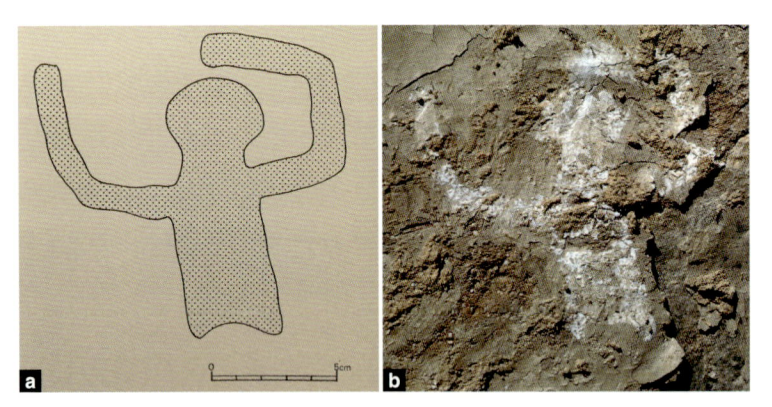

图 1.8a—d

高举手臂的白色小人像，位于科托什的布兰科神殿南墙的壁龛之间。(照片由大贯良夫提供)

蛇形图案，是以一条白线绘成的。在神殿内，他们在北墙上的一个大壁龛的两侧记录下了其他极小幅的动物图像。[22]

这些白色的形象标记仅符合壁画一词最狭义的定义。它们被孤立地放置以及它们的规模都表明，它们并不属于有计划的图像程序。它们似乎是附加的，也许是自发创作的，是绘制在灰泥墙光滑表面上的标记。在这个意义上，它们实际上更像是象形图画，其洁白的颜色和小巧的尺寸与托克帕拉的岩画相似（与图 1.6 相比较），其主题也令人想起瓦努科附近及安第斯山脉更远处的岩画。[23] 尽管博纳维亚在他的书中没有讨论这些相似性，但科托什的人像正是人们可以想见的从岩面到墙面的转变。白色颜料可能与建造者在埋葬此建筑并为新工程做准备时使用的材料相同（见图 1.8c）。如果是这样的话，可能就是这些人在埋葬前在墙壁上画下了这些标记，作为关闭神殿过程的一个步骤，而不是其原始装饰的一部分。

在科托什，有计划的壁画艺术项目是雕刻黏土浮雕，有双手交叉图像的神殿正是以它们命名的（见图 1.9a—c）。博纳维亚只关注平面绘画，因此，在他的壁画调查中忽略了对这些同样古老的图像的探讨。神殿内狭窄壁龛下两组交叠的双手（其实是交叠的小臂）已成为安第斯考古学中的标志性作品。[24] 手臂的放置（右手在左手上或左手在右手上）以及它们在尺寸上的细微差别（其中一个略大些）导致了对性别、[25] 宇宙观或基于 16 世纪安第斯地区半偶制社会组织模型的二元象征的各种解读。[26] 然而，科托什的雕塑家们没有在任何地方标明这两组手臂中的任何一组衍生出的身体的性征、性别或社会身份的其他方面。我们也不能确定大小的差异是有意为之的，或者手臂交叠的反转放置是出于镜像对称的象征性，而非出于美学考虑。

尽管有许多关于"交叠的双手"可能代表的二元象征意义的文章，但对于这些浮雕在神殿内与人邂逅可能产生的其他影响却少有提及。在其中一个壁龛中，考古学家们发现了零碎的动物骨骼（美洲驼或鹿，还有豚鼠）。[27] 在壁龛中放置类似头颅的物体——葫芦、篮子、

图 1.9a—c

1960年（左，于1963年被毁）和1963年（右，于同年被移走）在科托什发现的两组交叠的小臂。两个浮雕出现在有双手交叉图像的神殿北墙的壁龛下。（照片由大贯良夫提供）

黏土雕塑，甚至还有仔细挑选的真正的祖先或被征服的敌人的头颅，会创造出更为完整的身体图像，尽管仍然是碎片化的。手臂的真实比例和肉体模型的平滑轮廓增强了其模仿的效果。即使是残破的身体造像，这些科托什浮雕也依然模拟了人类的存在（无论是活人还是死人）。这些浮雕以其易碎的土质材料唤起了人体的脆弱性。在神殿被覆盖、小壁龛神庙（Templo de los Nichitos）建造于其上之前，科托什的建造者们在整个建筑被"埋葬"前运来黑沙掩埋了这些雕塑，[28]从而使得它们被保存了近四千年。[29]

作为一个有着伟大壁画艺术的早期高地中心，科托什是不同寻常的。其艺术家对黏土浮雕的欣然接纳在沿海地区是更典型的做法。其他的高地遗址可能也曾经为类似作品的诞生提供环境，但这些作品要么没有被保存下来，要么没有被发掘出来。正如东京等项目的后续工作所证明的那样，科托什的建造者并不是安第斯高地唯一对神殿进行"埋葬"的人。[30] 鉴于这种做法的广泛性，我们倾向于认为，在对其他高地神殿的发掘过程中也能发现其他图像留下的痕迹，如果它们的确存在的话。如果制造者们在安第斯高原的其他地方制作了非常早期但迅速消逝的黏土浮雕，那么它们就无法像沿海地区的类似地带那样构成持久、极其相似的文化记忆之源——被看到，被返还，被重新邂逅。在这里，物质的短暂性可能无法为与在干燥的沿海地区发现的同样具有反思性，有时是仿古的壁画艺术传统提供条件，后者的条件更有利于将脆弱的媒介保存在地下。迄今为止，科托什是一个孤例，在前陶器时代的安第斯地区高原土质浮雕表现中独树一帜。

文塔隆瓦卡

科托什的壁画艺术已不再是古安第斯已知的最古老的例子。在位于秘鲁北部兰巴耶克地区的文塔隆瓦卡等沿海遗址发现了更为古老的雕塑和绘画图像。虽然神殿里制作于公元前2000年左右的一对被网住的鹿的壁画获得了最多的关注，但更为古老的壁画作品是艺术家们于约公元前2300—公元前2035年在神殿的墙上雕刻的鱼和一种小型有袋动物的图像。[31] 和在许多最早的沿海地区一样，在文塔隆瓦卡的壁画艺术中，黏土造型的存在要先于平面绘画。

文塔隆瓦卡的前陶器时代神殿在几个世纪的时间里被建造和重建了数次。从最初的岩基地基开始，该神殿就含有一个带圆形烟囱的内置壁炉。后来，建造者们为壁炉加上了一个土质的壁架。在其垂直的一面上，考古学家们发现了一对鱼的土质浮雕，高约45厘米，由夹杂着草的黏土雕刻而成（见图1.10）。[32] 其中一条鱼头朝上，另一条头朝下。它们可能属于一个更大型的浮雕项目的一部分，但没能保存下来。作为科托什的浮雕，这两条鱼在大小和外观上的细微差别被解

图1.10

在文塔隆瓦卡内的大壁炉附近的壁架上，一对用黏土制成的鱼的模型。(照片由伊格纳西奥·阿尔瓦提供)

释为具有象征意义，尽管并不清楚这些差别是不是有意为之的。³³ 在神殿内部的其他地方，还有一尊高约29厘米的动物黏土雕像，上有淡淡的黄色颜料的痕迹（见图1.11）。被考古学家伊格纳西奥·阿尔瓦指认为是一只 zarigüeya（一种负鼠）的真实大小的图像出现在神殿的墙上，位于一个圆形长凳和一个应该是用来支撑屋顶或顶棚的木桩的垂直印记之间。³⁴ 这只动物有着夸张的口鼻部，嘴巴张开，眼睛呈圆形，耳朵竖起，尾巴下垂。和后来被画在神殿壁画中的鹿（见图1.12）一样，它也被添上了一条钩状线，从喉部下行，在腰背部附近结束。在此地附近的塞罗穆雷托（Cerro Mulato）的岩画中，一条类似的弧线也出现在一只 zarigüeya 的身体中。³⁵ 这条线可能代表的是消化道或雌性有袋动物的袋。

文塔隆瓦卡的这些最早的图像出现在有顶的座椅（或王座）旁、

第一章　壁画的起源与沿海地带的身体性 | 85

图1.11

在文塔隆瓦卡建筑最早期的一个长凳附近,用黏土制成的小动物("负鼠")模型。(照片由伊格纳西奥·阿尔瓦提供)

图1.12

文塔隆瓦卡内西边的鹿壁画。(照片由伊格纳西奥·阿尔瓦提供)

沿着壁炉的壁架上，这两个地方都是神殿生活空间中的重要场所。这些图像对于坐在座椅上的人和照料神殿圣火的人来说触手可及，甚至可能就是由他们所雕刻的。阿尔瓦在探讨这些早期的黏土形象时，把它们比作岩画，[36] 但这些相似性仅限于图像学领域，并未延伸至制作方法。岩画是通过减法式的过程制成的，将表层下未被氧化的石头上较浅和较为明亮的色彩裸露出来。这些土质浮雕是通过加法式的工艺制成的，从墙面上建立起图像。以黏土来塑造这些动物，特别是按照它们自然生命的尺寸来制作，产生了一种更柔韧的有机形式的身体肖像。

当文塔隆瓦卡的早期神殿被废除后，一座新的神殿被直接建在了第一座的上面。新神殿的外部被刻上了一条宽大的"之"字形条带，并被涂上了白色与红色，也许代表着美洲豹或凯门鳄的嘴。建造者们还在建筑物的低层平面图中设计了一个相邻的房间，让人联想到所谓的安第斯十字架（*chacana*）——建筑本身就是一个巨大的土质雕塑，墙壁上涂有大面积的红色、灰蓝色、黄色和白色。在这一阶段和随后一期的绿色和白色相间的外观中，覆盖在神殿墙壁上的高度饱和的色彩，使得文塔隆瓦卡从已知的前陶器时代建筑中脱颖而出。[37] 在第二座神殿中，艺术家们创造了两幅 L 形壁画，几乎互为镜像，在土质立板前框出了一个低矮的平台，创造出一个类似于舞台前部的空间（见图 1.13）。[38] 两幅壁画上都绘有奔跑的鹿，它们的腿被拉向细长的躯体。一条类似于 *zarigüeya* 的内部形态的淡灰色的线从每一只动物的脖子上下行，穿过腹部，然后迅疾地转向肚子前方。在鹿身上出现的这条线肯定不是有袋动物的袋，可能暗指的是身体的消化器官；或者，鉴于它出现在不同的物种身上，更有可能的是，这些内脏线每一条都代表了所描绘动物的内在生命力，而非指向具体的解剖学结构。[39]

文塔隆瓦卡的壁画师使用黑、灰和白色的粗犷笔触来描绘鹿的形象，鹿的身后是一张置于富有活力的彩色条纹背景之上的黑网。他们在画板的边缘和内角处画上了黄色的竖线。大部分没有被黑网标记的

图 1.13

文塔隆瓦卡第二期建筑复原图。(图片由曼努埃尔·奥利沃斯 [Manuel Olivos] 制作,伊格纳西奥·阿尔瓦提供)

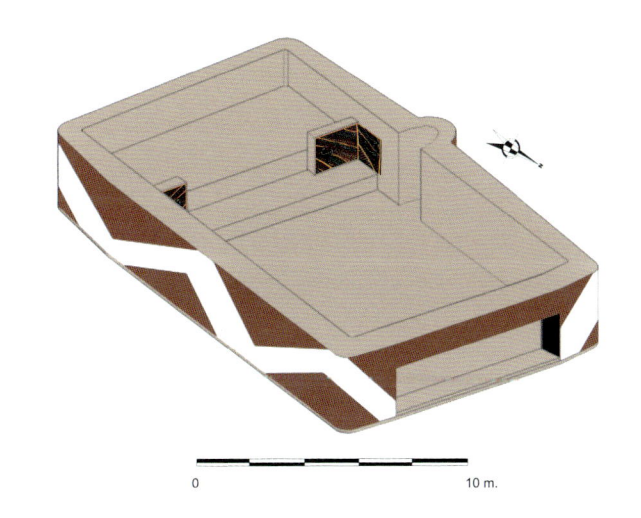

黄色对角线将这些竖线连接起来。这些黄色的元素可以被理解为藤条或木头制成的框架的横竖线,多色的网跨越其上,看起来如同被安装在上面。在西边的壁画中,对角线和织物的经纬从左至右展开,而在东边的壁画中则相反。这种对称性会将观者的视线吸引到高台的中央,高台被转角处的壁画框住,如同舞台的双翼。这些动态的画作可以作为平台的戏剧框架,服务于占据那万众瞩目的空间的人或事物,以及发生在那里的行为。

猎鹿的意象,通常与撑在硬质框架上作为景观中的陷阱的类似的网一同出现,这也是两千多年后莫切陶器上经常出现的主题。[40] 在后来的莫切传统中,猎鹿和打海狮都是军事战斗和在战场上抓捕政治犯的隐喻。[41] 尽管不能仅凭图像上的相似性就将莫切猎鹿的修辞意义用于反推公元前 2000 年的壁画,但这些鹿的图像被放置在平台两侧的显著位置表明,它们也是与文塔隆瓦卡的权力机构有关的令人信服的符号。[42]

这些壁画中颤动的网的突出地位证明了纺织品和壁画设计之间长期存在的密切关系,从这里可以看出,这种关系在公元前 2000 年就已经开始,并在前西班牙时代的秘鲁和西班牙殖民时期的壁画艺术史上以不同程度持续存在着。[43] 棉纺织品是南美洲最早的艺术形式之一,在公元前 2500 年左右的前陶器时代晚期的普列塔瓦卡(Huaca

44

图 1.14

从上面俯瞰文塔隆瓦卡西边的鹿壁画,能看到其内部支柱的存在。(照片由伊格纳西奥·阿尔瓦提供)

Pinota)发现了装饰着几何图形和具象意象的棉纺织物。[44] 包括渔网在内的实用纺织品也在一些非常早期的沿海遗址中被发现。因其生产历史的古老以及其作为象征性意象的承载者和财富的实体化象征的作用,纺织品在安第斯研究中有着特殊地位。[45] 因此,纺织品的设计往往决定了壁画艺术的外观,这不足为奇。但在这个非常早期的例子中,编织的图案是作为鹿跳跃的身体的背景,也许是一个陷阱,而不是主要的装饰形式。

这些早期壁画的意象并非仅存在于表面。墙壁的内部结构也在绘画图像中有所体现。两幅转角壁画的侧板都是直接画在神殿的墙上的,但内侧壁画的支撑结构是独立的建筑元素:沿着平台建造的薄墙,垂直于神殿的墙壁且与之相连。绘画的意象环绕着每个侧壁的边缘,让人注意到壁画支撑结构的存在(见图 1.12)。这种立体感创造出一种可移动的、易消逝的家具外观——可移动的、展开来的织物组成的屏风——以土为形式赋予其永久性。在挖掘过程中,从上面可以看到内侧板的直柱的内部形式(见图 1.14)。文塔隆瓦卡的建造者们将一排细长的支柱埋入地下，并用泥土和黏土将其填平。之后，这些被隐藏起来的支柱被画在壁画表面的黄色竖线所代表。这种做法与很久之后在考维耶霍瓦卡使用骨头作为身体图像支架的做法相类似，内部结构的形式和物质性在外部图像中得到了体现。文塔隆瓦卡的壁画师们为外部表现和内部物质性之间的递归建立了一个早期的先例。他们的作品指向了对图像和形式表象之下的概念化的兴趣，这种兴趣在中部沿海地区的布埃纳维斯塔和韦查玛（Vichama）的前陶器时代壁画中也有所体现。

布埃纳维斯塔

沿海地区的艺术家们在前陶器时代晚期创造了各种类型的壁画图像，但三维的土质形式——浮雕以及圆形的——是意义最为重大的。在奇利翁谷（Chillón Valley）的布埃纳维斯塔遗址，考古学家们发现了一个令人惊奇的、未上色的圆形头颅的土质雕塑（高度超过1米），两侧是一对有四条腿的动物（见图1.15）。这尊位于有着恐吓形圆盘的神殿（Templo del Disco Amenazante）内的雕塑被认定制造于公元前2030年左右。[46]这面低矮的带有雕塑的墙属于建在神殿内的一个非常规结构的一部分。雕塑家们用混有杂草的泥塑造了这个"气势汹汹的圆盘"，用料与文塔隆瓦卡的早期浮雕相似。他们在粗糙的表面上抹了一层黏土，以形成其最终的形态。[47]这颗圆头被置于考古学家们认为是一对狐狸的形象中间。根据其尾巴上翘的外观，这些动物也有可能被作为鹿来解读。尽管每个动物的身体都朝向巨大的头，它们自己的头却转开去，似乎在保护这个奇怪的球体不受外来威胁。两堵短墙从雕塑的正面延伸出来，分别位于左右两侧，形成浅浅的包围。发掘恐吓形圆盘的团队观察到，雕塑朝向西方（294°），与冬至的落日形成对称轴。[48]

图 1.15

布埃纳维斯塔的有着恐吓形圆盘的神殿的土质雕塑。(照片由罗伯特·本弗提供)

　　布埃纳维斯塔的雕塑家们对土质头进行了修饰,下垂的额头垂在眉毛上,遮蔽着双眼空洞的眼窝。他们将向下弯曲的嘴唇置于没有鼻子的脸的下凹部分。考古学家罗伯特·本弗将这张脸解读为一张面具,[49]地球、月亮、太阳或一位神话中的人物,[50]以及太阳和月亮的二元表现。[51]与冬至点呈一条直线支持了其与太阳的关联性,[52]但被遮住的双眼和塌陷的嘴传达出的并不是一个充满活力、光芒四射的形象,而更像是一颗死亡之头。与天体的关联相匹配的是,我们必须注意到此雕塑作为一颗没有身体的无生命的头颅的外观:一颗被砍下的头。在古代南美洲的视觉文化中,祖先没有躯体的头颅通常被理解为对新生种子的隐喻。[53]敌人的头颅有时会被当作战利品。然而,直到西班牙殖民时代,太阳和月亮才被广泛地描绘为有着类似人脸的球体。要理解布埃纳维斯塔的雕塑与太阳的关联,我们需要结合这种死亡的意象:"死去的"太阳("血日",在北部沿海地区的穆奇克语中为 *cul xllang*)[54]在隆冬时节落下,并为即将开始的太阳周期的更新做好了准备。

　　在布埃纳维斯塔还发现了其他引人注目的图像。[55]在离恐吓形圆盘不远处,考古学家们发现了一尊土质的高凸浮雕雕塑的遗迹,

图 1.16a—b

布埃纳维斯塔的怀孕的四足动物壁画。
a：照片由罗伯特·本弗提供；
b：安·博林(Ann Bolin)根据贝尔纳迪诺·奥赫达(Bernardino Ojeda)的摹图绘制

塑造的是一个真实大小的人像，吹着一只贝壳制成的号角或哨子 (*ocarina*)。[56] 这尊栩栩如生的音乐家雕塑被安置在神殿的后入口附近，[57] 放在长凳上，以模仿活人的姿势。在更早的狐狸神殿（Templo del Zorro）（约公元前 2200 年）内，艺术家们创造了叠在一起的动物形象，包裹着门侧柱（见图 1.16a—b）。考古学家们将较小的动物解读为狐狸，被刻在较大的、被认为是美洲驼的动物的绘画中。[58] 较小的动物的下半身和尾巴的曲线随着较大动物肿胀的腹部的形状而起伏。本弗将这一图像解读为狐狸依偎在美洲驼的子宫里，他将这两者与后来的安第斯神话和星座联系了起来。然而，在古代视觉文化或后来的神话中都没有找到这种跨物种生育的例证。与其说是一只狐狸，被刻下的动物更有可能是子宫内的美洲驼胎儿，特别是考虑到这只动物的双足没有被表现为狐狸带有肉垫的爪子，而是呈美洲驼的蹄形脚趾。母亲和正在孕育中的后代也有可能是鹿，它们也有着类似的双足。被本弗指认为狐狸的弯曲的尾巴可能是基于对早期哺乳动物妊娠期的脐或胚胎尾巴的观察。[59]

布埃纳维斯塔的门侧柱上画着的怀孕的动物展示了古代艺术家

在表现母亲与胎儿的身体关系时巧妙地选择了配对的技巧。他们用红白两色描绘母亲。图像的颜料浮于墙壁表面，勾勒出她身体的外部形状。然而，他们却选择通过雕刻墙面上糊着的黏土来呈现胎儿的图像。凹陷的线条传达了深度与位置的内部性。颜料和切痕被一并使用，以区别两个身体的形式，并传达它们亲密的肉体关系。在古代太平洋沿岸壁画艺术的早期实例中，墙壁成了可视化身体表面的外部性和内脏深处的内在性的基质。

韦查玛

最近，鲁思·沙迪（Ruth Shady）和她的考古团队在韦查玛遗址（约前1800—前1500年）发掘到了目前已知的古代南美洲最不同寻常的一组前陶器时代土质带状壁画。该遗址位于极早期的纪念中心卡拉尔（Caral）以南的瓦拉谷（Huara Valley）。[60] 在韦查玛，一排排的人体被以高凸浮雕的形式雕刻在一座阶梯状神殿（主座区，A区）的两层上。[61] 下层的十四个人物是按照自然的人体比例雕刻的（高1.3米，屈膝）。上层的十六个人物比例较小（0.8米高），缩小尺寸也许是为了用从下面露台往上仰视的视角增强神殿高度的透视效果。上层的一些人物被塑造为活着的样子：他们双眼睁开，张大嘴，双手痛苦地抓着自己的脸和身体（见图1.17）。其中一些人拽着他们瘦骨嶙峋的腹部空洞。其他人的身体是倒置的。一些人物身上展现出了性征的差异，可以看到缠腰布（可能是为了表明他们游泳者的身份），男性生殖器也很明显。在上层，一对鱼被雕刻成头向下的样子，在中部楼梯的两侧各有一条；下层的人物没有这种姿态和表情的多样性。上层男性人物的感染力被一种阴沉的一致性所取代，所有人物都身体展开（双臂抬起，膝盖弯曲），肋骨明显可见，双眼紧闭，嘴巴松弛。没有生命的形象取代了有感情的身体。这些尸体的左右两侧是生动的骷

图 1.17

韦查玛A区主座（二期）内楼梯附近的土质带状壁画中的人物形象。（照片由诺尔曼·科尔多瓦 [Norman Córdova] 拍摄，秘鲁出版社提供）

髅，同样是以高凸浮雕的形式雕刻的。它们似乎是在审视这个死亡场景，每一个都把手举到嘴边，示意在发出声音。

在韦查玛的同一建筑顶部后来建造的中庭里，沙迪的团队发掘出了一尊极为怪异的黏土浮雕，塑造的是一只巨大的类两栖动物，有着黑石眼睛和人类的双手（见图1.18）。[62] 与从神殿各层向外延伸而出的人形带状壁画不同，此雕塑是处于内部的。古代雕塑家创造了这个青蛙一般的动物，使它看起来像是从墙上冒出来的一般，用它类人的巨大双手摸索着中庭的地板。[63] 它的头似乎冲破了墙基，致使其上形成了雕刻出的"之"字形裂口。墙在动物头部和双手处鼓了起来，这是一个巧妙的形象与地面之间的雕塑游戏。

最近，考古学家们在韦查玛发掘出了一个单独的建筑结构，带有相关的带状壁画（沉积物结构，Edificio de los Depósitos，K区）。[64] 在该结构内，他们发现了两颗被故意埋葬的头颅，它们来自未经烧制的着色黏土人像，被包裹在有羽毛装饰的织物中。[65] 在该结构的一个房间内，雕塑家们以四个闭着眼睛的人头和一对起伏的蛇装饰了墙壁，两条蛇在一个中心图之上汇聚在一起，这个图案类似于一只刻着人脸的手，沙迪将其指认为一颗拟人化的种子（见图1.19）。在遥远的往

图1.18

韦查玛A区主座(三期)上层中庭墙壁上雕刻着的蛙状动物与"之"字形裂缝。(照片由诺尔曼·科尔多瓦拍摄,秘鲁出版社提供)

图1.19

最近在韦查玛K区的沉积物结构内出土的浮雕。(照片由霍苏埃·拉莫斯 [Josué Ramos] 提供)

昔的某一刻，通向这个房间的入口被封住了，一位雕塑家创造了另一尊浮雕，刻画的是一只睁大眼睛的动物从墙中走出，落在一个没有生命的人头图像上。这只处于首要位置的动物，其肘部延伸至被封死的门口边缘之外，可能与主座区露台上刻着的那只怪异的两栖动物同属一类。尽管未着色的土质浮雕这种媒介在前陶器时代的沿海地区艺术中十分普遍，但韦查玛的图像志与其他有所不同。

正如鱼和两栖动物（能够在水陆之间移动，也能在表现平面之间移动）所处的水环境所象征的那样，韦查玛的浮雕显示出与祈雨的关联性。这一意象的背景可能是干旱或饥荒，正如痛苦的人体所显示的，[66]也有可能是战争，尽管充满痛苦和死亡的身体是完整的，并没有受到暴力肢解。土质媒介为韦查玛的艺术家们提供了广泛的创作可能性，尤其是在身体的表现方面——活着的，正在死去的，已死的，以及超自然的。古代壁画艺术家并没有在图像表现的虚拟表面上创造主体的图像，而是将身体形式作为塑成的存在来展现，它们占据着并正在进入生者的空间。正在受苦和不再受苦的人物的存在因此成为直接的、可感的且永久的存在。他们有形的黏土身体可能起到的是纪念、警示或威胁的作用。蛙类动物奇特的形式和它的人手以高凸浮雕的形式出现，看起来像打破了墙壁的表面。古代雕塑家的这件艺术作品打破了——或者，也许在更广泛的意义上是符合了前陶器时代壁画艺术的本质，这表明将表现与现实分隔开来的概念膜壁是不存在的。

蓬库里（Punkurí）和赛钦山（Cerro Sechín）

如果不考虑位于秘鲁中部沿海的内佩尼亚和卡斯马谷的蓬库里和赛钦山，那么我们对于前陶器时代壁画艺术的评估就是不完整的。这两处遗址的历史最早可追溯至公元前2400—公元前2100年，[67]尽管一些学者将其定位于更晚些的公元前1800年后。[68]蓬库里的壁画艺术尤其多样，包括平面绘画、彩绘土质浮雕和几乎完全呈圆形的土坯雕塑。[69] 那里最为重要的雕塑也许要数咆哮的猫科动物雕像了，它是作为神殿的纪念碑性楼梯的一部分而被建造的（见图1.20）。[70] 这尊1.5米高的雕塑是由三块土坯雕刻而成的，而后覆以塑形的黏土：顶部是头，下面是两半躯干，前爪抬起，爪尖露出。这只猫科动物的身体被涂以淡绿、白、黑和红色。它仿佛从神殿楼梯的中央一跃而出，或是在发动攻击。和附近帕蒂达瓦卡（Huaca Partida）的大型猫科动物浮雕一样，蓬库里的这只猫科动物也是后来神殿中形成时期野生动物图像的前身。[71]

同时，在卡斯马谷，在前陶器时代末期及随后的数个世纪中，壁画艺术家们正在赛钦山和上赛钦（Sechín Alto）建筑群内的其他遗址[72] 等地[73] 创作不同类型的图像。赛钦山是一个极其重要的壁画艺术场所。[74] 它最负盛名的是其大量的武士和被杀者的暴力图像，这些图像被以浅浮雕的形式刻在主结构外墙上的三百多块巨石上（见图1.21）。[75] 被撕裂的身体、砍掉的头颅、肢解的四肢（包括交叉的前臂）、器官、脊柱和一排排空洞的眼睛装饰着神殿的石头外墙。这种对身体暴力的展示，其强度在该地区是无与伦比的，但不那么广为人知的是，在这座砖石面建筑及其严酷的暴力与死亡场景被创造之前，该神殿本是由土坯建造的，其上排列着土质图像。[76]

赛钦山的早期土质神殿中绘有两只大型猫科动物的平面图像，它们露出爪尖，看起来似乎正准备扑向圣殿的入口处。[77] 在露台上，考古学家们发现了带有多色土质浮雕的土坯柱（1.3米宽）。这些柱子被腐蚀得很严重，只有两根保留了装饰的痕迹。在其中一根上，考古学家们记录了一个头向下处于坠落中的人的上半身，双眼紧闭，头骨顶部裂开（见图1.22）。三股长长的血流从受伤的头中流出，缠绕着翻滚的人像。肉体的灰蓝色显示出死亡的苍白，与致命伤口的红色边缘形成鲜明对比。后来在对神殿进行翻修时，艺术家们改造了壁画项目，将两条巨鱼（3.6米长）纳入了多色浮雕之中，在楼梯两端各有一条。宽大的下颚

第一章 壁画的起源与沿海地带的身体性 | 97

图 1.20

胡利奥·C.特略(Julio C. Tello)与蓬库里纪念性楼梯上的土质猫科动物雕塑。(特略档案,圣马科斯国立大学考古学与人类学博物馆,利马,XI B57 P9 F2 68)

图 1.21

沿着赛钦山的神殿外部摆放的雕刻巨石(修复后)。(照片由作者拍摄)

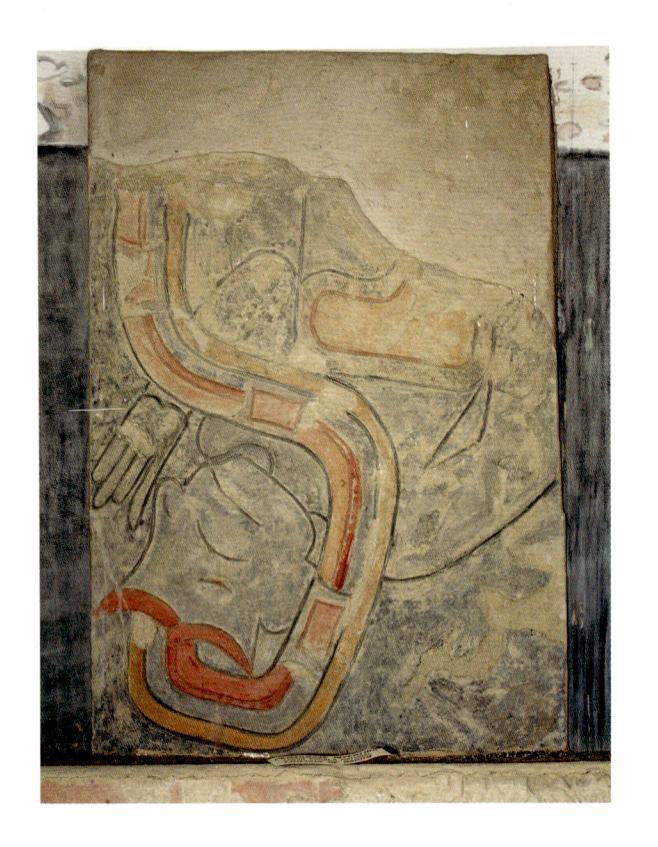

图 1.22

土质柱子的复制品，上面的黏土浮雕描绘了一个倒置的人形，来自赛钦山早期的土坯神殿。（照片由作者拍摄）

的形状表明它们是食肉物种。⁷⁸ 从最早期的设计开始，赛钦山的神殿就被饰以凶猛的动物和对人体施暴的图像。今天在现场可以看到的石刻图像是在其土质前身的基础上塑造的。和在科托什、文塔隆瓦卡、布埃纳维斯塔、韦查玛及蓬库里一样，土坯和黏土在早期壁画艺术中是更为重要的材料，在赛钦山，这两种材料后来被转化为更为耐久的石质形式。

评估前陶器时代的壁画

对前陶器时代壁画整体的评估显示的是，从最初起，壁画艺术就是一种动态的表达媒介，其中黏土浮雕和体量巨大的土质雕塑占有重要地位。在最早期的背景下，平面壁画是十分罕见的。许多最早的壁画——科托什的交叠的手臂、文塔隆瓦卡的鱼和有袋动物、布埃纳维斯塔的音乐家、韦查玛和赛钦山的受苦和垂死的男性——都是由如实雕刻的人类和动物身体的图像组成的，按照其自然生命的比例予以呈现。这些最早的例子表明，我们不能将壁画艺术简单地解释为岩画的继承者。相反，太平洋沿岸（以及安第斯高原的罕见实例）最早的壁画的创意多样性有着更为复杂的起源：它们往往来源于对活着的以及死去的身体的观察与再造。不过，正如我在第四章中所展示的那样，用小型绘画或划痕图像在墙上做标记的做法——例如科托什的白色形象，类似于被转移到建筑表面的象形图画或岩画——对于考古 - 图像学的研究仍然具有重要意义，并表示了其之于更为正式的壁画制作实践是有意义且持久存在的复调。

与浮雕的首要地位同样重要的是观察到古代艺术家处理材料的高超技巧，以达成对外在性和内在性的微妙的概念化表达。即使是表面看来是平面的壁画——文塔隆瓦卡的猎鹿壁画和布埃纳维斯塔的怀孕动物及其胎儿的嵌套图像——也展现出了对内在形式和外在表象的考虑。古人对内在性和外在性的游戏，也许在韦查玛的怪异的两栖动物雕塑中表现得最具有独创性。它巧妙地打破了墙壁的表现平面，进入了生者的空间。作为"元图像"，这些作品在表现其主题的同时也唤起了人们对其自身作为图像存在的关注。[79] 这些前陶器时代的图像为后来考维耶霍瓦卡的莫切艺术家们提供了一系列先例，使他们后来得以选择用黏土浮雕来表现囚犯的痛苦，并在内部结构上建造其他在概念上和物质上与其外部形式相毗邻的人物。通过聚焦沿海地区深远的古代，而非仅仅关注印加帝国的后期历史，莫切壁画师可以因更深刻地参与了图像制作史而得到重视。

间奏：入窑前黏土的生命力

在前陶器时代的中心，艺术家们用黏土来制作浮雕和土质雕塑，以及制作较小的手持物品。在许多前陶器时代的遗址中都发现了未经烧制的黏土雕像，其中包括此处及其他地方探讨的遗址，有位于太平洋沿岸的，也有位于安第斯高原的。也就是说，在黏土成为制造器皿的材料前，它是一种艺术表达和雕塑表现的媒介。这些早期社群使用的是葫芦、篮子、木碗及石碗，而非陶器。在他们使用黏土时，艺术性考虑优先于实用性考虑。

古代秘鲁已知最早的黏土雕像的例子来自偶像瓦卡（Huaca de los Ídolos）内的一个物品贮藏处，可追溯至公元前3000—公元前2500年，位于秘鲁中部沿海苏佩谷（Supe Valley）内的艾斯佩罗（Áspero）遗址中。[80] 在科托什的布兰科神殿内，考古学家们发现了未经烧制的黏土制品，其中包括隐约呈人形的小型雕塑、一个水果和一只葫芦状的小碗。[81] 在卡拉尔、米拉亚（Miraya）、韦查玛及该地区内的相关遗址中，沙迪和她的团队证明在公元前第三个千年期间，创作未经烧制的黏土雕像是一种普遍做法。[82] 这些富有表现力的小型黏土身体被精心雕刻，并涂上鲜艳的色彩，有时还带有华丽的服装、发型和面部装饰。在班杜里亚（Bandurria）、里奥赛科－德里昂（Río Seco de León）和埃尔帕拉伊索（El Paraíso）等早期遗址中也发现了其他小型原始黏土形象的例子。[83] 在智利沿海地区，在制陶技术出现之前的文化背景中，也发现了未经烧制的黏土雕像。[84] 当然，在美洲及世界上的许多地方，雕像都是最早且最普遍的图像制作形式之一。[85] 在秘鲁和智利的沿海地区，不同寻常的是未经烧制的雕像和黏土雕塑的经久不衰的效价（valence）。

这些小型手持黏土人像雕塑（即小雕像）似乎有着明显的符号学功效。许多小雕像被发现时都已残破，有时被故意折成两段或拿掉四肢。在卡拉尔，沙迪将这种折断干燥的黏土身体的做法解读为一种代替人祭的物质献祭形式。[86] 在艾斯佩罗，费尔德曼（Feldman）假设，偶像瓦卡的黏土小雕像是被故意打碎的，并作为一种"象征性的人类埋葬"被放在藏匿点，与牺牲瓦卡（Huaca de los Sacrificios）的人类祭祀的埋葬方式相似。[87] 这些身材矮小的雕像似乎是被当作真正的活人"杀死"的，或者说是作为其替代品。未经烧毁的黏土与活着的肉身的可通约性似乎在这些等价交换的行为中起到了作用。

秘鲁南部和智利北部沿海的社群在制陶技术出现之前很久就制作出了真人大小的人体雕塑，这是另一种使用黏土来表现人体，但乍看似乎不能与之相提并论的古老传统。从北部的伊洛（Ilo）到南部的阿托法加斯塔（Antofagasta），阿塔卡马沙漠（Atacama Desert）中的钦乔罗（Chinchorro）"木乃伊"可以追溯到约公元前5050—公元前1100年。[88] 木乃伊似乎与壁画没有可比性，但这些保存下来的尸体中有许多都可以被称为人类的丧葬雕塑，用黏土、灰和有机材料在逝者经过加固后的骨架上制成。因此，这些木乃伊使得身体与物品之间的界限变得模糊，可以被理解为黏土雕像与人像浮雕之间的"对话"。[89]

钦乔罗的木乃伊为秘鲁和智利古代太平洋沿岸图像制作的起源和雕塑实体的感染力提供了一个富有成效的比较点。它们代表了世界上已知最早的有意制造木乃伊的证据，比更为著名的埃及实例早了两千多年。钦乔罗的木乃伊与后来南美洲西北部的木乃伊制作方法有所不同，[90] 也包括印加帝国的做法。[91] 在钦乔罗的社群中，男人、女人、儿童，甚至就连胎儿都可以被制成木乃伊。[92] 事实上，这种实践似乎是从儿童身上开始的，也许是社群对生命在充满无限可能的阶段就结束所产生的一种反应。早期的木乃伊既是多变的，又是社会性的。它们被重新着色并修补，这表明它们是被放在活人的生活空间内的，保持着与家庭和社群的关系，之后被埋葬在可能存在亲属关系的群体中。[93]

早期的"黑木乃伊"制作于约公元前5000—公元前2800年，是对逝者身体最彻底的改造，也是最具有雕塑感的（见图1.23）。在此传统中，逝者的身体被彻底重塑。逝者的皮肤被小心地取下并放在一旁，然后，殡仪人员从骨架上取下所有的软组织，用细长的木枝进行加固，以绳索将其绑在骨头上，形成一个刚硬的框架。接着，用白灰泥黏土浆重新制作祖先的身体，用纤维和植物材料填充其空隙。殡仪人员用逝者自己的皮肤覆盖重新制作的身体，有时用的是海狮或

图1.23

钦乔罗的"黑木乃伊"（T1C1），公元前3500—公元前3000年，103×28厘米，发掘自智利北部的莫罗1号公墓。（圣米格尔 德阿萨帕考古博物馆，塔拉帕卡大学。© Design Pics Inc）

其他动物的皮，之后再加上一顶假发。祖先的脸和其他外部身体器官，如乳房和生殖器被雕刻在表面。然后，为脸部和身体涂上深蓝黑色的锰——这些木乃伊的名字就是这么来的。[94]这种做法并不是为了最大限度地保持逝者身体的解剖完整性，而似乎是为了重塑祖先生前的外貌、体积和重量，同时保有骨骼的内部结构和（如今被涂上颜色的）皮肤表面。这些逝者的图像是被直接从此人的遗体中建立起来的。这种效果类似于古代杰里科（Jericho）或加泰土丘（Çatalhöyük）的覆以黏土的头骨，只是在南美洲，逝者的整个身体都被"填上了血肉"，[95]而不仅仅是头部，并按照其自身的形象被重制成"自体偶像"。[96]

在随后的一千年里，秘鲁南部沿海和智利北部沿海的社群继续改造已故家庭成员的尸体，但不再彻底分解并重建身体。到了公元前1700年左右，这些早期的方法被"包裹着泥土的"木乃伊取代。这种实践对身体本身没有做出太多的修改。相反，它们被覆以一层厚厚的黏土、沙和黏合剂的混合物，使尸体动弹不得，被固定在一处。被包裹的尸体"似乎被粘在了墓穴的地板上，就好像泥浆状的水泥被铺在了坟墓的地板及木乃伊上一般"[97]。据记载，在秘鲁沿海的普列塔瓦卡和拉帕尔马（La Paloma）等早期遗址中，也存在类似的用灰烬覆盖逝者的尸体使其变硬并固定在原处的做法。[98] 值得注意的是，在后来的莫切世界中的一些地方——例如，赫克特佩克谷中的多斯卡贝萨斯和拉米纳（La Mina），逝者也被包裹在墓穴中的精制黏土层中，厚达数厘米，硬化后"像鸡蛋壳一样"。[99]

以黏土和黏合剂被固定住的这些尸体不再是在活人的世界中移动的社会性存在。它们已变成墓葬之中的纪念碑。也就是说，在北方的壁画艺术家使用黏土和黏合剂在神殿的墙壁上呈现生者与死者的身体的同时，南方的殡仪人员也在使用同样的材料将死者变为"建筑上的"木乃伊——取其广义上的被固定在坟墓中的意涵。雕塑壁画和一动不动的木乃伊是太平洋沿岸在前陶器时代同时期存在的传统，与其他地方的新石器时代一样，也可以被认为是一个"黏土时代"。[100]

雕塑的身体性贯穿于该地区太平洋沿岸早期艺术中的许多方面。这种趋势对于思考古代人类的主体性和具身意识也具有启发性。"活人的观看（之躯）"[101] 会在这些木乃伊和壁画中被塑造的身体上看到他们自己终有一死的凡俗存在的具身的倒影。一个时代的流行媒介和其所产生的图像塑造了个人形成主观自我意识的方式。古代对黏土媒介和人体的对等可能产生了一种类似于莫里斯·梅洛-庞蒂（Maurice Merleau-Ponty）所提出的"肉身"概念的现象论，即肉身是世界与自我、可感的与可知觉的、引起感情的与有形的之间辩证关系的"交织"。[102]

这种对黏土与肉身的敏感——以黏土为肉体，以肉体为媒介，在20世纪初秘鲁北部沿海的诗人若泽·欧洛希奥·加里多（José Eulogio Garrido）的作品中得到了表达。在描述于昌昌古代帝都的土坯建筑的想象通道中徘徊往复，间或描述自己与太阳神兼创世者 *Xllang*（可译为"太阳"——校者注）在幻觉中的邂逅时，加里多借助了同样的物质等价物，并写道："我用手顺着墙壁抚摸……我触碰到它……我

触碰到它……我触碰到它……它凉爽而平滑，摸起来如同年轻性感的肉体。"[103] 然后，在随后的"幻象"中，仿佛是在讲述过去千年的历史："我终于，再次，成为易碎的黏土……"[104]

库比斯尼克、曼查伊和查文的壁画
（约前 1200—前 400 年）

在古代沿海地区的图像制作中，肉体与黏土的等价关系形成了我所说的祖先的身体性。在大约公元前5000—公元前1600年，以泥土和黏土呈现生者与死者的身体代表着今秘鲁和智利的沿海社群所广泛共享的一种基础。在其后的数个世纪中，身体雕塑积累了额外的文化、宗教和政治侧重点。在这段历史中，图像实践的规模也扩大化了，从家庭和亲属群体的需求，到有着共同宗教意识形态的更广大社群的需求，再到日益政治化的精英竞争与奇观的要求。

大约在公元前1200年之后，随着共同的宗教传统在秘鲁北部及中部沿海地区的广泛传播，壁画艺术家开始越来越频繁地表现凶猛的生物。在晚期的帕拉卡斯的上阿尼马斯（Ánimas Altas）遗址所进行的发掘显示，这种意象也延伸到了南部沿海地区的壁画。[105] 在北部海岸，被称为库比斯尼克的宗教与艺术传统以及利马附近中部沿海的曼查伊[106]与高地中心查文-德万塔尔（约前900—前500年）那些更为著名的传统有关，但要早于后者。尽管胡利奥·C.特略将查文视为安第斯文明的第一个文化母体，以及20世纪初秘鲁民族主义的一个本土摇篮，[107] 但现在我们很清楚的是，它是几个重要的宗教中心之一，而非仅存的起源点。[108] 查文-德万塔尔的艺术整合了太平洋沿岸、高地安第斯和低地亚马孙的视觉文化和宗教习俗的多个方面。

事实上，查文石板与石碑上那些技艺精湛的浮雕可以在沿海地区找到土质浮雕的先例。甚至有一些零星的证据表明，壁画和黏土浮

图 1.24

加拉盖的神殿露台上的雕塑壁柱,侧像上方,仅见曾经站立在壁柱顶上的生物的鸟类双足。(照片由作者拍摄)

雕是装饰查文-德万塔尔神殿墙壁的原始媒介,且如在赛钦山一样,这些壁画项目只是后来被转移到了纪念性中心的雕刻石板和石碑上的。[109] 在利马附近的里马克谷(Rímac Valley)中的加拉盖(Garagay),艺术家们在神殿露台的墙壁和壁柱上精巧地雕刻和绘制了可怖的蜘蛛、阶梯波状的图案、人像和咆哮的猫科动物的脸等土质浮雕(见图1.24)。[110] 在卢林谷(Lurín Valley)中的卡达尔(Cardal)和下曼查伊也发现了彩绘土质带状壁画。[111] 这些新的艺术形式突出的方面包括将人物从真人大小放大到巨型,[112] 以及将主题转向美洲狮、美洲豹、蛇、蜘蛛、凯门鳄和猛禽等掠食者的意象。约公元前1200—公元前400年,神殿墙壁上雕刻和描绘的凶恶动物的超大型存在构成了一种新的沿海身体性,其中,巨大的捕食者威胁着作为猎物的人类主体。[113] 它们的残暴可能是对转变性宗教体验的隐喻,也许与来自亚马孙习俗的南美洲萨满教的古老形式有关,[114] 但画作强调的是肉体性、凶猛和对身体的消耗。

在这个时代,也有平面壁画——例如,在瓦卡洛马(Huacaloma),[115] 但和在前陶器时代一样,土质浮雕仍占主导地位。这几个世纪以来创造的全部壁画（一些考古学家称之为初始期或早地平线时期）的体量过于庞大，无法在此进行综合分析，但一些例子说明了此媒介取得了突飞猛进的发展。在卡斯马谷中的潘帕德拉亚马斯-莫瑟克（Pampa de las Llamas-Moxeke）遗址，特略发现了巨型土质人像和巨大的雕塑头像，被嵌在莫瑟克神殿的公共外墙上近4米宽的壁龛中（见图1.25）。[116] 他观察到，他将之称为偶像（ídolos）的易碎的土质表面已被许多层黏土和颜料所覆盖。[117] 这些巨型生物原本有2米多高，但其肩部以上的黏土身体已彻底被毁。现存的人物和头像并没有明显的掠食者特征，但其中一位的衣服绳线活像几条蛇。以绳线、腰带和发绺来代替蛇是库比斯尼克和查文意象中表现超自然或来自异世界形象的

图1.25

胡利奥·C.特略和鸟居龙藏站在1937年在莫瑟克发现的一尊巨型土质雕塑的基底部。(特略档案，圣马科斯国立大学考古学与人类学博物馆，利马，IX C7 219)

图 1.26

在卡瓦略-穆埃尔托的国王瓦卡雕刻的一尊巨型咆哮的头像。(照片由卡罗尔·J.麦基提供)

惯例,后来的莫切艺术家们恢复了这种传统。

在更北的莫切谷中,考古学家们在 20 世纪 70 年代发现了一系列巨型头像,同样被嵌在库比斯尼克的卡瓦略-穆埃尔托(Caballo Muerto)遗址内国王瓦卡(Huaca de los Reyes)外墙的大壁龛中(见图 1.26)。[118] 这些头像和它们被摆放的位置与莫瑟克的土质雕塑类似。在卡瓦略-穆埃尔托,那些 2 米宽的头像有着咆哮的猫科动物的脸。相关的意象出现在其他早期的沿海遗址中,如兰巴耶克谷中文塔隆瓦卡附近的科鲁德(Collud),那里的墙壁以浅浮雕雕刻,绘着难以理解的构图,有纠缠的身体、长着獠牙的嘴、有爪的双足,以及至少一颗有着交叉在一起的獠牙的断头。[119] 在内佩尼亚谷中的帕蒂达瓦卡,考古学家芝田幸一郎记录了绘有猛禽、长着双翼的人像和猫科动物的黏土带状壁画。[120] 一只近 3 米高的猫科动物的身体被精巧地雕刻了出来,上面刻着男系亲属的脸,保存状态几近完好(见图 1.27)。这一时期的土质建筑及其巨型意象并没有像查文-德万塔尔声名远扬的巨石那样受到考古学或艺术史学的关注,这也许是由于人们认为石头"高

图 1.27

猫科动物浮雕，公元前900—公元前800年，帕蒂达瓦卡，内佩尼亚谷，秘鲁。这只猫科动物的身体近3米高，其后半部分的身体还未被发掘出来。(照片由芝田幸一郎提供)

贵"而土和黏土是"基础"材料这一偏见，尽管古代艺术家们在后者的造型表达上展现出了非凡的创造力。

在库比斯尼克、曼查伊和查文的时代结束后，大约在公元前 400 年，通过共同的宗教和文化传统形成的纽带变弱了，一个新的社会和政治冲突的时期开始了。因此，前一个时期共同的艺术传统也即将结束，纪念性建筑中对壁画艺术的大部分投入也是如此。在一些地方——例如，内佩尼亚谷中的凯兰（Caylán），建筑师们用土坯和黏土创造出几何图案。[121] 在卡斯马谷中的昌基略（Chankillo），柱之神殿的建造者们在中庭的墙壁上以浅浮雕雕刻了类织物的抽象面孔。[122] 但有证据表明，在大多数情况下，直到公元 200 年左右，随着社会和政治稳定的恢复，在比鲁谷中的加伊纳索群落（Gallinazo Group）等地，[123] 各社群才再次创造出永久性的壁画项目，之后是在莫切的瓦卡。

沿海的传承、库比斯尼克的复兴与莫切的创新

回到考维耶霍瓦卡的人物浮雕（见图 1.1—图 1.5），我们现在可以在这些带状壁画上看到更早期的沿海身体性形式的积累，为新的政治影响提供框架。在人像中使用骨头支架，我们可以从中发现钦乔罗的丧葬雕塑的影子，以及在文塔隆瓦卡、布埃纳维斯塔和韦查玛所展现出的内在与外在的明确关系。同样地，我们可以从这些遗址以及蓬库里、赛钦山，甚至是科托什的栩栩如生的黏土雕塑身体中找到古代先例。考维耶霍瓦卡的因犯黏土雕塑的身体所遭受的暴力——其双腿和生殖器被用刀片划刻，让人想起在艾斯佩罗和卡拉尔等地对小得多的黏土人像的焚烧，就好像这些形象是活人俘虏的替代品。[124] 在莫切谷中的莫切中心月亮瓦卡，考古学家们发现了数十个未经烧制的裸体男性因犯的黏土雕像，与同样遭到暴力对待的年轻男子的骸骨一并被砸碎（见图 1.28）。[125] 这些黏土身体和活人的尸体可能是在一段厄尔尼

图 1.28

在月亮瓦卡旧神殿的3a广场上发现的与人类遗骸一同被砸碎的未经烧制的黏土雕像之一。(照片由太阳与月亮瓦卡群考古项目提供)

诺南方涛动引发的洪水灾难时期一起被献祭的。在这座瓦卡西侧的山脚下，考古学家们发现了另一尊未经烧制的黏土人像，面部被涂成红色，镶着骨质双眼，戴着黏土耳坠和一串黏土珠子。他们注意到，这尊雕塑似乎是被故意毁坏的，且是与人类身体部位的骨架残骸一同被发现的。[126] 这种对黏土不可思议的可塑性和沿海艺术家以媒介塑造出活人形象（有时会像活人一样遭受暴力）的能力的谱系探究，通过这段时间深处的艺术史找回了物质共鸣和共同意义的痕迹。

考维耶霍瓦卡带有雕塑和彩绘的外墙向我们展示了更多关于莫切艺术家是如何利用先前的身体性的信息。如果说囚犯的黏土肉身和官员的骨头唤起了前陶器时代图像创造中祖先的身体性，那么挥舞着弯刀的可怖的蜘蛛所揭示的则是其他东西。[127] 它们所证明的是一种更为直接的借用，将古代掠食者的图像和富有攻击性的实体作为艺术复兴或有意识的拟古。[128] 莫切艺术家们回溯数个世纪，将库比斯尼克及相关传统作为过去时光的视觉参考。彼时与此时一样，古代遗迹仍与日常生活息息相关，其形式是被埋葬在干燥的沿海景观中的长存的建筑与废墟。莫切艺术家们无疑有机会接触到库比斯尼克艺术和建筑，尽管两者之间存在着时间长河与社会史上的差异。与许多后来的社群一样，莫切人回到古代遗址来安葬死者，举行祭祀。从实用的角度来说，在寻找黏土、将泥土制成风干砖坯、挖掘水渠和耕地的过程中，他们也会与地表之下幸存的早先时代的遗迹保持密切接触。在莫切艺术中出现库比斯尼克意象不该令人感到意外。尽管在莫切时代，壁画雕塑的尺寸被缩小到了更符合人体的大小，[129] 但艺术家们仍有意义地恢复了早期传统中的重要方面。

如果说考维耶霍瓦卡的人像带状壁画展示了对古代沿海造像的继承，以及对库比斯尼克雕塑中侵略性掠食者身体的更有意识的复兴，那么还有第三种形式的身体呈现也展现在其中。在这里，比起从前——比起韦查玛那些命运多舛的人物，其中至少有一些在解剖学上看来是男性，雕塑人物的性别特征更明显。行进中的囚犯的裸体被雕刻成了一种处于兴奋状态的样子。也许雕塑家们指的是捆在他们脖子上的绳索所产生的生理性充血效果，或是食用乌鲁初（ulluchu）所产生的血管扩张的特性，[130]但通过选择以这种方式描绘生殖器，艺术家们为观者创造出了一种既在武力上又在性上呈统治状的形象。男性化的政治和性力量的具身形式遍布莫切艺术之中，包括那些倾向于强调以男性身体作为容器和以夸张的阴茎作为容器嘴的性征明显的陶器。[131]

考维耶霍瓦卡被游街示众的囚犯身体出现在他们遭到政治征服的背景下，显示了他们作为来自异世界的蛛形纲动物这一潜在的猎物地位，这些动物似乎是人类官员的同谋。被脱光衣服的男性身体作为将在战斗中及人祭后被消耗掉的男性肉体出现——作为政治犯，也有可能是作为性对象[132]，正如上方超自然的双手攥着的图米弯刀所预示的那样。莫切囚犯裸露、色情的身体参与到了一种新创造的男性化身体的形式之中，这种形式在壁画项目中被以武士文化和生物政治掌控的奇观呈现。这三种沿海身体性的模式（祖先的存在、神圣的掠夺和尚武的阳刚之气）可以被看作是出现自不同的社会环境和历史聚焦之中的——从前陶器时代的捕鱼业社群到纪念性宗教中心的兴起，再到莫切时代相互竞争的政体。然而，这肯定并不是一种线性演变。这是一种复合形式与意义的积累，通过两千多年来太平洋沿岸相互连接的走廊上的艺术实践，以增生和重写的方式形成的。

注 释

1. 该遗址的名称指的是现代萨满的故事，他们在秘鲁奇卡马谷中的马格达莱纳德考附近的考古建筑群的废墟中活动。Mujica et al., *El Brujo*.
2. 囚犯们被描绘为处于完全或部分性兴奋的状态，正如 Scher 在 "Markers of Masculinity," 186 中所观察到的那样。
3. Franco, "Sacrificios humanos en el mundo moche," 120–122.
4. Verano, "War and Death in the Moche World," 116.
5. Schaedel, "Coast-Highland Inter-relationships," 444.
6. Summers, *Real Spaces*.
7. 关于20世纪克丘亚人对"内部"（ukhu）的看法（作为意识、可见的存在和历史性清除上的一种转变），见 Allen, "The Incas Have Gone Inside"。
8. Ortman, "Conceptual Metaphor."
9. Joyce, "Performing the Body"; Hamilakis, Pluciennik, and Tarlow, *Thinking through the Body*; Borić and Robb, *Past Bodies*.
10. Hamilakis, Pluciennik, and Tarlow, "Introduction," 4.
11. Joyce, "Archaeology of the Body," 140. 另见 Joyce, "When the Flesh Is Solid"。
12. Bahn, "The Earliest Imagery around the Globe," 3–6. 对于南美岩画来说，可靠的放射性碳定年较为少见，但它们把大多数最早的例子推定在冰河期后的范围内，即约12000—9000年前。有一些关于存在更早的岩画的意见——例如，在巴西东北部的佩德拉富拉达（Pedra Furada），可能早在三万年前，即旧石器时代晚期或冰河时代早期就有了，但这些画作的年代是存在争议的。Guidon, *Peintures préhistoriques du Brésil*.
13. 关于秘鲁具象图像创作的起源（从公元前6000年左右起，一直持续到公元前第一个千年末）的跨媒体叙述，见 Burger, "The Emergence of Figuration"。

14 Bonavia, *Mural Painting in Ancient Peru*, 6. 博纳维亚的这一说法是基于卡尔瓦里奥山（亦称卡哈马卡的乌蒂玛 [Udima]）中的洞穴壁画与查文艺术的相似性。

15 Muelle and Ravines, "Toquepala."

16 Mejía, "Pintura chavinoide"; Núñez, *Petroglifos del Perú*, 2:359–442.

17 Langlois, "Utcubamba," 196, fig. 41.

18 Kauffmann, *Los chachapoyas*.

19 Bonavia, *Mural Painting in Ancient Peru*, 10.

20 Izumi and Sono, *Andes 2*; Izumi and Terada, *Andes 4*; Onuki, "Prólogo"; Onuki, "Una reconsideración de la fase Kotosh Mito."

21 Matsuzawa, "Constructions," 140, fig. 82; 160, fig. 94; pl. 29e. 考古学家们注意到但没有说明的是，在科托什早期建筑的墙上还有着其他的白色小人像。关于放射性碳定年，见 Izumi, "The Development of Formative Culture," 66。另见 Onuki, "Una reconsideración de la fase Kotosh Mito," 119。

22 Matsuzawa, "Constructions," 154, pl. 26.

23 Hostnig, *Arte rupestre del Perú*. 举起手臂的简单人形类似于秘鲁古代岩画中让·居弗鲁瓦（Jean Guffroy）称为"崇拜"与"致意"的姿势。Guffroy, *Imágenes y paisajes rupestres*, 100–101.

24 Izumi and Sono, *Andes 2*, 46，见 pl. 16, color plate 1; Matsuzawa, "Constructions," 151–156, pls. 25 and 26, color plates 1 and 2。

25 Matsuzawa, "Constructions," 154; Izumi, "The Development of Formative Culture," 68.

26 Burger, *Chavin*, 48; Burger, "The Emergence of Figuration," 246.

27 Terada, "Conclusions," 306.

28 松泽（Matsuzawa）将这种做法描述为"神殿葬"。Matsuzawa, "Constructions," 176. 布兰科神殿也受到了类似的对待。大贯良夫后来强调了神殿的"翻修"这一概念，而非"墓葬"，认为这些建筑和仪式上的做法并不是丧葬传统的部分。Onuki, "Una reconsideración de la fase Kotosh Mito," 105–107.

29 不幸的是，科托什的浮雕在 20 世纪 60 年代出土后并没能存留很长时间。1963 年，考古学家们返回瓦努科时发现 1960 年出土的第一对手臂已被毁坏，只有部分手指保存完整。在第二期田野调查时，考古队决定将第二幅浮雕从墙上移走，并将其送至利马的国家博物馆保存。Onuki, "Prólogo," 32–33.

30 自日本的科托什项目完成以来，其他考古学家也使用了神殿翻新或再生的想法来解释伴随着在宗教和/或政治上具有重要意义的行为的建筑更新过程。例如，在莫切地区，可参见 Uceda and Canziani, "Análisis de la secuencia arquitec-

tónica," 157-158; Uceda and Tufinio, "El complejo arquitectónico religioso moche," 216-218。有意关闭、掩埋和修整建筑的做法并非古安第斯地区所独有的，例如，可参见 Brittenham, "Style and Substance"。

31　Alva, *Ventarrón y Collud*.

32　Ibid., 75.

33　伊格纳西奥·阿尔瓦将两条鱼的微妙变化解读为不同物种的识别方式。他还认为，这种分为两部分的排列方式参考了安第斯地区的社会与宇宙观的二元化形式。Alva, *Ventarrón y Collud*, 124.

34　Alva, *Ventarrón y Collud*, 82.

35　Ibid., 121, fig. 139.

36　Ibid., 121-124.

37　考古测量分析确定，所使用的颜料是矿物与黏土，特别是铁的氧化物，在第三座神殿中用的则是绿土。每个表面都有一个单独的图层。Wright, Alva, and Laval, "The Origins of Mural Painting."

38　两幅壁画的上部区域在随后的神殿重建过程中被削去了，它们如今留存下来的高度约为 1.4 米。西侧壁画的两个表面分别为 1.4 米宽和 1.1 米宽。东侧壁画在后来的劫掠中受到了更多的破坏，规模较小，只有 1.4 米宽和 0.7 米宽。Alva, *Ventarrón y Collud*, 68-69. 2017 年，一场从附近的甘蔗地蔓延开来的大火吞没了为保护出土的神殿而建造的易燃结构，并烧毁了其内部，包括壁画在内。

39　在危地马拉的古玛雅中心蒂卡尔（Tikal）的一幅鹿的涂鸦中，也有着一条类似的线，从嘴部开始，在腹部以螺旋结束。海伦·韦伯斯特（Helen Webster）在描述"一只有着有趣的内脏 X 射线的鹿"的图像时，指出在"美国西南部的印第安艺术中"也发现了类似的描绘。Webster, "Tikal Graffiti," 40.

40　Alva, *Ventarrón y Collud*, 126.

41　Donnan, "Deer Hunting and Combat."

42　Alva, *Ventarrón y Collud*, 68.

43　Pillsbury, "Reading Art without Writing"; Cohen Suarez, *Heaven, Hell, and Everything in Between*.

44　Bird, Hyslop, and Skinner, *The Preceramic Excavations at the Huaca Prieta*.

45　后者在对印加人的记载中尤其充分。Murra, "Cloth and Its Functions in the Inca State."

46　Benfer et al., "La tradición religioso-astronómica"; Benfer, "Monumental Architecture."

47　Benfer, "Monumental Architecture," 346.

48　Benfer et al., "La tradición religioso-astronómica," 77.

49　Ibid.

50　Ibid., 78.

51　Ibid., 80.

52　在关于其发现过程的流行的说法中，这张脸有时被描述为一个日晷（*reloj solar*）。在其被发现十年后，布埃纳维斯塔的雕塑被破坏者损坏了。和在科托什一样，布埃纳维斯塔的艺术作品在地下完好无损地存留了四千年，在暴露后不久却遭到击打。不过，幸运的是，布埃纳维斯塔的雕塑只是局部被损坏了，可以被修复。在受到攻击后，雕塑被彻底重新掩埋。小罗伯特·本弗，私人通信，2017年。

53　例如，可参见 Carmichael, "The Life from Death Continuum"。

54　关于在穆奇克语中"日落"（*puesta del sol*）是作为 *cul xllang*（字面意义为"血日"）的定义，见 Salas, *Diccionario*, 5。

55　在布埃纳维斯塔的其他地方，阶梯状回文饰状的窗户装饰着墙壁，形成了光与影的几何游戏。参见 Benfer et al., "La tradición religioso-astronómica," fig. 10。

56　Benfer et al., "La tradición religioso-astronómica," 76, fig. 20.

57　Benfer, "Monumental Architecture," 339, 348.

58　Benfer et al., "La tradición religioso-astronómica," 69, figs. 16 and 17. 对面门口的侧柱上还留有油漆的痕迹，可能有着类似的装饰。Benfer, "Monumental Architecture," 339.

59　另外，阿尔瓦提出，本弗认为是狐狸的东西可能是一个胚胎形态的负鼠，尽管这种说法并不能解释其双脚的独特外观。Alva, *Ventarrón y Collud*, 121, fig. 142.

60　在卡拉尔（公元前2900年左右在苏佩谷内建立），由考古学家鲁思·沙迪领导的团队发现了以纯色绘制的墙壁，各阶段的色调有所不同，还有一些证据表明这是以浮雕造型的图像。Shady *Caral* 221-227 目前为止，已知存留下来的造像仅限于卡拉尔及其周边地区的建筑上零星散落的单独的人像、面孔和图案的遗址。Shady et al., *Centros urbanos*.

61　Shady et al., *Vichama*.

62　Shady et al., *Vichama*; Shady et al., *Historia recuperada*.

63　这个土质雕塑有点类似于在艾斯佩罗的牺牲瓦卡的一个藏匿处发现的雕刻在一只前陶器时代木碗的碎片侧面的生物。两只有着类人双手的两栖动物向容器的边缘靠近，以它们球形的双眼向边缘窥探着。Feldman, "Preceramic Corporate Architecture," 78, fig. 5.

64 Carlín, "Descubren nuevos frisos de la cultura Caral."

65 Shady et al., *Vichama*, 62–63. 在韦查玛的其他地点的发掘中，考古学家们还发现了其他包起来的未经烧制的泥塑，包括在壁龛结构附近的一只篮子里埋着的一组引人注目的三个色彩鲜艳的雕塑。Ibid., 34–35.

66 沙迪等人认为，韦查玛的带状壁画与太平洋沿岸由厄尔尼诺南方涛动引发的周期性环境灾难所导致的一次古代饥荒有关。Paz, "Vichama: El pueblo que sobrevivió a la hambruna."

67 Bischof, "Cerro Sechín y el arte temprano centro-andino"; Bischof, "Los periodos Arcaico Tardío, Arcaico Final y Formativo Temprano"; Fuchs, "Nuevos datos arqueométricos." 另见 Kaulicke, *Las cronologias del Formativo*。

68 Burger, *Chavin*, 78–79; Vega-Centeno, "Punkurí en el contexto del Formativo Temprano," 18; Vega-Centeno, "Patrones y convenciones."

69 Samaniego, "Arte mural de Punkurí."

70 胡利奥·C. 特略是第一个研究这座"偶像"的人，1933 年，他将其描述为"一座美洲虎造型的恶魔雕像，以查文风格为原型"。Tello, *Arqueología del valle de Nepeña*, 79. 我们如今知道，蓬库里的存在比查文-德万塔尔也许要早了一千年。洛伦佐·萨马涅戈（Lorenzo Samaniego）在 1998 年重新发掘出了这只猫科动物，发现它的脸已经被 huaqueros（考古遗迹的掠夺者）毁坏了。Samaniego, "Arte mural de Punkurí," 23.

71 在圣塔谷北部的圣胡安西托（San Juanito）也发现了非常早期（约公元前 1800 年）的类似的壁画艺术。Chapdelaine and Gagné, "A Temple for the Dead at San Juanito."

72 Fuchs et al., "Del Arcaico Tardío al Formativo Temprano."

73 Pozorski, Pozorski, and Marín, "Newly Discovered Friezes."

74 Maldonado, *Arqueología de Cerro Sechín: Tomo I*; Samaniego et al., *Arqueología de Cerro Sechín: Tomo II*.

75 特略在 1937 年对卡斯马谷的考察中研究了该遗址及其巨石，随后在 1969—1984 年的研究项目中也是如此。Tello, *Arqueología del valle de Casma*, 84–288; Samaniego, "La escultura del edificio central de Cerro Sechín."

76 Bischof, "Los murales de adobe."

77 由特略首次记录下来的猫科动物壁画在 1971 年得到了修复（实际上是重绘）。Bischof, "Los murales de adobe," 130. 另见 Bonavia, *Mural Painting in Ancient Peru*, 11–19.

78　Bischof, "Los murales de adobe," 136.

79　此处，我将 W.J.T. 米切尔的"元图画"（metapicture）一词改为了"元图像"（meta-image），它"不是美术中的一个分支领域，而是图画表现中固有的一种基本潜能：它是图片揭示并'认识'自身的地方，它们反思视觉性、语言和相似性的交叉领域之地，是它们参与对自己的本质和历史进行推断和理论化的地方"。Mitchell, *Picture Theory*, 82.

80　Feldman, "Preceramic Unbaked Clay Figurines"; Feldman, "Preceramic Corporate Architecture," 78–81, fig. 7.

81　Onuki, "Pottery and Clay Artifacts," 210–211, pl. 51a; Izumi, "The Development of the Formative Culture," 64–65; Onuki, "Una reconsideración de la fase Kotosh Mito," 109–110, fig. 4–5.

82　Shady, *Caral*, 186–188; Shady et al., *Vichama*; Shady et al., *Centros urbanos*.

83　Feldman, "Preceramic Unbaked Clay Figurines," 17–18.

84　在智利北部，早期社群用木头和黏土制作了大致能看出人形的雕像。Arriaza, *Beyond Death*, 113–114, fig. 41.

85　来自厄瓜多尔的巴尔迪维亚（Valdivia）的手工塑形烧制的人形陶制雕像是南美洲最古老的具象图像创作形式之一，可追溯至公元前 3500 年。后期的厄瓜多尔雕像采用了模具制作方式。Lathrap, Collier, and Chandra, *Ancient Ecuador*; García, *Las figurinas de Real Alto*; García, *La figurina como reflejo de un modo de vida valdivia*; Cummins, "The Figurine Tradition of Coastal Ecuador."

86　Shady, *Caral*, 187.

87　Feldman, "Preceramic Corporate Architecture," 81.

88　Arriaza, *Beyond Death*; Arriaza et al., "Chinchorro Culture."

89　Guernsey, *Human Figuration and Fragmentation*, xii.

90　莫切的殓葬师通常不会将死者制成木乃伊，但死后的处理包括了"对尸体进行有意的操作"，这可能说明了"易塑形的身体的本体论"。Muro, Castillo, and Tomasto-Cagigao, "Moche Corporeal Ontologies," 127, 131.

91　在他们的遗体被天主教驱逐者围捕并烧毁或埋葬前，印加国王的木乃伊在帝国首都库斯科及其他各省都有着活跃的社会生活。Bauer, "The Mummies of the Royal Inca." 沿着乌特库班巴河，在查查波亚斯北部的云雾森林中，死者的木乃伊被埋葬在雕刻般的石棺中。虽然陡峭的石棺的外壳形似站立的人像，但里面的死者遗体是被紧紧地弯折并捆绑起来的。Kauffmann, *Los chachapoyas*, 235–257.

92　婴儿和胎儿的木乃伊在各种文化中都不常见。它们的存在可能表明，在决定将死者制成木乃伊时，很少考虑到死者的社会地位。Standen, Arriaza, and Santoro, "Chinchorro Mortuary Practices on Infants."

93　Arriaza, *Beyond Death*, xiv.

94　在女性墓葬中发现的芦苇刷表明，在生者的世界中，绘制木乃伊的也可能是女性。Arriaza et al., "Chinchorro Culture," 50–51.

95　Meskell, "The Nature of the Beast."

96　扎伊纳布·巴赫拉尼（Zainab Bahrani）将重塑的头部描述为"一个自动图标，逝去之人的一种延伸，这个人不是简单地通过一个标记或标志持续存在，而是通过一个实体残留物、一种坚实而有形的痕迹（而存在）……显然，在杰里科的头这一例十中，头骨被用来代表其自身，因此作品和其所指　被代表的事物——融合在了一起，并在同一地点被连接了起来。"Bahrani, *The Infinite Image*, 51.

97　Arriaza, *Beyond Death*, 114.

98　Ibid., 115.

99　Donnan, *La Mina*, 99–100, 112–113; Donnan, *Moche Tombs at Dos Cabezas*, 72–77.

100　Stevanović, "The Age of Clay."

101　Belting, "Image, Medium, Body," 308.

102　Merleau-Ponty, *The Visible and the Invisible*, 130–155.

103　"迷宫正在用它贪得无厌的大嘴咬着我，我感觉到了一堵墙……我能感觉到它……我可以感觉到它……它温暖又柔软，看起来就像稚嫩的肉体。"Garrido, *Visiones de Chan Chan*, visión III, n.p.

104　"我终于又变成了易碎的黏土。"Garrido, *Visiones de Chan Chan*, visión IV, n.p.

105　在位于伊卡谷（Ica Valley）下游的上阿尼马斯（约公元前250—公元50年）工作的考古学家们记录了一些未着色的壁画，这些壁画的浅浮雕图案既借鉴了帕拉卡斯的奥古卡赫（Paracas Ocucaje）风格的意象（包括反复出现的眼状生物），也借鉴了长着獠牙的生物的意象（令人想起位于南部海岸的卡尔瓦［Karwa］的查文风格的彩绘织物）。Bachir, "El Edificio de los Frisos"; Cordy-Collins, "An Iconographic Study of Chavín Textiles." 目前，秘鲁南部沿海地区已知的壁画要远远少于北部。

106　理查德·伯格和露西·萨拉查将曼查伊文化的区域定义为从钱凯（Chancay）至卢林谷之间。Burger and Salazar, "The Manchay Culture."

107　Tello, "Discovery of the Chavín Culture in Peru."

108　Burger, "The Radiocarbon Evidence"; Rick et al., "La cronología de Chavín de Huántar."

109 Rick, Rick, and Rojas, "¿Chavín pictórico?"; Mesía, "Intrasite Spatial Organization," 10, 214, fig. 78; Lumbreras, *Chavín de Huántar*, 147.

110 罗吉尔·拉维内斯（Rogger Ravines）和威廉·伊丝贝（William Isbell）在 1974 年首次发现了这些带状壁画。最近，埃克托尔·瓦尔德（Héctor Walde）对该神殿进行了调研。在 1975 年对这些带状壁画进行发掘时，考古学家们发现了一些娃娃似的小人像被绘以生动的长着獠牙的嘴，与在浮雕中和其他地方的曼查伊与查文视觉文化中发现的一样。这些小人像被埋在雕刻的浮雕正前方的坑中，也许是作为祭品。Ravines and Isbell, "Garagay." 1994 年，伯格和萨拉查在失落矿场（Mina Perdida）发现了一个更大的（73 厘米长）木偶似的"雕像"，有着类似的长着獠牙的脸，制作时间可追溯至公元前 1405—公元前 1120 年。与加拉盖的人像一样，它是由有机材料、未经烧制的黏土和颜料制成的，并被包裹在织物中。Burger and Salazar-Burger, "A Sacred Effigy from Mina Perdida."

111 Burger and Salazar-Burger, "The Second Season of Investigations at the Initial Period Center of Cardal"; Burger and Salazar, "The Manchay Culture."

112 关于这一时期壁画艺术规模的变化的讨论，见 Quilter, "Moche Mimesis"。

113 在库比斯尼克物质文化的其他形式中，可以看到骇人的捕食者猎食人类并收集其断头的情景。Cordy-Collins, "Archaism or Tradition?"

114 Ikehara, "Multinaturalismo y perspectivismo."

115 Onuki, "La iconografía en los objetos."

116 Tello, *Arqueología del valle de Casma*, 49–66, pls. 4, 5. 另见 Pozorski and Pozorski, "Recent Excavations at Pampa de las Llamas-Moxeke"。

117 "Las figuras presentan varias capas de enlucido y de pintura, las que se descascaran con facilidad por ser muy frágiles." Tello, *Arqueología del valle de Casma*, 60. 加拉盖的雕塑人物也被涂上了多达十层的颜料。Ravines and Isbell, "Garagay," 262.

118 Moseley and Watanabe, "The Adobe Sculpture of Huaca de los Reyes"; Pozorski, "El complejo Caballo Muerto"; Pozorski, "The Early Horizon Site of Huaca de los Reyes."

119 Alva, *Ventarrón y Collud*, 187–202.

120 Shibata, "Cosmología tripartita en Huaca Partida"; Shibata, "El sitio de Cerro Blanco de Nepeña."

121 Helmer, Chicoine, and Ikehara, "Plaza Life and Public Performance."

122 Ghezzi, "Religious Warfare at Chankillo," 76–79.

123 Bennett, *The Gallinazo Group*.

124 对囚犯浮雕身体的砍杀可能会让人想起玛丽·理查森（Mary Richardson）于 1914 年用刀攻击伦敦国家美术馆藏的委拉斯凯兹的作品《镜前的维纳斯》（*Rokeby Venus*），艾尔弗雷德·盖尔在他的艺术的社会与心理学能动性理论中对这一行为进行了图解。Gell, *Art and Agency*, 62–65; Freedberg, *The Power of Images*, 409–412. 不过，莫切文化中这种行为背后的动因可能是全然不同的，可参看我在第四章中的讨论。

125 Bourget, *Sacrifice, Violence, and Ideology*, 113–129; Scher, "Malleable Victims and Discourses of Dominance."

126 Chauchat and Gutiérrez, "Excavaciones en la Plataforma Uhle," 35, 38–39; Asmat and Córdova, "Conservación de escultura en barro."

127 Quilter, "Moche Mimesis," 33.

128 Rowe, "The Influence of Chavín Art on Later Styles"; Alva, "Los mochica, herederos del Periodo Formativo."

129 据杰弗里·奎尔特观察，"初始时期和查文艺术倾向于以大于真人比例的超自然形象来面对观众，而莫切建筑艺术强调的是以人类尺度来呈现的人类形态"。Quilter, "Moche Mimesis," 30.

130 Rucabado, "Los otros, los no-moche," 275n14.

131 Bergh, "Death and Renewal in Moche Phallic-Spouted Vessels"; Bourget, *Sex, Death, and Sacrifice*; Scher, "Markers of Masculinity"; Weismantel, "Moche Sex Pots."

132 考维耶霍瓦卡的这幅壁画可以与墨西哥博纳帕克（Bonampak）8 世纪晚期玛雅壁画中倒在卫城台阶上的俘虏的死尸所隐含的色情表达相比较。Miller, "The Willfulness of Art," 19–21.

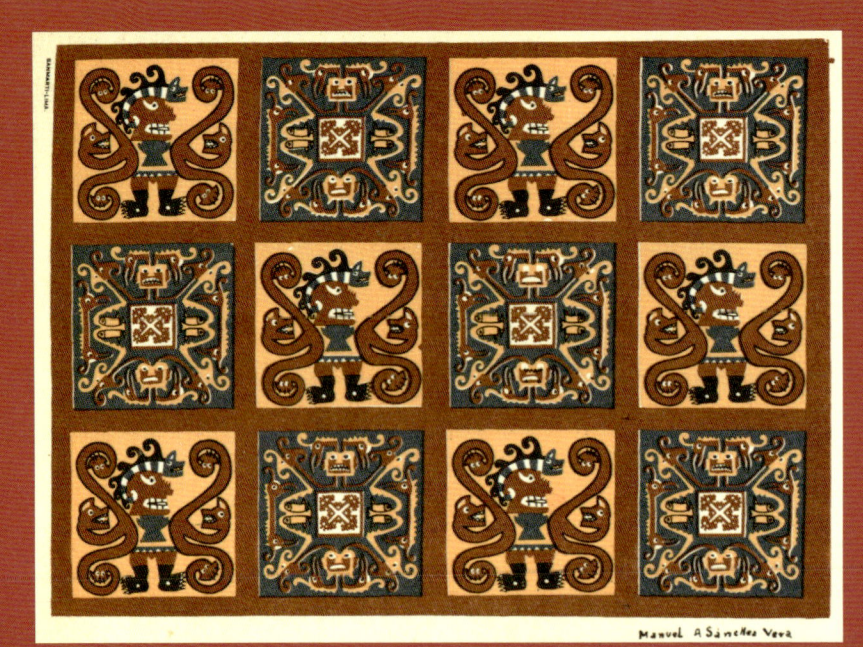

图2.1

复原的月亮瓦卡的加里多壁画。壁画中每个方块的尺寸约为74×72厘米。（根据佩德罗·阿扎瓦切的绘画所创作的石版画）

图2.2

月亮瓦卡旧神殿（BC区）上层平台上的台子及周边壁画。右侧可以看到加里多壁画的一部分。（照片由作者拍摄）

第二章

形成传统

祖先的神祇、北部沿海设计与莫切壁画艺术中的复制美学（公元 200—650 年）

在月亮瓦卡旧神殿的顶端，莫切瓦卡建筑群古城的领袖们曾坐在一个阶梯式的台子上接待访客，接受贡品，或与他们社群中的成员交谈。[1] 在 5 世纪与 6 世纪，高台上的台座及其周边被其上的门廊遮蔽，屋顶线上放置着装饰性陶制战棍。[2] 权威之座被壁画包围。在后来被称为加里多壁画（Mural Garrido）[3] 的地方，黄色的地面上画着一个人物的侧像（见图 2.1）。人像头发呈黑色漩涡，像海浪般沿着他的头饰散开，将他与神殿中其他长着獠牙、[4] 从早期库比斯尼克传统中复活的神联系了起来。他手臂的末端长着的不是手，而是狐狸头，四条卷曲的附属物则像蛇一样从他的躯干中喷射而出。画中人物的细微变化——比如他的短袍有时是蓝色的，有时是黄色的（见图 2.2）——在 20 世纪中期创作的石版画中被省略了，[5] 在石版画中，重复图像的同一性是由多种因素决定的。灰蓝色的方块与黄色交替出现。这些方块中充满了精心设计的合成图像：上下各有扮怪相的脸，每个角落里

图 2.3

旧神殿台子后面的壁画。(照片由作者拍摄)

都有着一对触须的旋转的鲇鱼形象、⁶蛇和海鸟，它们框住了中间的白色方块和其中四条完全几何图形化的鱼。类似的设计在这幅画之前出现过，紧跟在台子后面，后面的一层如今已经不见了（见图2.3）。在那幅画中，有着裸露的牙齿和双圈耳轮的神祇头部是中心点，海鸟的身体从此处开始呈现起伏的形状。这些生命形式的增生图像在网格结构中以徒手绘画的精准重复着，并伴随颜色交替的稳定节奏。⁷

高台上的绘画能唤起编织挂毯的织物图画美学和奢华的物质性。⁸纺织品和有机物在秘鲁北部沿海的保存状况不如在南部沿海或智利北部的阿塔卡马沙漠好。但在莫切织物被发现的地方——例如，在西潘的画家陵墓中（见图2.4），⁹它们常带有相似的水生生物的风格化图像，这些图像是通过织工在织机上展现的几何组合与混合技术构成的，画家在墙上对此予以模仿（在形式上与欧洲装饰艺术中的"怪

图 2.4

西潘领主墓葬中的挂毯织物(Cs 9/9)中的重复图案。(插图由海科·普吕默尔斯提供)

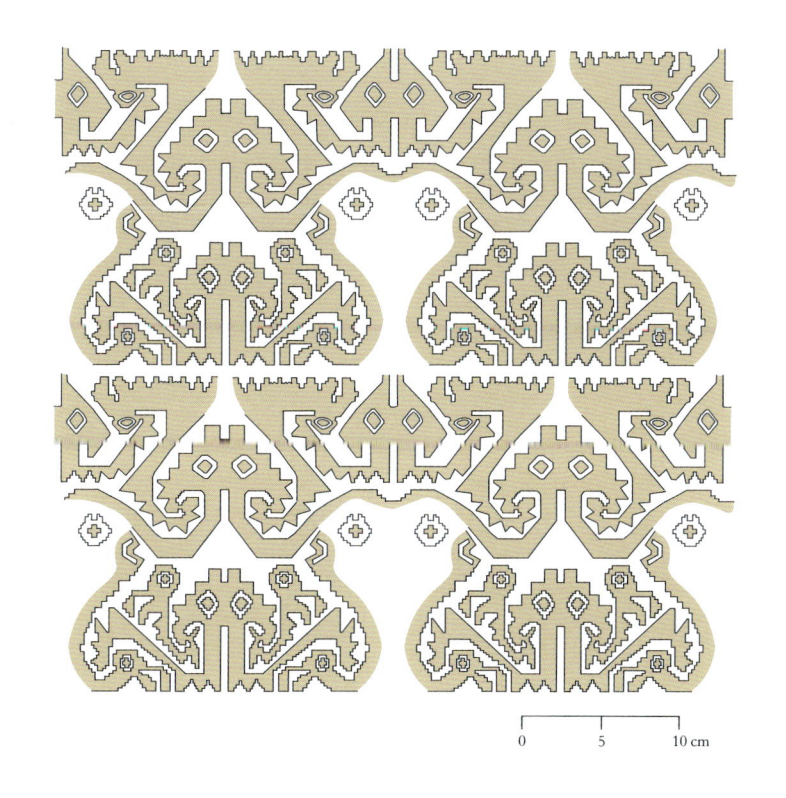

诞"相似,但在内容上并不相同)。通常情况下,垂直和水平的基准线在绘有壁画的墙上仍然可见,例如,在更早期的那幅两侧伴有狐头蛇的神像画中,可以看到在破碎的台子下面,紧绷的绳线被压入潮湿的土质表面,使经线和纬线在画面上形成网状结构。[10] 在南美洲安第斯中部地区,纺织品和壁画艺术之间的密切关系由来已久。[11] 有时,大幅彩绘织物和精心覆以羽毛的织物如同编织壁画一般被挂在建筑物或墓穴的墙壁上。[12] 壁画艺术与纺织品设计的紧密联系始于公元前 2000 年左右的文塔隆瓦卡(参见第一章),并在公元 1 世纪的社群实践中得到了良好的建设(见图 0.13 和 0.14),在莫切、奇穆(见图 0.7)以及后来的印加建筑中日益凸显(见图 0.19)。

在约公元 200—650 年的早期和中期,纺织品实践以各种方式为莫切壁画艺术提供了灵感。在这一地区,纺织品与壁画的关系并非仅在"目标"媒介（黏土和颜料）中模仿"源"材料（编织物）。[13] 编织的创造性逻辑对壁画艺术产生了深远影响，这种影响不仅限于跨媒介模仿。莫切艺术家和他们的赞助人将来自更深远的沿海古代的长着獠牙的神像与鲇鱼、蝠鲼和水鸟的几何抽象图像结合在一起，这些图像当时已被视为由纺织实践所定义的沿海视觉文化共同传统的一部分。[14] 通过将祖先的神祇的躯体与旧神殿台座周围抽象的海洋和河流生物的北部沿海形式相结合，[15] 这个时代的莫切艺术家将两套隶属关系结合在了一起，一个是与过去的隶属关系，另一个是与现在的邻近文化的关系，因此建立起了一个祖先和归属的形象。

在本章中，我提出，在莫切瓦卡建筑群、考维耶霍瓦卡以及这个时代的莫切世界的其他中心的壁画艺术中，将凶恶的祖先的神祇的图像与北部沿海纺织品设计中的一些方面结合起来是一种刻意且一致的形式。尽管考古学家们将这些中心解读为人祭的戏剧性场面发生的场所，其依据是重构的叙事顺序为仪式性战斗、武士被俘、提审囚犯、放血以及向大祭司献上一杯鲜血（武士叙事和祭祀仪式，见图3.36a—b）；[16] 重要的是要注意到，为这些解读提供依据的陶器意象要比这些神殿及其壁画项目的建立晚数个世纪之久。尽管在旧神殿及其他地方，[17] 暴力和祭祀活动的存在有着确凿的实物证据，但诉诸莫切图像学研究的现代正统观念（即对较晚的以细线描绘的陶器绘画的聚焦）并不能充分解释人们在这个较早时代的壁画中所看到的东西。举杯（杯中的内容物不详）的意象只出现在了7世纪以后的壁画项目中。我们也不应该假定，瓦卡的墙壁上所描绘的是现实生活的一面镜子；硬要说的话，它是制作者所希望想象或实现的理想世界的投射。这些壁画项目是一个综合了凶恶的古代神灵和沿海纺织品设计的构图，同时还显示出了一种与武力和生物政治力量的精英展示有关的具有攻击性的男性气质。图像的功能从私人到公共空间各不相同，且在可见度、亲和力和实践方面也有相关转变。在广场、坡道和外墙等更为公共的空间中，人类列队是这个传统中的重要组成部分。这一主题在公元

650 年后的壁画艺术实践中得到了延续和放大。在这一早期阶段，艺术家们创造了一种视觉文化，它借鉴了这些对古代传统和沿海身份的诉求，并展示了重复和多重性的中心地位——这是编织艺术的基础，我称之为"复制美学"。

莫切艺术家通过多种技术手段来创造复制的图像：不仅在织布机上，也在陶器模具中，以及用来将金属板塑成物品的形式中。[18] 不过，这些复制技术极少能提高"大规模生产"的速度。例如，在用模具制作雕塑的陶制器皿时，器皿的各部分都是单独压制的，必须手工组合。[19] 技术带来的好处似乎并不在于节省时间，而在于能够创造出同一性的多重"魅力"。[20] 在这些复制中，莫切精英的象征和赋权呈现出永恒性与必然性。在壁画艺术的巨大规模上，标准的测量单位促进了图像制作的模块化，这些单位来自建筑中使用的模制土坯砖的统一尺寸。[21] 但壁画艺术家们并不使用模板作画，也不以压模来塑造黏土浮雕。虽然他们经常用绳线来划分墙上的图像空间，即使同一个人物在时代更迭中曾被成千上万次地大规模制作和重制，但艺术家是在没有机械辅助的情况下对图像进行刻画、建模和绘制的。一幅壁画中的大量重复，以及整个壁画项目从一个时代或地点到另一个时代或地点的复制，几乎完全是由手工完成的。因此，一个人物与另一个人物在形式上的差异很容易在粗看之下被忽略，且在现代 CAD 插图的复制粘贴中被彻底省略了（见图 2.15）。尽管从远处或者放在大量类似图像之中看时，个别的变化或许是难以察觉的，但在大量重复制图中弃用技术的帮助是一种选择。

我所谓的复制美学，指的是高度重复的意象程序效果，这些意象在其不朽的创造过程以及几个世纪以来的有意重塑中——有时，甚至会在一个瓦卡的图像之上重塑另一个——有着激发人们的敬畏之心的能力。这个时代的莫切艺术壁画几乎没有什么独特之处。神灵似乎也被理解为多重存在，有时同时现形（参见《导论》）。在这个前工业化、前现代的"机械复制"[22]时代，艺术作品的"灵韵"[23]可能不在于独特性，而在于令人目不暇接的多重性中所包含的整体性。[24] 那么，在这种媒介中，复制美学就包含了将奢华的纺织品设计转化为耐用形式的巨大潜力；长着獠牙的侵略者的威胁性；莫切精英与他们被羞辱的敌人的身体力量，两者共同以彩绘土质的形式充斥着瓦卡；以及中心的领袖们控制劳动力的能力和指挥有计划的、跨越时空进行的复制的能力。

月亮神殿的旧神殿

莫切瓦卡建筑群古城建在莫切河（Moche River）下游河岸与一座名为布兰科山的山坡之间（见图2.5）。根据相邻的莫切村

图2.5
爱德华·兰尼，月亮瓦卡，布兰科山，莫切谷，秘鲁，1988年，银胶照片。
(© 爱德华·兰尼)

(Campiña de Moche)社群所传颂的故事，很久以前的一日，两兄弟发现了一条小蛇并把它带回了家中。[25] 蛇在两人家中迅速长大。由于担心这种动物（在一种记载中被描述为有着双头）的贪婪的食欲，两个男孩试图丢弃它，但它跟随他们回到了村子，一路吞吃动物和人类。村民们逃到了布兰科山中，山张开怀抱让他们躲在其中，直到威胁过去，拯救了人们。人们说，布兰科山一侧的弧形暗石就是山体裂开的地方。后来，这个社群建造了月亮瓦卡和太阳瓦卡，以纪念那座将他们从怪物手中救下的山。

坐落在布兰科山脚下的月亮瓦卡的阶梯式土坯平台和封闭式广场构成了该城市的宗教中心（见图2.6）。月亮瓦卡不是一座单独的神殿，而是至少由两座组成的：旧神殿（约公元200—700年）和较小的新神殿（约公元700—850年）。[26] 在约100公顷的城市居住区内，在由宽阔的大道和狭窄的小巷组成的网格上，太阳瓦卡（也叫卡普赛达瓦卡［Huaca Capuxaida］，有时又称帕查卡马克）[27] 在该中心的后期崛起，成为古代美洲最大型的建筑之一（见图0.4）。[28] 几个世纪以来，莫切瓦卡都是下游谷地的主要政体中心，但它并不是拉斐尔·拉尔科·奥伊莱所设想的莫切时代控制整个北部沿海地区的秉持扩张主义的莫切国家的首都。

虽然在太阳瓦卡内偶尔能看到壁画的痕迹（参见《导论》），[29] 但以其丰富的绘画和雕塑意象而闻名的是月亮瓦卡。旧神殿是绘画实践的密集之地，画家和雕塑家在内部空间和外部表面上绘制了大量的人物意象和基于纺织品的设计。该建筑群长约260米，宽约180米，由一个大型阶梯式平台组成，通过北侧的纪念性斜坡（长40米，宽4米）进入，周围是封闭式广场和较小的平台。在每边约100米长的主平台顶端，柱式大厅（salas hipóstilas）、中庭和小房间被建在不同的层上。[30] 历史上，这个平台被建造和重建了许多次（见图2.7），每隔一两个世纪就会建一个新的结构来遮盖旧结构，[31] 这个过程被称为"神殿的再生"。[32] 在每一个主要建筑期（A区至F区，从最新到最老的），[33] 旧神

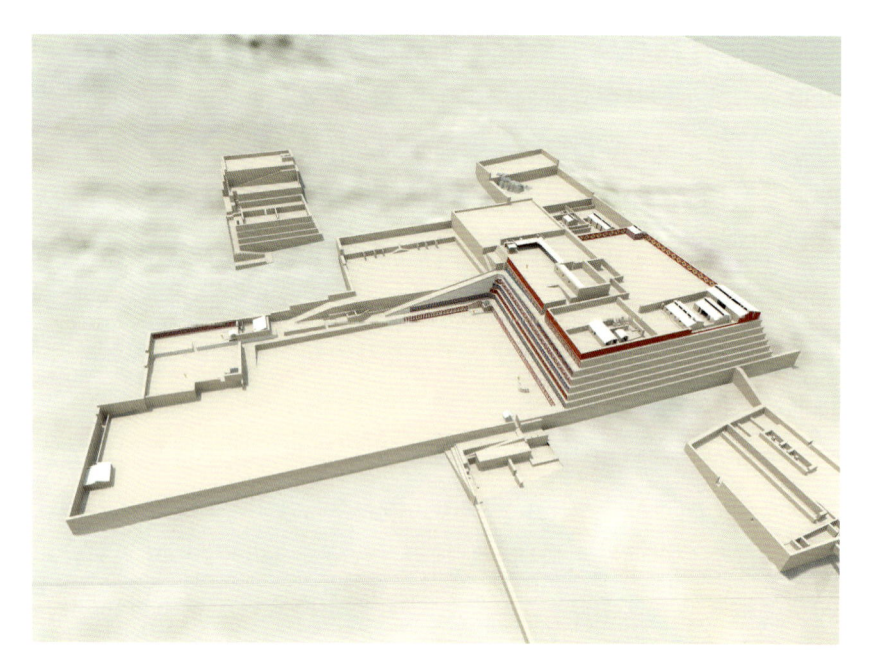

图2.6

月亮瓦卡的重构。在其最大范围内,该建筑长超过260米,宽超过180米。较小的新神殿位于左上方,在布兰科山坡之上。葬仪台乌勒(Uhle)位于右下方。(图片由太阳与月亮瓦卡群考古项目提供)

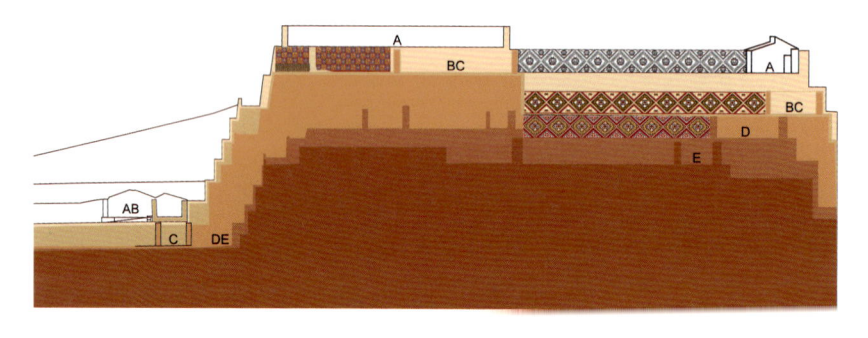

图2.7

月亮瓦卡旧神殿的剖面图(从北到南),显示了平台上的叠加建筑(E区至A区)。请注意,北侧外墙(DE—C—AB)的顺序与平台(E—D—BC—A)的顺序不同。(图片由太阳与月亮瓦卡群考古项目提供,由作者调整)

殿平台的上层和下层中庭以及其高大的北侧外墙壁画也被修建一新。它们的制造者们重新创造了由重复人物和图案组成的壁画项目——并非严格意义上的复制,而是从前造物的一个新"版本"(reedición)[34]。

我们不知道是何种事件或时间周期促使人们决定每过一个世纪左右都要重建旧神殿。每次重建时,都会在建筑结构中搭建殡仪室,[35]神殿就这样变成了坟墓,然后再变回神殿。重建的大型场面可能标记着重大历史事件或纪念性活动。每次重建都伴随着庆典和祭祀活动,这一点可以从现场发现的物品和人体遗迹中得到证明。[36]在每次重大重建之间,都会进行不太显眼的改造和重新绘制。这些修整越来越频繁,大约每隔几十年就会进行一次,也许伴随着政权的世代更替。也就是说,旧神殿的彻底重建可能标志着历史或宗教时间跨越了数代人,超越了个体的记忆,而较小规模的改变则与个体生命周期成正比,也许每次都标志着一位新领袖的崛起。

山神的菱形带状壁画

在旧神殿的顶部,两个大型中庭被祖先的神祇的彩绘意象包围着,这些意象被嵌在北部沿海传统的纺织品图案中。上层是由加里多壁画及其前身围绕着的阶梯式台子。在下层,第二个中庭的围墙(倒数第二种形式的面积为 60×47 米)——与第一个中庭一样限制出入[37]——上排列着一个重复的彩绘浮雕图像,自三十年前出土以来,它就已成为秘鲁的标志。[38]该图像在莫切时代也成为其标志。

在下层平台中庭 3 米高的墙壁上,出现了重复的面孔,它有着凸起的眼睛、张开的鼻孔和裸露的獠牙,被嵌在菱形的框内(见图 2.8)。每张脸周围都有十二个黑色的漩涡(海浪或头发,也有可能是海浪状的头发),且每只耳朵上都有一个双圈装饰。与带状壁画的其他部分相比,这些面孔从墙壁的平面上以更高的浮雕形式投射得更

远。³⁹ 每张脸都是由一组艺术家手工切割然后雕刻的，没有任何证据表明他们使用了模具。⁴⁰ 神灵的脸和围绕他的鲇鱼看起来没有身体，就好像从墙上冒出来的一样。每个菱形都由内有鲇鱼雕塑画的框所封闭，这些画在大规模的类织物意象的巧妙构图中扭曲着。在菱形之间的顶部和底部，插入的三角形中含有三个鱼头，连在同一个身体上。

神祇长着獠牙的面孔被错综复杂的北部沿海呈完美对称的水生生物意象包围着，在中庭内部反复出现，也可以在沿院墙而建的门廊的天花板上看到。⁴¹ 这些非人类的面孔——有时被称为怪诞面具（mascarones，源自欧洲建筑装饰术语）⁴²——被建在墙上与眼睛齐平的位置，直面敢于走近的男女的目光（见图2.9）。该生物的一双大眼睛向外瞪着，仿佛永远监视着中庭里发生的活动。这个雕刻图像并非单一的圣像（一个"偶像"），其意义在重复和被墙上类织锦的纺织品所吸收的过程中也没有被简化为装饰物。相反，这个对抗性图像的多重性在规模上成倍地增加了其存在所带来的影响。它的效力没有通过装饰形式的重复而"减弱"，⁴³ 而是在其恒久性中得到放大，显得永恒且不可避免。

在创造这个神祇重复出现的图像时，壁画艺术家们复活了更为古老的库比斯尼克土质浮雕形象（见图1.26和1.27）。这些长着獠牙的面孔也与来自琼戈亚佩（Chongoyape）的早期金器、查文-德万

图2.8

山神的彩绘浮雕，嵌在北部沿海类织物的设计中，位于旧神殿最早期(D区)的下层平台上。(照片由太阳与月亮瓦卡群考古项目提供)

图2.9

对旧神殿(BC区)下层平台上的菱形带状壁画进行保护处理。(照片由太阳与月亮瓦卡群考古项目提供)

塔尔的石刻（见图0.12）以及在南部沿海地区发现的纺织品上的绘画（见图2.10）中的掠食性神灵相似。考古学家为出现在此处和加里多壁画中的生物起了许多名字：Divinidad de las Montañas（山神）、Degollador（粗译为斩首者）、Demonio de las Cejas Prominentes（眉毛突出的恶魔）、Ai-Apaec（造物者）等（见表格0.1）。[44] 乌塞达将此神祇与山——特别是布兰科山——一并指认是有着多条证据线的支持的：陶器图像学比较，[45] 包括从旧神殿内的一座坟墓中找到的一个容器的特定形式，[46] 旧神殿位于布兰科山脚下这个特定的位置，以及该山对莫切村社群的重要性的现存叙事传统。[47] 海浪、鱼和蛇的意象似乎将这个神灵与海洋联系在了一起，[48] 但生活在淡水中的鲇鱼（被沿海地区的原住民称为生命或蒙赛富生命 [life monsefuano]）[49] 的特定性削弱了这种

图2.10

绘有棉花女神的织物残片，公元前800—公元前500年，棉，颜料，34.3×36.2厘米。查文风格，秘鲁南部沿海，克利夫兰艺术博物馆，塞弗伦斯与格蕾塔·米利金购买基金2017.56。（照片依据创作共享许可[CC0 1.0]提供）

解读。这幅带状壁画可以被理解为圣山的图像，周围是河流、小溪和运河中的水生意象，这些水体从高地流向大海，为莫切世界的沿海平原及其人民带来了生命。

然而，这种图像志的解读只是探索带状壁画含义的一种方式。同样重要的是，它对更古老传统的跨越时间的指涉，北部沿海传统中风格化的水生生物的出现所暗示的跨文化联系，以及对纺织艺术的跨媒介调用——尽管在技术上不需要土坯、黏土或颜料来遵循经纬线的正交纺织（plectogenic）形式。莫切刺绣（见图2.11）也没有此类要求，线的手工运动并不依赖其支撑物的编织结构，但制作者还是常选择将它们的设计与网格保持一致。在壁画艺术和刺绣中，编织设计的精神逻辑所指引的并不是某一个形象，而是许多个。这些联想中的每一个

图2.11

帕卡特纳穆的E号墓中出土的莫切织物局部，上面绣有北部沿海风格的交错的鲇鱼图案，五大洲博物馆，慕尼黑。(照片由海科·普吕默尔斯提供)

都是莫切瓦卡群的艺术家做出的选择，为这些壁画创作中的世系、沿海归属和丰富的物质性打下了媒介基础。

在随后的数个世纪中，菱形带状壁画中的重复图像在被一次又一次地在旧神殿及其他地方复制的过程中被赋予了附加的意义。当瓦卡被重建时，中庭的空间被土坯砖填满，整个平台（D区）都被改造成了一个新的结构（BC区）。然后，新一代艺术家以稍有改动的形式重塑了菱形带状壁画（见图2.9）。中央的长着獠牙的面孔和几何状生命框架被再造一新。插入的三角形中被填入经艺术加工后的神灵的脸，这一次被黑色漩涡和一对海鸟所包围，取代了之前出现在此处的三重

图 2.12

北部沿海风格的彩绘浮雕(鲇鱼、海鸟和海浪),位于旧神殿(BC区)菱形带状壁画附近的转角房间的外墙上。(照片由作者拍摄)

鲇鱼。几个世纪后，这一过程在此被一再重复。在重建中庭时，这些外围的面孔在新的带状壁画中被保留了下来，但对鲇鱼和海鸟的形式进行了修改。[50] 构成元素有了清晰的构建层次（中央的面孔、周围面孔、水生生物框架），并在复制性的继承中得以维持。随着每一次重塑，构图变得更加具有典范性，也更好地体现了旧神殿本身的特征。随着每一次重建，重复的复制图像也成了纪念碑的物理基础，其本身就是一座带有隐喻的山。

在每一种表现形式中，中庭中的壁画项目都在其转角房间里发生了形式上的改变。在旧神殿中的其他空间和北侧的考维耶霍瓦卡中可以看到类似的空间模式。在这里，建筑师们在东南角建造了一个小房间。在那个转角房间中，彩绘浮雕的规模发生了变化：从巨大的神灵面孔和将其包裹在内的粗体对角线变成了较小但更为密集的重复的鲇鱼头和化作海鸟的海浪图案（见图2.12）。北部沿海纺织品意象的创作规模需要从更近的距离观看才能完全看清图像。建筑和壁画构图的布局表明，在空间关系上，发生了从带状壁画在视觉上易辨认的"公共"距离（约3米或以上）到转角房间中更为亲密的"社交"观看距离（1—3米）的变化。[51]

在那个房间里，就像在旧神殿上层中庭里台子后面的房间中一样（见图2.2），墙壁只是被简单地涂成了白色。有些学者将这些房间中缺乏壁画艺术解读为其内部空间在"敬拜仪式"方面重要性较低。[52] 但从这些私人空间缺乏壁画艺术推断出其不重要，这种假设是一种逻辑上的谬误。即使壁画项目可以被理解为规定了一种理想化的行为模式，墙上有或者没有代表性的图像也不能被直接等同于相应行为的存在或不存在。这可能只是因为壁画对于在其中所进行的活动来说并不是必须的。事实上，通过对进入模式的分析，[53] 旧神殿中受限制最严格且最私密的空间是位于平台西南角的柱式大厅，那里的内部也不需要绘画或塑造的图像，而是光秃秃的，或者可能是以悬挂实际的织物来进行装饰的。在旧神殿的顶部，艺术家们在最大的中庭里放置了最具有对抗性的神灵意象；随着进入和观众人数都越来越受限，图像的需求彻底转变为北部沿海设计，继而变为完全没有壁画意象。迄今为止，考古学家们在瓦卡顶部没有发现任何描绘人类侵略或武力场面的图像，这些反而是下层的主要表现主题。

旧神殿的外墙与广场

从远处看，在它的最高处，月亮瓦卡的旧神殿像是一个由平台、斜坡和封闭式广场组成的类塔庙结构。其近30米高的阶梯式外墙，由数十个活灵活现的凶恶神像和怪物雕像组成，似乎在其广阔无垠的空间内无限重复着（见图2.13和2.14）。神殿外墙广阔的景观历经二十多年的发掘与保护才重见天日。莫切瓦卡群的莫切时代终结后，其后的社群辫纹将广场的空间和阶梯式外墙作为丧葬和宗教活动的场所。随着时间的流逝，沙子在地板上堆积了起来，雨水使带状壁画上覆盖着一层米黄色的黏土沉淀物。到了西班牙殖民时代，广场被沙丘填满，大约三层高。随着殖民时代的工程在瓦卡中"开采"墓葬中的宝藏，外墙的更高层也逐渐被碎石和沙子所覆盖。[54] 在最高层的图像中，一条巨蛇沿着斜坡滑行（见图2.15），它持久的可见性或许激发了这个贪婪的动物袭击社群，继而社群被仁慈的布兰科山拯救的故事。最高层受风、雨和人类行为的影响最大，那里的彩绘浮雕如今只剩幽灵般的剪影。

初建成时，从远处，从太阳瓦卡和城市定居点的居民区都能看到旧神殿外墙最高层上重复出现的人物。巨大的图像使旧神殿外部充斥着绘画生命的活力（与图0.29a—b中沿着一座瓦卡的各层堆叠的"丧葬主题"彩绘人物相比较）。在旧神殿带围墙的广场外，上层的神祇和怪物是最易辨认的。进入该广场的通道被严格限制为北侧的一个挡板入口；西侧的第二个入口直接与被称为"乌勒平台"（Plataforma

图2.13

发掘过程中的月亮瓦卡的旧神殿北外墙,2007年。(照片由作者拍摄)

图2.14

月亮瓦卡的旧神殿被发掘出的外墙,2016年。(照片由作者拍摄)

图2.15

依据AB区和C区的综合证据重构的旧神殿北外墙的意象。最终版外墙(A区)上曾有更高的第八层。(图片由太阳与月亮瓦卡群考古项目提供)

Uhle)的丧葬区域相连。西侧的入口可能是为领袖和祭司们保留的，更为公共的通道是通过北侧的入口进入。[55] 进入广场后，旧神殿下层的意象就会展现在你眼前。在这个被围起的巨大空间内（75×175米），最下面两层的成百上千的人像会映入眼帘，它们环绕着广场并穿过神殿的外墙：在第二层，男人们紧握着双手；在第一层，被剥光衣服的囚犯在凯旋武士的带领下进行着侮辱性的游街。[56]

第一章中介绍的位于埃尔布鲁霍的考维耶霍瓦卡的表现武力场景的彩绘浮雕是莫切人像艺术的典范，但其所属的项目并不是独一无二的。旧神殿的外墙保存得极好，艺术家们在那里创造了一个几乎一模一样的壁画项目，展示了这些残存的浮雕在完好无损的情况下原是什么样子的。在这里，武士与囚犯游街的最底层带状壁画也是被塑造和画在鲜明的白色背景上的。与考维耶霍瓦卡精心塑造的身体相比，这些人物显得是在匆忙间完成且形态怪异的，它们的形式因多次重新修补、重新上色而显得更加模糊不清（见图2.16）。它们的身体是无定形的，这与考维耶霍瓦卡的同类雕塑的精心雕琢（有时是性征明显的对男性解剖结构的雕琢）形成了鲜明对比。带领俘虏逆时针穿过旧神殿广场的武士们，约十人一组，身着精美的短袍、缠腰带，戴着头饰和耳坠（见图2.17）。他们的形象要比真实尺寸大（约1.8米，或5英尺11英寸），比俘虏高（约1.67米，或者约5英尺6英寸）。[57] 每一个胜利者都手持一枚圆形盾牌，肩扛锥形头的长矛。每一根长矛上都挂着一枚方盾、一个较小的长矛，以及可能是从被打败的敌人身上拿来的缠腰带。尽管所有人都摆出了几乎相同的侧像姿势，但武士们服装上的变化仍暗示着他们的个体性。

在雕塑列队的上方，一排排身穿金灿灿的短袍、头戴白色高头饰和大耳饰的男性（每个人身高约1.85米，或者刚超过6英尺[58]）被描绘为握紧双手，将下面的列队围在中间（见图2.18）。这些男人出现在曾被涂成天蓝色的白色背景下。迄今为止，这里还没有像考维耶霍瓦卡的同类作品中一样发现骨架。他们面部的残缺增加了这些重复出

图2.16

旧神殿外墙(AB区)广场层上的两个囚犯形象。(照片由作者拍摄)

图2.17

旧神殿外墙(AB区)第一层和第二层上的武士和官员的彩绘浮雕。(照片作者拍摄)

图 2.18

旧神殿外墙（AB区）的第二、第三、第四层。(照片由作者拍摄)

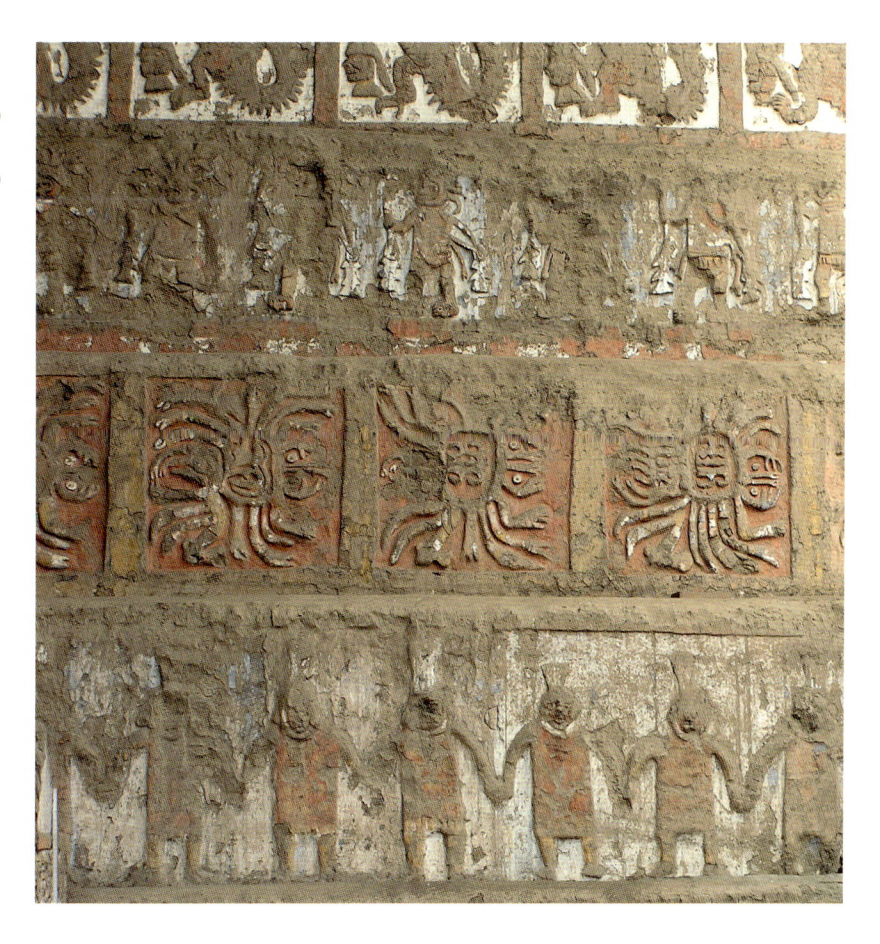

现的男性权威人物的匿名效果。沿着广场的东侧，一个与巨蜥蜴搏斗的武士的活力打破了他们存在的系统性，蜥蜴的锥形身体与上方坡道的倾斜形式形成呼应（见图 2.19a—b）。

在下一层，即外墙第三层中，与考维耶霍瓦卡的相似之处继续存在着。在那里，部分人类与部分蛛形纲动物的复合生物一手握刀，一手抓着一颗砍下来的头（见图 2.20 和 2.21）。与考维耶霍瓦卡的蜘蛛带状壁画不同（见图 1.4），每两个生物之间都由凸起的黄色框架隔开。被囚禁在这些图像的牢房中，这些重复的身体就好像在沿着神殿的外墙移动一样，错时得如同从左到右拉动的电影胶片。蜘蛛拟人化

图2.19a—b

旧神殿第二层中的男性和巨蜥蜴对峙的彩绘浮雕。蜥蜴的形状与广场东侧坡道的坡度相呼应。(照片由作者拍摄)

图2.20

正在发掘中的旧神殿外墙(AB区)第三层上的蜘蛛斩首者彩绘浮雕。(照片由作者拍摄)

图2.21

旧神殿外墙上的蜘蛛斩首者,综合参考了AB区中的各种人像。(插图© 凯瑟琳·基尔莱基)

的一侧耳朵上的双圈（见图 2.21 左侧）将其与上方菱形带状壁画上祖先的神祇——乌塞达的山神——联系了起来。在这里，它以斩首者的形象现身。像这样的超自然蜘蛛斩首者的形象曾出现在更早的库比斯尼克艺术中。[59] 莫切艺术家复活了它们的图像。[60] 这些蜘蛛让人联想到凶恶的祖先的神祇以及与大地、山脉和雨水有关的含义，与上层平台的主要视觉表现主题保持一致。每只蜘蛛都与众不同。三十二具身体中的变化揭示了每位制作者不同的"手法"，并暗示了此实践的组织性。它们不是以模板或模具制成的，而是手工复制的，并带着随之而来的变化。该带状壁画可以被分为三个不同的组别，每个组别都可能是不同的壁画团队的作品，每个团队都由一位大师级的艺术家所领导。[61]

上面是一些古怪的人形形象，它们有着狂野的蛇一般的头发，从右到左，朝向同一个方向，每个人都用手中的绳子提着一条鱼，肩上扛着另一条（见图 2.22a—b 与图 2.23）。所有的渔夫似乎都代表着同一种生物。他外貌的某些方面——裸露的牙齿、褶皱的脸颊和狂野的头发——也将他与上方菱形带状壁画中描绘的神灵联系在一起。在他的一些图像中，艺术家们加入了早先艺术传统中长着獠牙的面孔，使他的膝盖和脚底有了生气（对比图 2.23 与图 2.10）。与更古老的神一样，他的腰带以及连接着他所携带的鱼的绳子化为了蛇（与图 0.12 对比）。在神殿外墙上，这个拟古的生物以一种比上方壁画中更为积极的形象出现。早在旧神殿外墙的挖掘开始之前，伊丽莎白·本森就根据陶器推测出了两个主要神祇的存在，一个是一动不动的山中的造物之神，另一个是更为活跃的"从山上下来的神"，与山谷和沿海平原中的社群有所接触。[62] 这里出现的可能是这个被称为海洋双子等名字的莫切英雄，是乌塞达的山神的一种具身形式，或是一种同类的存在。这个生物图像的多重性摆脱了下方禁锢蛛形纲动物和上方的其他生物的图像框架。渔夫形象在扩展的过程中，似乎在沿着外墙上的水平线滑行。其效果是通过建筑空间投射出的单一生物似乎在无休止地

图 2.22a—b

旧神殿外墙(AB区)第四层上以渔夫样貌出现的莫切英雄的彩绘雕塑。(照片由作者拍摄)

图 2.23

旧神殿外墙上的渔夫,综合参考了AB区中的各种人像。(插图©凯瑟琳·基尔莱基)

重复着。

　　在更高的地方，壁画师们创造了许多可怖的猫科蜥蜴类动物，有时在文献中被称为"龙"。它们有带鳞片的身体和尾部变为狐狸头的长尾巴（见图2.24和图2.25）。每只动物都被置于一个红色的框内。这种生物显然是源自秘鲁中部高地的雷瓜伊艺术传统，被吸纳到了莫切的图像志中。在莫切艺术中，这种生物被称为"带羽冠的动物"或"月兽"，后一个名称是基于它在莫切北部的陶器艺术中出现在一弯薄薄的新月中。[63] 和下方的蜘蛛一样，每只生物都用一只爪子抓着一颗人头，同时回头向纪念物上的一长串图像望去。更高处，一只蜥蜴（*Dicrodon guttulatum*，当地人称之为 *cañán*）的锥形身体和一条上下起伏的蛇装饰着通往上层平台的低坡道的栏杆外侧面（见图2.15）。[64] 与下方的带状壁画不同，这些生物随着坡道的升高从左至右移动。和下方的蜥蜴一样，它们的身体模仿着建筑的形式，引导人类通过建筑环境走上坡道，走向上层中庭。右侧，在蛇之后，雕塑家们创造了长着獠牙的类人头颅，有着海浪般的黑发，两侧是咆哮的兽脸。三面头颅分别坐落于骨瘦如柴的黄色四肢与爪子上。虽然数层表现形式中出现的水平带和直角框架表明，外墙整体是一个类织锦的纺织品形象，但只有在三面的形式中，我们才能发现对身体的重组，这也是旧神殿上层中庭中类织物壁画的特点。

　　沿着旧神殿外墙的上层斜坡，还有一排十个列队前进的武士（见图2.26和图2.27）。每个人手中都拿着一个长方形的大盾牌，肩扛一根锥形头的长矛。他们的短袍与头饰都与广场层上的武士带状壁画中的相似。但这些男人要小得多，身高只有0.8—1.1米（2英尺8英寸至3英尺7英寸）。[65] 越往上他们的体形就越小，以适应沿斜坡的楔形墙壁空间。缩小的武士们遇到了一条蛇，此蛇与栏杆外侧雕刻和绘制的蛇相平行。这条蛇向相反的方向移动，顺着坡道而下，迎向走近的武士，仿佛在保卫上层平台，以防任何人靠近。[66]

　　旧神殿外墙上现存最高的带状壁画上满是凶狠的斩首者的正面形

图2.24

旧神殿外墙(AB区)第五层上的"龙"举着被砍下的人头的彩绘浮雕。(照片由作者拍摄)

图2.25

旧神殿外墙上的"龙",综合参考了AB区中的各种人像。(插图©凯瑟琳·基尔莱基)

图 2.26

武士彩绘浮雕,沿着旧神殿(A区)第七层上的坡道从左到右移动。(照片由作者拍摄)

图 2.27

旧神殿外墙(A区)上层坡道上的武士。(插图 © 凯瑟琳·基尔莱基)

图2.28

旧神殿外墙(A区)第七层上部坡道的蛇形彩绘浮雕和斩首者的遗迹。(照片由作者拍摄)

图2.29

旧神殿外墙上的斩首者,综合参考了A区中的各种人像。(插图©凯瑟琳·基尔莱基)

图 2.30

绘在莫切二期镫形口陶瓶上的类蜘蛛斩首者形象，私人收藏，唐纳·麦克莱兰绘（第0344号）。（莫切档案，邓巴顿·奥克斯研究图书与收藏馆）

象，主导着整个建筑（见图 2.28 和 2.29）。其上，或许还存在过一层雕塑人物，但未被保存下来。这些正面人像都面向广场，与下方手拉手的男性遥相呼应。每个人都一手举着一把月牙形的图米弯刀，另一手举着一颗人头。在壁画和其他媒介中，类似的长着獠牙的斩首者有时也会被描绘为有着八条长长的附属物，就像蜘蛛的腿一样从身体上伸出来（见图 2.30）。在这里，四条腰带或饰带的末端是秃鹰的头，通过喙顶部仍然明显可见的肉冠剪影可以识别出。这些斩首者从他们的高位上俯冲下来，如同瓦卡山上的秃鹰一般，是数个世纪以来超自然掠食者和神圣侵略者概念的化身，这些在今天的莫切艺术中得以复活。

其他学者描述了旧神殿外墙的垂直上升是如何实现了下至人类世界对战争和军国主义景象的呈现，上到对宇宙学领域的描绘的。[67] 上层的超自然生物——斩首者、怪物和神圣存在，与下层的人类胜利者和被征服者的世俗游行紧密相连。这个时代，在月亮瓦卡及其他地方，人类冲突的观念并没有脱离宇宙观而存在——就像政治不能脱离宗教一样，而是被公开展示为相互关联的。这种对图像的垂直排布也可以理解为展示时间性变化。古生物的军团翱翔于上，以不连贯的、孤立的方式一再重复着，显然是独立于人类时间而存在的。其下,对排列整齐的武士和他们的囚犯的呈现是莫切视觉文化的当代图像。广场上男性的形象也重复出现,但他们的图像增生与上方的形象有所不同。第二层中的众多男性彼此之间有着身体关系,双手紧扣。囚犯们被绳子绑在一起,在行进空间中和被捆绑的情况下彼此相连。他们有着多样化的关系,而非孤立地存在着。

我们还可以通过空间关系学和运动学来解析外墙的构成逻辑。这并不是简单的人类形象出现在下方,超自然生物在上方。一行行人类形象被专门放置在生活集会和通道层上。武士和囚犯在地面层包围了广场,看起来在逆时针绕空间运动,向通往上层的坡道行进。手拉手的男人们沿第二层排列,提供了一条架高的走道,比任何一层都要宽,用于在封闭式广场的上方移动(见图2.13)。在远高于其他人类队伍的上层坡道,武士们向着神殿的顶端行进。他们的位置清楚地表明,人物不一定会被选为纪念碑构图中位置最低的形象,而是最接近人类实际存在的生活空间。

作为建筑环境中的永久性装置,这些"辅助记忆的"[68]带状壁画通过神殿的空间传达了预期的运动模式和理想行为。它们模拟了对空间的理想使用,尽管它们所给出的提示不能作为实际行为的证据。充满图像的外墙的符号语言并不只是作为在图像表现中最为清晰的(见图2.15)[69]抽象的宇宙论述来进行"阅读"的,而是要通过踏入其中之人的"空间实践"来被看见、感受和解读。[70]即使没有了古代居住者的存在,充满图像的神殿仍继续标示着其理想的"居住形式"。[71]反过来说,这些由黏土和颜料筑造的身体永久居住的层次与坡道,也会因为生者的行为进一步获得生机。黏土身体与活人身体之间的感知差异可能会被人类集会的充满活力的运动所掩盖,或者在晚上被运转中的手电筒的频闪效应所遮蔽。[72]生者执行壁画项目的规定动作,也可以被理解为是为了唤起或安抚上方众多强大的存在。

在历史中瞥见旧神殿外墙

今天我们看到的高耸的外墙是对旧神殿进行最终重建的结果,此次重建发生在公元 600 年左右（A 区）。然而,这些浮雕大多是在一个世纪前创造的（和 B 区一样）,之后随着后来的更新和神殿的最终建造被重新涂抹和上色,有些区域多达十三次[73]（见图 2.31）。[74]在一些地方可以看到外墙更早期的版本,西班牙殖民时代的破坏——包括穿过北外墙第三层以上的深沟——或在自然气候中的裸露让我们得以看到瓦卡土坯堆积而成的身体内都有些什么。这些深入旧神殿的裂口揭示了其意象的保守性,以及随着时间流逝在技术上发生的变化。随着每一次重建,旧神殿的体积都在增长,其公共区域的面积也在扩大。据考古学家计算,最后一次重建需要四百多万块土坯砖,仅是制作、搬运和堆放这些砖块就需要一千人工作一百六十六天。[75]旧神殿中的图像需求随着每一次的扩大而变得更加密集。其修建者选择了不同的方法来重建它,从一个时代到另一个时代,每次重建都会进行技术上的修改。

C 区：倒数第二版外墙

7 世纪早期,在对晚期的 B 区进行更新时,沿坡道修建了带有蜥蜴和蛇的栏杆。另外,还增加了新的一层,上面是逐渐变小的武士、下降的蛇和斩首者。这座新建筑（A 区）封存了描绘仪式性战斗的彩绘浮雕（图 2.32）,这些浮雕本身就是重新使用自早先的外墙（C 区）。[76]左边的一个战斗人物系着蛇形腰带,与莫切英雄渔夫有几分相似。即使是在残缺不全的形式下,他右侧的对手也可以通过其躯干上

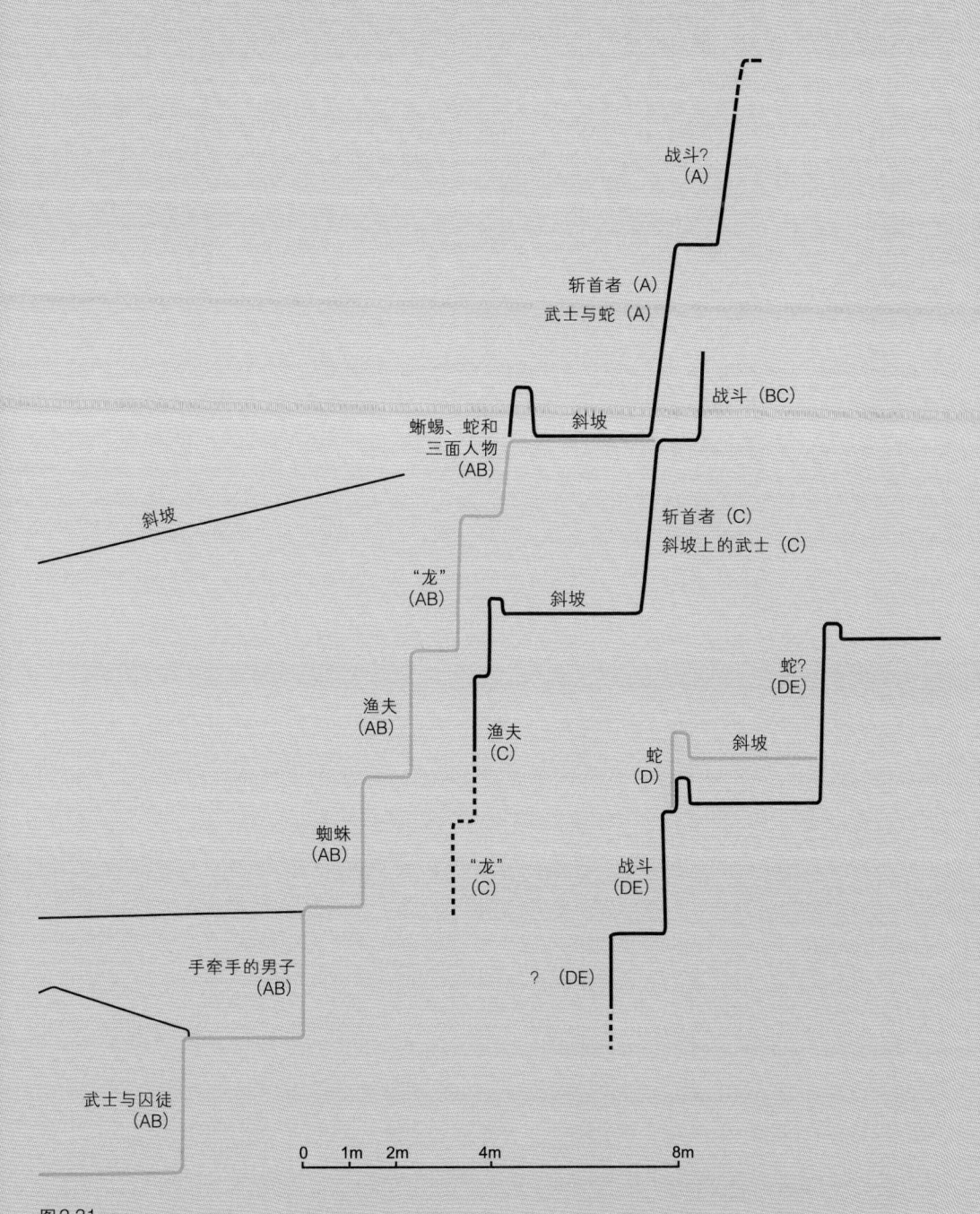

图 2.31

从西班牙殖民时代的深沟中看到的旧神殿各面(DE区至A区，从早期到晚期)的轮廓图。(图由作者绘制，来源：Tufinio, "Excavaciones en el Frontis Norte" [2005], fig. 115)

图 2.32

旧神殿外墙(BC区)最顶层的徒手搏斗的人物的彩绘浮雕。(照片由作者拍摄)

伸出的鳍而被辨识为一个拟人化的海洋生物（与图 0.25b 对比）。后者也以重复的形式出现在广场东北角的海洋之神的小神殿（Templete del Dios Marino）中的北部沿海设计风格的壁画里。[77] 和他的对手一样，这个人物在莫切图像学研究中也被赋予许多不同的名字，包括佩斯·迪莫尼奥（Pez Demonio）、迪奥斯·马里诺（Dios Marino），迪莫尼奥·马里诺（Demonio Marino），在英语文献中则被称为"头顶裂开者"（Split Top）。[78] 在浮雕中，两个人物都举起一只手臂抓住了对方的头发。每个人的另一只手都举起了一种武器，很可能是一把刀。包围他们的带黄色圆圈的黑框比最终外墙上的框更为精致。这对战斗人物的图像也出现在旧神殿最早期的外墙（DE 区）上，以及乌勒平台上重复出现的彩绘浮雕中。[79] 同样表现与山和海有关的神祇战斗的意象可能曾出现在如今已消失的 A 区最高层的带状壁画中，位于一排斩首者之上。[80] 这个场景的反复出现表明，在旧神殿面向公众的意象中，莫切英雄和他的海洋敌手之间的斗争有着十分重要的地位。

如今可以看到的早期倒数第二版外墙的所有层面中都没有浮雕，尽管在广场东侧沿着主坡道行进的下层人类列队中发现了一些浮雕存在的证据。[81] 在被 B 区建筑封存之前，此侧外墙公开可见的时间并不像其他外墙那样久。选择平面绘画的原因可能是为了节省材料的采购和准备时间，以及制作图像程序所需的时间。但是，即使从早期 DE 区的彩绘浮雕到 C 区的平面绘画的转变是出于实用方面的考虑，这种改变也使不同的艺术风格得以蓬勃发展。在后来加盖的建筑后方可以看到这些带有壁画表面的地方，它们的存在证明了其制作者那熟练的技巧。

在其倒数第二种形式中，旧神殿的外部被赋予了许多与最终形式中的浮雕相同的重复出现的形象。在超自然的战斗场面下方的一层画上了重复出现的扮相怪异、长着獠牙的斩首者图像——其面部的棱角特征显然是对库比斯尼克意象的调用——有着与上层中庭中的菱形浮雕相同的双圈耳轮。每个人物的左手都抓着一把图米弯刀，右手则抓

着一颗被砍下的人头（见图2.33）。每个人都穿着饰有白色圆圈的条纹短袍和裹腰布。从人物的躯干和肩膀上延伸出的四条线最终变成了秃鹰的头。每一个斩首者都被描绘为漂浮在白色的地面之上，并被一条红色的带子框住，带子上点缀着一条如海浪般起伏的黑色粗线。在现今可以看到的地方，这些彩绘的斩首者存留下来的细节要比后来以他们为模子塑造的浮雕更为清晰。

在最终的外墙上，武士列队沿上层坡道排列，位于斩首者下方，向神殿的顶点前进着（见图2.34）。[82] 在这里，可见的绘画的清晰度也超过了后来被大规模重绘和侵蚀的浮雕（与图2.26对比）。每个武士都以侧像绘制，他们正在攀登坡道，戴着大耳钩和由羽毛扇或布扇组成的头饰。每个人都肩扛一根长矛和一个长方形盾牌。黄色盾牌以白色勾勒，表面有黑色网格，其大小有时会超过携带它的人的身体。这些武士的身体在接近上层坡道的过程中会被他们的装饰物和武器装备

图2.33

旧神殿较早期的外墙(C区)上壁画中的斩首者形象。(照片由作者拍摄)

图2.34

沿旧神殿早期外墙（C区）上的上层坡道排布的武士与斩首者壁画。（照片由作者拍摄）

所吞没，与他们所携带的物品混在一起，被象征其等级与地位的符号所吞并。

下方，在平坦的红色背景上绘着一组渔民。[83] 其中一个人物的黄色的腿被穿过旧神殿北面的深沟暴露了出来（见图2.35）。[84] 膝盖和足弓——这些身体上的屈曲点——都被画成了脸上狰狞的嘴，令人想起更古老的库比斯尼克或查文图像。一条鱼的灰蓝色的身体被仔细地以白色勾勒出来，它被悬挂在一根穿过嘴部的绳子上。另一个渔夫的上半身也被缺口所暴露（见图2.36）。这个人物带着另一条鱼，被一根变成一条蛇的黄色绳子吊着。这条鱼的画法完全不同；其绘者（几乎可以肯定是一位不同的画师）在白色和灰色的身体上勾勒出每一个鳞片，并将鱼鳃涂成了红色。这个渔夫的头部在沟内后来建造的墙壁后被部分地遮挡了，仍很难看到。他有着突出的獠牙，头戴黄色的头饰或头盔，眼睛周围有着黑色的带子；他的胸前还系着一根白色的绳

图 2.35

旧神殿早期外墙（C区）上的渔夫的腿的局部，因西班牙殖民时代的破坏而暴露出来。（照片由作者拍摄）

图 2.36

旧神殿早期外墙(C区)上绘着的另一个渔夫的上半身局部,因西班牙殖民时代的破坏而部分暴露。(照片由作者拍摄)

子，以便将更多的鱼扛在肩上。

在旧神殿西北角也可以看到C区的渔夫绘画，有着猫科动物的头、爬行动物的身体和狐狸头尾巴的复合"龙"也部分显露出来（见图2.37）。[85] 在那里，渔夫的几缕乱蓬蓬的发丝呈螺旋状，其他的则以海鸟的头为发尾。[86] 对早期外墙的这一瞥显示，这些图像的顺序与最终的构图（AB区）相比发生了变化，在最终的构图中，渔夫出现在了"龙"的下方。对纪念碑性构图的调整可能并没有改变其所承载的信息。在这里，所绘制的人物的清晰度也要高于后来的浮雕作品。"龙"头和尾部顶端上大张着的嘴里露出了长长的红色舌头。嘴里这些锯齿状的黑色图形并非舌头的一部分，而是赋予每张嘴里亮白色的牙齿以形状的负空间。牙齿的抽象描绘表明，这些人物是从早期的模型复制而来，目前

图2.37

旧神殿早期外墙（C区），部分被位于平台西北角的最终外墙（AB区）所遮蔽。（图片由太阳与月亮瓦卡群考古项目提供）

在瓦卡的主体中还未被发现。与后来复制的浮雕一样，这些生物被单色红框分隔开，而它们上方的渔夫则不受约束，和浮雕中的渔夫一样。

DE 区：倒数第三版外墙

在建于公元 200 年左右的旧神殿的最早的形式（E 区）中，艺术家们以灵巧的模型和绘制的浮雕来装饰北外墙，这些浮雕是后来改建瓦卡时的模子。这个早期壁画项目的艺术性可以从战斗人物的浮雕中看出来，其中一个浮雕在殖民时代的深沟中被发掘了出来（见图 2.38）。在这种早期莫切作品中，对黏土的费时加工和绘画的细节，更接近更为古老的壁画艺术技巧，例如加拉盖露台上的带状壁画（见图 1.24）。不过，与其巨型前身相比，莫切图像的存在比例更接近人

图 2.38

佩斯·迪莫尼奥的彩绘浮雕(DE 区)。(照片由太阳与月亮瓦卡群考古项目提供)

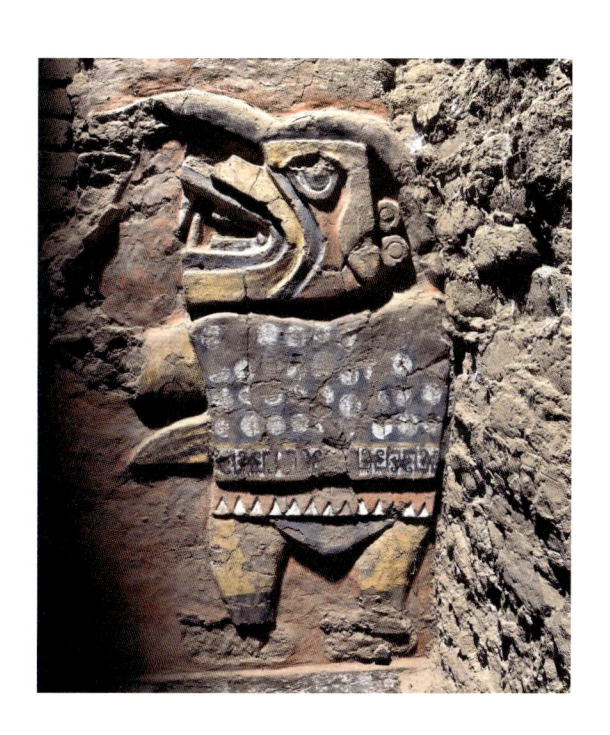

类。⁸⁷ 与莫切英雄作战的海怪（佩斯·迪莫尼奥或"头顶裂开者"）的形象在这里可以通过其黑色长发、带獠牙的鼻口部和从身体两侧伸出的鳍来辨识（见图 2.39）。画家在这个人物的短袍的底边缀以一圈精致的黑色鲇鱼头，它们有着黄色的眼睛，是北部沿海纺织品的风格。带状壁画的顶部被重复的阶梯形海浪图案所包围；至少一侧画有一条多色的蛇作为彩绘的边界。⁸⁸ 早期艺术家们在处理黏土和对绘画线条的精细控制方面投入了大量的技巧与精力。当这座外墙被翻新（D区）时，也许是为了节省时间，一条彩绘的蛇被添加到了栏杆上，没有制成浮雕，这预示着在倒数第二版外墙中，其将彻底转变为平面绘画。

在历史中零星瞥见的旧神殿布满图像的外墙，让我们可以了解到一些关于其建造和重建的情况。在整个过程中，外墙的主题是超自然生物（主要是山与海的具身形象）之间的冲突，怪兽对人类的威胁（从它们提着的头颅中可以看出），⁸⁹ 以及莫切武士群体之间的冲突。人类冲突被置于直接与神圣的斗争发生关系的位置，后者是由纪念碑式外墙最高层投射出来的。此视觉程序在时间的流逝中显得异常强韧。和描绘群山之神的菱形带状壁画一样，构图一旦确定，就会在随后的数个世纪中被反复重建。在这里，开始时的彩绘浮雕让位于平面

图 2.39

莫切英雄和鬣蜥与佩斯·迪莫尼奥（中）徒手搏斗，绘于莫切第二期镫形口瓶上，私人收藏。展开图由唐纳·麦克莱兰绘制（第0222号）。（莫切档案，邓巴顿·奥克斯研究图书与收藏馆）

绘画，而后又回到浮雕。在建造和重绘的过程中，颜色往往会发生改变。有时，人物或人物组合之间的差异揭示了在一个单一的装饰性活动中有多双人类的手参与了工作。有时，各层的顺序会发生改变（渔夫在"龙"上方，"龙"在渔夫上方），但各层中重复出现的图像在位置、方向和比例上在不同时代都是一致的。如果说一开始神殿的外墙提供了一个古代与当代意象的新奇的综合体，那么在随后的重建中，纪念碑性构图被固化为传统，变得越来越具有自我参照性，并被嵌入了地方（place）的创造之中。

广场转角处的图像密度

围绕着旧神殿广场的胜利者和被击败者的巨像队列在东南角被一个建在下层平台上的房间和与之相邻的露台中断了（见图2.40）。[90] 正如在瓦卡顶部的中庭里所看到的那样，角落结构（平面尺寸为 11 × 4 米）的安放也对壁画构图的规模和可见性产生了重大影响。不过，在这里，北部沿海设计的相互交错的水生形式只出现在了一个短坡道顶端的一条垂直带状意象中。在织物意象旁边，壁画师在两端各放置了一条长着狐狸头的蛇的图像，作为框架装置的一部分。[91] 与周围的带状壁画不同，此处雕刻与绘制的图像——特别是巧妙地被命名为"复杂主题"（Tema Complejo）的图像——不是为公共传播而制作的，而是为被允许接近这个特权空间的个体观看者制作的。房间和露台都曾有三角形屋顶，后者由两面土坯墙支撑着，每面墙都有2—3米高，柱子是由秘鲁围涎木（牧豆树属，豆科灌木秘鲁角豆树）扭曲的树干制成的。与旧神殿内的其他地方一样，房间的内墙被涂成白色。其外表面上的彩绘浮雕构成了目前已知的古代南美洲最复杂、保存最完好的壁画艺术作品。

战斗中的武士们被分为四层，安置在转角房间朝西的墙壁上（见

图 2.41)。上排呈现了六对战斗人员，但在下三排只有五对半。右侧缺失的对手并未被损毁，而是从未被制作过，看上去似乎是被红框裁剪出了画面。允许部分成对存在表明，壁画的整体外观——可能是从较早的资料中复制的——比对每对人物的精确呈现更为重要。每个人物都手持一面圆盾，并挥舞着一根棒子，棒头是锥形的，末端是尖的，这是典型的莫切武器。他们的头饰有两种形状，锥形或圆形，后面带有扇形装饰。头饰和服装的差异表明了两组人的区别，可能来自敌对的中心。敌对人物的放置是一致的：一层在左和右，下一层则反过来。这种犁耕式转行的排列方式让人联想到织布机上梭子的往复运动。与广场墙上更大型的带状壁画一样，这些人物也随着时间的推移被绘制和重绘（见图 2.42）。

露台周围的两面墙提供了一套完全不同的图像，尽管其规模和多色浮雕的风格与战斗场面的带状壁画相似（见图 2.43 和图 2.44）。[92]

图 2.40

旧神殿广场东南角上的结构。请注意，在该结构后面的第二层上，有一个后来的奇穆"王座"抵着人像而造。（照片由作者拍摄）

第二章　形成传统 | 167

图2.41

转角结构上战斗中的武士的彩绘浮雕。(照片由作者拍摄)

图2.42

转角结构上雕刻的一对武士。(照片由作者拍摄)

从远处看，这些所谓展现"复杂主题"的墙看起来就像是由"捕鱼、战争、祭祀、植物和动物"[93]等意象组成的一团不受束缚的"混乱"，与转角处整齐划一的一组组对战人物并列时，尤其是被置于整个广场和神殿外墙的纪念碑性秩序之中时更是如此。这些男女的图像——有的戴着头冠、拿着武器，有的在战斗、钓鱼或乘着芦苇船——与鸟类、猫科动物、狐狸、蝎子、甲壳类动物等一起出现，似乎洒落在星暴和红黄色的圆圈中，暗示着夜空中的星座。内有圆圈的星暴形似圣佩德罗仙人掌的横切面，其他的则类似仙人掌花。正如在莫切艺术的其他方面所观察到的那样，多种含义（天体的、植物的，也许还有海洋的）可能被混合在了一种形式中。[94] 一些作者尝试对"复杂主题"的图像学含义进行解读，提出它可能与星座有关，特别是昴宿星团；而且，夜空的运动也影响了农业和渔业。[95] 想要确切解读这一群群的

图2.43

旧神殿广场内转角结构的露台中的"复杂主题"壁画1（Tema Complejo 1）。公制尺显示其高度超过3米。（照片由作者拍摄）

第二章　形成传统　169

图2.44

旧神殿转角结构上的"复杂主题"壁画 2(Tema Complejo 2)。公制尺显示其高度超过 2 米。（照片由作者拍摄）

人物和小插图之间的叙事关系十分不易，但值得注意的是，尽管这些壁画包含了战争与暴力的图像，但其中并没有遍布神殿外墙的长着獠牙的巨型超自然生物的混合体。

经过更为仔细的审视，这个密集的意象结构中的秩序的形式得以揭示。人物沿着两根绳索的长拱线排列，像风筝一样，或者说，此处更恰当的比喻是像被大型人像抓握的渔线，旨在为混乱的图像场域赋予形状。[96] 对比表现"复杂主题"的两面墙，我们可以看到，两者都是基于同样的构图。[97] 朝北的墙上的制作被压缩了（见图2.44），在那里，下方的弧线仅由左下角的一小段线条表示。铸线将构图分成了三个区域，但这些区域并不是旧神殿意象中其他地方出现的水平、垂直或对角线。这些构图区域完全摆脱了经纬线的思维网格，但这并不意味着它们缺乏北部沿海地区设计的基础。两条绳索交会的线条共同塑造出一个海浪的形状：在右边上升，在中间达到波峰，在左边断开，线条在两个渔夫撒网的图像之一中交会。[98] 在北部沿海的设计美学中，生机勃勃的动物形海浪是一个中心图案，它作为组织形式，为网格提供了一个合适的替代方案。在每面墙中央，艺术家们将一个人物放在一个类蛋形的形状中，下方是一弯新月。这些图案的中心地位强调了天堂的重要性，以及在"复杂主题"的密集图像结构中可能的一种创造性叙事。

在考维耶霍瓦卡复制旧神殿

旧神殿被关闭后，大约在公元 700—750 年，其纪念碑性意象没有在月亮瓦卡得到重塑。然而，壁画却在其他地方被重新创造了。考古学家们在考维耶霍瓦卡和莫可洛佩（Mocollope）（程度较低）发现了壁画程序传播的证据。旧神殿的建造及莫切瓦卡建筑群的重建这长达数个世纪的序列表明，其壁画程序是在原地孕育的。从那里，这些设计被运送到北部，也可能还有其他地方，极有可能是通过便携的媒介——具有人物形象的纺织品或黏土模型。[99]

在对奇卡马谷埃尔布鲁霍上游的莫可洛佩遗址的城堡瓦卡（Huaca El Castillo）的有限发掘中，考古学家找到了记录着莫切武士和手拉手的人物的壁画遗迹。这些人物在神殿的第二、第三，也有可能是第四建筑期被绘制而成，没有采用浮雕的形式；掉落的彩绘浮雕碎片可能来自最后阶段。[100] 这些绘画的体量比旧神殿中的要小，武士的身高只有 1.15 米（3 英尺 8 英寸）左右。[101] 莫可洛佩的绘画参照了旧神殿外墙上图像志的一些方面，但其对早期程序的复制程度尚不能确定。

特别是旧神殿的最终设计（A 区），在埃尔布鲁霍考古建筑群内的考维耶霍瓦卡的现有形式（在其存在的最后几十年中）上被复制了（见图 2.45）。[102] 经过一段时间的停用和局部废弃后，作为 7 世纪上半叶该中心重大却短暂的重建的一部分，考维耶霍瓦卡被改建成了月亮瓦卡的样子。¹⁰³ 与旧神殿一样,考维耶霍瓦卡主要由一个阶梯式平台(平面面积为 120×100 米,高约 30 米)及一个巨大的封闭广场(75×140 米)组成,从瓦卡的北面延伸至其最终形态。¹⁰⁴ 考维耶霍瓦卡同样经过了数个世纪的建造,对神殿的改造一次包裹着另一次(见图 2.46)。然而,只有在其最终的表现形式中,考维耶霍瓦卡才有了旧神殿的样貌与其中的图像。

考维耶霍瓦卡晚期的外墙展示了与旧神殿相同的壁画程序:获胜的武士与他们被剥去衣服的囚犯一起游行,大约十人一组;穿着同样服装的男性手拉手围在一起(高 1.80 米,与旧神殿相似);以及半人半蜘蛛的生物,一手持刀,一手拎着人头(见图 1.1—1.4)。埃尔布鲁霍的艺术家们对囚犯身体的表现比旧神殿晚期的浮雕要细腻得多。¹⁰⁵ 他们对黏土雕塑的精心处理,更像是数个世纪以前旧神殿倒数第二版外墙上的浮雕,而非其同时代的对应物。也许这些艺术家更为用心的原因是考维耶霍瓦卡的项目的新奇性。艺术性在设计的流变中获得了新生。

旧神殿其他部分的意象也在考维耶霍瓦卡得到重新创造。在广场的一角(见图 2.45 左侧),建筑师们修建了一个复制了旧神殿转角房间的结构。其外墙上装饰着几乎完全相同的彩绘浮雕:面向广场的墙上有四排对战的武士(见图 2.47),在围绕着被遮蔽的露台的两面墙上有"复杂主题"浮雕(见图 2.48 和图 2.49)。¹⁰⁶ 露台的天花板上也被继续绘上了壁画图像。¹⁰⁷ 屋顶线上曾饰有陶制的矛头。¹⁰⁸ 与其旧神殿中的前身一样,转角房间的内部也被涂成了白色。其上,平台顶层的中庭中,壁画师们还重新创造了复制自旧神殿最终设计的绘有长着獠牙的山神的带状壁画,周围是上下起伏的蛇(见图 2.50)。¹⁰⁹

在考维耶霍瓦卡现有形式上对旧神殿的全面复制,在其共同的建筑形式、壁画图像、风格、规模和技术方面都是显而易见的。然而,正如旧神殿从一个时代到下一个时代的重建一样,这种复制并不是完美的描摹。在考维耶霍瓦卡的外墙上,骇人的蜘蛛没有被框架分隔

图 2.45

20世纪90年代初,发掘初期的埃尔布鲁霍的考维耶霍瓦卡。(照片由卡罗尔·J.麦基拍摄)

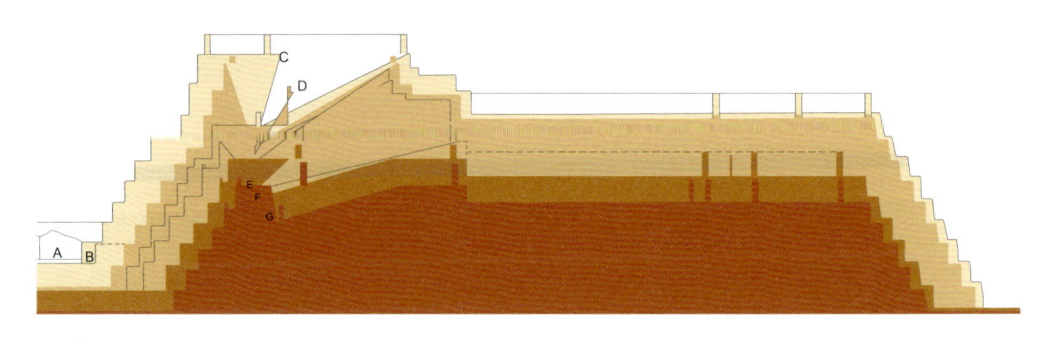

图 2.46

考维耶霍瓦卡的剖面图(从北到南)显示了其第一期(G区)、第二期(F区)、第三期(CDE区)和第四期(AB区)建筑的叠加。(图由作者制作,来源:Mujica et al., *El Brujo*. 102)

开。在下方的广场层，胜者与败者的盾牌的形状（圆形或方形）与月亮瓦卡的情况相反。如果拿着圆盾的武士被认为与莫切瓦卡建筑群有关，而拿着方盾的与埃尔布鲁霍有关，那么这种图像上的颠倒或许也意味着社会地位的颠倒。[110] 在战斗场景的彩绘浮雕中（见图2.47）也是如此，艺术家们对武士的着装进行了更为清晰和一致的描绘：戴锥形头饰的男性的背饰呈月牙形，手持方盾；手持圆盾的男性头戴有扇子装饰的头饰，有时还有花朵，以猫科动物作为背饰（见图0.3）。与旧神殿中的版本一样，他们的位置从一排到下一排是左右颠倒的。但在这里，艺术家们创造了六对完整的武士，完美地契合进了每一排。同样，考维耶霍瓦卡的"复杂主题"的构图也是经过规划的，这样就能在每个板块中有足够的展开空间。这表明，尽管考维耶霍瓦卡的艺术家们重建了旧神殿的最终设计，但他们是从该设计的一个理想版本或修正版本，又或是一个共同的模板中复制的。[111]

图2.47

考维耶霍瓦卡广场最终期(A区)的转角结构上的对战武士的彩绘浮雕。(插图由塞贡多·洛萨达·阿尔卡尔德[Segundo Losada Alcalde]绘制，由埃尔布鲁霍考古项目提供)

图2.48

考维耶霍瓦卡广场角落结构的露台上的"复杂主题"壁画(与图2.43比较)。(插图由塞贡多·洛萨达·阿尔卡尔德绘制,由埃尔布鲁霍考古项目提供)

图2.49

考维耶霍瓦卡角落结构上的"复杂主题"壁画(与图2.44比较)。(插图由塞贡多·洛萨达·阿尔卡尔德绘制,由埃尔布鲁霍考古项目提供)

图 2.50

考维耶霍瓦卡平台最终期(A区)的山神彩绘浮雕遗迹。(照片由作者拍摄)

关于动机和效果的问题仍然存在。为什么埃尔布鲁霍的领袖会选择对月亮瓦卡的旧神殿的形象以如此特定的形式——比壁画师在旧神殿内的所有重建都要精确——在考维耶霍瓦卡之上进行重塑？7世纪初，同时代的神殿以近乎相同的外观运作的原因是什么？复制的瓦卡们——许多类似的神殿——会对北部沿海社群带来怎样的影响？也许这种纪念碑式的复制是政治结盟或王朝联盟的结果。[112] 尽管安第斯考古学倾向于使用视觉艺术作为社会和政治历史未被理论化的代替物，但我们不能仅从壁画艺术的研究中不加批判地解读这种关系。为了回答这些问题，多线分析——包括艺术和建筑史、物质文化研究、丧葬习俗、生物考古学和饮食习惯——必须被汇集到一起，在不同的遗址间进行比较，以产生一个更全面的社会或政治生命现实的图景。[113] 然而，考维耶霍瓦卡的纪念碑性图像制作的深度历史揭示了，尽管对旧神殿的戏剧性复制是一个非同寻常的艺术实践，但在被完全复制之前，这两个瓦卡和同时代的其他瓦卡的视觉程序之间就已长久存在着共同点。

旧神祇、沿海设计，以及 7 世纪前共有的图像实践

甚至在其制作者完全模仿旧神殿之前，考维耶霍瓦卡就与莫切瓦卡建筑群的纪念碑性建筑有着共同的建筑和壁画设计模式。[114]这些共同的模式指向了更深层、预先存在的美学、图像文化和空间实践的相似性。在考维耶霍瓦卡的早期阶段，和旧神殿的早期阶段一样，古代长着獠牙的神祇形象出现在了有着北部沿海设计的壁画中。这些神祇包括骇人生物的不同变体，唤起了莫切视觉文化中关于山与古代的概念。这些具有威胁性的身体被整合到了以北部沿海编织构图惯例为特征的重复性构图中，也就是说，这些方面并不是旧神殿艺术所独有的，而是在 3—7 世纪整个莫切世界的壁画艺术所共有的特点。

在其最早的形式中，考维耶霍瓦卡的外部被涂上了红、白、黄三色，在其阶梯式外墙上逐层交替。到了瓦卡的第二次大规模重建时，具象意象开始出现。[115]第四层有一个北部沿海式相互交错的鲇鱼图案，以浅浮雕的方式雕刻，在蓝色的背景中以红色和黄色绘制（见图 2.51）。类似的设计还可以在埃尔布鲁霍的裂缝瓦卡（Huaca Cortada）中抢掠者留下的深切痕中看到。[116]在描绘水生生物的带状壁画下方，第三层呈现了一系列的雕塑板，每块板上都有一个人物，一手抓住人类俘虏，另一只手举着一把图米弯刀。[117]在下方的第二层外墙上，考古学家们记录了雕刻浮雕中的人腿遗迹，他们将其解读为属于一个朝向正面的男性，应该是像在最终版的外墙上一样手拉着手。他们注意到，此外墙的最底层被涂成了白色。[118]或许，那里曾经存在的绘画或浮雕没有被保存下来。但如果这层被留白，那么其作用就是作为活人集会的明亮背景，无论他们是否上演了最终版外墙上所描绘的那种作为宗教场面的战争盛况。如果是这样，此构图则取决于活人的参与，以完成纪念性场景。它可能预示着后来用以旧神殿为模型制造的雕塑

图2.51

考维耶霍瓦卡(C区)较早期的外墙上北部沿海风格的相互交错的鲇鱼彩绘浮雕。(照片由作者拍摄)

身体来填充广场层,使活人那短暂的存在成为永恒。来自这个较早期外墙的证据表明,在复制这个纪念碑性建筑一个多世纪前,旧神殿外墙的一些方面就已经被考维耶霍瓦卡共享。

和下方一样,上方也是如此。在考维耶霍瓦卡顶端,更为私密的中庭证明了建筑模式和图像的使用展示出共同的设计实践,尽管他们尚未复制旧神殿特定的壁画程序。在瓦卡东侧的上层露台中,考古学家们注意到了一幅壁画,描绘的是一幅重复出现的长着獠牙的面孔,上有许多阶梯状和旋转的附属物,尾端变为鸟、鱼和狐狸头。[119] 在形式和位置上,这幅壁画可与旧神殿上层中庭的阶梯式台子周围的加里多壁画的类织锦绘画相比。在其最早的状态下,考维耶霍瓦卡顶端中庭的墙壁和细长的柱子上绘有几何化的蝠鲼和鲇鱼的重复图案。[120] 在随后对该中庭的重建中,埃尔布鲁霍的艺术家们创造了描绘泛起泡沫的海浪和丰富的水生生物(既有运河中的鲇鱼,也有海洋中的蝠鲼)的彩绘浮雕,这些浮雕贯穿了壁画构图的对角线通道(见图2.52)。[121]

在中庭的东南角——和在这个时代其他神殿中的露台和广场上一样，一个转角房间打断了壁画的流动，并带来了图像和规模上的改变（见图 2.53）。[122] 该房间朝北的外墙上有一对斩首者的浮雕形象，一个在黄色背景中，另一个在蓝色背景中。每位神灵都戴着月牙形的头饰和与旧神殿及其他地方长着獠牙的神祇一样的双圈耳饰。在这两个画板中，这位强大的生物一只手拿着一颗被砍下的人头，另一只手拿着锋利的武器。每个身体上都有着十二条流线型的附属物。在每位斩首者的左侧，都有着一个卷曲的图案，尾端是秃鹰的头。这个卷曲图案是孤立的，与人物的身体不相连。它自身没有任何构图意义，但有可能是从更早期的图像模型上复制过来的一个人为存在。

在考维耶霍瓦卡的西北角，另一个上层中庭也在较早的阶段被奢华地绘以交错的鲇鱼和水生生物的北部沿海图像（见图 2.54）。在此围墙的地下，考古学家们发现了一个王室女性的坟墓，如今被称为考女士（Señora de Cao），她是在公元450—500年的某个时候被安葬的；[123] 她的身体作为一个有机体，成为瓦卡的一部分。[124] 中庭的墙上满是斜角带的意象，黑与白、红与黄、粉与灰蓝色交替出现。在一些地方，还可以看到压入潮湿墙面的绳索基准线，为壁画阐释的展开创造了一个基础的网格。每面墙的绘画风格各不相同，[125] 这也许说明了两位画家或两组画家进行共同设计的不同手法。

转角房间的外部被类织锦式的格子图案所包围。西侧的壁画包含了莫切艺术家从高地雷瓜伊源头吸纳的月兽的重复图像（见图 2.55）。这些动物的口鼻部的纹饰化为了风格化的鲇鱼身体。[126] 动物的朝向随着每一排画从左到右再到左变化着，就像是一种前后交织的方式，如同服从于织布机的概念性秩序。正如人们心目中的织锦那样，壁画的颜色也有变化，并与中庭围墙上的水生壁画的色彩组合相呼应。北侧的壁画也是由一个网格划分的（见图 2.56）。每个长方形单元格中都有一个长着獠牙的神灵卧在一对秃鹰之间（见图 0.2）。这个形象让人想起了作为斩首者的群山之神。每个人物都戴着相同形状的头饰，有

图 2.52

考维耶霍瓦卡(F区)平台上层露台上的北部沿海风格的彩绘浮雕。(照片由作者拍摄)

图 2.53

考维耶霍瓦卡(F区)上层露台上的转角房间,内有一个斩首者的浮雕。(© 艾拉·布洛克[Ira Block])

图2.54

考维耶霍瓦卡(F区)平台上的考女士的彩绘露台和陵墓。(照片由作者拍摄)

图2.55

考女士露台中的类织锦月兽壁画。(照片由作者拍摄)

图2.56

考女士的露台上的山神壁画。(照片由作者拍摄)

着相同的属性,但画家们对每件短袍的设计都进行了个性化处理。艺术家们沉醉于这些强大生物的编织装饰,将其设置在类织物的构图网格中。在后来的某个时期,也许是在中庭被改建成坟墓后,壁龛被嵌入绘有壁画的墙上。无论这些壁龛的作用是什么,或其中放置的是什么,对制作者来说,它都一定要比壁画的视觉完整性更为重要。纺织美学充斥在这些壁画之中,其规模有大有小,构图和主题都是如此。然而,与考维耶霍瓦卡和月亮瓦卡的旧神殿的其他转角房间一样,这个转角房间的内部也被涂成了白色。

考维耶霍瓦卡和旧神殿之间的这些相似性表明,在后者于前者之上进行戏剧性重建之前的数个世纪里,设计、意识形态和美学上的共同点就已经存在了。这些壁画艺术中共同的做法——特别是重复出现的拟古神祇凶恶的身体,海浪与水生生物的几何图案——在这个时期(公元200—650年)莫切世界的其他地方也可一见。例如,在赫克特佩克谷北部的双头瓦卡（Huaca Dos Cabezas）（约公元 300—650 年），在平台的阶梯式外墙上记录着近 2 米高的超自然人物带爪子的脚，这些人物被以彩绘浮雕的形式呈现。[127] 在附近的拉米纳，一座早期莫切时代的坟墓被生动地绘以由相互交错的海浪和鱼组成的精致图案。[128] 所用的颜料包括常见的赭石以及一种罕见的淡绿色（硅孔雀石）。[129] 在包括法辰瓦卡（Huaca Fachén）在内的其他地方，也可以看到在网格中排列的交错的海浪的绘画残片。[130]

这些共同的做法并没有持续下去。埃尔布鲁霍和多斯卡贝萨斯等中心的纪念碑性建筑的建造在 7 世纪后停止了。其他中心，如莫切瓦卡建筑群，在公元 650—700 年经历了重大转变。在 7 世纪，其他中心崛起了，特别是在南部的圣塔谷（Santa Valley）和内佩尼亚谷中。在那个新时代中，无论是攻击性的超自然形象重复出现的图像（出于合理化目的而指向更古老的过去，通常与山有关），还是水生意象的奢华纺织品设计（作为对共同的沿海关系的召唤），都没能重新获得其在早期壁画艺术中所享有的中心地位。[131] 对彩绘浮雕的频繁使用和对重复形象及程式化的投入也停止了。正如我将在第三章中所探讨的那样，其他社会问题和艺术策略取代了它们的位置。事实上，造成莫切纪念碑性图像制作实践中最大差异的不是地理环境，而是时间。莫切瓦卡建筑群的新神殿中那些后来的壁画与瓜达卢皮托和帕尼亚马卡等南部中心的同时期壁画之间的共同点要远多于其与旧神殿前身的共同点。莫切壁画艺术的历史——以及更为广泛的莫切历史[132]——最有效的撰写方法，不是像考古学文献中常见的那样将其作为南北平行的地理历史，而是以 7 世纪的变革作为时间划分，分为两段历史。

注　释

1 我是根据莫切陶瓶上所描绘的场景来设想台子的这种用途的，例如，见 Donnan and McClelland, *Moche Fineline Painting*, figs. 4.48 and 4.69。

2 Uceda, Morales, and Mujica, *Huaca de la Luna*, 108–111.

3 这三层画属于 BC 区。Uceda, Morales, and Mujica, *Huaca de la Luna*, 77. 第一层是 C 区的一部分，第二层和第三层是 B 区的一部分。Tufinio, "Excavaciones en la Unidad 15 de la Plataforma I," 25. 在台子后面的小房间里，墙壁被涂成了白色。

4 该遗址的考古学家们使用"神殿"一词是基于他们在此结构内没有发现用于准备食物或其他家庭活动的区域。然而，这并不排除这里居住的是精英阶层（在其他地方准备食物）或这里是用于政治活动的可能性。我们没有理由认为宗教和政治生活是像"政教分离"那样分开进行的。更有可能的情况是，两者是融合在一起的，就像前西班牙时代的美洲世界的其他地区一样。例如，见 Townsend, *State and Cosmos in the Art of Tenochtitlan*; Uceda, "Theocracy and Secularism"。我继续将"神殿"与当地词语"瓦卡"替使用，因为这已经成为一种传统，也因为"建筑""结构""平台"等中性替代词无法传达出"旧神殿"在这个景观和建筑环境中无可否认的影响力。

5 此处所展示的彩色石版画是在佩德罗·阿扎瓦切根据原始壁画的照片和描图所创作的彩绘复制品之后制作的。这幅插图是对 1955 年出土的墙壁的一部分的推断。Garrido, "Descubrimiento de un muro decorado."

6 重复出现的鲇鱼设计在其他地方的北部沿海壁画艺术中也能看到，例如在赫克特佩克谷中的科顿瓦卡（Huaca Cotón）。Reindel, *Monumentale Lehmarchitektur*, 200–204, fig. 53.

7 从 1991 年起，太阳与月亮瓦卡群考古项目由考古学家圣地亚哥·乌塞达和文物修复员里卡多·莫拉莱斯指导，并得到了特鲁希略国立大学及许多合作伙伴的支持，直到 2018 年乌塞达去世，之后由莫拉莱斯领导继续进行，并与考古学家卡洛斯·伦希福合作。他们团队的工作孕育了许多出版物，包括 Uceda et al., "Investigaciones sobre la arquitectura y relieves polícromos"; Uceda, "Investigations at Huaca de la Luna"; Uceda and Morales, *Moche: Pasado y presente*; Uceda, Morales, and Mujica, *Huaca de la Luna*。本章参考了这些出版物、此项目的详细技术报告，以及我本人在 1998—2019 年的现场造访。

8 这幅壁画与纺织品设计的相似性自其首次被发现以来就得到了关注。Garrido, "Descubrimiento de un muro decorado," 28. 另见 Mackey and Hastings, "Moche Murals from the Huaca de la Luna"。在他们的研究中，在 1969—1975 年的昌昌-莫切谷项目中，麦基和黑斯廷斯（Hastings）提出，在绘画中看到的抽象化表达是瓦里帝国扩张的影响。如今我们知道，这些画作可以追溯至公元 450—500 年，比那次扩张至少早了一个世纪。这些图像是莫切视觉文化中原本就存在的。

9 Prümers, "Los textiles de la tumba del 'Señor de Sipán,' Perú," 281–289.

10 起始基准线的作用就像南部海岸的帕拉卡斯刺绣工用来组织图像空间和人物排列所使用的临时粗缝线。Paul, "Procedures, Patterns, and Deviations," 27.

11 Pillsbury, "Reading Art without Writing."

12 彩绘布，如 2 米高、一度超过 23 米长的奇穆"囚犯织物"（公元 1200—1290 年），可能覆盖在一栋建筑或宫殿的墙上，作为"临时壁画"。Hamilton, "New Horizons in Andean Art History," 86. 瓦里纺织板上的编织绳可能是用来把它们固定在墙上的。King, "The Wari Feathered Panels," 36; Giuntini, "Feathered Panels." 纺织品也像编织的壁画一样被挂在秘鲁南部沿海的纳斯卡墓葬的墙上。Ubbeloh-de-Doering, *On the Royal Highways of the Inca*, 142, 179.

13 Houston, "The Best of All Things," 91. 一种媒介对另一种媒介的模仿是相互作用的。在后莫切时代的西坎遗址（约公元 900—1100 年），岛田泉和他的团队找到了安装在金属薄片上的彩绘织物，用来装饰精英墓室的墙壁。金属背板上的彩绘织物的组合模仿了彩绘墙壁的形式，使其便于携带。Szumilewicz et al., "Biography and Symbolism of Sicán Painted Textiles."

14 Millaire, "Gallinazo and the *Tradición Norcosteña*."

15 在旧神殿中的许多地方，包括 2 号广场及 3c 广场内的中央结构和 1 号广场东北角的海洋之神的小神殿中都可以看到相互交错的蛇、鲇鱼、海鸟和海浪的壁画。

16 例如，见 Uceda, Morales, and Mujica, *Huaca de la Luna*, 109-110。关于莫切晚期的陶制意象（拉尔科的第四和第五阶段）将重构的叙事作为对莫切中心所发生的实践的普遍解释的应用，见 Donnan, "Moche State Religion," 51–58。Scher, "Destituir a los sacerdotes" 解决了这种方法的扁平化效应。

17 在旧神殿的 3a 广场发现了一百多具经历了暴力死亡并带有生前战争伤痕的年轻男性的遗体，在更早期的 3c 广场则有着来自两个事件的几十具遗体。Bourget, S*acrifice, Violence, and Ideology*, 32–137; Verano, "Warfare and Captive Sacrifice." 关于血祭习俗的其他法医学证据，见 Bourget and Newman, "A Toast to the Ancestors"。

18 Donnan, Scott, and Bracken, "Moche Forms for Shaping Sheet Metal." 莫拉莱斯指出了不仅存在于壁画和纺织品之间，更存在于壁画和金属制品之间的图像学和构图上的相似性。Morales, "Iconografía litúrgica y contexto arquitectónico."

19 Russell and Jackson, "Political Economy and Patronage," 171.

20 Gell, "The Technology of Enchantment."

21 Morales, "Iconografía litúrgica y contexto arquitectónico," 440–441.

22 Wengrow, *The Origins of Monsters*; Ledderose, *Ten Thousand Things*; Houston and Matsumoto, "Molded Meaning."

23 Benjamin, "The Work of Art in the Age of Mechanical Reproduction."

24 这个主题为发掘古代的"媒介考古学"提供了字面和比喻意义上的可能性。Parikka, *What Is Media Archaeology?*

25 桑托斯（Vilma Rojas Santos）("La serpiente y el Cerro Blanco," 2006）和加西亚（José Armas García）("El origen de las Huacas del Sol y de la Luna," 2013）在当地学校举办的讲故事比赛中讲述了这一叙事中的事件。*Relatos de la Campiña de Moche*, 8–17. 这个故事在 Uceda, Morales, and Mujica, *Huaca de la Luna*, 47 中被重述。

26 该遗址的考古学家们通常将旧神殿的年代定为公元50—600年，将新神殿的年代定为公元600—850年。Uceda, Morales, and Mujica, *Huaca de la Luna*, 62. 我在本章中提供的年代范围是基于我对已发表和未发表的数据的重新校准（使用 OxCal 4.4 和 SHCal13），以及在 Koons and Alex, "Revised Moche Chronology" 及其在线补充附录（https:// journals.uair.arizona.edu/index.php /radiocarbon/rt/supp-Files/16919/0）中发现的经过模型化和校准的年代。Uceda et al., "Fechas radiocarbónicas"; Moisés Tufinio, personal communication, 2020. 简而言之，以 2013 年的南半球曲线重新校准这些时期表明，旧神殿的最后一个主要建筑阶段（A区）可能发生在公元 550—700 年，而不是像此项目的出版物中所重复的那样，发生在公元 500 年左右。尽管乌塞达及其同事曾写到，旧神殿在公元 600 年或 650 年之前就已被关闭，但放射性碳数据表明，其关闭可能发生得更晚，也许在公元 700—750 年。这些不确定性是由于月亮瓦卡的年代史（包括旧神殿和新神殿）只是基于六项已公布的和三项未公布的放射性碳年代。我将在第三章中讨论新神殿的年代。

27　Zevallos, *Huacas y huaqueros*, 18.

28　乌塞达认为，莫切瓦卡建筑群起初是一个神权政体，但到了 7 世纪，权力中心从月亮瓦卡的神殿转移到了太阳瓦卡的扩张领域，乌塞达将后者解释为一个宫殿和行政机构。随着这种变化，他认为莫切瓦卡建筑群向一个更为世俗化的国家形式转变。Uceda, "Theocracy and Secularism."

29　在 1899—1900 年的发掘过程中，马克斯·乌勒从太阳瓦卡（他的遗址 A）中找到了莫切壁画的残片，并在布兰科山（遗址 H）顶部找到了早期奇穆遗址的多色浮雕碎片。Morales, "Max Uhle: Murales y materiales pictóricos."

30　Uceda, Morales, and Mujica, *Huaca de la Luna*.

31　Uceda et al., "Fechas radio-carbónicas," 224.

32　Uceda and Canziani, "Análisis de la secuencia arquitectónica."

33　该项目的术语遵循在考维耶霍瓦卡建立的命名法。这些字母的分配是基于旧神殿十平台（1 号平台）的建筑轮廓。E 区和 F 区只在有限的区域得到了证实。北外墙的顺序与平台的顺序不完全相同。

34　Uceda and Canziani, "Análisis de la secuencia arquitectónica," 157.

35　Uceda, "Huaca de la Luna," 272.

36　Uceda and Tufinio, "El complejo arquitectónico religioso moche."

37　关于旧神殿内出入模式的分析，见 Castillo et al., "Excavaciones en la Plaza 1," 165-167。

38　例如，在 2014 年，秘鲁中央储蓄银行发行了一枚属于秘鲁的"财富与荣耀系列"的新索尔硬币，上面带有这张面孔雕塑和菱形带状壁画。

39　在这些浮雕中，至少有一处的墙壁上带有骨头，尽管发表的报告中没有提供细节。Morales, Solórzano, and Asmat, "Superficies arquitectónicas," 217.

40　Uceda, "Investigations at Huaca de la Luna," 53.

41　Uceda, "Investigations at Huaca de la Luna," 53–54; Morales, Solórzano, and Asmat, "Superficies arquitectónicas," fig. 193.

42　例如，Uceda and Canziani, "Análisis de la secuencia arquitectónica," 155。

43　参见 Quilter, "Moche Mimesis," 41。

44　Campana and Morales, *Historia de una deidad mochica*.

45　Benson, *The Mochica*, 27–28; Rucabado, "Los otros, los 'no-moche,'" 268; Zighelboim,

"Mountain Scenes."

46 这个容器是作为 17 号墓的"标记"（*un testigo o marcador*）被放置的，是在建造 BC 区之前被插入覆盖了 D 区的建筑填料之中的。这个雕塑容器上有一个位于山脚下的神的图像，每只手中都拿着蛇（就像出现在加里多壁画第一层的图像那样）。Tufinio, "Excavaciones en la Unidad 12A (Ampliación Norte)," 33–35, fig. 32.

47 Uceda, "El complejo arquitectónico religioso moche"; Uceda, "Huaca de la Luna."

48 例如，考古学家史蒂夫·布尔热曾将中心人物称为一只章鱼。Bourget, *Sex, Death, and Sacrifice*, 52–54, 231; Bourget, *Sacrifice, Violence, and Ideology*, 16–18.

49 Gálvez and Runcio, "El life (*Trichomycterus* sp.)."

50 那栋建筑（A 区）几乎没有任何痕迹留存至今。Uceda and Canziani, "Análisis de la secuencia arquitectónica," 142, 147, fig. 141.

51 Moore, "The Archaeology of Plazas," 791. 另见 Meneses et al., "Excavaciones en el Frontis Norte" (2010), 79–84。

52 "很明显，最重要的［墙壁］都有多色壁画。这一因素表明，那些没有图像、只用灰泥和白色油漆粉刷的空间不具备仪式或礼仪功能，因此是用于服务、中转和休息的区域，例如神圣空间内部、走廊和其他小房间。" Morales, Solórzano, and Asmat, "Superficies arquitectónicas," 215. Morales, "Iconografía litúrgica y contexto arquitectónico."

53 在分析中，这个柱式大厅被称为神谕或柱式大厅。Castillo et al., "Excavaciones en la Plaza 1," 167, fig. 65.

54 Meneses et al., "Excavaciones en el Frontis Norte" (2009), 84.

55 Uceda, Morales, and Mujica, *Huaca de la Luna*, 72.

56 2014 年，该遗址的考古学家们估计这两幅带状壁画中可能包含了两百五十个人物。Castillo et al., "Excavaciones en la Plaza 1," 149.

57 Tufinio, "Excavaciones en el Frontis Norte" (2006), 50–51. 莫切成年男性的平均身高约为 1.58 米（约 5 英尺 2 英寸），莫切成年女性的平均身高约为 1.47 米（约 4 英尺 10 英寸）。Verano, "Características físicas," 318–319, table 9.4.

58 Tufinio, "Excavaciones en el Frontis Norte" (2005), 69.

59 Cordy-Collins, "Archaism or Tradition?"; Salazar-Burger and Burger, "La araña en la iconografía."

60 Alva, "Spiders and Spider Decapitators."

61 "E5AB 上的高浮雕表现手法各不相同，这表明每块板上都有不止一位工匠负责。虽然所有人物都采用了相同的图像设计，但它们并不完全相同，而是各具特色。正如我们所说的，没有两个人物是相同的。这有助于我们了解工匠们是如何制作这一阶梯的浮雕的。我们可以想象，壁画被分为三个部分，分别委托给三位不同的工匠大师，每一位都有自己的风格，而他们又有一群助手，这些助手直接负责面上的工作。因此，同一组壁画的不同表现形式是由于每个助手的风格不同，但都遵循了工匠大师的权威和风格。" Meneses et al., "Excavaciones en el Frontis Norte" (2009), 97.

62　Benson, *The Mochica*, 27–30.

63　Bruhns, "The Moon Animal."

64　Armas et al., "Excavaciones en la Plaza 1," 67.

65　Ibid., 66.

66　这里没有展示出内部下降的蛇形浮雕。Morales, "Iconografía litúrgica y contexto arquitectónico," fig. 14.16a.

67　加尔韦斯（César Gálvez）和布里塞尼奥（Jesús Briceño）观察到了考维耶霍瓦卡的视觉程序中从自然形象到超自然形象的垂直过渡，该程序的最后阶段复制了月亮瓦卡的旧神殿。Gálvez and Briceño, "The Moche in the Chicama Valley," 154.

68　"因此，环境通过一整套暗示传达了所做出的最合适的选择：这些暗示旨在通过设置适当的情景与背景来引发合适的情绪、解读、行为和相互影响。因此，环境可以说是起到了一种记忆法的作用。"（原文重点强调）Rapoport, *The Meaning of the Built Environment*, 80.

69　这就是亨利·列斐伏尔所说的建筑师的精神空间，脱离了使用者的感官生命世界。Lefebvre, *The Production of Space*, 300, 360–363.

70　Certeau, *The Practice of Everyday Life*.

71　Eco, "Function and Sign," 182–186.

72　关于流动的火炬光对被囚禁在带状壁画上的重复出现的身体可能产生的影响的讨论得益于贾斯廷·昂德希尔（Justin Underhill）与我关于"图像化照明"的对话。另见 Underhill, "Forensic Visualization"。

73　Gordilla et al., "Acciones de conservación," 529.

74　在一些后来的出版物中，对旧神殿各阶段的标示出现了不一致的情况，这是因为上层平台和北外墙并不总是在同一时间被重建。我在本书中的描述和插图是基于以下原始发掘报告：Armas et al., "Excavaciones en la Plaza 1"; Tufinio, "Excavaciones en el Frontis Norte" (2005); Tufinio, "Excavaciones en el Frontis Norte" (2006)。我对各区的排序遵循了图菲尼奥的用法和主档案。Tufinio, "Excavaciones en el Frontis Norte" (2005), fig. 115. 另见 Uceda, "Theocracy and Secularism," fig. 3。

75 Uceda and Tufinio, "Complejo arquitectónico religioso," 217, table 20.1. 这一计算没有考虑到备料和在土坯之间涂抹黏土砂浆、等待墙面上涂抹的黏土灰泥变干或建造屋顶所需要的时间。它也没有考虑到采购、加工和使用壁画或浮雕材料所需的时间、精力和培训。Uceda and Mujica, "Los problemas de nomenclatura y asignación," 15-16.

76 Morales, "Iconografía litúrgica y contexto arquitectónico," fig. 14.6f, pl. 14.5d. 此处的彩绘浮雕（E1BC）似乎是 C 区的原有部分，至少被重绘了两次。Armas et al., "Excavaciones en la Plaza 1," 58-59. 其中至少有一次重绘与外墙的翻修是同时进行的，当时 B 区的下层已经建成，并饰有上述浮雕。

77 Uceda, Morales, and Mujica, *Huaca de la Luna*, 76-85.

78 Donnan and McClelland, *Moche Fineline Painting*, 64, 118.

79 Chauchat and Gutiérrez, "Excavaciones en el Conjunto Arquitectónico 18," 120-121, fig. 126; Zavaleta et al., "Investigación arqueológica en el patio norte de la Plataforma Uhle," 28, 48-49, 56, fig. 15.

80 指导此次发掘的莫伊塞斯·图菲尼奥也提出了同样的建议："值得一提的一个细节是所有北立面上的图像志（原文如此）主题（仪式性战斗）都具有连续性，在最后一个立面上却看不到，但有可能在 E1A 台阶的缺失部分也有体现，因为在这个台阶（一个由土坯和灰泥构成的结构）处只记录了 E2A 台阶上方的红色抹灰和图案。" Tufinio, "Excavaciones en el Frontis Norte" (2005), 68. Castillo et al., "Excavaciones en la Plaza 1," 150.

81 沿着 1 号广场的东侧，在对一个西班牙殖民时代的沟槽进行发掘时，图菲尼奥记录了一座与 C 区有关的武士雕塑，以及与 D 区有关的未定义意象的早期浮雕遗迹，二者都位于主坡道的下半部分。Tufinio, "Excavaciones en el Frontis Norte" (2006), 44-46.

82 Torres and Asmat, "Frontis Norte," fig. 272.

83 最近，来自西潘通巴斯·雷亚莱斯博物馆的考古学家们在扎纳谷中乌库佩遗址的利蒙瓦卡（Huaca Limón）宴会厅的遗迹中发现了一幅壁画，画的是一艘渔船和一个类人形象的腿，背景是由鱼和一只海狮组成的生动海景。考古学家们认为这间彩绘大厅的年代为莫切中期。如果判断正确的话，则利蒙瓦卡的绘画与旧神殿的这些绘画应属于同一时期。*El Comercio*, "Este es el último descubrimiento de la cultura Moche."

84 Morales and Asmat, "Acondicionamiento turístico," fig. 645.

85　Uceda, Morales, and Mujica, *Huaca de la Luna*, 260–263; Asmat et al., "Acciones de conservación."

86　Asmat et al., "Acciones de conservación," fig. 164.

87　Quilter, "Moche Mimesis," 30. 这个来自 DE 区外墙的人物高为 1.80 米（约 5 英尺 11 英寸）。Tufinio, "Excavaciones en el Frontis Norte" (2005), 66.

88　Tufinio, "Excavaciones en el Frontis Norte" (2005), 66–67, fig. 82.

89　在旧神殿的其他地方，猫科动物攻击人类的彩绘浮雕出现在了 3c 广场内一座建筑的外部，该建筑靠近发现了被献祭的年轻男性遗体的地方。此结构可能在那些暴力活动中发挥了作用。Wiersema, *Architectural Vessels of the Moche*, 109–115.

90　关于 2004—2005 年发掘这一结构的详细描述，见 Tufinio, "Excavaciones en el Frontis Norte" (2005); Tufinio, "Excavaciones en el Frontis Norte" (2006)。

91　Tufinio, "Excavaciones en el Frontis Norte" (2006), 58.

92　在发掘报告中，朝西且更长的墙被标示为 Tema Complejo 1，朝北且短些的墙被称为 Tema Complejo 2。随后，考古学家们在沿着东广场北墙的一个结构中记录了另外两面规模类似、有着不同具象意象的墙，但保存情况较差。他们将这些浮雕命名为 Tema Complejo 3 和 Tema Complejo 4。Tema Complejo 3 的构图中有许多人物，包括佩着蛇形腰带的莫切英雄。Castillo et al., "Excavaciones en la Plaza 1," 116, figs. 19 and 20.

93　"Pesca, guerra, sacrificio, flora, fauna." Tufinio, "Excavaciones en el Frontis Norte" (2006), 55.

94　Trever, "A Moche Riddle in Clay."

95　Franco and Vilela, "Aproximaciones al calendario ceremonial mochica"; Franco and Vilela, *El Brujo*; Ochoa, *Cosmos moche*; Jackson, "La Narrativa de las Pléyades."

96　在投下绳子的较大的人物的右侧，有一个较小的人物面向着相反的方向，手中牵着拴在一头鹿脖子上的绳索的一端。杰克逊认为这个人物是第三个持绳者。她的解读与之前图菲尼奥的分析中对三个主要人物的描述相符。Jackson, "La Narrativa de las Pléyades," 363, fig. 5c; Tufinio, "Excavaciones en el Frontis Norte" (2006), 55–58. 在我看来，这个人物的作用是不同的。他和鹿似乎是壁画描绘行动的密集结构的一部分。他那根相对松弛的绳子并没有像那两个较大人物手中的那样起到同样的构图作用，后者通过他们紧绷的绳索的弧线保持了组织张力。

97　在 2005 年的发掘中，考古学家们在房间的西北角造了一个测试坑（Cateo #1），以评估其地基的稳定性。他们发现了一面较早的墙，位于转角房间的地板下 0.74 米处，是一个较早的、属于一个类似壁画项目的结构的一部分。这面墙（MA 3）的内面被涂成了白色。在朝北的外面，他们发现了"红色、白色和黄色的浮雕碎片。根据这些证据，我们推测这应该是一面与'复杂主题'壁画 1 和 2 有着相似特征的墙"。Tufinio, "Excavaciones en el Frontis Norte" (2006), 48.

98　据我所知，在其他关于"复杂主题"的研究中，波浪是构图结构这一论点还没有出现过。大多数就这些壁画撰写讨论文的学者都将波浪解构为他们所认为的叙事序列或宇宙学划分（这是 21 世纪的主流图像学倾向），这让我们很难从整体上看待这些构图。最为接近的比较是卡米洛·多洛利耶（Camilo Dolorier）和莱达·卡萨斯（Lyda Casas）提出的壁画的螺旋构图，是以莫切彩绘陶瓶的构图为基础的。然而，在我看来，意象的流动在底部向右转并不像他们所分析的那样明显。Dolorier and Casas, "Ritos, tránsito a lo sagrado," 164, fig. 3a.

99　Morales, "Iconografía litúrgica y contexto arquitectónico," 436–440.

100　Franco, "Mocollope: Últimos descubrimientos"; Franco, *Mocollope: Pasado prehispánico*, 61–63, 72–79. 这些画作还未被完全发掘出来。莫可洛佩被与附近马亚尔山的陶器作坊联系了起来，后者的年代约为公元 550—900 年。Russell and Jackson, "Political Economy and Patronage," 164; Koons and Alex, "Revised Moche Chronology," 1042–1043.

101　Franco, "Mocollope: Últimos descubrimientos," 106.

102　埃尔布鲁霍考古项目自 1990 年启动以来，一直在维赛基金会的大力支持下由雷古洛·佛朗哥指导。我此处的讨论参考了该项目的出版物、我于 1998—2016 年对该遗址的造访，以及与佛朗哥之间的持续对话。Franco, Gálvez, and Vásquez, "Arquitectura y decoración mochica"; Gálvez and Briceño, "The Moche in the Chicama Valley"; Franco, Gálvez, and Vásquez, "Modelos, función y cronología"; Mujica et al., *El Brujo*.

103　Quilter et al., "The Well and the Huaca," 113–115; Koons and Alex, "Revised Moche Chronology," 1050.

104　Franco, Gálvez, and Vásquez, "Modelos, función y cronología," 128–132.

105　考维耶霍瓦卡的浮雕没有像月亮神殿的旧神殿中的浮雕那样被大面积地重绘过，但这只能部分说明清晰度和比例上的不同。

106　Franco and Vilela, "Aproximaciones al calendario ceremonial"; Franco and Vilela, *El Brujo*.

107　Franco, Gálvez, and Vásquez, "Un cielorraso moche polícromo"; Mujica et al., *El Brujo*,

170–171. 旧神殿转角房间的天花板可能也被装饰过，但在发掘过程中没有发现其遗存。Tufinio, "Excavaciones en el Frontis Norte" (2006). 奇穆人对旧神殿的持续使用可能破坏或清除了莫切天花板的遗迹。在考维耶霍瓦卡，出现了对空间的另一种"继发性"（post-primary）使用，在这里，兰巴耶克墓葬是入侵性的。

108　Franco, Gálvez, and Vásquez, "Arquitectura y decoración mochica," fig. 4.7.

109　旧神殿 A 区的这幅带状壁画的黑白复原图是根据一个大致可以肯定是多色浮雕的残存形式推断出来的。Uceda and Canziani, "Análisis de la secuencia arquitectónica," fig. 141.

110　Franco, "Aproximaciones al significado de las representaciones murales mochica," 19–23.

111　同样的想法也可见于 Quilter et al., "The Well and the Huaca," 114。

112　奎尔特及其同事认为，在公元 600—650 年，伴随着大型重建，该遗址及其文化习俗也发生了巨大的改变，并得出结论："在埃尔布鲁霍建筑群中采用新的想法和实践是对旧方式的彻底背离。因此，在考维耶瓦卡采用类似月亮瓦卡项目的艺术方案似乎不仅代表了两个遗址之间密切的政治与社会关系，还代表了仪式实践和政治联盟的重新配置。" Quilter et al., "The Well and the Huaca," 114–115.

113　尽管没有使用他们将其夸张为"艺术史范式"（他们似乎指的是在安第斯地区工作的许多人类学考古学家已使用并将继续使用的图像学和"文化史"方法）的方法，哈根·克劳斯（Haagen Klaus）及其同事就生物考古学和艺术史研究如何协同工作以揭示莫切中心内部及其之外的阶层化的人群与他们所创造的物品、古迹之间的微妙关系提供了有趣的观点。Klaus et al., "Biological Distance Patterns among the Northern Moche Lords," 696, 697.

114　Quilter, "Moche Mimesis," 41.

115　这里描述的建筑序列是基于 Mujica et al., *El Brujo*。近年来，佛朗哥已修改了第三座建筑（CED 区）的具体顺序。雷古洛·佛朗哥，私人通信，2020 年。

116　Reindel, *Monumentale Lehmarchitektur*, figs. 28–29.

117　Mujica et al., *El Brujo*, 137–139.

118　Ibid., 137.

119　Franco, "Aproximaciones al significado de las representaciones murales mochica," 42–45.

120　Mujica et al., *El Brujo*, 104–107.

121　Quilter, "Representational Art in Ancient Peru," 135–157. 这个生动的设计已经成为现代考古项目及其遗址博物馆的标志，就像菱形框内长着獠牙的脸已成为莫切瓦卡建筑群的象征一样。

122 Mujica et al., *El Brujo*, 116–121.

123 Mujica et al., *El Brujo*, 102, 122–131, 208–245; Quilter et al., "The Well and the Huaca," 112–113. 考维耶霍瓦卡内另一个早期墓室的内部被画上了三十二个武士的形象。Mujica et al., *El Brujo*, 180–181.

124 Trever, "The Artistry of Moche Mural Painting," 273.

125 Mujica et al., *El Brujo*, 122–131.

126 中庭北侧由一堵低矮的墙划定了分界，墙的开垛口上也绘有成对的戴着羽冠的月兽。Mujica et al., *El Brujo*, 126–127.

127 Donnan, "Huaca Dos Cabezas."

128 Donnan, *La Mina*; Narváez, "La Mina."

129 Scott, Doughty, and Donnan, "Moche Wallpainting Pigments from La Mina."

130 Reindel, *Monumentale Lehmarchitektur*, 225–231.

131 迄今为止，唯一有着北部沿海风格壁画艺术、可以准确地追溯至莫切晚期的莫切中心是比鲁谷中的万卡科。在对那里的发掘中，史蒂夫·布尔热记录了红白两色的螺旋设计、相互交错的鱼图案，以及画在墙上的人形痕迹。布尔热认为万卡科与其他莫切政体仅存在松散的联系。其艺术家并未严格遵循莫切艺术的典范和惯例。Bourget, "Somos diferentes," 261, pl. 8.1b, 264; Bourget, "Cultural Assignations during the Early Intermediate Period." 另见 Wiersema, *Architectural Vessels of the Moche*, 97, fig. 3.64; Wright, *Étude de la polychromie*, 60–61, figs. 50–51。

132 正如孔斯和阿莱士（Alex）在评估莫切年代史时总结的那样："就共有的意识形态而言，实践远比空间更重要。因此，我们应该重新评估关于南、北莫切的概念。"Koons and Alex, "Revised Moche Chronology," 1051. 另见 Koons, "Moche Sociopolitical Dynamics"。

图3.1

1910年在月亮瓦卡看到的"物品的反叛"壁画的一部分插图。(图片来源：Seler, "Archäologische Reise in Süd-und Mittel-Amerika," fig. 13)

第三章

为叙述选址

莫切壁画作品与媒介的简缩（公元 650—850 年）

图3.2

"物品的反叛"部分壁画，由阿尔弗雷德·克勒贝尔(Alfred Kroeber) 于 1930 年出版。(图片由芝加哥菲尔德博物馆提供)

一场战斗曾在月亮瓦卡的新神殿上层大厅的墙上激烈地展开。仓皇逃跑的人物，被他们的对手追赶着，充斥着莫切时代末期建造的壁画表面。[1]不过，那些敌手并未被描绘成普通的人类战士。头饰、项圈、棍棒、绳索以及其他莫切精英武士在战斗中佩戴或携带的物品似乎都长出了人类的手臂和腿（见图 3.1—3.8）。[2]他们追赶并抓住了其人类敌人，最终剥夺了他们的服饰，并将他们作为俘虏运送到王座上，在那里，另一个彩绘人物，也许是一位祭司，举起了一只高脚杯（见图

图3.3

"物品的反叛"围绕着一个现已损毁的王座的部分壁画图,由阿尔弗雷德·克勒贝尔于1930年出版。(图片由芝加哥菲尔德博物馆提供)

图3.4

"物品的反叛"壁画。照片由奥托·霍尔斯坦(Otto Holstein)拍摄,1925—1926年。(美洲印第安人国家博物馆,史密森学会 [114_pht_024_P08543])

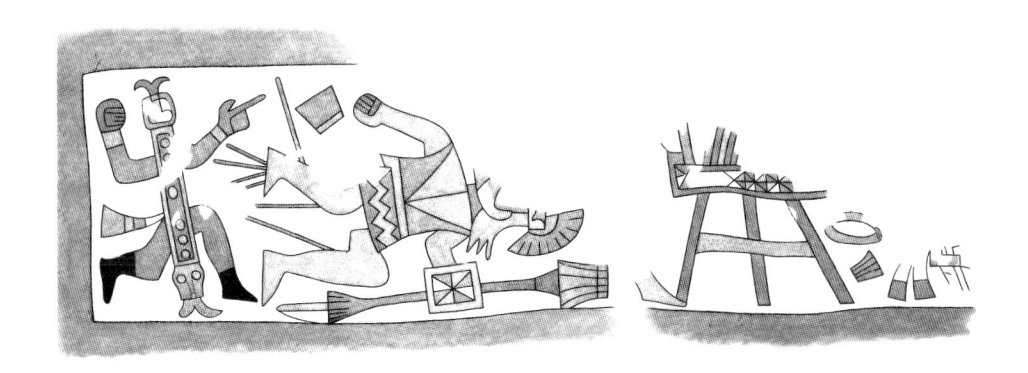

图3.5

"物品的反叛"部分壁画图,由阿尔弗雷德·克勒贝尔于1930年出版。(图片由芝加哥菲尔德博物馆提供)

图3.6

"物品的反叛"部分壁画图,由阿尔弗雷德·克勒贝尔于1930年出版。(图片由芝加哥菲尔德博物馆提供)

3.3)。³在近期的发掘中，考古学家们记录了另外三幅属于新神殿最后一期（2区）的同一个壁画项目的绘画：一根拟人化的绳索俘虏了一个人（见图3.8），一幅描绘两个正在编织的女人的不同寻常的图像，⁴以及一捆捆的武器。⁵这并不是我们在旧神殿中看到的对战人物或行进中的武士的静止图像，而是对动态活动进行展开的叙事性描述：从战斗到抓捕俘虏，再到仪式的图像。⁶我们在新神殿中发现的是一种全然不同于以往的壁画艺术形式。

图3.7

新神殿顶部绘有壁画的莫切晚期建筑遗迹，2009年。（照片由作者拍摄）

人类学家们认为，这些场景以及绘在陶瓶上的类似场景（例如，图3.9a—b）描绘的是莫切版本的泛美洲神话——物品的反叛（Revolt of the Objects，也被称为 the Alzamiento de los Objetos 或 Rebelión de los Artefactos），在"世界颠倒"的混乱时期，器具反过来对付它们的主人。这些画作与约一千年后以克丘亚语撰写的"瓦罗奇里手稿"和来自危地马拉高地的基切语玛雅文本《波波尔·乌》（*Popol Vuh*，通过其18世纪的转录而为人所知），⁷以及20世纪玻利维亚的口头传统有类似之处。⁸基切语的叙述者描述了在创世和灭世的若干过程中家庭生活被颠覆的一幕。木头塑成的原初人类在一场洪水中覆灭，他们的身体被打碎，因为他们没有好好敬拜其神圣创造者。然后，"他们的

图3.8

"物品的反叛"壁画中一个奔跑的人物（左）和一条有生命的绳索（右）。(照片由作者拍摄)

玉米磨盘和炊具，他们的锅和盘子，他们的狗和磨石"开始说话，并攻击木头人类，作为对它们日常所遭受的虐待的报复。[9] 在利马附近，"瓦罗奇里手稿"的作者讲述了太阳的死亡，以及随后发生的家用物品和动物对其主人的反叛，正常的权力关系被颠覆了："岩石相互撞击。研钵和磨石开始吃人。雄性美洲驼开始驱赶男人。"他们表明，这段黑暗时期可能发生在基督之死时。[10]

这些跨越文化与时间的比较最早出现在20世纪20年代，目的是支持文化发展的传播主义模式。[11] 学者们继续进行图像学研究，致力于重建莫切宇宙观，并重塑神话与宗教实践的宏大叙事。但对于壁画图像的特定形式——它们与后来的文本及同时代陶器上对于这些主题的描述有所不同——的关注较少，也没有注意到它们出现于新神殿的特殊地缘政治背景。[12] 有时，莫切陶器上所描绘的会动的物体中，也包括了纺锤、卷线杆及其他织布工具。但在月亮瓦卡的莫切晚期壁画中，拟人化的服饰和武器武装了起来，对抗人类；这些不是磨石、煮饭锅，也不是攻击其主人的驯养动物。[13] 这些有生命的物体都是精英武士的财产。它们的规范性功能并未被颠覆。在新神殿的壁画中，这些动起来的东西正在做分内之事：发起战斗、攻击敌人，并将其

图3.9a—b

绘有"物品的反叛"的莫切瓶子,公元500—800年,陶器,高28.8厘米,据称来自秘鲁的奇卡马谷。
a：五大洲博物馆,慕尼黑,30.29.7。(照片由尼古拉·克斯特纳 [Nicolai Kästner] 拍摄)
b：唐纳·麦克莱兰绘(第0090号)。(莫切档案,邓巴顿·奥克斯研究图书与收藏馆)

俘虏。[14]

  拟人化的物体出现在了莫切意象的其他地方。在绘在陶器上的其他场景中,芦苇船常被画上兽头和人类的肢体,在水中游动,有时还挥舞着图米弯刀。[15] 带有人腿的盘子被画成正在接近坐着的领主的样子,脖子被系住的罐子走动着并主动倾倒,像要自我献祭一样。[16] 动态的图绘起着各种各样的作用：突出一个物体的质量（快速移动的船），取代一个单独的人类参与者（举着祭品盘的人），或用来表达物体和人类主体在隐喻上的合并（献祭的罐子像人类一样被系住了脖子）。也就是说，这些场景所描绘的东西不能被理解为其表面的意思，不能直观地作为古代相信形而上的转变的证据。这些艺术家可能将修辞形式图像化了，为事物的能动性提供了一个更为细致入微的观点。

新神殿的艺术家们的本意也许是将这些动态的物体作为视觉提喻法：以部分代表整体，即由其穿戴和携带的东西来代表武士们。将武士的身体缩减为其头饰、盾牌和棍棒的做法已在数个世纪前就被预见到了——在武士登上旧神殿斜坡的图像中，他们的身体被装备压得透不过气来（见图2.34）。相较于通常被解读为对神奇转变的描绘（按照沃尔特·迪士尼［Walt Disney］的方式），这些壁画图像可以被解析为类似于"那些武士被（其征服者的）棍棒和头饰所压倒"的图像表达。在这种解读中，这些物体代表了战士们本身。

更仔细地关注这些壁画的独特性让我们可以对意义进行更具体的思考。动态物体所挥舞的锥形棒头（物品的物品）在形式上都是典型的莫切式。锥形棒头——以及图米弯刀形的头饰、鼻饰（*narigueras*）及帽挡是莫切精英武士最一致、最标准的表现形式。锥形陶器战棍被装饰在了旧神殿、考维耶霍瓦卡、帕尼亚马卡等地的建筑的屋顶轮廓线上，是共同文化的象征。武器和军装与其主人的身份密切相连，并可在图像表现中代表其主人。[17] 阵亡的武士在战场上被剥夺了这些与身份和地位有关的标志物。在旧神殿和考维耶霍瓦卡的广场中的带状壁画上，得胜的武士被描绘为将被征服者的武器悬挂在他们自己的棍棒上，作为在战场上征服的战利品（见图2.17）。在那些较早期的浮雕中，这些场景被表现为文化内部的冲突：盾牌和头饰的形状各异，但他们的棍棒的莫切形式却始终不变。

爱德华·泽勒（Eduard Seler）于1910年描述壁画中现已损毁部分（见图3.1）时首次指出，新神殿壁画中被动态物体攻击的人类武士本身就携带了其他武器。战败者的矛有着特殊的矛头，底部系着

长长的羽毛。泽勒将它们与秘鲁私人收藏中的一些绘在陶器上的武士所携带的武器进行了比较。[18] 他怀疑，武器的差异显示了两个不同的群体。事实上，这些武器似乎指的是在卡哈马卡和沿韦拉斯过廊（Callejón de Huaylas）到查文-德万塔尔的北部高地（见图 0.15）制造的有槽或有脊的铜铸矛头。雷瓜伊地区的例子通常是长而薄的，[19] 而来自卡哈马卡的则与壁画中的武器更为接近。[20] 1937 年，胡利奥·C. 特略在卡哈马卡的塞伦丁（Celendín）拍摄了一批文物，其中包括了几例此类金属铸矛头，以及一个形状为一个男性拿着一面方盾和同一种矛的陶器（见图 3.10）。[21] 新神殿中绘着的一个战败者也拿着一个类似那种通常用来装古柯叶的编织袋（*ch'uspa*）（见图 3.2）。在莫切艺术中，咀嚼古柯的平和场景常是以山区为背景的，其主角为外地人物，

图 3.10

胡利奥·C. 特略于 1937 年在卡哈马卡的塞伦丁所拍摄的文物。桌子上出现了两种类型的金属铸矛头(带脊的和星形的)。大型陶器人物手持有着带脊矛头的长矛和一面方形盾牌。(特略档案，圣马科斯国立大学考古学与人类学博物馆，利马，IX B9 P11 F8 952)

可能是来自同样的高地社群（见图0.17）。[22]也就是说，新神殿的壁画师们不仅画出了战士的物品（无论是以换喻还是以变形的方式）在战斗中俘虏人类，还特地将这些主人公表现为莫切武士的物品击败来自山区的外地敌人。

在陶器版"物品的反叛"的意象中，从两支部队的武器上看不出任何民族上的区别。在其他描绘莫切武士与来自北部高地的雷瓜伊的对手作战的彩绘陶器意象中，确实存在着民族上的区别，[23]但在"物品的反叛"图像中，这种区别仅在新神殿的这些壁画中能够看到。在稍早于此的神殿上层室内（1区）的壁画中，也不存在莫切和非莫切主体之间的区别。在8世纪这一建筑的早期阶段，壁画师们也绘制了表现战斗的意象。[24]这些图像中包括了莫切武士，被绳索捆绑的裸体囚犯，以及猫科动物、蛇和一只佩着盾牌和长矛的蜂鸟（似乎是为了表现一位武士的迅速和敏捷），[25]所有这些图像的比例都很小。[26]虽然早期壁画中存在着战斗主题，但在残留下来的遗迹中没有任何会动的物体或被征服者的高地身份存在的迹象。

新神殿壁画构成了对"物品的反叛"的莫切叙事的"情景化讲述"。正如凯瑟琳·艾伦（Catherine Allen）对松阔（Sonqo，秘鲁南部高地一个讲克丘亚语的社区。——校者注）社群中讲故事和"听故事"的情景性所做的解释："传统提供了大量故事事件与人物的储备，讲述者根据自己的喜好将它们串联在一起。在时间和意愿允许的情况下，叙述会有所缩减或扩展。讲述者在这里省略了一个细节，在那里舍去了一整段情节，在这里添上新的点缀，在那里又增加新的情节。听众喜欢有人用新颖且出人意料的方式讲述广为人知的故事。"[27]和口述一样，古代莫切图像的细节在不同叙述中各不相同。安妮·玛丽·奥康让（Anne Marie Hocquenghem）认为，莫切图像学的主题并不是固定的，而是具有开放性的，可以根据艺术家的意愿进行阐释、扩展或缩减。[28]新神殿墙上的图像只代表了此类表达中的一组。在对图像的每一次重述和解读中，都会出现其他的表达，但壁画本身仍坚定不移地停留于时空中，不像彩绘陶瓶那样辗转经过许多人的手，如今被收藏在博物馆或私人藏家手中，充其量只模糊地提到了它们的发现地点。从遗址的考古和当时更为广泛的地缘政治中，可以瞥见壁画创作的特定社会背景（作为其画家的"讲述"）的含义。重要的是，正是在此地，在公元800年左右的莫切瓦卡建筑群，[29] 壁画师们绘制了这些生动的莫切武士 – 物品攻击外来高地敌人（也许是来自卡哈马卡）的图像，并将他们作为俘虏，献给了倚靠着带有壁画的墙而建的王座（见图3.3）的占有者。

9世纪正是瓦里帝国的扩张在秘鲁北岸的影响变得最为强烈的时期。莫切与瓦里地区之间的关系，通常是通过他们在雷瓜伊、瓦马丘科和卡哈马卡地区的安第斯北部的中间地带进行的，看起来似乎是模棱两可的，"有友好的贸易互动，也有敌对遭遇"。[30] 在一些中心，例如赫克特佩克谷中的圣何塞 – 莫罗，当地精英在公元700—850年通过东部的卡哈马卡和南部海岸线模仿并进口了瓦里和瓦里相关风格的陶器。[31] 这种动向也存在着相反的流动。在雷瓜伊，甚至是在瓦里遗址，偶尔也会发现莫切器物和表现莫切主题的高地器物。[32] 在里马克谷，向南至纳斯卡流域，鲜少发现莫切晚期和与莫切相关的陶器。[33]

在莫切瓦卡建筑群，对高地文化的接受度和对所谓的"中地平线"世界主义的信奉程度似乎都要低得多。考古学家在那里进行的发掘中发现了一些雷瓜伊陶器的碎片。在太阳瓦卡顶部，他们还在宫殿的接待厅中发现了当地制造的瓦里风格的陶器，这表明，在统治精英的控制分崩离析前，区域间的交往发展得非常晚。[34] 卡哈马卡沿海和瓦里风格的陶器有时也会出现在该中心被废弃前不久建造的坟墓中。在其存在的最后一个世纪中，莫切瓦卡建筑群的公共建筑并未表现出任何服从或顺应高地群体日益增长的影响的迹象。

我将新神殿壁画中关于"物品的反叛"的叙事解读为对莫切神话的一种情景化讲述，以彼时日益紧张的政治局势为表述，无论莫切和卡哈马卡的军队之间的战斗是否真的发生过。史诗叙事往往是包含了历史与神话的混合体。这些壁画的创作可能传达了莫切瓦卡建筑群的领袖在瓦里帝国及其同盟的政治力量的侵蚀下日益增长的焦虑，而且他们自身在沿海地区的权威也逐渐减弱。值得注意的是，在此地，在月亮瓦卡的神殿中创造的最后一个壁画项目中，这种军国主义力量的表达并没有向外对公众宣扬，而是向内，针对的是统治阶级自己的眼睛。

新神殿壁画为本章所聚焦的始于 7 世纪的莫切壁画艺术的转变提供了一则重要的案例研究。古代神灵的图像和旧神殿中充斥着的北部沿海形式的彩绘浮雕在这个较为晚期的阶段消失了。[35] 我认为，这些变化并不是月亮瓦卡所独有的。它们是这几个世纪以来沿秘鲁北岸更广泛的媒介转变的一部分。早期神殿中至高无上的存在（山神）的意象在 7 世纪后以更为活跃的形象出现，即系着蛇形腰带的莫切英雄。与这个英雄早期重复出现的浮雕相比，他与敌人作战的图像在风格、技术、构图和空间构型上都发生了根本性转变。然而，从一个时期到另一个时期，最稳定不变的是莫切武士与其俘虏的列队，可以看到他们从大潘帕到达潘帕拉克鲁斯（Pampa La Cruz），经瓜达卢皮托再到帕尼亚马克。在莫切晚期的壁画艺术中，艺术家们停止了劳动密集型的彩绘浮雕制法，这种制法可以追溯至公元前第三个千年的前陶器时代。因此，他们也放弃了北部沿海设计中错综复杂的几何图形，更多地选择在白色背景上以简单的红色边界线绘制人物构图。[36]

在莫切晚期的壁画艺术中，图像变得更具有说教性，有着更多的自我指涉，内容上也具有更明确的叙述性。绘画图像的指向既有可能是向内的，也有可能是向外的。在体裁的这些转变中，我们也可以看到纪念碑性图像在制作目的上的变化。之前通过唤起共同的宗教起源和泛沿海文化归属来建立合法性的策略被抛弃了。随着莫切世界的不断扩张复杂化了，而且，在这几个世纪中一些地方也受到了威胁，壁画艺术家和赞助人调整了他们将政治与社会力量作为社会内部凝聚力和排外性来传达的策略。虽然伴随着这种纪念碑性媒介在技艺和绘画内容的正统性方面的缩合，秘鲁北部不断变化的政治动态却从未远离。

瓦里效应：壁画中的审美模仿和军事强化

在月亮瓦卡的旧神殿的重建工作停止后，较小的新神殿于8世纪初在布兰科山的山坡上建成，秘鲁北部的文化动态变得越来越复杂了。瓦里帝国从阿亚库乔（Ayacucho）向外扩张始于公元660年，[37]最终涵盖了一个不连贯的区域，从南部的莫克瓜（Moquegua）向北穿过高地到达卡哈马卡地区，沿海岸线到达帕查卡马克，再到安第斯山脉东坡的埃斯皮里图潘帕（Espíritu Pampa）。[38]尽管瓦里帝国的军事扩张曾被认为是莫切中心"崩溃"的一个原因，但其对北岸的影响主要是间接的，是通过经济关系和中间地带发生的。[39]最近在西潘附近的兰巴耶克谷的普卡拉的圣罗莎瓦卡（Huaca Santa Rosa de Pucalá）出土的瓦里风格的D形结构，[40]以及在莫切地区最南端的瓦尔梅堡（Castillo de Huarmey，约公元800—1000年）发现的与瓦里相关的墓葬记载提供了新视角，在那里曾发现过莫切与瓦里混合风格的纺织品杰作（见图3.33）。[41]尽管在整个北岸发现的物质文化中都存在着瓦里影响的痕迹，但仍存在许多问题。[42]瓦里相关特征的出现与莫切视觉文化终结的开端（如其定义一样）和北岸建筑环境的主要重组相呼应。瓦里或瓦里相关群体的存在或行动如何影响了（也可能是被影响）后莫切时代传统（这些传统如今在南部被称为卡斯马，在北部被称为兰巴耶克或西坎）的转变，仍有待确定。

与旧神殿相比，月亮瓦卡的新神殿的占地面积要小得多（最终面积为62×53米）[43]，其历史也更短。它建有三层平台和一系列斜坡与楼梯，通往上层房间（见图2.6），然后在第二阶段重新配置为更大的形式，有两层平台。一些坡道的栏杆上排列着阶梯状的彩绘雉堞。那里有记录的壁画都是完全平面化的，没有浮雕，且数量远少于旧神殿记录中的。下层与上层一样，以囚犯和武士的图像为主。

在新神殿的至少一个区域中，纺织品的意象仍继续存在着，尽管它在这里有了新的形式和意义。在第一处修建的结构性坡道附近（见图3.11），即连接第二层平台和第三层平台的地方，画家在白墙上添加了两排宽大的方块（每边约长70厘米），黄色和蓝灰色的波浪图案与红、黑、白相间的阶梯状回纹饰交替出现（图3.12）。[44]这不是早期莫切壁画中表现泛沿海地区关系、充斥着水生生物和碎波泡沫的生动的沿海风格，相反，这种僵硬的几何抽象图案更多见于来自现秘鲁和玻利维亚的高地纺织品设计（见图0.19）。[45]方形图案出现在了莫切织物的一些陶器表现中，但除此之外，这种图案在莫切壁画中并未出现。鉴于这幅壁画是在北部沿海地区的社会政治历史环境中创作的，其几何构图可能是受到了瓦里抽象美学的启发。[46]壁画师在莫切视觉文化的现有形式中模仿瓦里设计（即更大程度的几何化），其背后的动因可能是"大量在技术和意象上可被识别为来自高地的挂毯"出口到沿海地区（见图0.18）所引起的品位的转变。[47]这幅壁画并不是对瓦里纺织品或其他艺术形式的直接引用，[48]相反，高地美学可能是在几何构图中被间接表现出来的。

在这个坡道上方，曾有一幅描绘行进的武士与俘虏的绘画，到了21世纪初，只残存下了一些痕迹（见图3.13）。[49]这幅画大体上可与考维耶霍瓦卡旧神殿广场上的战俘游行壁画相提并论，壁画是在后期重建中发现的。在坡道底部的左侧，拟人猫头鹰武士（马科夫斯基笔下的猫头鹰武士）仅剩下刻画的底稿了，他佩戴的是莫切珠宝和有着猫科动物脸的头饰。他从墙上望出去，直接面对那些会从下方接近斜坡的人。他的一只有爪子的手指向一名男性囚犯的裸体，这名囚犯登上了斜坡——显然，他被一根绳子绑着，绳子变成了一颗长着蛇形舌头的狐狸头。由于西班牙殖民时代对瓦卡的拆除以及在大自然中的暴露，斜坡上的壁画几乎全被摧毁了。但在更高的地方，其他人物的

图 3.11

新神殿早期阶段的一段坡道及其壁画的遗迹。(照片由太阳与月亮瓦卡群考古项目提供)

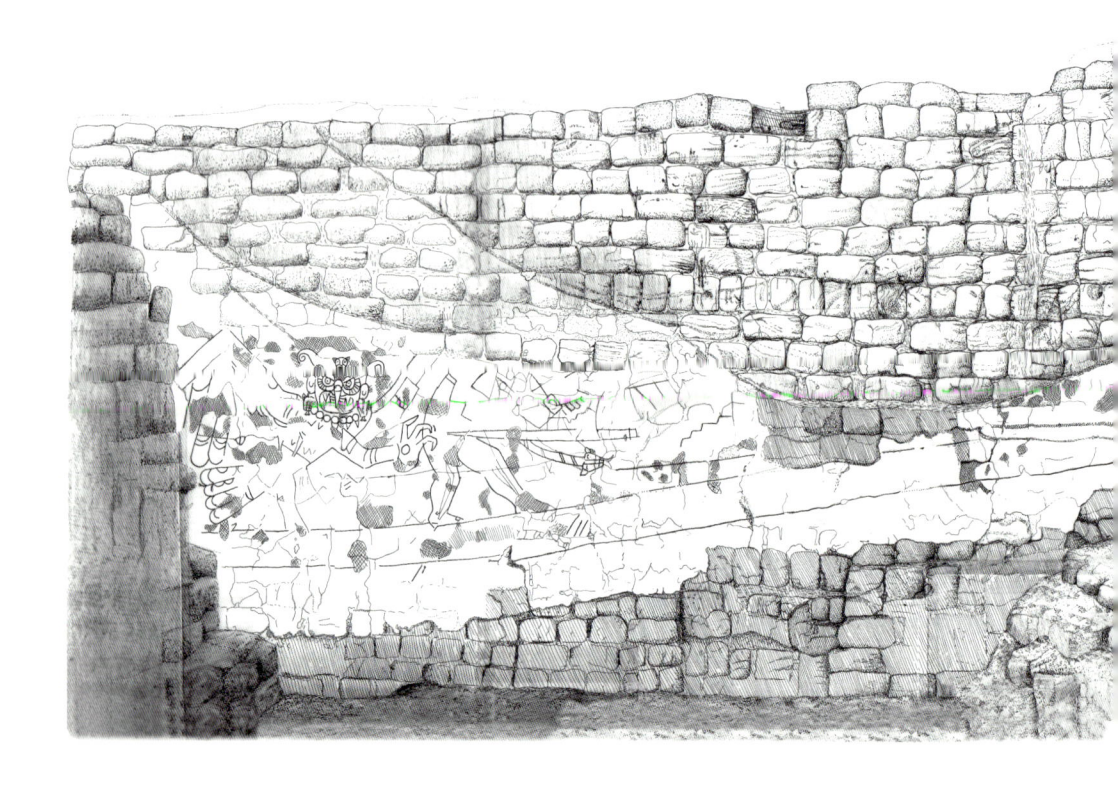

第三章 为叙述选址 | 209

图3.12

新神殿内的几何壁画。(照片由作者拍摄)

图3.13

新神殿内沿坡道的壁画遗迹图。(图片由太阳与月亮瓦卡群考古项目提供)

腿和脚——有的穿着整齐，有的是裸露着的；有的在往上走，有的在往下走——在白色背景和红带地平线的衬托下依然可见（见图3.14）。和更早期的壁画一样，被描绘的身体像活人一样在斜坡上移动。不过，在这里，他们的动作有着更多的变化与活力。作为莫切晚期图像中首次出现的神灵之一，[50] 猫头鹰武士直接参与人类的活动层，这在壁画艺术史中是没有先例的。他督促这些囚犯沿着斜坡走到最高层平台和上层房间中，日后，在那里，"物品的反叛"系列壁画将被绘在新神殿中。

在莫切晚期，从北部的兰巴耶克谷到南部的内佩尼亚谷，武士列队的壁画和他们所携带的武器——无论它们是否被拟人化处理——都在这种媒介中广泛分布。然而，在其他的考古遗址中，已知的绘画及其建筑或地层环境与在莫切瓦卡建筑群和埃尔布鲁霍进行的持续数十年的住宅区研究项目所提供的宏观视野相比更为碎片化。在大潘帕发现了描绘人类的壁画遗迹，以及一排排的蜥蜴和猫科动物。[51] 在一幅绘在阶梯状台子背面的壁画中，可以看到人类的图像，包括一个佩戴着鼻饰和图米垂盖（backflap）、手持圆盾和战棍的武士。在残缺的壁画中央，有一个会动的武器堆，尽管在1975年发现这幅壁画时，这个形象没有被如此解读。[52] 它由一面圆盾、一根棍子的尖底和多种色彩鲜艳的羽毛组成，两条人类武士的腿（黄色，脚和小腿涂成了黑色）从两侧冒了出来。大潘帕的壁画技术与新神殿的一样，都是在纯白色的地面上绘以多色的平面人物。

在位于莫切谷中部的莫切晚期纪念中心加林多（Galindo），加林多瓦卡（Huaca Galindo，又称马蜂瓦卡）的内墙上曾经绘着多色壁画。到了20世纪，这些意象几乎没有留下任何痕迹。在东院（或1号广场）中的一个地方可以看到在白色背景上以蓝色描绘的双脚，站在底部的红带上。[53] 海岸边，在万查科（Huanchaco）镇上的潘帕拉克鲁斯考古遗址中，最近的研究发现了一幅莫切晚期壁画的遗迹，描绘的是武士与囚犯的列队。这些人物的轮廓是刻在墙壁的白色背景上

图 3.14

新神殿内沿斜坡绘着的一名武士的局部。（照片由作者拍摄）

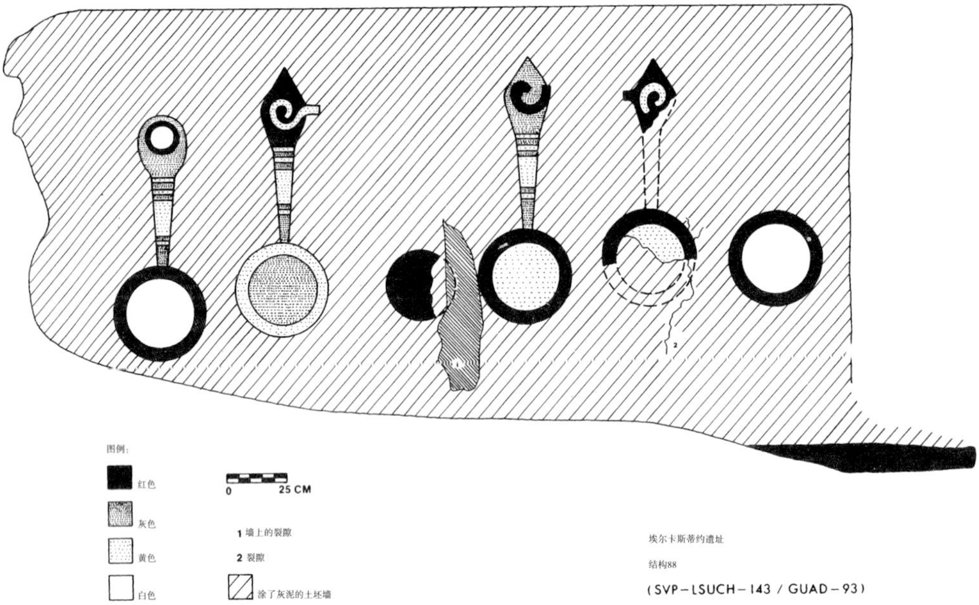

图例:
■ 红色
▨ 灰色
▒ 黄色
□ 白色

0　25 CM
1 墙上的裂隙
2 裂隙
▨ 涂了灰泥的土坯墙

埃尔卡斯蒂约遗址
结构88
(SVP-LSUCH-143 / GUAD-93)

的，然后以多色绘制，没有使用浮雕。[54] 在圣塔谷中的埃尔卡斯蒂约遗址，纪念碑性建筑的一面外墙在公元600年左右被画上了至少六个武器堆（见图3.15）。[55] 武器堆中包括一面圆盾和一根莫切风格的战棍。在莫切晚期的瓜达卢皮托（又称印加潘帕 [Inka Pampa] 或 Pampa de los Incas）遗址，建筑上也绘着莫切武士冲刺或行进的侧面像（见图3.16和3.17）。[56] 他们戴着图米垂盖，和其他人一样携带棍棒和盾牌。他们程式化的表现形式——白色背景下和红框上的无浮雕彩绘——证明了这种体裁在莫切晚期很长一段时间内具有一致性。

莫切晚期武士壁画的创作向南延伸至帕尼亚马卡的内佩尼亚谷，考古学家们在那里发现了此类壁画最精致的演绎之一（见图3.18和3.19）。在那里，数十个比真人还大的精英武士的形象和他们的小型随从被记录在西北广场墙壁的内侧（见图3.20—3.24）。[57] 尺寸上的差异是莫切艺术家用来表现等级地位而非实际体型的惯例。通过与陶器器皿上所描绘的类似场景相比较，一些较小的、被侵蚀的人物可能包括音乐家。[58] 这幅壁画因广场的改建和随后的侵蚀而被破坏掉了。在

图3.15

壁画中的棍棒和盾牌插图，埃尔卡斯蒂约，圣塔谷。(图片出自 Wilson, *Prehispanic Settlement Patterns*, 211)

图3.16

秘鲁圣塔谷的印加潘帕的B瓦卡(Waka B)的一面墙上绘着的莫切武士,佩德罗·罗哈斯·庞塞的水彩画,1937年。(特略档案,圣马科斯国立大学考古学与人类学博物馆,利马,IX B1 P1 V4 701)

图3.17

秘鲁圣塔谷瓜达卢皮托庄园一座瓦卡的一面墙上绘着的莫切武士,佩德罗·罗哈斯·庞塞绘,1937年。(特略档案,圣马科斯国立大学考古学与人类学博物馆,利马,IX B1 P1 V4 697)

壁画所描绘的集会中,广场封闭的内部可能曾经容纳了成百上千的人物,与旧神殿和考维耶霍瓦卡的广场壁画并无二致。但在这里,每个人物的服装和饰品都是个性化的。许多较大型的人物都戴着武士的金垂盖。有些还穿着能在瓜达卢皮托看到的带有流苏和锯齿状边缘的红色织物(见图3.16)。短袍上绘着各种编织图案、镀金饰板的组合,以及代表着羽毛的菱形。在20世纪和21世纪可以看到的壁画中,各处都有着头发、耳圈和带有长羽毛的头饰的碎片,暗示着我们已经失去的东西。

和沿新神殿的斜坡的壁画一样,帕尼亚马卡的这幅武士及其随从

图3.18

从北面看到的帕尼亚马卡的全景图。主平台位于中央。带有彩绘柱子的神殿在右侧被发掘出来(在临时屋顶下方),就位于受到风蚀的基岩上。(照片由豪尔赫·甘博亚为帕尼亚马卡的田野项目拍摄)

的画作似乎也是沿着底框倾斜的红带移动的，它在画中起到了坡道的作用（见图 3.24）。在这里，这条画上去的带子与真实的斜坡的形式一致，沿着广场的墙壁向西南方的主神殿缓慢上升。和他们的服装一样，每个人物的姿态也都是个性化的。有些人步履轻盈，有些人停下来整理他们的衣服，还有一些人似乎是在跳舞，一条宽丝带或是紧握的双手将他们连在了一起。迄今为止，帕尼亚马卡的广场壁画中还没有出现囚犯。人们也没有看到像新神殿壁画中的猫头鹰武士那样的神祇，或是莫切陶器上绘着的领导类似列队的莫切英雄。[59] 但在帕尼亚马卡，这面彩绘墙壁还有一大部分（以及其他壁画）被封存在表面

图3.19
―――
内佩尼亚谷中帕尼亚马卡纪念性区域的平面图,显示了(1)广场壁画,(2)2号平台,以及(3)柱式神殿的位置。(© 乌戈·池原)

图 3.20

1950年，帕尼亚马卡的广场内的墙上绘着的莫切武士。照片由罗斯·克里斯滕松(Ross Christenson)拍摄。（罗斯·克里斯滕松作品集，MSS 1716，第54号盒子，文件夹2，幻灯片K-10-01）图片由汤姆·佩里特别收藏提供。（哈罗德·B.李图书馆，杨百翰大学，普罗沃，犹他州）

图 3.21

帕尼亚马卡的广场壁画的一部分，由佩德罗·阿扎瓦切绘。（英属哥伦比亚大学档案馆，艾伦·R.索耶全宗，第26号盒子，文件夹3）

图3.22

1950年，帕尼亚马卡的广场壁画中的一名武士。照片由罗斯·克里斯滕松拍摄。(罗斯·克里斯滕松作品集，MSS 1716，第54号盒子，文件夹2，幻灯片 K-10-00) 图片由汤姆·佩里特别收藏提供。(哈罗德·B.李图书馆，杨百翰大学，普罗沃，犹他州)

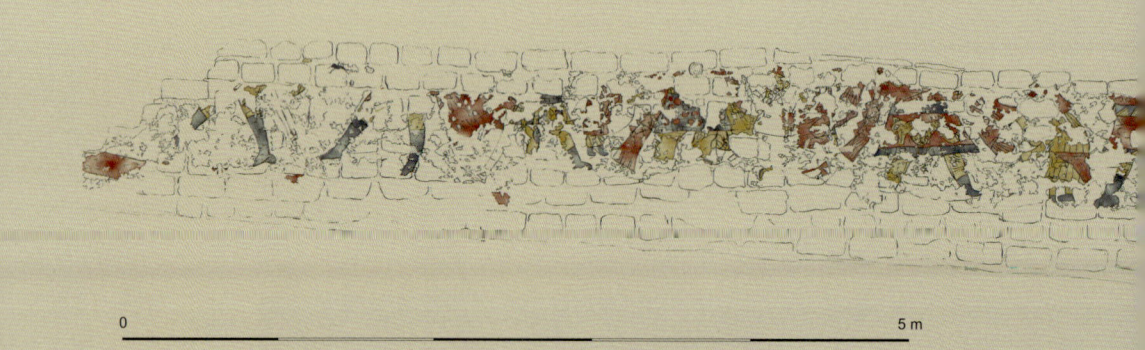

图3.24

帕尼亚马卡的广场壁画(壁画C)。(插图由豪尔赫·索洛萨诺 [Jorge Solórzano] 和豪尔赫·甘博亚绘制，颜色由柯尔斯滕·拉森 [Kirsten Larson] 和莉萨·特雷弗以数码方式添加)

第三章　为叙述选址 | 219

图3.23
―
2010年，帕尼亚马卡的广场壁画的一部分。(照片由作者拍摄)

之下。

莫切晚期壁画中武士与武器普遍存在的矛盾之处在于，迄今为止，没有物证——如防御工事或存在大规模暴力的生物考古学证据——来证明莫切人曾在这些地区展开过军事征服。自拉斐尔·拉尔科·奥伊莱撰写于20世纪30年代的著作以来，殖民者模型一直是基于莫切风格的陶器和其他物质文化的出现（有时是突然出现），以及将军事化意象视为军事历史记录的解读。仅凭文化转变和好战的意象不足以证明军事征服和强制性殖民的存在。在没有证据证明曾发生大面积冲突的情况下，这些绘画似乎是莫切文化被广泛接纳的一部分，也是统治精英对统一、自信、富有攻击性的政治力量的一种自我投射。莫切人对武士文化的赞颂，可能是基于对更早期的萨利纳尔或最终形成时期的暴力和社会冲突的记忆（参见《导论》）。[60]莫切晚期壁画在此所展现出的对军事视觉文化的强化和巩固，可能是对高地敌人通过与瓦里帝国的联盟而日益增长的经济和政治影响的反应。也就是说，莫切晚期的海量绘画似乎既是应对莫切领导权受到的这种日益增长的威胁的宣传与自我形塑，也是对政治现实的一种描述。[61]

在帕尼亚马卡建立叙事

帕尼亚马卡的壁画似乎为莫切晚期的陶器图像学提供了一种显而易见的典范。到了7世纪，建筑师们对该遗址的纪念碑性核心进行了重新配置，将新建筑移植到了早先的最终形成期和加伊纳索的结构基础上。[62]这些工作究竟是由来自北方的莫切移民指导的，[63]还是由积极采纳新的图像志、风格和社会身份的当地社群所开发的，[64]仍然是正在被研究的问题。清楚的是，在7—8世纪，帕尼亚马卡的壁画师们在土墙上排布了描绘军事演习、宗教仪式、莫切英雄与其敌人战斗的史诗性叙事的意象，具有显著的莫切风格。帕尼亚马卡位于莫切世界的最南端，与莫切瓦卡建筑群相隔三个沿海山谷和超过一百六十多公里的距离；在这里，一些对莫切传统中最引人注目的叙事的纪念性绘画的描绘强度令人惊讶。

在这个区域间动态加剧的晚期，在莫切世界的南部边缘，图像的正统性似乎得以成形。[65] 乍一看，设想莫切移民向南推进，扩展至异国领土的边境这一情况似乎是合乎逻辑的。帕尼亚马卡是山谷中最大的莫切定居地，也是唯一有壁画艺术为证的。[66] 但该地区的考古学并未显示出明显的边界。莫切世界的南部边界线是分散的。带有莫切物质文化的小型遗址和墓葬一直延续到卡斯马、库莱夫拉斯（Culebras）和瓦尔梅的山谷中。[67] 相反，在帕尼亚马卡的历史上，其文化边界（称其为一个活跃的接触区更为贴切）位于内佩尼亚谷自身内部。莫切和雷瓜伊定居地在山谷靠近托梅克（Tomeque）变窄的地方被分为了两块领土。[68] 一个缓冲区将雷瓜伊中部山谷与莫切低部山谷分隔开来。帕尼亚马卡就位于这个区域的下方，也就是在连接内佩尼亚与南北部山谷的山口交叉处下方。在内佩尼亚，莫切和雷瓜伊族群生活在相对较为接近的地方。他们之间的关系有时是相互协作，有时则是敌对的。[69] 不过，内佩尼亚的文化间关系似乎比同一时期莫切瓦卡建筑群的要更为亲密和富有成效。在帕尼亚马卡附近发现了模仿雷瓜伊形式的莫切陶器。[70] 在雷瓜伊领土内的山谷上部，也发现了其他的莫切器皿。[71] 在此前提下，我们可能会期望也能在帕尼亚马卡的壁画中找到雷瓜伊风格的某些方面，但出现在那些墙上的壁画在形式和风格上都是绝对的莫切风格。

然而，帕尼亚马卡的壁画并不是对在莫切的"中心地带"创作的图像的复制。它们证明了其制作者在使用和改编莫切晚期意象的惯例与正统方面的流利程度。画家们创造的图像在风格和构图上可以被识别为属于莫切，但也展现出了有意义的细化拓展。学者们太急于根据20世纪末陶器研究中确立的图像学分类来对该遗址的绘画进行分类，忽视了墙壁上实际绘着的内容。学术正统观念有时让我们忽略了这些绘画的特殊性，忽略了它们在时空上的位置，以及通过它们的表面纹理可以感知到的聚积其上的生命体验——我将在第四章中加以探讨。

斩首者与神圣双子

20 世纪和 21 世纪，在帕尼亚马卡出土的壁画残片大多集中在一个平台（2 号平台）的内部，该平台建在主瓦卡的西北部（见图 3.19）。[72]西班牙殖民时代的破坏至少暴露了四个阶段的建筑结构遗迹，建成时间从公元 550 年到接近公元 800 年（见图 3.25 和 3.26）。[73]在那里发现的绘画既有面向平台内部的，也有面向外部的。这些画的比例有些比真人大，有些比真人小，但采用的都是同样的白色背景、红色画框和莫切晚期人物壁画的风格。迄今为止，还没有证据表明存在对该建筑及其壁画项目逐阶段的复制，就像在月亮瓦卡的旧神殿中发生的那样。

目前，这个平台内已知最早的壁画中包括一个比真人还大的人物（图 3.27），绘在一个坚固的土坯建筑或 RATE（*relleno de adobes tramados con paramento enlucido*，土坯堆叠而成的建筑结构，表面抹泥灰）的外表面。他可能是斩首者，是古老山神的化身，在旧神殿和考维耶霍瓦卡较早期的壁画艺术和当地的莫切纺织品中可以看到（见图 3.28）。迄今为止，在莫切晚期的壁画中，已知的这个神祇的图像很少。这个人物是以莫切晚期风格绘制的，但他的正面姿态、从他的身体上延伸出的呈对角线分布的类蜘蛛元素，以及一只手里握着的大图米弯刀，都证明了他与这个神祇的较早期图像的联系。考虑到其在 2 号平台建筑序列中处于相对较早的位置，这可能是较早期和较晚期壁画艺术传统之间的一个过渡图像。

另外两幅残缺的壁画与斩首者同属早期结构。画中出现了超自

第三章　为叙述选址 | 223

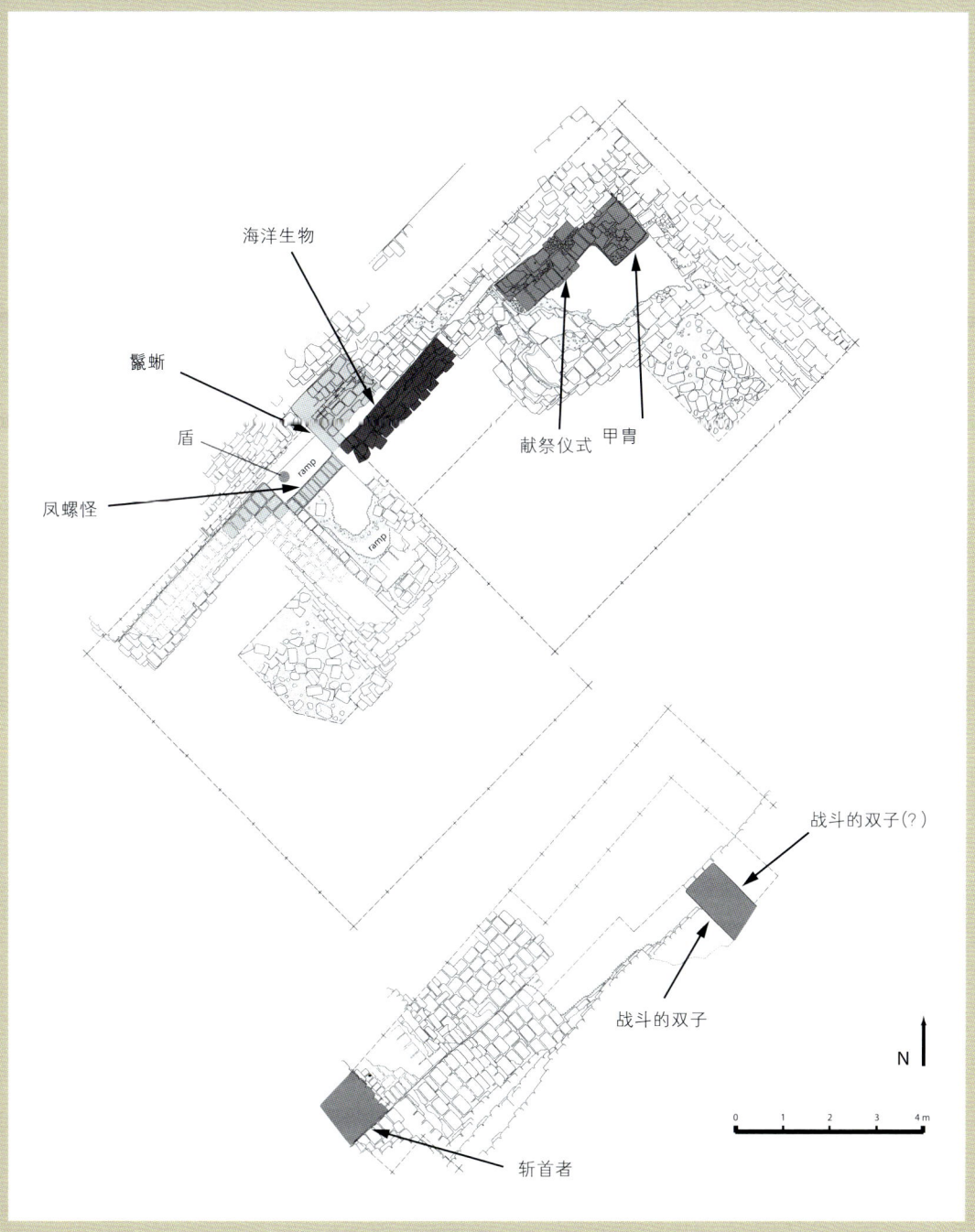

图3.25

2010年在帕尼亚马卡进行的对2号平台的挖掘中残存壁画的位置图。
（插图：豪尔赫·甘博亚、里卡多·托里维奥和莉萨·特雷弗）

标注（从上到下、从左到右）：
- 海洋生物
- 鬣蜥
- 盾
- 凤螺怪
- 献祭仪式
- 甲胄
- 战斗的双子（？）
- 战斗的双子
- 斩首者

[图示标注：献祭仪式、甲胄、鬣蜥、海洋生物、画有斩首者的RATE的高度、画有战斗的双子的墙的高度、0 1m]

然人物形象，类似于徒手搏斗的莫切英雄。在1934年首次被发现时，可以看到墙的南面（壁画A）有一对战士的图像，除了手腕袖口的颜色等小细节外，外表一模一样。[74] 随着暴露在外的时间越来越长，左边的人物已经完全消失不见了（见图3.29和图3.30）。同一面墙的另一面，晚于第一面墙七十多年才被打开（然后和帕尼亚马卡所有暴露在外的绘画一起被重新封存了起来），[75] 墙上绘着同样的主题，尽管只有一名战斗人员显露了出来（见图3.31和3.32）。在绘于墙壁两侧的神圣战斗的场景中，人物的嘴里长着獠牙，脸颊凹陷，身着类似的短袍、腰带和缠腰布，举起图米弯刀，正准备攻击对手。他们举起另一只手去抓对手的头发，每个人的黑发都变成了一条可怕的蛇。这两幅

图3.26

显示壁画从施工较早期(深灰色)到较后期(浅灰色)的相对位置的截面图。(插图：豪尔赫·甘博亚、里卡多·托里维奥和莉萨·特雷弗)

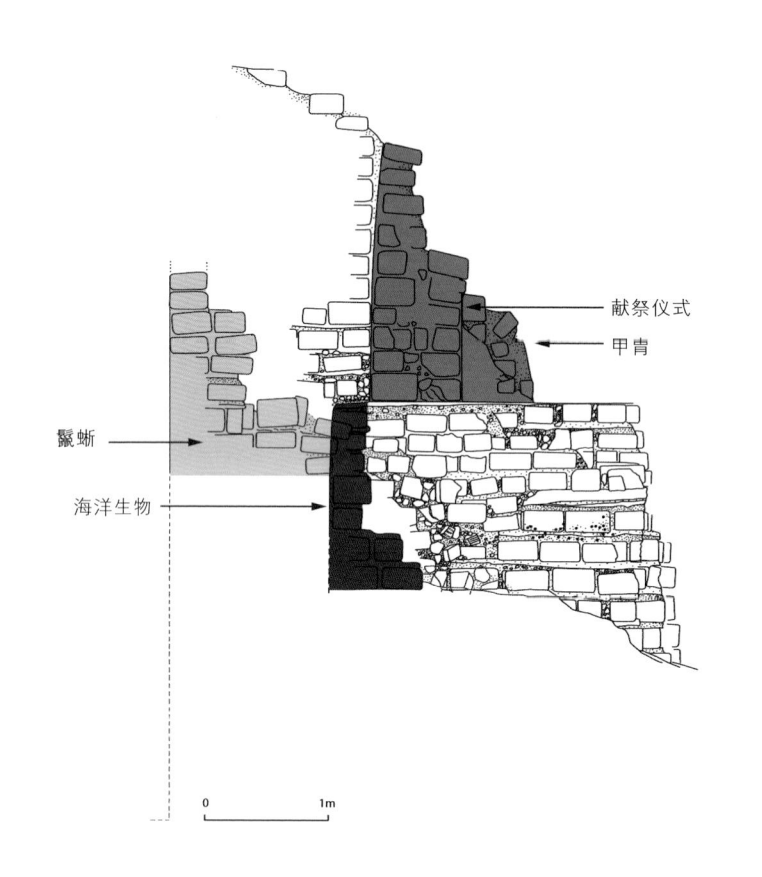

图 3.27

1967年，在帕尼亚马卡的一面墙上看到的斩首者形象。（图片由作者根据唐纳德·普罗克斯 [Donald Proulx] 拍摄的一张照片制作）

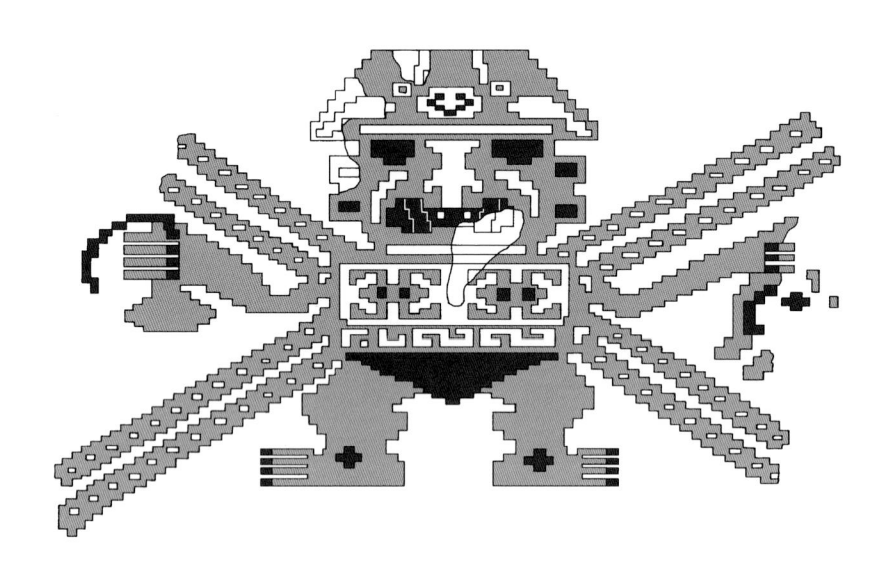

图 3.28
———
莫切织物上的斩首者形象,布兰科山,内佩尼亚谷。民族学博物馆,慕尼黑,1946 年。(插图由海科·普吕默尔斯提供,基于埃尔莎·乌贝洛德-德林[Elsa Ubbelohde-Doering]的图画制作)

壁画在图像学上的相似引起了人们对艺术风格的差异和墙两侧所用的色彩组合的关注,这些似乎表明,每幅壁画都是由不同的画家或画家团队所创作的。

  这些描绘神圣战斗的纪念碑性画作与旧神殿外墙上和月亮瓦卡的乌勒平台的中庭内描绘莫切英雄与海怪战斗的早期浮雕有几分相似。它们也与一个陶器上的图像相仿,几名图像学家用后者来论证两名莫切英雄(而非一名)的存在:陆地与海洋的神圣双子(马科夫斯基的"陆地双子"和"海洋双子")。[76] 神圣战斗这一主题,即唐南和麦克莱兰所说的"超自然对抗",[77] 是莫切艺术中经常出现的一个主题。[78] 但在其他图像中,从未出现过对手双方互为镜像的情况:姿势、服饰和武器都一模一样。[79] 也许帕尼亚马卡的图像是对莫切英雄与海怪战斗这一主题的误译:敌人被混为一谈,因此双方都有着前者的服装与后者梳成分头的长发。然而,在其他莫切晚期表现莫切

第三章　为叙述选址 | 227

图 3.29

1950年，在帕尼亚马卡看到的双子徒手搏斗的壁画。照片由罗斯·克里斯滕松拍摄。(罗斯·克里斯滕松作品集，MSS 1716，第64号盒子，文件夹2，幻灯片K-10-16) 图片由汤姆·佩里特别收藏提供。(哈罗德·B.李图书馆，杨百翰大学，普罗沃，犹他州)

图 3.30

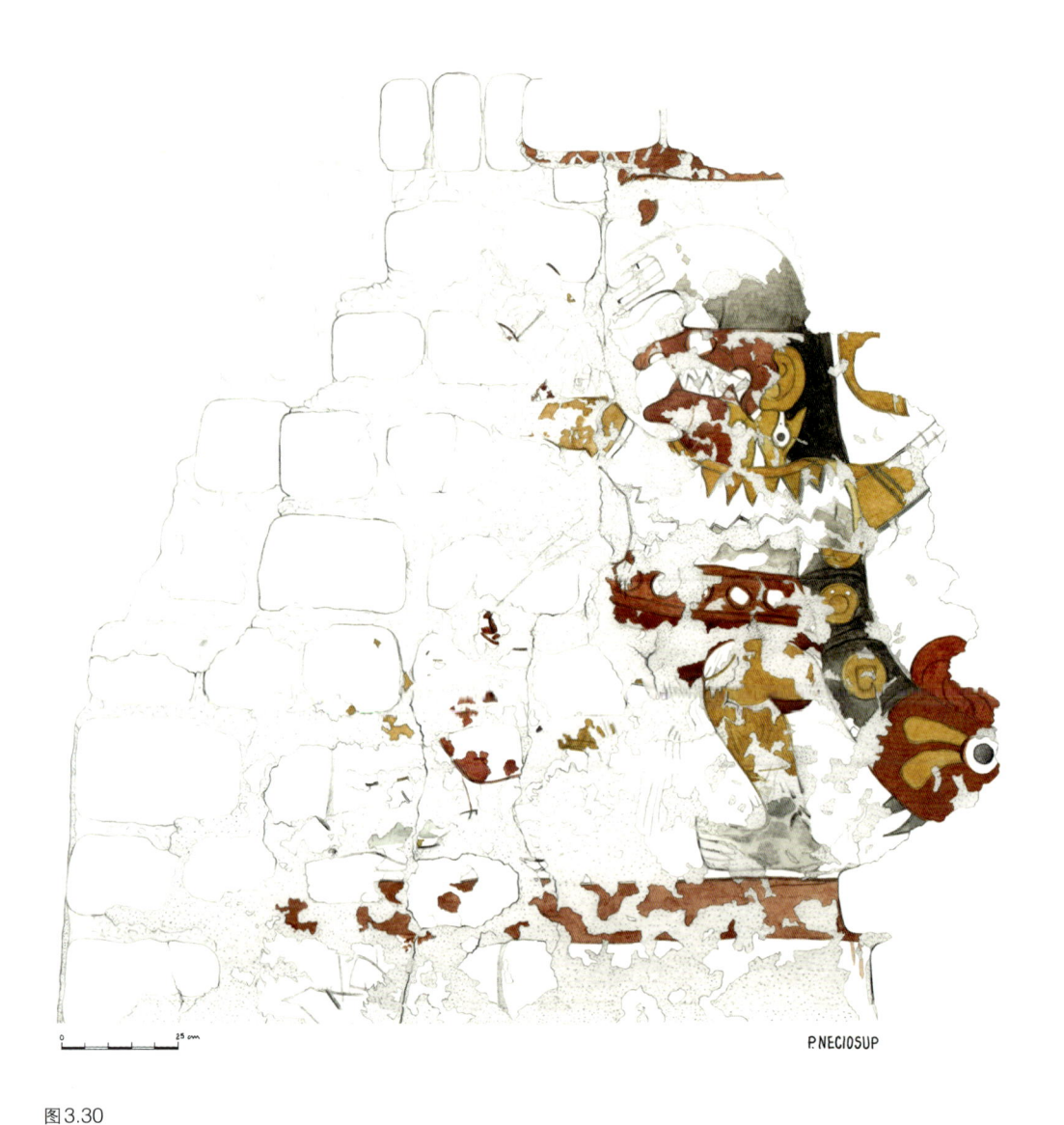

2010年，战斗中的双子壁画的遗迹(壁画A)。(佩德罗·内吉奥萨普创作的水彩与铅笔画)

图3.31

2010年,在同一面墙(见图3.25)的北面发现的壁画。(照片由作者拍摄)

图3.32

描绘战斗的壁画，可能也是发生在双子之间(壁画A北面)。(佩德罗·内吉奥萨普创作的水彩与铅笔画)

图 3.33

莫切-瓦里纺织袋，棉与骆驼纤维，开口处宽18厘米。瓦尔梅堡，Lfd. Nr. 18。(照片由海科·普吕默尔斯提供)

英雄与凤螺怪或螃蟹怪等其他敌人战斗的作品中，艺术家所描绘的主人公具有了其敌人的关键属性。神圣的主人公与可怖的敌人的融合符合莫切英雄的转化能力，也符合英雄与其二重身进行徒手搏斗的新型图像的展开叙述。这些壁画揭示了帕尼亚马卡的艺术家对这一神圣主题的理解是十分深刻的。在晚期莫切世界的极南端，以及在此后向瓦尔梅堡等地的跨媒介传播中（见图3.33），[80] 双子（甚至比马科夫斯基的"神圣双子"更为相似）在搏斗中互相扯头发的形象成为典范，而这在北方从未发生过。[81]

改编祭祀仪式的叙事

帕尼亚马卡最具代表性的壁画在现代学术界有着至高无上的地位，它是在2号平台内的一块L形的彩绘墙壁碎片上被发现的（见图

3.34 和图3.35）。当它在1958年被记录下来时，是该平台中期建设中的最高层所留下的全部遗迹。[82]这个上层房间内部（与新神殿内的"物品的反叛"的位置平行）绘着现被称为"祭祀仪式"的人物场景，以前曾被称为"献礼主题"。[83]它的外部表面仍被后来的建筑封着。在壁画中，一个长着獠牙、有着动态辫子和腰带的拟人神祇举起一只被盖住的高脚杯，估计是献给左边的一个已经被毁的人物。她的图像高约73厘米，是真人的一半大小。她身穿一条系着腰带、覆满黄色羽毛的长裙，戴着锤金耳圈、双股项链，在长头盖上还戴着一顶带有两个大羽饰的金冠。[84]与其他的女性人物一样，她的双脚没有被染成黑色。在她身后，兽形的随从——一个犬武士和一只拟人蝙蝠——参与了仪式。一个拿着可能是火盆的东西，另一个拿着高脚杯。一个奇怪的豆荚状生物出现在了犬武士的前面。它可能是一条盘起来的蛇，或是水滴状的乌鲁初果的动态形式，这种果实（非动态）出现在莫切的血祭场景中。[85]在角落里，一个人类俘虏看管着三个被捆绑的囚犯，他们的衣服已经被剥光了。在他下方，一个浅盆里放着三只高脚杯；一条长着狐狸头的蛇盘在弯曲处。在旁边的壁柱上，有一个大型甲胄堆，其中包括一根莫切战棍、一面圆盾和一根长布条（或许是一条缠腰布或是一把弹弓）。

甲胄堆上画着一条红色的带子，但描绘仪式的壁画是被一系列阶梯状回纹饰所框住的，这些回纹饰在顶部变成了海鸟的头，在底部则变成了滚动的波浪。[86]这些是在莫切晚期的背景下保留了早期北部沿海设计外观的罕见的装饰性边框的例子。除此之外，帕尼亚马卡的绘画没有遵循织布机的网状逻辑。它们的图像是在白墙上徒手以切痕勾勒出来的，而不是像7世纪前创作的壁画那样，在刻好的网格上展开。但是，这些画在白色背景和红框内的多色人物，可能间接参考了莫切晚期的挂毯。例如，在帕卡特纳穆发现的一个非凡的例子，上面有着莫切英雄攻击后来被称为凤螺怪的幻想生物的图像（见图0.22）。[87]或者，也许更为可能的是，在后来的数个世纪中，壁画和人

图 3.34

1958年,在帕尼亚马卡出土的"祭祀仪式"壁画残片和甲胄堆(壁画E)的平面复制品。(由若泽·贝拉斯克斯[José Velásquez]绘制,参照费利克斯·凯乔[Félix Caycho]。文化部,秘鲁国家考古学、人类学与历史博物馆,利马)

图 3.35

1958年,在帕尼亚马卡出土的壁画的插图,费利克斯·凯乔绘。(图片由布鲁纳·博纳维亚－菲舍尔[Bruna Bonavia-Fisher]和奥雷利奥·博纳维亚[Aurelio Bonavia]提供)

物挂毯的制作出现了新的审美融合。

即使已成为残片，帕尼亚马卡的"祭祀仪式"壁画也展现出与彩绘陶制器皿上的图像学主题的重要区别。那些细线描画的陶器与壁画大致是同时代的，但是是在北方的奇卡马谷中或是在附近制作的。在一些陶器上的图像中，对被捆住的囚犯所行的暴力是核心且露骨的。例如，在利马的拉尔科博物馆的镫形口瓶的下层（见图 3.36a—b），一位猫科动物武士和一根女人形状的动态棒子分别抓住一名俘虏的脖子，另一只手中握着刀。[88] 在祭祀者和受害者之间画着的短竖线是描绘流血场面的惯例。在壁画残片中，对暴力的表现没有那么露骨。没有对血的描绘。囚犯们被绑住的男性身体和他们的人类抓捕者被塞到了画面的角落里（见图 3.35）。这些赤裸的囚犯被会动的绳索绑住了脖子，但与陶器上的同类场景不同，他们的双手是自由的。他们的抓捕者走近时拿着的是绳子，而不是刀。

在帕尼亚马卡的壁画中，在如何表现囚犯身为牺牲角色的本质方面，制作者做出了独特的选择，这也许是他们对露骨地描绘血祭场景相对更为不适的证明。因此，这些卑微主体的命运是通过视觉隐喻来传达的。艺术家们在每个囚犯的肩膀上都绘制了不同寻常的三角形。[89] 这些形状在其他关于"祭祀仪式"的描绘中是不存在的。[90] 这些形状是陶罐的颈，从囚犯的身体上延伸出来，将每个人类在形式上与容器混合为一体。在绘在陶器上的意象中，用绳子捆在一起的罐子出现在丧葬和献祭场景中，就像活生生的囚犯被描绘成被绑住脖子一样。[91] 但在莫切艺术中，找不到其他以这种方式明确将这种对应关系可视化表达的例子。被征服的身体就像罐子一样，是装有生命体液的容器，在献祭过程中被释放出来。将囚犯作为罐子，和将武士作为武器一样，是帕尼亚马卡、莫切瓦卡建筑群和其他莫切晚期中心的艺术家们所熟悉的一种修辞表达。在壁画中，这三个身体-容器与其下方的浅盆中的三只高脚杯相呼应。将身体作为容器、将容器作为身体的隐喻，在过去和现今都出现在各种各样的环境中，但它们的效价是不

图 3.36a—b

绘有祭祀仪式的莫切瓶，公元 500—800 年，陶器，28.7×15.4×15.4 厘米。据报道，来自秘鲁奇卡马谷的 Facalá。a：秘鲁利马拉尔科博物馆，ML010847；b：唐纳·麦克莱兰绘（第 0448 号）。（莫切档案，邓巴顿·奥克斯研究图书与收藏馆）

同的。[92] 在莫切艺术中，最常出现的是作为政治俘虏和牺牲品的男性身体被视作容器。就像描绘神圣战斗的壁画一样，这幅关于"祭祀仪式"的画作并不是对莫切叙事的刻板模仿。它对在其他地方建立的绘画模式的背离也并不是对该主题的不明所以的错误解读。这些图像是对核心叙事全然流畅的改编，展现了其制作者对隐喻和本体论的可能性的透彻理解，而这为他们的绘画主题奠定了基础。

莫切英雄的事迹

帕尼亚马卡的"祭祀仪式"壁画残片的重要性被其在现代图像学研究史上的地位所放大。毫无疑问，它是公元 700 年左右在一间上层神殿中庭的内墙上制作的一个重要壁画项目的一部分。但是，当我们以更宏观的角度来看待该中心的绘画传统时，就会发现其他的意象——特别是与莫切英雄的事迹和战斗有关的意象——更为高频地被描绘在神殿的墙上。至少从公元 3 世纪起，描绘这位英雄的事迹与战斗的场景就出现在了各种媒介上。在早期的场景中，他可能被理解为出现在旧神殿和考维耶霍瓦卡的纪念碑性外墙和中庭墙上的静态山神的具身。在后来的艺术中，这位更加活跃的英雄和他英勇的行动周期变得更为突出，"丧葬主题"和"祭祀仪式"等其他叙事也是如此。他的外表变得越来越标准化，描绘他的叙事也变得更加复杂：他的敌人越来越多，他的事迹的背景也从山中扩展到沿海平原，再到海底深处，甚至还到了亡灵世界。

在帕尼亚马卡，斩首者和莫切英雄与他的对应者搏斗的画作参与了这一绘画传统。在风格和意象方面，这些壁画在莫切早期与晚期的实践之间占据着过渡位置。绘在 2 号平台西北面的一个类壁龛内的两个大型人物（见图 3.25）属于莫切英雄的叙事。然而，在迄今为止的记录中，英雄本人还没有在那里出现。这个彩绘壁龛是在平台晚期的一次建筑配置中形成的，它包括了绘有"祭祀仪式"和甲胄堆的结构（见图 3.26）。一条拟人化的鬣蜥和凤螺怪在壁龛的一个内角中向对方靠近（见图 3.37—图 3.39）。[93] 鬣蜥带着一个在尖顶处切开的海螺壳，将其变成了一只号角。尖尖的尾巴和鸟类头饰表明了他是莫切英雄的同伴（见图 2.39）。尽管鬣蜥在更早期的陶器（莫切三期）上出现过，但凤螺怪是后来的创造（莫切四期和五期）。[94] 当这幅画在 1950 年首次被描摹出来时，该生物的后部已经被严重损坏了，因此很难理解一个头骨和其背面连接着绳子的物体可能是什么。凤螺怪经常出现在与莫切英雄的对战中，可能是这个壁画项目中仍未被发掘出来或现已破坏的延伸部分。

在之前的建筑阶段（与"祭祀仪式"壁画为同时期），平台外表面的一幅部分出土的水生生物画可能也属于与英雄事迹有关的场景的一部分，也许是以他的形式出现的海洋双子或超自然渔夫（见图 3.40）。[95] 这幅描绘鱼和一条色彩斑斓的蝠鲼（在红色赭土上涂上蓝灰色）的生动绘画与月亮瓦卡和考维耶霍瓦卡的早期北部沿海风格水生生物壁画（例如，见图 2.51 和图 2.52）有显著区别。在这里看到的更为自然主义的描绘与那些重复出现的、类纺织品设计中的晶状几何图形几乎没有共同之处。这里的海洋生物不受模仿织物构图的意图的

图3.37

1955年,绘着鬣蜥和凤螺怪对峙的角落。(照片由亚伯拉罕·纪廉[Abrahám Guillén]拍摄。文化部,秘鲁国家考古学、人类学与历史博物馆,利马)

图3.38

帕尼亚马卡的一幅壁画(壁画D)中带着贝壳号角的鬣蜥形象,佩德罗·阿扎瓦切绘。(英属哥伦比亚大学档案馆,艾伦·R.索耶全宗,第26号盒子,文件夹3)

图3.39

帕尼亚马卡的一幅壁画(壁画B)中的凤螺怪,有着猫科动物、狐狸和蜗牛的特征,佩德罗·阿扎瓦切绘。(英属哥伦比亚大学档案馆,艾伦·R.索耶全宗,第26号盒子,文件夹3)

图3.40

在帕尼亚马卡的2号平台内绘着的海洋生物壁画。(照片由作者拍摄)

限制。发紫的蝠鲼和游到它身边的红色、蓝色的小鱼——后者的行为像是一条裂唇鱼——是属于海洋的,这些不是象征着灌溉渠中的淡水鲇鱼(life monsefuano)。

在柱式神殿中为内佩尼亚绘制一部莫切正典

在纪念碑区的最边缘,俯瞰着数十万年来被风雕琢的基岩的生物形态,帕尼亚马克的建筑师们建造了一座屋顶由一系列高大的柱子(高2—5米,见图3.41)支撑着的神殿。其形式表明它与月亮瓦卡旧神殿中的早期莫切柱式大厅[96]以及当地在内佩尼亚谷的形成时期的中心建造的柱廊有着相似之处。[97]这些柱子的覆盖区(约80—90厘米宽)不符合我们根据那里所使用的风干砖坯的标准尺寸所估计的规模。它们的非标准尺寸表明,这些柱子可能是围绕木桩建造的。[98]在赫克特佩克谷中的莫切晚期遗址有色瓦卡(Huaca Colorada),建造者在木桩周围造了柱子,并使其成为"精心策划的建筑部件"。[99]尽管这座神殿在其他柱式建筑中亦有先例,但在此地发现的人物绘画的历史与空间密度是极不寻常的。[100]进入内部的途径受到狭窄的坡道、通道和只允许单行的走廊的严格操控。神殿的墙壁和柱子布满了彩绘场景和小片段,仅供私人形式的观赏。彩绘人物预示了在这个高度受限、充满图像的空间里上升、进入、穿过和其他行为举止的理想形式。

这座柱式神殿最早是在7世纪中期(公元631—665年)进行装饰的,[101]尽管在最初建成时,其表面被涂成白色,上面没有多色的图像。现在我们看到的柱式神殿必然是不完整的。[102]在建筑内部进行的针对性发掘提供了该神殿建筑的重要样本,其中包括两个完整的柱面和其他几个区域的壁画。[103]这份样本展示了该神殿带有的长廊的布局的复杂性,[104]以及在约一百五十年的时间里(直至公元800年)对其

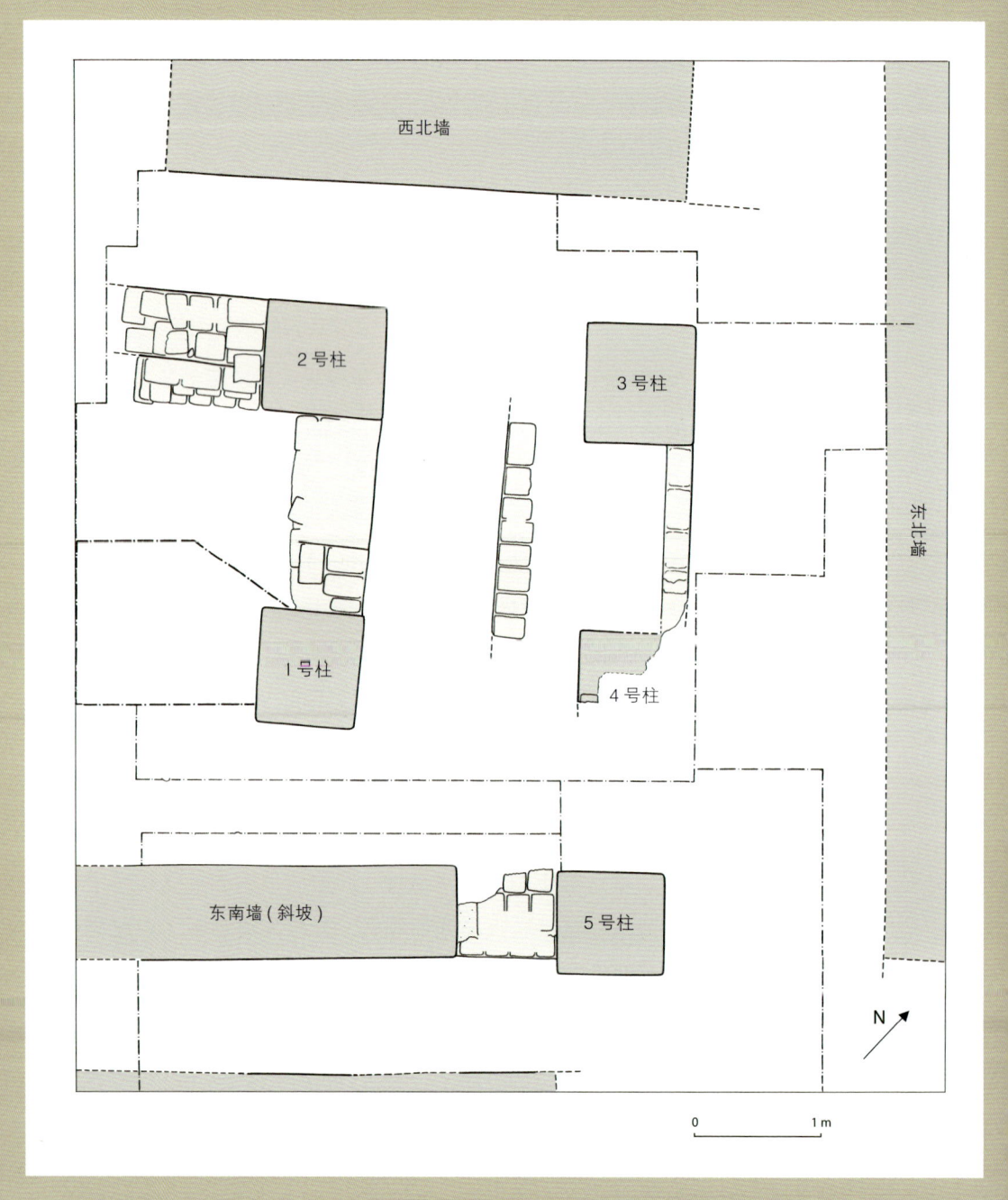

图 3.41

2010年记录的帕尼亚马卡的柱式结构平面图。
(插图由豪尔赫·甘博亚和莉萨·特雷弗绘制)

进行翻修和重绘的强度。[105] 每次翻修时，地板都被抬高，建造了新的平台，但使用的是同样的柱子（有时进行了垂直扩建），为其重新涂抹灰泥并重新绘制。有些表面被绘制的次数高达八次之多。每一次重新绘制，都会产生一个新的图绘程序。[106]

莫切晚期的壁画惯例——不同的人物，大都是侧像，被绘在毫无装饰的白色背景上、用红色带子隔开——在这个柱式神殿的第一个图绘程序中就已确立完整。墙壁和柱子都被划分为水平的区域，这些区域中的图像具有明显的莫切形式和风格，但在内容上却不总是如此。在一根柱子上，最早的程序包括至少三个堆叠在一起的小装饰图案（见图3.42）。其他的则被后来铺设的黏土灰浆盖住了顶部。可见的最高层区域中包含两具彩绘身体（见图3.43）。右侧，一名戴着金色图米垂盖的武士单膝下跪。在他的左侧，一个身形较小的女性形象拿着一根绳子，估计是把这名武士当作她的俘虏绑了起来。四个红色的长物体穿过了她的躯干和肩膀。这些东西可能代表着她的头发，也有可能是羽毛，将她与一些莫切陶器上画着的秃鹫或鸱鸮女联系了起来。在与莫切英雄的战斗有关的场景中，这些鸟女支撑着他的身体（见图3.51），[107] 尽管柱子上的被俘武士没有显示出任何神祇的属性。在其他场景中，鸟女照料着死者。在柱子上的女人和她的武士的下方，出现了另一个梳着辫子的女人，她举起了一只高脚杯及其盖子（见图3.44），与"祭祀仪式"中的姿势相呼应。她衣着华丽，脸上涂着颜料，脖子上挂着一串珠子，但她没有獠牙，她的辫子没有变成会动的蛇，[108] 她也没有戴着那个神祇的标志性的羽状头饰。在她身后有一只大红罐子，罐口绑着一根带子，还有一堆带底座的浅器皿，其中一个已经几乎彻底被毁坏了。被绑着的罐子可以被看作是隐喻性的对人类俘虏身体的完全替代。在最底下的区域（见图3.45），一个有着人类、猫科动物和蛇的特征的男性形象将一只类似的被绑住的罐子扛在肩上。他手中红色条带的两端模仿了他分叉的黄色舌头的形状。这根柱子上的三个场景共同构成了一个叙事序列，即武士被俘、献祭展示和

图 3.42

柱式结构(1号柱子,西南面)内最早的壁画项目中的画作。(豪尔赫·甘博亚和佩德罗·内吉奥萨普创作的水彩与铅笔画)

图 3.43

柱子上的早期绘画，描绘的是一个女人拿着一根绑住了一个屈膝的武士的绳子。该图像部分被后来的壁画层所覆盖。（照片由作者拍摄）

图 3.44

描绘一个女人举起一只高脚杯及其盖子的绘画。（照片由作者拍摄）

图 3.45

在柱子的最底区域画着的具有猫科动物、狐狸和蛇特征的幻想人物。这个人物拿着一个罐子，与上面区域的女人身后的罐子相似。（照片由作者拍摄）

身体-容器的运送过程。

在神殿中的其他地方，另一根柱子在这个最早期的项目中被分成了四部分（见图 3.46）。在柱子的顶部，一对长着钩状喙和带蹼的脚的红色海鸟显示出这是一个沿海的场景（见图 3.47）。在它们下方出现的是莫切英雄战斗周期中的两段（见图 3.48 和图 3.49）。在这两幅画中，他的身份是由他那有沟痕的脸颊、蛇形腰带、阶梯图案的短袍、带有羽毛扇的猫科动物头饰和蛇形耳环来传达的，尽管此处他没有在其他地方可以看到的獠牙。在每一幅战斗画作中，英雄和他的对手都用一只手抓住对方，另一只手举起武器（上方是石头，下方是刀），随时准备出击。在彩绘柱子上，他的对手是一个有着球形身体的人物，曾被做出各种解读：河豚、水母或蜗牛（见图 3.51，另见图 0.25a—b），以及凤螺怪。在这里，凤螺的壳上刻画着一条双头蛇的图像，也许是暗指在查文-德万塔尔发现的那些刻在贝壳号角上的蛇形图案。[109] 在这两场战斗中，都有一只小狗陪伴着英雄。在战斗场景下方，一支由五人组成的列队从右向左移动着（见图 3.50），越过柱子表面，来到将其与下一根柱子连在一起的平台上。这些男人带着各种各样的东西：一个装着三只高脚杯的浅盆，一只被扛在肩上的罐子，一把刀，一只被抓住环状部分的镫形口瓶，还有一把羽毛扇和纺织品。其中的一些人穿着条纹短袍，戴着头巾，就像广场壁画中的随从一样。其他人则穿着更为繁复的服装和头饰，其中包括一个猫科动物头饰，像莫切英雄所佩戴的那样。没有人穿着武士的装备或携带战斗武器。这支列队并没有表现出明显的军国主义色彩，尽管他们所携带的东西（高脚杯、被绑住的罐子、刀）透露出了献祭的思想。

这些柱子上的绘画显示出其制作者对莫切晚期艺术的核心叙事的敏锐认知，以及他们修饰和拓展这些叙事的能力。柱子周围的墙壁上也被画上了多层的人物意象。就目前所见而言，稍晚于柱子修建的东北墙[110]上的意象可分为三个层次（见图 3.52）。其绘画是面对着绘有神话战役的柱子创作的，并与之构成对话，但这面墙所使用的色彩更

图3.46

另一根柱子(柱子3,东北面)上绘着的最早期的壁画。(豪尔赫·甘博亚和佩德罗·内吉奥萨普创作的铅笔与水彩画)

图 3.47

柱子上的早期绘画中的一对海鸟。(照片由作者拍摄)

图 3.48

莫切英雄(右)与拥有圆形身体的敌人(左)的战斗。(照片由作者拍摄)

图 3.49

莫切英雄与凤螺怪之间的战斗。(照片由作者拍摄)

图 3.50

绘在柱子底部并延续到左侧矮墙上的列队。(照片由作者拍摄)

第三章 为叙述选址 | 249

图 3.51

莫切花瓶式撇口高足碗(*florero*)(内部顶视),公元500—800年,陶制,拉尔科博物馆,利马,秘鲁,ML018882

有限。上层的画作几乎无一留存下来，只能看到一条红色的腿和一只黑脚，与红框重叠在一起。原本的彩绘墙肯定比现代的地表水准至少高出 1 米。近期的发掘工作为我们提供了这面墙的约 1 米宽的视野，它的左右两侧仍然被封在神殿改造使用的风干砖坯后。

在壁画的最底层，三个女性人物——一站一坐，另一个的大部分仍被堆积的土坯遮挡着——聚集在一个有着斜屋顶和彩绘平台的莫切神殿附近（见图 3.53）。左侧，被遮蔽的女人两手各拿着一个黄色的细条器具。她将其中一个浸入膝盖处的篮子中，将另一个举到坐在她前面的女人脸上。这种类型的篮子也出现在了以高地为背景的咀嚼古柯的图像中。[111] 她的器具类似于那些场景中男性用来将石灰粉从葫芦或葫芦形瓶子中转移到嘴里，以激活叶子温和的刺激作用的长刮刀。这里描绘的似乎也是类似的活动。不过，刮刀穿过另一个女人的嘴的位置有些模糊不清。对画作表面的仔细检查显示，刮刀先被刻画在女人的嘴边，然后又被遮掉，重新画在了她的脸颊上。除此之外，在莫切艺术中，女性没有被描绘在咀嚼古柯的场景中。[112] 第三个女人站着，高举两只盘子，每个盘子里都堆满了食物。一只浅灰蓝色的猛禽（可能是一只鱼鹰）从神殿的屋顶上向她俯冲过来。这个场景在莫切艺术中是不同寻常的，尽管在私人收藏的一只陶瓶（见图 3.54a—b）上可以找到一些可用以比较的点：神殿、俯冲的鸟、女性和男性的集会。

壁画的中部遭受了更多的结构性损坏（见图 3.55）。壁画上有一个穿着高地风格的条纹短袍的男人形象，与柱子底部列队中的小型人像以及广场壁画中协助精英武士的那些人穿得一样。这个场景的延伸部分仍被封在土坯后面，但在发掘处的边缘，可以看到一簇红黄色的羽毛和其他图案（一只拿着一个黄色物品的手、一条蛇的红色头部）。穿条纹短袍的男人拿着一件十分奇怪的东西。这个不明确的物体由四根红色的绳子或绳索组成，上面串着形状不规则的蓝色物体，我将其解读为粗糙、未经加工的石头。有时，在描绘音乐和舞蹈的陶器绘画中，会出现由串起来的贝壳或种子组成的手持摇铃。[113] 多串美洲桂树

第三章 为叙述选址 | 251

图3.52

东北墙上的绘画，面对着3号柱的战斗绘画。(豪尔赫·甘博亚和佩德罗·内吉奥萨普创作的水彩与铅笔画)

图3.53

描绘一座三角墙结构前的三个女人和一只飞鸟的壁画。(照片由作者拍摄)

图3.54a—b

绘有男人、女人和被建筑与器皿包围的一只鸟的镫形口陶瓶——以神殿的形式。(私人收藏,唐纳·麦克莱兰绘[第0192号],莫切档案,邓巴顿·奥克斯研究图书与收藏馆)

第三章 为叙述选址 | 253

图 3.55

描绘一个身穿条纹短袍的男人手持四串淡蓝色石头的壁画。(照片由作者拍摄)

种子（甘蜜树属）有时会出现在描绘治疗的场景中。[114] 尽管在摇晃它们时，这些石头可能会产生敲击声，但它们没有贝壳或种子的规则外观。从颜色和大小上看，它们与女性项链上的珠子相似，但在这里，艺术家用心表现了每块石头的独特形状，明显不是圆形的。列队中一个穿着类似短袍的人物被画在了现藏于纽约大都会艺术博物馆的莫切陶瓶上。他拿着五根松散的绳索，虽然没有石头，但也处于类似的展示姿态中。[115]

这些局部的对比都不能解释壁画中石头串的特殊形式，即使在这里它们被描绘为宗教献祭或表演的一部分，它们亦可以被置于莫切晚期的中地平线时期扩大的区域间贸易实践中来理解。这些可能是珍贵的蓝色宝石（绿松石、硅孔雀石、方钠石），以其原始形式出现在高地群体和沿海社群之间的交换中。在许多精美的莫切镶嵌图案中，每块镶嵌物都被打了孔（见图0.21）。有时，这些小圆孔正好被填满了，这似乎预示着，打孔并不是成品的组成部分，甚至也不符合原本的设计。它们可能表明，这些石头在被切成薄片用于镶嵌装饰前，已被钻孔并串了起来。

此物体是否可能是结绳文字是值得探讨的问题。表面看来，壁画中的物体不是结绳文字，至少不是通过传统的印加或瓦里的例子来定义的。四条串没有像后来的印加结绳文字那样被连接在一起或是绑在一条主绳上。它们也没有被打结，与瓦里形式的缠绕并打结的彩色结绳文字并不相似。[116] 但是，正如萨拜因·海兰的民族学研究所表明的那样，在后来的安第斯结绳文字中，有可能出现更大的形式上的变化。[117] 那些结绳文字可能是由单条绳索组成的，且并不总被打结。有时，像干土豆、豆子或纤维束之类的东西会被连接到它们上面。尽管目前还没有关于莫切结绳文字的实物证据，且这个图像也不符合已知的前西班牙形式的结绳文字，但我们不应急于否定这种想法。在沿海原住民的语言穆奇克中，用来表示数字10（取决于计算的是什么东西）的一个词是 *na.pong*，[118] 它是由介词 *na* 和表示石头的 *pong* 组合面成。[119] 也就是说，在穆奇克语中，以十为单位计算东西也就是 *por piedra*（"根据石头"）计算的。相比之下，在克丘亚高地语言中，石头（*rumi*）一词并未被用于计数。[120] 如果我们要推测莫切的结绳文字是什么样子——或者，更准确地说，在不熟悉这种物品的情况下，一位莫切艺术家会如何描绘瓦里人的结绳文字或其前身——它可能正是带有表示十进制数量标志（即石头）的扭曲的绳索。莫切艺术家不厌其烦地传达着每块石头的具体形式，以及扭曲的绳索的"S"方向和四股绳在重力作用下的精确伸展，以便每个信息点都能被最大限度地辨认出来；他所创造的图像是说明性的，甚至可能是指导性的，传达了在沿海地区的语言中，结绳文字可能的形式与作用。

在帕尼亚马卡的柱式神殿的绘画中，艺术家们以前所未有的精心描绘了来自莫切艺术的经典主题，并全部以7—8世纪的传统壁画风格进行表达。在这个图像项目的创作中，壁画师们摒弃了在布兰科山和帕蒂达瓦卡等所使用的内佩尼亚早期精雕细刻的彩绘浮雕（见图1.27），以及凯兰的几何带状壁画。[121] 当帕尼亚马卡的画家们采用了莫切英雄和斩首者的意象时，也许还有如今不可见的祖先的神祇的显现，这并不是直接来自他们自己与更古老的库比斯尼克或查文意象的邂逅。相反，7世纪在帕尼亚马卡出现的莫切晚期壁画的形式似乎是作为一种成熟的莫切传统从北方到来的，也许是通过纺织品或陶器等便携的媒介形式。[122]

观察这些画作对莫切正典的有意义的详述是一方面，另一方面，我们也应该思考其背后的原因。在7、8世纪的内佩尼亚，当时的情况是如何影响了艺术家和赞助人选择以这些方式来讲述含有这些元素的故事的？为什么要用被捆绑的罐子这个总的隐喻来掩盖献祭的身体暴力？为什么选择将凤螺怪描绘为就好像它的壳是来自查文的雕刻的贝壳号角？为什么要画咀嚼古柯的女性，且不是在山中，而是在沿海的莫切建筑旁？为什么要纳入一个手中拿着类似结绳文字（这是莫切艺术中从未在别处出现的物体）的高地男性的形象？

这些问题的答案可能是内佩尼亚谷中莫切和雷瓜伊社群之间那些更为紧密的社会与经济关系。莫切社群与他们的高地邻居之间的动态关系在不同的山谷中并不是同质化的。在莫切瓦卡建筑群的新神殿中，画家们描绘了高地武士（也许是来自卡哈马卡的男人）被拟人化的武器和代表莫切精英的盛装所击倒的情景，而帕尼亚马卡的画作则有着不同的基调。就目前所见而言，该中心的壁画并未传达出同样的对高地人的敌意。在其他地方，如圣何塞-莫罗、普卡拉的圣罗莎和瓦尔梅堡，沿海与高地之间的关系可能更加和谐。在帕尼亚马卡，画家们在沿着柱子前进的列队中纳入了身穿高地短袍的男人，并在广场壁画中为武士的戏剧性表演扮演随从的角色。在这些刻画中，即使没有公然的敌对行为，权力的不平衡也仍然存在。也许，在距查文-德万塔尔更近的帕尼亚马卡，人们曾见过在那里被演奏过的那一类贝壳号角。毫无疑问，他们与韦拉斯过廊（即圣塔河上游）沿岸社群的人进行了经济交流，以采购包括卜好的蓝石头在内的外地材料。[123] 也许，一些雷瓜伊的女人嫁到了莫切社群，并把咀嚼古柯等高地习俗带到了那里。[124] 需要明确的是，我们不能把这些壁画作为对社会现实的记录来理解，但它们确实呈现了那里的艺术家们在为内佩尼亚绘制莫切正典时心中的想法，以及他们所关注的事务。

媒介的简缩

在 7 世纪，莫切壁画艺术的实践发生了巨大变化。3 世纪时在北方建立的媒介基础被彻底地重新配置了。大约公元 650 年后，壁画家们不再创造重复出现的祖先的神祇的身体了。显然，黏土浮雕的使用不复存在了。对墙面上充斥着几何化的鲇鱼、蝠鲼和交错的波浪的北部沿海设计的审美投入也不复存在了。在莫切晚期的壁画中，对纺织品的视觉参考，即使有，也是不易察觉的。苍白的地面和多色人物可能是为了唤起莫切晚期挂毯的色彩学，尽管这种相似性可能是这个时代各种媒介的审美趋同性问题。

在早期实践发生的场所，出现了新的重点。在风格上，几个世纪以来，整个莫切地区的壁画有了更高的同质性。将壁画背景涂成白色并配以简单的红框成为普遍的选择，这更为快捷和经济。然而，不同遗址中绘画技术的细微差别（在墙壁在被涂白之前还是之后进行雕刻，以及这些切痕内是否被画上了黑线）表明，这些画作不是由巡回的画家团队在各遗址间来回完成的，而是由居住在那里的当地艺术家团队创作的。[125] 来自早期莫切壁画艺术的武士和囚犯的列队延续了下去，并在公元600年后变得更为普遍。莫切艺术家和他们的赞助人摒弃了以前在视觉策略上与过去和其沿海邻居的联系，更为频繁地使用他们自己的精英视觉文化中的军事意象。

矛盾的是，随着7世纪对莫切文化的接纳范围逐渐扩大，特别是在南部山谷中，壁画艺术的形式规范被缩减了。同时，叙事图像制作的新的可能性也随之打开。这种变化与米歇尔·孔斯观察到的7世纪莫切世界其他地方从表演到纪念的转变是一致的。[126] 原本用于重复出现的身体陈述的媒介变成了图像叙事的媒介。出现了从模拟存在（泥塑的身体，对精细纺织品的模仿）到叙事性图像的明显转变，我指的是图像的呈现——作为叙事和跨文化阐释的形式——跨越了作为二维表现的虚拟平面的墙壁。然而，形式本身并不足以决定这些图像被感知到的生命力。正如我将在第四章中探讨的，图像感知和视觉意义创造的考古学需要借助其他形式的证据。

通过强调莫切晚期壁画艺术中的这些转变，我所提倡的既非艺术史的目的论，也不是导向图像化写作形式的进化序列。正如艾琳·温特在古代近东艺术领域中所写的那样，图像叙事是众多选择中的一个。它"被选择作为一种表现模式，是因为它［符合］特定的个人、时期或文化的要求"[127]。莫切创作者使用叙事，是因为这符合他们在中地平线时期的需求。在这个时代后，在乌库佩（Úcupe）等地的兰巴耶克壁画中，人类权威人物的标志性的重复的力量将重新出现。[128] 纺织品设计美学也会在后来的奇穆带状壁画中以非凡的活力回归。[129] 然而，祖先的掠夺性神祇那具有攻击性的身体不会再出现在这种媒介中。

对于莫切艺术家和赞助人来说，图像叙事是一种有效的方式，可以跨越文化群体，并向那些不了解早期图像所提及的故事的观众讲述他们的故事。[130] 但是，从帕尼亚马卡和月亮瓦卡的新神殿内的生动的壁画中可以看出，绘画叙事的使用并不仅仅是为了让外来者受益。与旧神殿和考维耶霍瓦卡最深处的房间被涂成白色的空间不同，这些莫切晚期瓦卡的私密空间内充满了图像。这可以被看作是7、8世纪对瓦卡的私人内部空间更为广泛的强调的一部分。[131] 在这一晚期时代，绘画故事不仅向外传播至更广泛、更多种族的社群，也向内收缩，作为对莫切当权者内部圈子的私人肯定。

注 释

1 通常公布的新神殿的年代范围（约为公元600—850年）是基于两个未公布的放射性测量日期：(1) 来自纪念碑性建筑下家庭居住区中壁炉炉床的一份碳化样本，以及 (2) 来自纪念碑性建筑第一阶段（1区10间）的一份藤条样本。Tufinio et al., "Excavaciones en la Plataforma III" (2009), 121. Beta分析公司在2008年报告的这些年代分别为 1610 ± 50 BP (Beta-250414) 和 1340 ± 50 BP (Beta-250415)。在该项目的出版物中，这两个年代有时分别被表述为公元340年和公元610或620年，但完整的数据尚未被公布。Beta公司用IntCal04曲线对这些年代进行了校准，但这种方法并不适用于此区域。莫伊塞斯·图菲尼奥，私人通信，2020年。我使用OxCal 4.4和SHCal13对这两个年代进行了重新校准，之后得出的年代为 (1) 公元425—541年 (68.3%, 1-sigma)，公元382—599年 (95.4%, 2-sigma)，早期家庭居住为公元492年中期，以及 (2) 公元667—770年 (68.3%, 1-sigma)，公元650—860年 (95.4%, 2-sigma)，新神殿的1区为公元733年中期。这次重新校准显示，新神殿的建造时间比通常所说的晚了一个世纪，可能是在公元8世纪初（约为公元700—750年）。在没有更多的碳年代的情况下，我们可以假设第二阶段（2区）的建造可能发生在一个世纪后（约公元800年），而新神殿的使用则一直持续到了9世纪。

2 有关这些壁画的第一部出版文献来自爱德华·泽勒和塞西莉·泽勒-萨克斯（Caecilie Seler-Sachs）在1910年对莫切瓦卡建筑群的造访。Seler, "Archäologische Reise in Süd-und Mittel-Amerika"; Seler, "Viaje arqueológico en Perú y Bolivia." 关于泽勒未完成的莫切研究，见 Kutscher, *Nordperuanische Keramik*, 10, 45; Seler, *Peruanische Alterthümer*. 在1925年厄尔尼诺南方涛动所带来的降雨过后，彩绘房间的更多部分得以展现。Holstein, "Chan-Chan," 58, figs. 31–32; Kroeber, *Archaeological Explorations in Peru: Part II*, 71–73, pl. 15, 16. 另见 Bonavia, *Mural Painting in Ancient*

Peru, 73–84。

3 Quilter, "The Moche Revolt of the Objects."

4 在其他地方的陶制器皿上的细线画中，"物品的反叛"中也包括了纺纱和织布的工具。于尔根·戈尔特（Jürgen Golte）将这些物体的组合称为"在神殿中积聚的物品"。Golte, *Moche*, fig. 14.31. 编织者的壁画可能遵循了其他壁画的逻辑，因为它既展现了一些武士服装的制作，也展现了（或许是）女性为此目的指挥工具运动的能力。将编织（莫切艺术中唯一予以描绘的艺术实践之一，Trever, "The Artistry of Moche Mural Painting," 255–257）视为一种神殿或宫殿艺术来考虑是很有趣的。迄今为止，有证据表明莫切瓦卡建筑群的城区中是有一个编织作坊的，但在旧神殿和新神殿中则没有。Tufinio, Rojas, and Vega, "Excavaciones en la Plataforma III," 172.

5 遗憾的是，现存的矛头形状并不完整。Tufinio, Rojas, and Vega, "Excavaciones en la Plataforma III," 131–132.

6 这些场景属于唐南所说的"武士叙事"。Donnan, "Moche State Religion." 另见 Quilter, "The Narrative Approach"。

7 奥斯瓦尔多·钦奇利亚（Oswaldo Chinchilla）采用了奥斯汀（Alfredo López Austín）的"节状主题"（nodal subjects）概念，认为《波波尔·乌》的文本与古代玛雅艺术中的神话场景之间存在着持久但并非一对一的关系。Chinchilla, *Art and Myth of the Ancient Maya*, 4.

8 Lyon, "Arqueología y mitología."

9 *Popol Vuh: The Sacred Book of the Maya*, 87.

10 Avila, *The Huarochirí Manuscript*, ch. 4, 53.

11 Krickeberg, "Mexikanisch-peruanische Parallelen."

12 奎尔特指出，这些描绘冲突的图像在莫切晚期社会史中可能有着很重要的地位，但他并没有讨论这里观察到的战斗双方种族差异的具体细节。Quilter, "The Moche Revolt of the Objects," 59.

13 Lyon, "Arqueología y mitología," 107.

14 相似的是，尽管更关注仪式，但布尔热还是发现"这个场景并没有描绘对一种之前建立起来的秩序的反叛，而是重现了这种神圣的秩序。所涉及的物体都是战争或仪式的工具，履行了其自身的功能"。Bourget, "Who Were the Priests," 83.

15 Donnan and McClelland, *Moche Fineline Painting*, fig. 4.72; McClelland, McClelland, and Donnan, *Moche Fineline Painting from San José de Moro*, 30–43.

16 Donnan and McClelland, *Moche Fineline Painting*, fig. 4.69.

17 Jackson, "Moche as Visual Notation," 234–237.

18 泽勒将画在容器上的外地武器描述为"一种棍子，但头部很奇怪，棍子的下半部分带有一束大而硬的羽毛"。他指出，他在壁画中看到了"同样奇特的武器"。Seler, "Archäologische Reise in Süd-und Mittel-Amerika," 218–219, figs. 11-12. 另见 Hocquenghem, *Iconografía mochica*, fig. 83。

19 Lau, "Metal in the Recuay Culture," 152–153, fig. 6.3; Gambini, *Santa y Nepeña*, 122–123.

20 Tello, *Arqueología de Cajamarca*, 314–318.

21 特略的笔记中包括了这个具象容器、它的矛和盾的详细草图（Tello, *Arqueología de Cajamarca*, 315）。莫切陶工有时会在他们的陶器艺术中描绘配着类似装备的男性，可能是打扮成了卡哈马卡的武士。例如，见 Donnan, *Moche Portraits*, 119, fig. 7.11。

22 Lau, "Culturas en contacto," 65. 高地的咀嚼古柯者有时会戴着与壁画中携带非莫切棍棒的武士同样的头饰——前面是猫科动物的头，后面是羽扇。例如，见 Rucabado, "Los otros, los 'no-moche,'" fig. 7. 这种头饰也出现在了莫切英雄的图像中。

23 Lau, "Object of Contention," figs. 2–3.

24 莫伊塞斯·图菲尼奥在 2008—2010 年代表太阳与月亮瓦卡群考古项目领导了新神殿的发掘工作。Uceda, Tufinio, and Mujica, "El Templo Nuevo de Huaca de la Luna: Primera parte"; Uceda, Tufinio, and Mujica, "El Templo Nuevo de Huaca de la Luna: Segunda parte"; Uceca, Morales, and Mujica, *Huaca de la Luna*, 178–199.

25 Donnan and McClelland, *Moche Fineline Painting*, 62.

26 关于对这座彩绘建筑（脚凳 1 和王座 1）的描述，见 Tufinio, Rojas, and Vega, "Excavaciones en la Plataforma III," 117, 124–127. 绘有大部分这些形象的立面有 60 厘米高，单个人物被描述为高 20—25 厘米。

27 Allen, *Foxboy*, 20–21.

28 如在 Makowski, "Hacia la reconstrucción del panteón moche," 24 中所探讨的那样。

29 根据我以 SHCal13 曲线的重新校准（见注释 1），早期 1 区地基的年代约为公元 667—770 年（1-sigma）。在建造 2 区之前，它的建筑被改造了五次，考古学家们在这里找到了反叛系列壁画的遗迹。Tufinio et al., "Excavaciones en la Plataforma III" (2009), 123. 2 区没有放射性碳年代，但如果 1 区是在 8 世纪初建造的，然后又如其重新校准的年代所表明的那样，经历了五次改造，那么 2 区的建造和这些壁画的绘制可能发生在公元 800 年左右。

30 Lau, "Object of Contention," 165. 劳描述了一些北方政体（高地和沿海都有）的领导者是如何积极地将瓦里文化的各个方面纳入他们自己声望的树立过程中的，而其他则对此"保持距离"。Lau, "Intercultural Relations in Northern Peru," 43. 另见 Topic and Topic, "Contextualizing the Wari- Huamachuco Relationship," 188–212。

31 Castillo and Cusicanqui, "Mochicas y Cajamarcas en la costa norte del Perú"; Castillo, Fernandini, and Muro, "The Multidimensional Relations between the Wari and the Moche States"; Castillo, "The Last of the Mochicas"; Castillo, "La presencia de Wari en San José de Moro."

32 劳及其同事最近在雷瓜伊的中心帕萨斯（Pashash）发现了莫切风格的装饰品。Lau, "An Offering Context at Pashash." 2019 年，来自库斯科文化局的考古学家们在皮基扎克达（Pikillaqta，库斯科附近的一个大型瓦里中心）发现了一批物品，其中包括一个铸造的晚期莫切猫头鹰武士（马科夫斯基的笔下的猫头鹰战士）咀嚼古柯的铜合金雕像。Alejandro A. Mendoza, "Comparto esta interesante noticia del año 2019 sobre hallazgos de la Sociedad Huari; Pikillaqta y sus ofrendas," Facebook, published January 13, 2021, https://www.facebook.com /alejandromendozaarqueologia/posts /2775836792681606,

33 在里马克谷发现了一个来自圣何塞-莫罗的莫切-瓦里风格的多色瓶。Stumer, "Contactos foráneos," 17, fig. 5. 在更往南的纳斯卡谷中，也发现了一个莫切风格的镫形口纳斯卡瓶。Proulx, "Stylistic Variation in Proliferous Nasca Pottery," 93, fig. 19.

34 Uceda, "La presencia foránea." 一个多世纪以前，考古学家马克斯·乌勒在太阳瓦卡顶上也发现了瓦里风格的纺织品、陶器和木制容器。Uhle, *Las ruinas de Moche*, 174–185.

35 Tufinio et al., "Excavaciones en la Plataforma III" (2009), 172. 乌塞达认为，新神殿的壁画图像在意识形态上发生了彻底的转变，朝着更为"世俗"的图像和对太神和月亮的敬拜发展。Uceda, "Theocracy and Secularism," 140. 在新神殿的壁画中，既没有出现女性神祇，也没有出现与月亮有关的意象，尽管奎尔特将王座右侧手持高脚杯的人物称作"女人"（见本书中的图 3.3）。Quilter, "The Revolt of the Objects," 47. 这个人物穿着与宗教修行者有关的包头巾与条纹短袍，既没梳女人的辫子，也没穿女人的衣服。乌塞达对这一变化的描述也是基于 1958 年在帕尼亚马卡出土的莫切晚期壁画中有一个女人出现在了祭祀仪式中。在北部山谷，一个有着类似穿着的女性形象出现在了陶器上，她坐在一条月牙形的船上。Hocquenghem and Lyon, "A Class of Anthropomorphic Supernatural Females";

Holmquist, "El personaje mítico femenino de la iconografía mochica."

36 选择白色背景在某种程度上可以被理解为一种经济举措,再加上对手工塑形的浮雕的中断和对复杂纺织品设计的精心制作。正如韦罗妮克·赖特所指出的,莫切壁画艺术中所使用的大多数颜料都有着硫酸钙或碳酸钙的白色基底(*carga*),再加入无机颜料和蛋白质黏合剂。通过保持白色的背景,完成一幅壁画所需的颜料量较之前的做法大大减少了。Wright, "Pigmentos y tecnología artística mochicas," 310.

37 Reid et al., "The Role of Drought in Wari State Expansion."

38 Schreiber, *Wari Imperialism in Middle Horizon Peru*; Tung, "Making Warriors, Making War"; Fonseca and Bauer, *The Wari Enclave of Espíritu Pampa*.

39 那些有关瓦里帝国征服莫切的理论遭到了20世纪70年代昌昌-莫切谷项目成员的驳斥。除了普卡拉的圣罗莎之外,考古学家们在北部沿海没有发现瓦里帝国的防御工事、大规模暴力行为或标志性建筑存在的证据,而在其所殖民的其他地方都发现了此类证据。McEwan, "Some Formal Correspondences," 99–101.

40 尽管该建筑的占用空间呈瓦里标志性的D形,但在发掘过程中没有发现瓦里陶器。Bracamonte, "Un recinto wari con forma 'D.'"

41 Giersz and Pardo, *Castillo de Huarmey*; Prümers, *Der Fundort "El Castillo"*; Prümers, "'El Castillo' de Huarmey."

42 Chapdelaine, "Moche and Wari during the Middle Horizon."

43 Uceda, Morales, and Mujica, *Huaca de la Luna*, 192.

44 Ibid., 182, 186–187; Tufinio et al., "Excavaciones en la Plataforma III" (2009), 141–142; Tufinio et al., "Excavaciones en la Plataforma III" (2011), 166–167.

45 这些重复出现的方块与印加托卡普(*tocapu*)之间存在着一些相似性。Cummins, "*Tocapu*," 293–294. 不过,这种对比可能是"烟幕弹"。正如我此处论证的一样,瓦里美学似乎对两者都有影响,但新神殿壁画和后来的印加视觉文化之间没有直接的关系。

46 Stone-Miller and McEwan, "The Representation of the Wari State."

47 Stone-Miller, "To Weave for the Sun," 17.

48 在它留存下来的地方可以看到,瓦里语境中的壁画艺术有着十分不同的形式。例如,建筑师有时会使用形状怪异的土坯块,其中一些似乎是猫科动物或人头形的。Ochatoma, Cabrera, and Mancilla, *El área sagrada de Wari*, 46–47.

49 Uceda, Morales, and Mujica, *Huaca de la Luna*, 184–187; Tufinio et al., "Excavaciones en la Plataforma III" (2009), 142–143; Velásquez and Carranza, "Acciones de conserva-

ción en la Plataforma III," 558.

50 Benson, "Cambios de temas y motivos."

51 Anders, "Sistema de depósitos," 267, figs. 20–21; Haas, "Excavations on Huaca Grande." 另见 Bonavia, *Mural Painting in Ancient Peru*, 97–99; Shimada, *Pampa Grande and the Mochica Culture*, 235–237, figs 9.11–9.13。

52 安德斯（Anders）将她在那里看到的东西描述为"一个有着黄色双腿（穿着黑色的靴子，脚踝上套着一个深粉色的圆环）和从一个红色圆形中心发散出各色（从左到右依次为：深粉、浅蓝、深蓝、黄、深蓝、黄、黑、深粉、浅蓝、深蓝、黄、浅蓝）扇状羽毛的拟人形象。一个黑色的尖状物从羽毛的中心喷射而出"。Anders, "Sistema de depósitos," 267. 博纳维亚引用并"在 1983 年的私人通信中做了修改"，*Mural Painting in Ancient Peru*, 97。

53 Conrad, "Burial Platforms," 226–227, 230, pl. 13; Lockard, "Political Power and Economy," 92–94, 261–264, pl. 8.10.

54 加布里埃尔·普列托，私人通信，2020 年。

55 Wilson, *Prehispanic Settlement Patterns*, 207, 211, fig. 107. 通过他后来在埃尔卡斯蒂约的田野调查，克劳德·沙普德莱纳认为该遗址的年代约为公元 400—650 年。他观察到，这幅壁画是在壁画瓦卡（威尔逊的 88 号结构）最后一次重建时绘制的。Chapdelaine, "Moche Political Organization in the Santa Valley," 261, 266.

56 Tello, *Arqueología de Cajamarca*, 23–29.

57 Schaedel, "Mochica Murals at Pañamarca," 152–154; Bonavia, *Mural Painting in Ancient Peru*, 53–59; Trever, *The Archaeology of Mural Painting*, 59–65, 94–96, 116–141.

58 Donnan, "Dance in Moche Art," 97–120.

59 Ibid., figs. 4–5.

60 Ikehara, "The Final Formative Period," 70–86.

61 在今秘鲁的南海岸，公元 600 年左右的纳斯卡晚期（纳斯卡 7）草切艺术和尚武文化的知识对当地的陶器产生了影响。就是在那时，战斗武士的形象和对风景的提及首次融入了纳斯卡的陶器绘画中。Proulx, "Stylistic Variation in Proliferous Nasca Pottery," 92. 这种出现似乎与北部沿海的莫切人和南部高地的瓦里人之间互动的增多有关，纳斯卡人是他们的几个中间人之一。

62 最近，由作者领导，与乌戈·池原、马尔科·法伊弗（Marco Pfeiffer）和米歇尔·孔斯一起进行的田野调查已经开始记录帕尼亚马卡的早期地基，以及该遗址在内佩尼亚河下游的环境史与历史深处的位置。未发表的研究已经确定了公元前 4—公元前 2 世纪（最终形成时期）和公元 3—4 世纪的前莫切时期的建造年代。

63 Proulx, *An Analysis of the Early Cultural Sequence of the Nepeña Valley, Peru*, 15–16.

64 Rengifo, "Shaping Local and Regional Identities."

65 Barth, *Ethnic Groups and Boundaries*.

66 Proulx, *An Archaeological Survey of the Nepeña Valley, Peru*; Proulx, *Archaeological Investigations in the Nepeña Valley, Peru*; Chicoine, "Death and Religion in the Southern Moche Periphery."

67 Wilson, "Prehispanic Settlement Patterns"; Makowski, "Religion, Ethnic Identity, and Power"; Giersz, "Los guardianes de la frontera sur"; Giersz and Prządka, "Cronología cultural."

68 Proulx, "Territoriality in the Early Intermediate Period."

69 Lau, "Object of Contention"; Lau, *Ancient Alterity in the Andes*.

70 Lau, *Andean Expressions*, 251–254.

71 Ikehara, "Leadership, Crisis and Political Change."

72 Schaedel, "Mochica Murals at Pañamarca"; Bonavia, "Una pintura mural de Pañamarca"; Bonavia, *Mural Painting in Ancient Peru*, 48–71; Trever, *The Archaeology of Mural Painting*, 142–203.

73 Trever, *The Archaeology of Mural Painting*, 299–301.

74 Schaedel, "Mochica Murals at Pañamarca," cover; Trever, *The Archaeology of Mural Painting*, 53–55, figs. 37–39.

75 Trever, *The Archaeology of Mural Painting*, 177.

76 Hocquenghem, *Iconografía mochica*, fig. 199; Makowski, "Hacia la reconstrucción del panteón moche," 113, fig. 68. 马科夫斯基将这幅画解读为"一个流行主题的地方变体"，在这幅画中"孪生双子激烈交锋"。Bonavia and Makowski, "Las pinturas murales de Pañamarca," 50. 不过，我在这里看到的并不是马科夫斯基的神圣双子（两者的区别在于短袍、头饰和行为），而是他的陆地双子在与自己作战（而不是与海洋双子作战）。

77 Donnan and McClelland, *Moche Fineline Painting*.

78 Castillo, *Personajes míticos*; Bourget, "El mar y la muerte en la iconografía moche"; Golte, *Iconos y narraciones*.

79 在莫切的金属制品中可以看到更为近似的对比。Boone, *Andean Art at Dumbarton Oaks*, 1:149–153.

80 Prümers, *Der Fundort "El Castillo,"* figs. 73–74.

81 尽管博纳维亚称，这一场景"在秘鲁沿海地区有着悠久的传统"，但在莫切艺术中很少能看到战斗中的同卵双胞胎。他把这幅壁画的主题比作阿尔塔皮乌拉（Alta Piura）的比库斯传统中的摔跤手形状的陶制器皿。Bonavia, *Mural Painting in Ancient Peru*, 49. 在秘鲁人民银行的收藏中有一个这样的器皿，其形状是一对一模一样的人物，都缠着腰部，相互撕扯对方的头发。Lumbreras, *El arte y la vida vicús*, 40–41. 另见本书中的图 2.48 右下角。

82 Bonavia, "Una pintura mural de Pañamarca"; Bonavia, *Mural Painting in Ancient Peru*, 48–71.

83 这幅壁画是唐南"主题方法"的早期发展的核心，也是他后来提出的莫切"国家宗教"的核心。Donnan, "The Thematic Approach"; Donnan, "Moche State Religion." 它也是奥康让和利翁（Lyon）识别女性超自然人物的关键。Hocquenghem and Lyon, "A Class of Anthropomorphic Supernatural Females." 关于这幅壁画的历史、它的多幅现代复制品，以及其毁坏，可见 Trever, *The Archaeology of Mural Painting*, 71–89。

84 这个人物与埋葬在圣何塞-莫罗的地位较高的女性（被称为"女祭司"）有关，她们的棺材上配有面具和类似的羽状头饰。Donnan and Castillo, "Excavaciones de tumbas." 在圣何塞-莫罗的彩绘陶器器皿上，以及兰巴耶克谷中的旗帜瓦卡（Huaca Bandera）的后莫切时代早期壁画中，也出现了类似的戴着头饰的女性的图像。McClelland, McClelland, and Donnan, *Moche Fineline Painting from San José de Moro*; Curo and Rosas, "Complejo Arqueológico Huaca Bandera Pacora," 259.

85 McClelland, "*Ulluchu*: An Elusive Fruit," 49–50, figs. 3.19–3.23.

86 与室内的壁画相比，这套甲胄使用了不同的调色板，且在更厚的一层黏土灰泥上进行了不同风格的刻画。它应与室内的壁画分开来，看作是单独的一幅画，可能是由不同的艺术家在不同的时刻创作的。Bonavia, "Una pintura mural de Pañamarca," 26.

87 另见 Trever, "The Artistry of Moche Mural Painting," fig. 9.17。

88 类似的主题被以隐喻的方式呈现在月亮瓦卡旧神殿 3c 广场中的建筑外墙的彩绘浮雕图像中（猫科动物扑向倒地的人）。见 Uceda, Morales, and Mujica, *Huaca de la Luna*, 162–165. 人类通常被描述为一个女性，有人认为这个场景是有性别指向的。然而，其发型与一个失去了头饰的男性形象的外观是一致的。身体受到了严重的侵蚀，但没有展现出明显的女性服饰或解剖学特征，正如现代复原中所展现的那样。

89 博纳维亚描述这些坐着的囚犯带着"奇怪的东西，可能是莫切场景中常用的一种容器，用来收集囚犯的血"。Bonavia, *Mural Painting in Ancient Peru*, 59. 在他之前关于壁画的报告中，博纳维亚有着相似的描述："上文已经描述过了，这些人物的右肩背着一个奇怪的东西。我们以前从未见过这样的东西，但它可能是一个容器。在莫切的其他作品中，我们可以看到被献祭者的血液被收集在一个类似的容器中。"Bonavia, "Una pintura mural de Pañamarca," 37.

90 唐南指出，这里看到的盆和高脚杯在他的壁画库中是独一无二的，但他并没有注意到这些囚犯的身体的不同寻常之处。Donnan, "The Thematic Approach," 153.

91 Benson, "Death-Associated Figures on Mochica Pottery," 108.

92 例如，见 Alberti, "Designing Body-Pots"; Brittenham, "When Pots Had Legs"。

93 Schaedel, "Mochica Murals at Pañamarca," 153, fig. 12.

94 Donnan and McClelland, *Moche Fineline Painting*, 64, 116.

95 关于莫切英雄在水下"捕鱼"的图像，可参见 Donnan and McClelland, *Moche Fineline Painting*, 187–189。

96 在月亮瓦卡的旧神殿内，柱式大厅的柱子比帕尼亚马卡的那些略细长，被涂成了白色，且没有装饰。Uceda, Morales, and Mujica, *Huaca de la Luna*, 132–133. 在新神殿中，宽大的柱子被用来支撑最后阶段中上层房间的屋顶。Ibid., 194–195.

97 在瓦姆巴措（Huambacho）、下苏泰（Sute Bajo）和凯兰都有柱廊的记载。Ikehara and Chicoine, "Hacia una reevaluación de Salinar." 在帕蒂达瓦卡和布兰科山，柱子上装饰着早期宗教传统中的巨像。Shibata, "Cosmología tripartita en Huaca Partida"; Shibata, "El sitio de Cerro Blanco de Nepeña," fig. 14; Tello, *Arqueología del valle de Nepeña*, 149–150.

98 1934 年，托里维奥·梅希亚（Toribio Mejía）描述过在帕尼亚马卡的 2 号平台的高墙内看到了木桩。Tello, *Arqueología del valle de Nepeña*, 128.

99 Spence-Morrow and Swenson, "Moche Mereology," 161, fig. 6.5.

100 在考维耶霍瓦卡最早的阶段，一个由方形柱子组成的柱廊曾支撑着一个位于其顶部的院子的屋顶，但这些柱子更为细长（约 30—40 厘米见方），且被涂成了白色，只在顶上有风格化的鲇鱼图像。Mujica et al., *El Brujo*, 104–107. 在考女士中庭的一根柱子上画着阶梯状波浪的图案。Ibid., 122–123.

101 Trever, *The Archaeology of Mural Painting*, 299.

102 和帕尼亚马卡的其他地区及秘鲁沿海地区的所有遗址一样，这一地区也因掠夺而遭到毁坏。它位于花岗岩山（该遗址纪念性建筑的地基）西侧，这也使它十分容易受到来自太平洋、沿山谷上升的海风的侵蚀和盐碱化作用。

103 这个样本代表了该神殿不超过 10% 的内部彩绘。我们的发掘工作记录了此结构的四面中的三面上的五根彩绘柱子和彩绘墙壁。在西侧的现代表面上，可以看到另外几根柱子和其他墙壁的轮廓。Trever, *The Archaeology of Mural Painting*, 203–292. 绘制出柱式结构详细的表面图是即将进行的田野调查的一个目标，这项考察在国家地理学会的资助下原定在 2020 年进行，因疫情而被推迟。

104 我所说的"带有长廊的"（galleried）指的是像查文 - 德万塔尔的走廊那样的一系列迷宫式通道。这个词作为艺术展览空间的现代含义是一种偶然的重叠。

105 Trever, *The Archaeology of Mural Painting*, 299–300.

106 Ibid., app. 4.

107 例如，参见 Hocquenghem, *Iconografía mochica*, fig. 143。

108 本森对带有陶制器皿的祭祀场景中描绘的长辫女性的观察在这里是相关的："辫子类似绳索的性质经常被强调，这可能与被绑在俘虏或献祭的身体部位上的绳子或罐口的绳子有关。"Benson, "Women in Mochica Art," 66.

109 Kolar, "Conch Calls into the Anthropocene." 莫切的陶工也用陶器制作贝壳状的号角，有时还雕刻图案。Gudemos, "Huayllaquepa." 我们在帕尼亚马卡的发掘过程中，在 2 号平台重新发现鬣蜥和凤螺怪绘画的地方的坍塌的墙体中找到了一只陶制贝壳号角的碎片。Trever, *The Archaeology of Mural Painting*, 154.

110 柱子与围墙之间确切的物理和时间关系还有待厘清。我们在 2020 年的田野调查因疫情而推迟，原计划包括沿着东北墙和 3 号、5 号柱子之间的走廊进行发掘，以确定这些关系并记录神殿中更多的壁画。

111 例如，参见 Donnan and McClelland, *Moche Fineline Painting*, figs.4.19 and 4.90。

112 Benson, "Women in Mochica Art," 67.

113 Donnan, "Dance in Moche Art," figs. 11 and 13.

114 McClelland, "*Ulluchu*: An Elusive Fruit," 56–57.

115 The Metropolitan Museum of Art, New York, 63.226.13. Wiersema, *Architectural Vessels of the Moche*, figs. 3.39–3.40.

116 Splitstoser, "Wari Khipus"; Cherkinsky and Urton, "Radiocarbon Chronology of Andean Khipus," 32–36.

117 Hyland, "Writing with Twisted Cords"; Hyland and Lee, "Indigenous Record-Keeping." 另见 Salomon et al., "Khipu from Colony to Republic".

118 这种形式的"10"主要用于计数人和动物："如果把人、马、羊、芦苇和一切不是货币的东西、水果和日子都算上，那么 10 就是 *na. pong.*" Villareal, *La lengua yunga o mochica*, 112.

119 "*Na* … 加到 *tin* 上的介词，表示同样的意思。" Villareal, *La lengua yunga o mochi-*

ca, 31. "*Pong, pongiio* ... la piedra, el cerro." Ibid., 37.

120 González Holguín, *Vocabulario de la lengua general*.

121 Chicoine, Ikehara, and Shibata, "Beyond Chavín."

122 相比之下，内佩尼亚谷当地的莫切陶器往往缺乏复杂的细线绘画。它们类似于克劳德·沙普德莱纳在圣塔谷所描述的那样。Chapdelaine, "Moche Art Style in the Santa Valley." 见 Trever, *The Archaeology of Mural Painting*, 229, 237–238, 292–297; Rengifo, "Moche Social Boundaries"。

123 我们在柱式神殿的发掘过程中找到了数小捆用棉纺织品包着的珍贵物品，包括来自厄瓜多尔沿海地区的海菊蛤壳和来自高地的深蓝色石头。Trever, *The Archaeology of Mural Painting*, 233–235.

124 在他们对埋葬在莫切瓦卡建筑群和埃尔布鲁霍的人的骨头中的氧同位素所做的生物考古学研究中，玛拉·托因（J. Marla Toyne）及其合著者发现了女人（其骨骼解剖结构被识别为典型的女性）在山谷间迁移的证据，这支持了"从夫居的居住模式"。Toyne et al., "Residential Histories of Elites and Sacrificial Victims," 25.

125 例如，在月亮瓦卡的旧神殿中，壁画师们在将墙壁涂白之前先在潮湿的墙上进行划刻。在新神殿中，画家们也是如此，但在上色前先用黑色填满涂白的切口。同样的过程可以在壁画的残片上看到，这些由马克斯·乌勒于1899年从太阳瓦卡收集的残片现藏于加州大学伯克利分校的赫斯特博物馆（4-2616a, 4-2616b, 4-2616c）。在帕尼亚马卡，画家们在将墙壁涂成白色后再进行划刻，划破表面，然后再上色，只是偶尔才用黑线来完成图像。

126 Koons, "Moche Sociopolitical Dynamics," 485.

127 Winter, "After the Battle Is Over," 28.

128 Alva and Meneses de Alva, "Los murales de Úcupe."

129 Pillsbury, "Reading Art without Writing."

130 Winter, "After the Battle Is Over," 28.

131 Koons, "Moche Sociopolitical Dynamics," 487–488.

图 4.1

帕尼亚马卡的一根彩绘柱上的层层"生命时间"。(照片由作者拍摄)

第四章

考古 – 图像学

对图像体验与反应的考古

在帕尼亚马卡的一根土坯柱被腐蚀的表面上附着了六百多年的历史。在这里，在这个柱式神殿最后的土质地板的地平线之上，曾经的彩绘人物只余最模糊的形式与轮廓了（见图4.1）。[1] 时间的影响和人手的活动掩盖了柱子上多层的绘画，使它们曾经的样貌只剩幽灵般的痕迹。数个世纪的"生命时间"在疲惫的表面上清晰可见。[2] 正如在其他地方一样，在拉贾斯坦（Rajasthan）的乡村建造墙壁和地板的准备工作中，在古老的恰塔霍裕克房屋中，在阿瓦托维（Awatovi）[3] 的地下礼堂墙壁上发现的一百多层灰泥中，生命时间的流逝已经积累成了物质的重写本。[4] 正如亨利·列斐伏尔（Henri Lefebvre）所写的那样："空间作品（雕像或建筑项目）所达到的复杂性与文本的复杂性存在着根本上的不同，无论是散文还是诗歌……在此，我们所关注的不是文本，而是质地。"[5] 柱子上质地不平的积聚物可以被逐层逐段地解析，以讲述一个古老遗迹的历史和它曾经拥有的生命。

此处所积累的也是一段特定的视觉历史的物质化过程。帕尼亚马

卡的柱式神殿的多层表面提供了一段深刻的图像实践史，其开始比南美洲对书面文字的使用要早了近一千年。在 7 世纪首次被绘制时，其表面就已经排布着不同层次的人物意象（见图 4.2），这些图像在此晚期表面上是看不到的。这些彩绘图像使一位古代英雄与一系列怪物之间的史诗般的战斗变得栩栩如生；一个梳着长辫子的女人举起高脚杯，做出供奉的姿势；一排排的人类信徒手持各种物品列队前讲（见图 4.3）。对神殿墙壁的仔细检查揭示，它们在约六代人的时间里被反复绘制并重绘。[6] 在每一次绘制活动中，艺术家们都塑造出一个新的绘画程序。

从那些布满故事的墙壁上，我们也可以感受到对过去事件的较小型叙述。它们证明了古老的火焰、洒在彩绘人物上的奠酒，以及在壁画的土质表面刻画出的图案和人物的个体行为的存在。那些嗅觉、味觉、触觉和视觉的多感官体验在古迹的表面留下了它们的痕迹。到了 8

图 4.2

2010 年发掘出的彩绘人物。（照片由路易斯·桑切斯［Luis Sánchez］为帕尼亚马卡的田野项目拍摄）

图4.3

柱子上最早的绘画，在此将其剥离背景一并展现出来。剪影代表一位古莫切男性的平均身高（约1.58米或约5英尺2英寸）。（插图：豪尔赫·甘博亚、佩德罗·内吉奥萨普和莉萨·特雷弗）

世纪末，曾经生动的壁画被一层不透明的白色涂料遮蔽，昔日充满图像的神殿开始变为废墟。但神殿的历史并没有随着粉刷和废弃而终结。在其后的数个世纪中，至少到12世纪，人们仍然会回到它充满强烈情感的空间中，伴随着他们的祈祷、请愿和希望留下礼物和物质贡品。[7] 在它第一次被绘制的几个世纪后，有人造访神殿遗址，在这根柱子层累的表面上刻下不同的新图像——鱼、鸟，以及（或许是）夜空中的星星，壁画的重写本继续吸引着人们的关注和其后的图像制作行为。

在这最后一章中，我将关注点从有计划的莫切壁画艺术项目、它们所传达的价值以及它们所讲述的故事转移到研究人类生命的其他故事、感官知觉、意义创造和图像反应的行为是如何成为带有绘画的纪念碑中固有的一部分的。我将从上一章结束的地方开始，即位于帕尼亚马卡的纪念中心西部边缘的神殿中的彩绘柱子。在那里，我所追溯的不仅是壁画的历史，更是记忆、壁画的发掘、视觉、宴请和奠酒的历史。在莫切时代和后莫切时代，洒在月亮瓦卡旧神殿内"复杂主题"壁画上的液体指向了这种实践的更为广泛的连续性。在帕尼亚马卡的一根柱子的背景上刻画的一个细节将聚焦点再次导向更为广泛的莫切壁画整体，特别是一些有意义的人物"涂鸦"的出现——不是作为乱涂乱画，而是作为直接回应壁画艺术而产生的附加性"图像行为"。在莫切末期的法霍瓦卡（Huaca Facho，又称拉马扬加 [La Mayanga]）遗址中，发现了一个充满了附加性图像制作（作为递归性、复制性的视觉实践）的环境。帕尼亚马卡、月亮瓦卡、考维耶霍瓦卡、法霍瓦卡及其他充满图像的遗迹是我所说的考古-图像学的理想环境：研究图像感知、意义创造和由过去的图像邂逅留下的物理痕迹所见证的反应。这种对图像接触的古代史的考古 图像学的关注是领会瓦卡的"生机勃勃"的多感官方法的一部分，这种方法因对壁画意象的分析性提取和将图像学"破译"作为首要关注而被省略了。

具身的观看、物质史和柱式神殿内的回忆

尽管帕尼亚马卡的柱式神殿中的壁画没有使用浮雕绘制，但仍会为观者带来多维空间的体验：从地板到天花板的垂直范围内的人物，环绕着柱子，沿着走廊和斜坡列队行进。人物的排列是由有意义的选择所指导的。艺术家将某些人物放在眼睛的高度（高脚杯的展示、英雄的史诗般的战斗）标志着它们在构图中的优先地位。位置更高和更低的画作会填满居住者的视野边缘，但在这个有限空间的狭窄范围内很难被直接看到。[8] 鸟在上方翱翔。矮小的人类随从携带着具有象征

意义的珍贵物品，为走廊上的人类活动提供了范例。柱子上的绘画与一些莫切陶器（例如，见图 3.51）之间有着惊人的图像相似性，但它们被观看和体验的动态则是相反的。[9] 彩绘瓶的携带者必须转动容器，以遵循其叙事顺序。而神殿的造访者则会自行移动，绕柱而行，正如充满图像的空间也将他们的身体包裹。我们可以想象，这会是一种千变万化的体验：色彩生动的人物从惨白的背景上跃出，也许是被火把的光和烟雾所激活，可能还会被宴饮所带来的醉意所强化。在其他地方，壁画艺术中比真人还大的人物图像的展示接近于图像、主体与观者之间一对一的身体关系。在这里，那些进入柱廊的人成为整个绘画程序中的身体存在。

为了理解这座建筑的图像密度，我们还必须通过第四维度的时间来想象它。在三次大修的过程中，它的墙壁和柱子被绘制了八次之多。[10] 每次重新绘制都见证了一个新的图像程序的展开。用来涂抹墙面的黏土中含有碎石、贝壳碎片、烧焦的甘蔗和其他可以直接进行碳定年的有机材料。在一个区域中，一块浸满了颜料的布仍然粘在地板上，它曾被用来往墙上涂抹白色颜料。绘画的设计首先以轻而快的切痕在白墙上勾勒出来。刻偏了的笔触很常见。涂抹颜料时则更加小心，[11] 尽管在几个地方，墙壁、柱子和地板上留下了黏稠的红色和黄色颜料滴落的长痕迹。在一些画作中，最后一步是用黑色或其他颜色勾勒出人物的轮廓，有时还会纠正底层草图的形状。然后，在几十年内，这个过程又重新开始。

每一次对神殿进行重大修缮，都会通过用堆起来的风干砖坯填满柱子周围和走廊内的空间来抬高地板（见图 4.4—4.7），最开始时超过 2 米。在新的地板铺设完毕后，就再次在柱子之间建起平台，并再次平整其表面，将其涂成白色并添加意象。[12] 例如，在 1 号柱子上，女人和她的俘虏的形象被第二层和第三层彩绘黏土浆部分覆盖了。尽管第二层几乎不可见，但在挖掘的过程中，第三层更多的部分得以展现。一套拟人化的甲胄抓住了一根绑着一个站立的人形的绳子（见图

图4.4

1号柱子的样貌(西南面)。四层绘画叠加在柱子的顶部,下方仅存最早期的绘画。(照片由作者拍摄)

第四章 考古-图像学 | 277

图4.5

1号柱子(西南面)上的绘画层顺序。(插图：豪尔赫·甘博亚和莉萨·特雷弗)

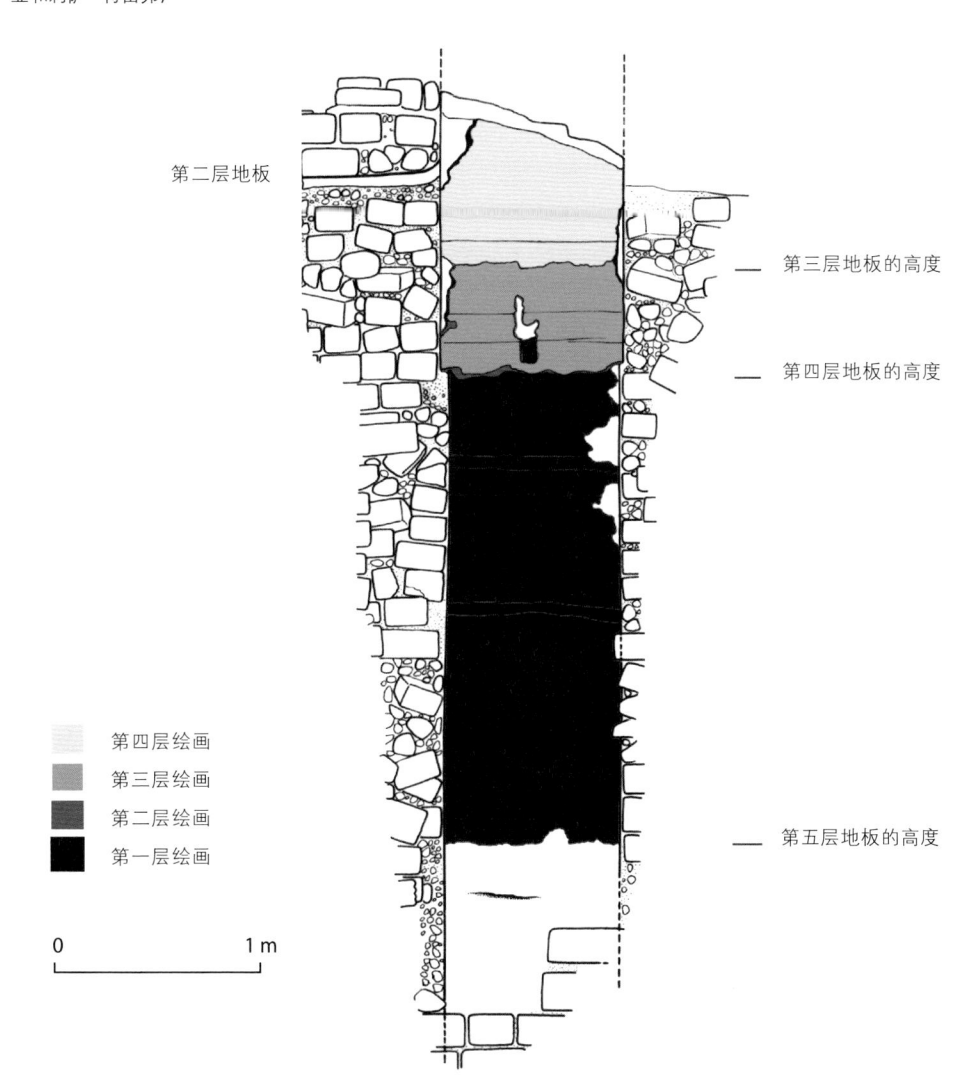

第二层地板

第三层地板的高度

第四层地板的高度

第五层地板的高度

第四层绘画
第三层绘画
第二层绘画
第一层绘画

0　　1 m

图4.6

3号柱子的样貌(东北面)。第二层、第三层和第四层绘画叠加在柱子的顶部,下方仅存最早期的绘画。(照片由作者拍摄)

图 4.7

3号柱子(东北面)上的绘画层顺序。(插图:豪尔赫·甘博亚和莉萨·特雷弗)

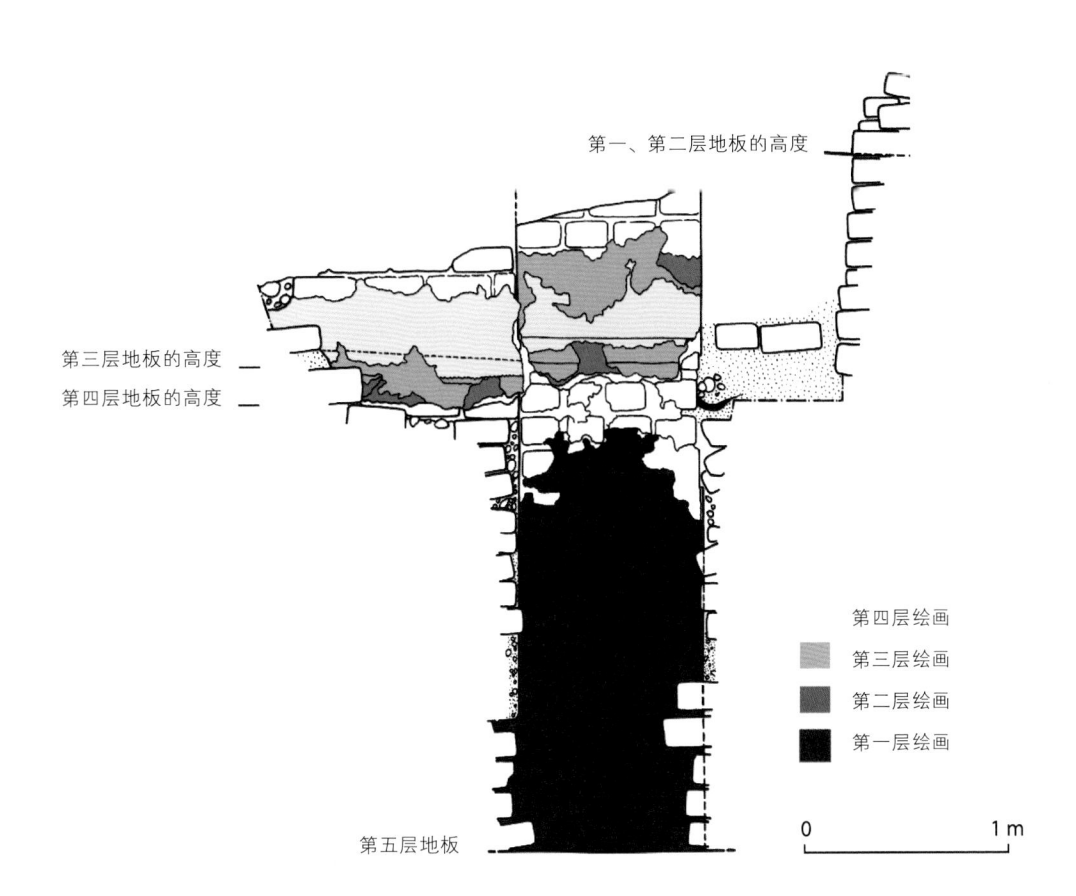

第一、第二层地板的高度

第三层地板的高度

第四层地板的高度

第四层绘画
第三层绘画
第二层绘画
第一层绘画

0　　　1 m

第五层地板

图 4.8
1号柱子上的第三幅画中的动态武器(中央)和一个被绳子绑住的站立的人像(右)。(照片由作者拍摄)

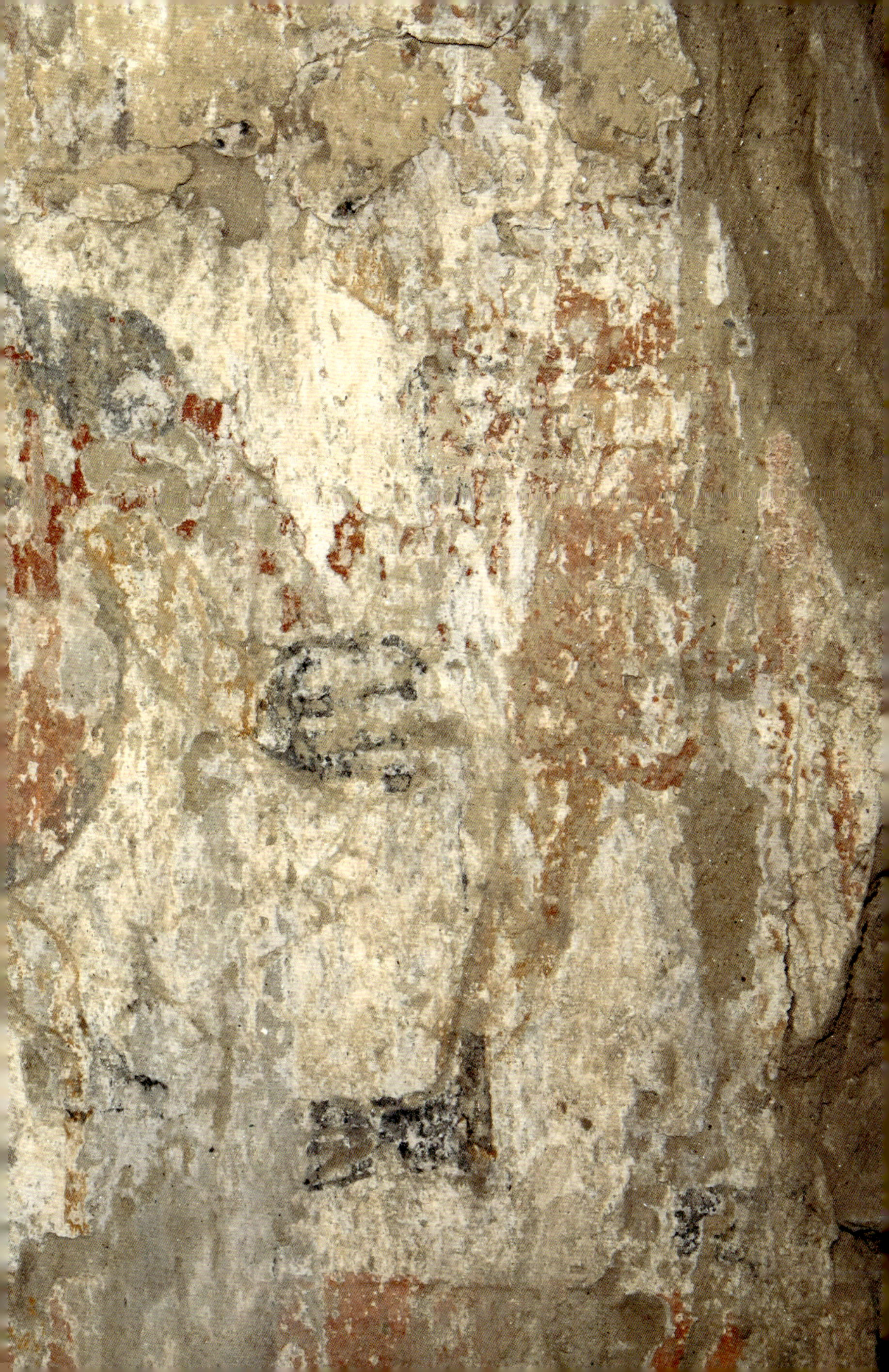

4.8)。这幅图像可能表现的是与月亮瓦卡的新神殿中所描绘的"物品的反叛"相同的叙事。柱式神殿的第三个壁画程序的其他残留包括一只鹰和一位正在战斗中的蜂鸟武士。[13] 第四个程序创作于 7 世纪末或 8 世纪初，[14] 在第三个程序之上分层展开。其意象包括大步前行的猫科动物（见图 4.9），一个蹲着的人物（见图 4.4），以及一个拿着高脚杯的带翼武士身边的一只狂暴的猫科动物。[15] 较晚期的沿着走廊和斜坡的绘画包括列队行进的人物，有些人携带着一捆捆的布或编织的垫子（见图 4.10）。

这一连串的翻新工程本应使地层学看起来像是一个千层蛋糕的剖面：地板被建筑填料覆盖，接着是被建筑填料覆盖的新一层地板，再被更新的地板所覆盖，以此类推。但这并不是我们在发掘工作中遇到的情况。尽管在柱子被重新粉刷的底部可以看到地板的灰泥边缘，但地板本身却消失不见了，它们在 8 世纪铺设最后的地板前的某个时刻被拆除了。我将这种地层学解读视为证据，证明了在神殿的最后一次大修前，莫切人自己挖出了这些柱子，穿过那些早期的地板，使最早的壁画再次暴露在人们面前。[16] 在 3 号柱子周围的一个区域，8 世纪的发掘工作在柱子上的绘画的底部附近就停止了。在 1 号柱子周围的另一个区域，发掘工作继续深入，穿过了我们在另一个区域发现的存留完整的早期地板。暴露早期柱子的行为表明了对地表下不可见之物的代际间记忆的存在。在赫克特佩克谷中的莫切晚期遗址有色瓦卡，爱德华·斯温森（Edward Swenson）观察到，人们"敏锐地意识到了被纳入建筑结构中的不可见却存在的动因的力量"[17]。鉴于它们的古老和数个世纪以来的持久使用，发掘出这些彩绘柱子的行为可能与它们在帕尼亚马卡的历史中被铭记的重要性有关，可能是作为该遗址建立的要素。但是，古代的发掘既超过但又未达到壁画的边界这一事实意味着关于它们的记忆不再是直接的，而是被传承下来的。

古代发掘的底部那层厚厚的土壤——其中有破碎的花瓶（*floreros*）、盛器（*ollas*）和其他文物的碎片——见证了古代重新开放

图4.9

3号柱子的第四幅画中的一只猫科动物的黄色身体(壁画F)。(照片由作者拍摄)

图4.10

沿坡道上升的人像,来自柱式结构晚期。(照片由作者拍摄)

时举办的宴饮和其他活动。在柱子上，我们可以看到一种深黄色液体滴落和飞溅留下的图案（见图 4.11a—b）。对残留物进行的技术分析表明，它既不是以含有仙人球毒碱的圣佩德罗仙人掌（当地人将其称为 wachuma）酿制的烈酒，也不是玉米啤酒（吉开酒或 aqha），[18] 而是一种含有梨果仙人掌（当地人将其称为 tuna）的饮料。[19] 这些有污渍的区域只出现在古代发掘深度以上 1 米左右的柱子上（见图 4.12 和图 4.13）。干了的液体在柱子的彩绘表面和其破碎面裸露出的土坯上被发现（另见图 3.47 和图 3.48）。这些观察结果表明，这种液体是在此次重新开放及随后的庆祝活动中被泼洒到柱子上的——在它们的表面已经开始破败之后。人们在重开期间饮用的饮料可能与洒在柱子上的相同，作为奠酒，或是为了在柱子被重新掩埋、重建神殿之前"喂养"这些彩绘的表面。[20]

在月亮瓦卡的旧神殿中也存在着证据，表明存在往壁画上浇洒液体的有意味的行为（见图 2.43、图 2.44）。"复杂主题"的浮雕在古代就因液体被反复浇洒到其可溶的土质表面而遭到损坏。在这两面墙壁

图 4.11a—b

3号柱子上最早期的画作上有机液体的滴落和飞溅。（照片由作者拍摄）

图 4.12

3 号柱子上有液体飞溅的区域，与在到达地板前就停止了的古代发掘的深度相对比。（插图：豪尔赫·甘博亚、佩德罗·内吉奥萨普和莉萨·特雷弗）

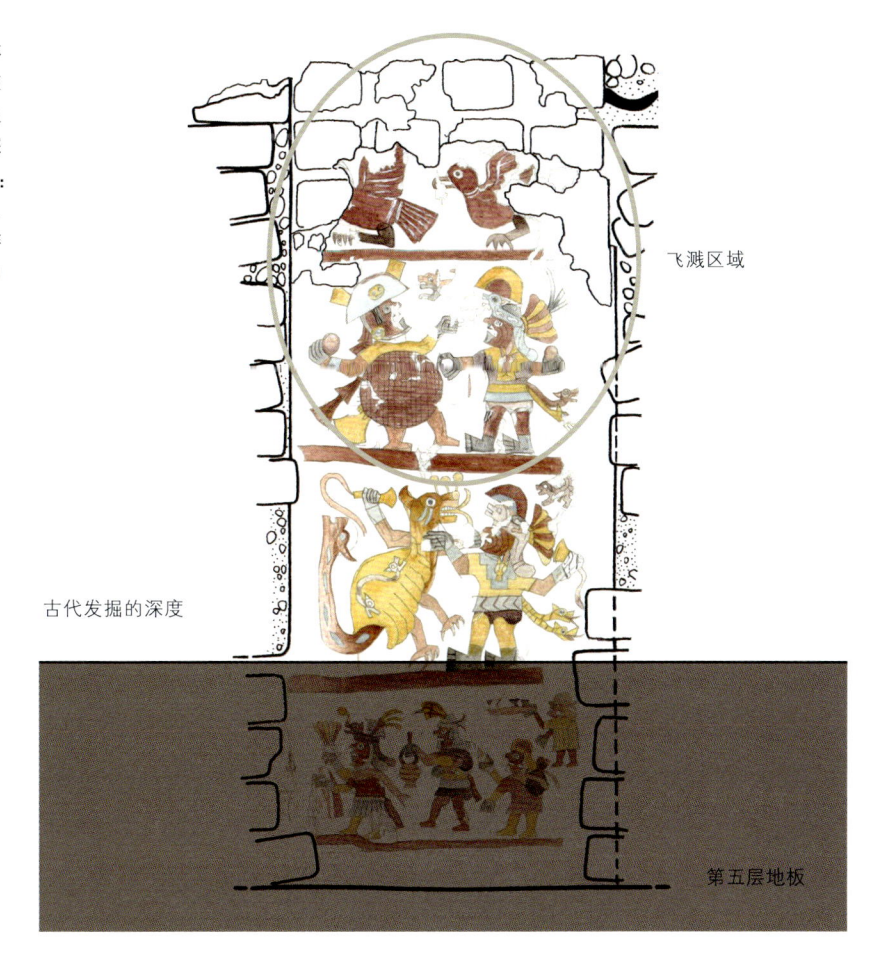

飞溅区域

古代发掘的深度

第五层地板

上，这些行为一部分指向了每幅构图的中心，即艺术家们在新月上方放置了人像的蛋形轮廓。在发掘时，考古学家们记录了朝北的壁画底部有着厚厚的分层沉淀物，正位于这个缺损的中央区域的下方，这是反复浇洒的结果（见图 4.14）。[21] 其中一些浇洒行为包括使用血液。[22] 壁画的中心图像是浇洒的特定目标，但我们不应将其视为一种有意为之的偶像破坏行为。相反，浇洒奠酒显然是一种积极的行为，指向的是壁画中的中央天体演化学图像。这种重复的行为所造成的逐渐擦除在墙上形成了一个剪影，就像曾经手持盛着液体的容器站在墙前的人的合成影像。浇洒行为留下了有关共同意义、物理反应和人类存在的有形痕迹。在靠墙而建的低矮土坯平台（*repositorio de ofrendas*）上，也有人留下了一些物品：两个武士形状的陶制哨子和一只残破的陶制号角。这些"声音文物"的沉积不仅引起了人们对古代瓦卡的声音景观的关注，[23]更指向了可能存在的对声音本身的献祭或祭祀行为。在广场

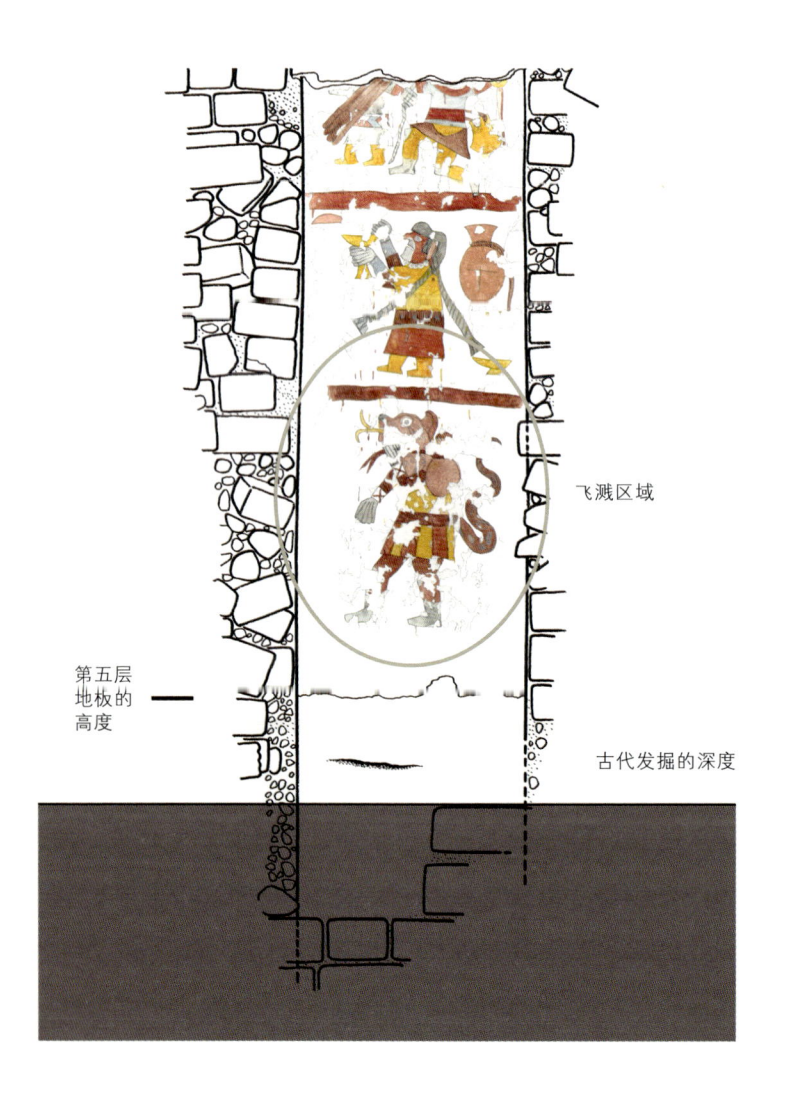

图4.13

1号柱子上有液体飞溅的区域，与穿过较早期地板的古代发掘的深度相对比。(插图：豪尔赫·甘博亚、佩德罗·内吉奥萨晋和莉萨·特雷弗)

飞溅区域

第五层地板的高度

古代发掘的深度

第四章　考古－图像学 | 287

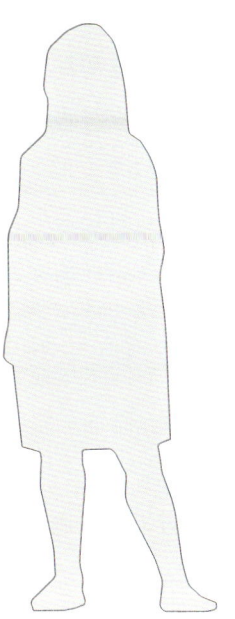

图4.14

月亮瓦卡的"复杂主题"壁画中的一个区域被频繁浇洒的液体所损坏。剪影代表一位古莫切男性的平均身高(约1.58米或约5英尺2英寸)。(照片由作者拍摄)

的这个空间中，像这样的献祭和奠酒从莫切时代一直延续到后来的奇穆时代，几个世纪以来，实践的形式没有明显的变化。[24]

让我们再次回到帕尼亚马卡的柱式神殿。在经历了一系列莫切建造、绘制、翻新和重绘、重新开放和宴请、关闭和更多的重绘这一漫长过程后，墙壁和柱子的可见面最终被包裹在了一层厚厚的白色中，神殿也不再如从前那样运作了。到了9世纪初，人们又开始留下食物和贡品，并将液体倒在被掩藏的柱子底部的晚期地板上。[25] 后来，大约在12世纪的奇穆时代，其他的人在被刷白的柱子上刻下了图像（见图4.1）。[26] 这个地方的记忆与它的诸多故事——既有画中的，也有生命里的——通过这种实践的连续性或可得以保持。[27]

视觉事件与划刻的回应

刻在莫切柱子分层的表面上的鱼和鸟的晚期图像并不是帕尼亚马卡唯一的前西班牙时代涂鸦的例子。其他的线条与图案——例如刻在一位战斗中的神灵的腿后的 V 形图案（见图 3.32）——被划在了其他壁画的背景中。在柱式神殿中，另一个明显的涂鸦例子出现在一位举起高脚杯的女性的辫子前（见图 4.15a—b）。这个匆忙勾画的形象可能是一只罐子——它的口被盖子遮住，脖子被绑着——就像画在女人背后的祭祀器皿一样。奇穆人物是被刻在刷白的表面上的不可见的图像，而这个划出的人物参考的是壁画中可见的意象。它就像是一个"斑点"——一幅图像的激动人心的细节，抓住了存在的注意力，[28] 也证明了是壁画的哪一部分吸引了创作它的人的注意力。这个人选择的是画中的罐子这一强烈的祭祀隐喻，而非女人或她的高脚杯，并以缩小、抽象的形式对其进行了复制。这个划下的罐子证明了与我们自己的时代相距甚远的个体视觉体验的独特性。在帕尼亚马卡的凤螺怪壁画的档案照片中，可以看到一个与之类似的划下的细节（见图 4.16a—b）。有人匆匆划下了一个有着蜗牛壳、动物头和爪子（但没有后腿）的生物的形象，这是从他们看见过的壁画的绘画图像中简略地提取出来的。

在帕尼亚马卡，很难区分未着色的壁画草图与涂鸦。该遗址的所有壁画都是从艺术家在白色表面上勾画构图开始的。明显是涂鸦的那些，线条也同样是浅而迅疾的。相比之下，后来的奇穆涂鸦是凿出来的，正如奇穆的土质浮雕通常是通过以刀片切入墙壁的提取式方法创造出来的，而不是通过黏土塑形的附加过程来建立图像。[29] 在这两种情况下，用于创作涂鸦的线条与他们各自的传统中用于创作壁画的线条是相同的。不过，在其他的莫切遗址，壁画技术上的不同使未经着

图 4.15a—b

有盖子和被绳索系着的罐子图案,被划入1号柱子的白色背景中。(照片由作者拍摄)

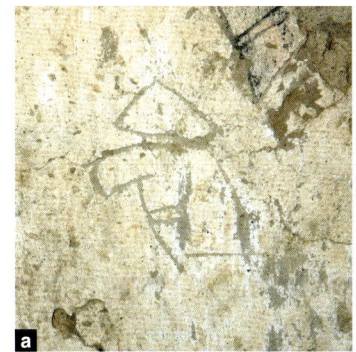

图 4.16a—b

1953年,被划入同一生物的壁画的白色背景中的凤螺怪。(照片由汉斯·霍克海默尔拍摄,文化部,秘鲁国家考古学、人类学与历史博物馆,利马)

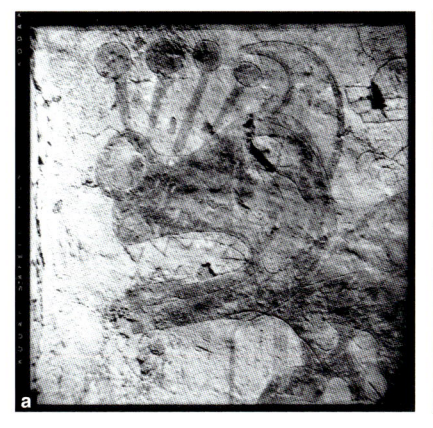

色的草图(在墙壁被涂白之前制作)与涂鸦(划在着色表面上)之间的区别更为清晰。

和许多其他情况下一样,在此语境中,"涂鸦"作为非法或僭越的现代含义是具有误导性的。一些古代到现代早期对划出的或彩绘图像(这些图像并非墙壁规划好的设计的一部分)的研究展现了这个词的"模糊的类型学身份"。[30] 在古地中海、中世纪的英格兰和殖民时期的墨西哥等地,在墙上涂画并不一定是被禁止或被阻拦的行为。[31] 在基督教教堂的神圣空间内,经常能看到刻下的十字架。[32] 尽管自发的或无计划的墙面标记行为可以构成乱涂乱画、虔敬或介于两者之间的无数种意图,但关于涂鸦的僭越本质的假设仍然隐含在古南美洲的研究中。³³ 岩画或石壁画与涂鸦之间的区别通常是根据是否被视为遗产的时间性来决定的。例如，在墨西哥奥斯托蒂特兰（Oxtotitlán）的洞穴中，"现代涂鸦可能并不总是乱涂乱画，而是对地形学上的圣殿的参与——显然，现代的祭坛和贡品也证明了这一点"³⁴。面对涂鸦的定义中固有的挑战，J.A. 贝尔德（J. A. Baird）和克莱尔·泰勒（Claire Taylor）建议"将涂鸦的书写本身视为一个事件"³⁵。与之相似的是，杰夫·奥利弗（Jeff Oliver）和蒂姆·尼尔（Tim Neal）也将涂鸦视为"书写行为"。³⁶尽管在现代和古地中海语境下涂鸦的文本性在这些文献中占据主导地位，但在秘鲁沿海地区的环境中，对作为"图像行为"或图像"举动"³⁷的具象涂鸦的表演性的考虑也同样重要。

图像的范围、它们可能的动机以及莫切涂鸦出现的背景都十分广泛，无法简化为单一模式。在月亮瓦卡，加布里埃拉·韦伦斯在新旧两座神殿内对八十多幅前西班牙时代的涂鸦进行了编目，³⁸在考维耶霍瓦卡、有色瓦卡和赫克特佩克谷中的莫切晚期遗址帕卡特纳穆也记录了几十个例子。³⁹它们几乎都是被划出来的，极少是画上去的。⁴⁰在出现于壁画上的地方，莫切涂鸦几乎总是位于背景中或边缘处。它们没有干扰现有的意象，但似乎尊重了壁画的完整性，并引用、肯定和放大了绘画内容的多个方面。一个明显的反例证明了这一点。回想一下考维耶霍瓦卡广场上的带状壁画中囚犯们裸露的身体上被划刻的生殖器和腿（见图 1.2a—b）。在军事表演和献祭囚犯的逻辑中，对这些人物实施的这种暴力行为并不违规。他们所做的正是壁画程序所暗示的应当对战败者的身体做的。事实上，施加在这些图像上的暴力是对其设计的肯定。壁画图像被感知的本体不能从人物相对的身体性或平面性中推断出来，但是通过这些独立的行为，我们可以追溯到能动性是如何被赋予并被划刻出来的。⁴¹

在考维耶霍瓦卡的其他地方，雷古洛·佛朗哥和他的同事观察到了几例重制了壁画意象中重要细节的人物涂鸦。他们注意到，在"复杂主题"壁画的红框中，划出了一只站立的猫科动物和一名武士（见

图4.17

考维耶霍瓦卡的复杂主题壁画的红框上类旁注切痕的细节。(照片由卡罗尔·J.麦基提供)

图4.17)。[42]每个人物都是由不同风格的线条组成的,估计是由不同的人创造的。那只猫科动物是对上面的彩绘浮雕中的猫科动物的再现。周边的位置唤起了一种纪念碑式的旁注之美。[43]在考维耶霍瓦卡的上层中庭中,转角房间外的斩首者浮雕的黄蓝背景上被划下了微型的断头图像,有着飘动的头发(见图4.18a—b)。[44]这些划刻出的头颅明确指向了浮雕中的斩首者所持的断头的特殊形式:头发的多条波浪线和沿下颌延伸的阶梯状线条(见图2.53)。对这些特性的忠实还原表明,划刻这些图像的人标记在壁画上的并非任意的头颅。他们在观看,并对这些头颅做出了回应。类似的倾向也可以在月亮瓦卡的旧神殿中看到。很久以前,有人在第二形态(BC区)的菱形带状壁画的背景上划出了一幅极小的海鸟捕鱼的图像,就在神像所佩耳饰的左边(见图4.19a—b)。他们没有选择在其菱形框架内勾勒长着獠牙的神的面容——正如韦伦斯在同一带状壁画的早期形态(D区)中所记录的涂鸦一样[45]——而是有选择性地对边缘的水生象征意义做出了回应。在那一刻,对那个人来说,水生生物的念头使神灵扮怪相的面孔黯然失色。涂鸦创造者在从壁画中选择、提取和提炼意义的过程中展现出

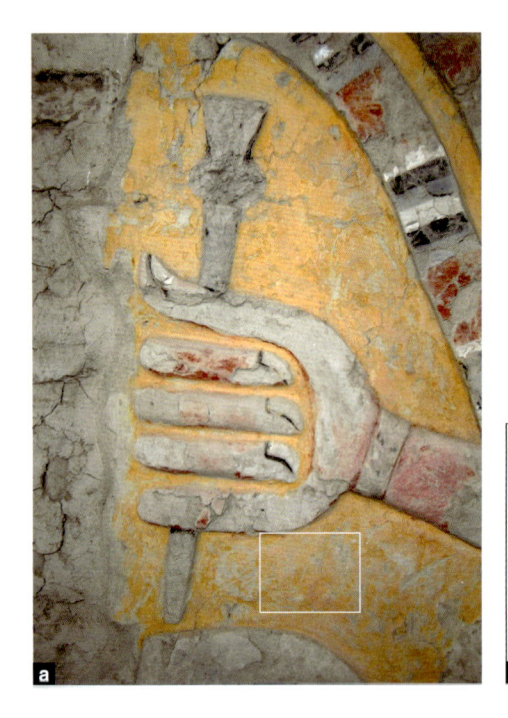

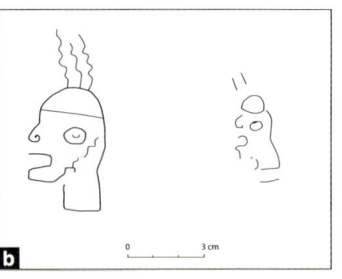

图4.18a—b

考维耶霍瓦卡的斩首者壁画的黄色背景上划出的微型断头图像。
a：照片由作者拍摄；
b：作者的线条画。（依据Franco, Gálvez, and Vásquez, "*Graffiti* mochicas," fig. 14）

图4.19a—b

划在月亮瓦卡的群山之神浮雕的白色背景上的一只捕鱼的海鸟的图像。（照片由卡罗尔·J.麦基提供）

了对莫切视觉文化经典的视觉素养与娴熟掌握。[46]

划刻的图像也出现在了瓦卡中心普通的白色内墙上。旧神殿广场的转角房间的内墙上刻有数个人物，包括动物和人的头、脸，以及一条大蛇（见图4.20a—b）。在那里的发掘发现了一个靠南墙而建的阶梯式平台（见图4.21）。这个"祭坛"被放置在20厘米高的被风吹来的沙子上，还有几件奇穆器皿也被放在上面，这证明了它是

第四章 考古 – 图像学 293

图 4.20a—b

划在月亮瓦卡旧神殿广场上的转角房间的白色内墙上的蛇头。(照片由作者拍摄)

图 4.21

旧神殿广场的角落结构内的奇穆"祭坛"。(照片由作者拍摄)

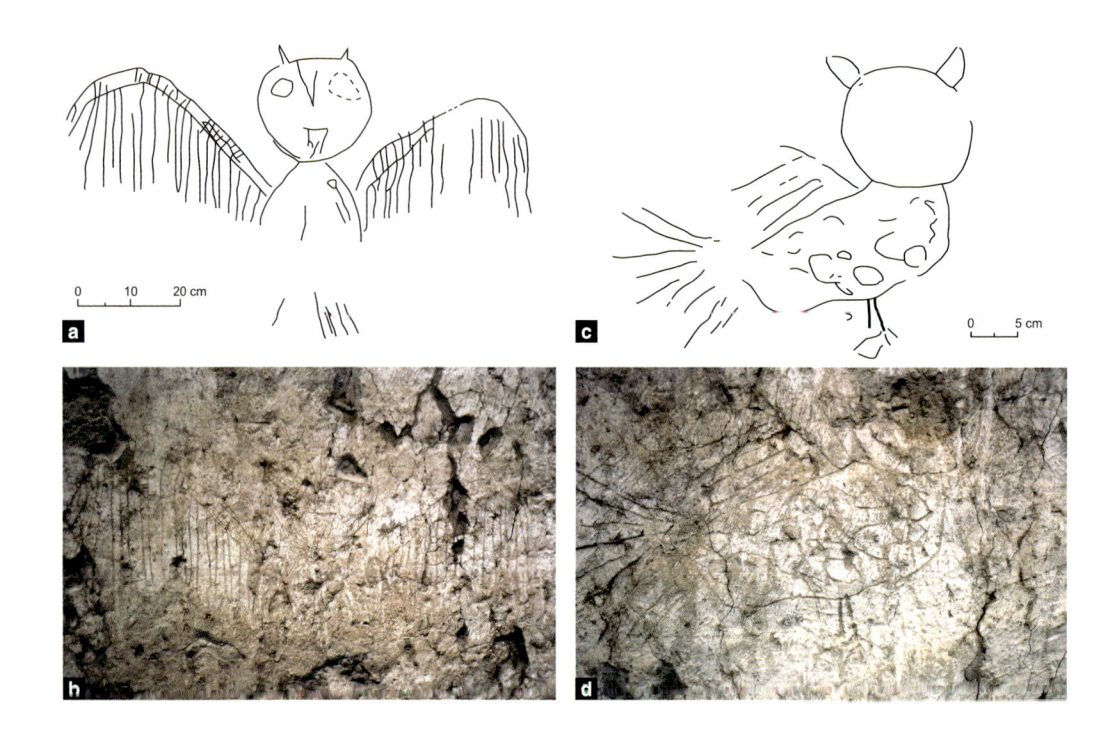

在后莫切时代被创造并使用的。⁴⁷ 在考维耶霍瓦卡的类似空间中，旧神殿的壁画项目在 7 世纪被重制，内墙上被刻上了猫头鹰（见图 4.22a—d）。⁴⁸ 在一幅划刻的图像中，这种夜间捕食者展开的翅膀被高高拉起，仿佛在攻击中向下俯冲。⁴⁹ 凶猛的蛇、猫头鹰和其他掠食者在莫切的宗教狂热中占有中心地位，特别是在公元 200—650 年，它们对更早期的库比斯尼克和查文的艺术和宗教传统来说也是如此。许久之后，一些 16 和 17 世纪的西班牙人对帕查卡马克及其他前西班牙时代神殿神谕的描述记录了原住民的神灵（被称为瓦卡）是如何以凶猛的动物（包括一条多色的蛇）形象在人们面前显现的。⁵⁰ 据称，那些神圣的邂逅是在夜间发生在神殿中的。神殿外的人看不到它们，但可以听到神灵显现时发出的像哨子或动物叫声一样刺耳的尖叫。⁵¹

柏林的一只彩绘瓶提供了一个描绘莫切英雄在类似的内部空间

图 4.22a—d

在考维耶霍瓦卡广场上的转角房间的白色内墙上划出的猫头鹰图像。
a、c：作者的线描图（来源：Franco, Gálvez, and Vásquez, "*Graffiti* mochicas," figs. 23 & 25)
b、d：照片由卡罗尔·J.麦基提供

中的出神体验的场景（见图 0.26 和 0.27）。他站在一个阶梯状的平台（和旧神殿的转角房间里发现的那个一样）上，而他那有着鬣蜥尾巴的同伴则坐在外面。[52] 他的头向后仰，双手握在一起，做出祈求的姿势。[53] 他周围的空间当场发生了变化。支撑着屋顶的木桩活了过来，扭曲的秘鲁围涎木树干像蛇一般上下起伏。屋檐和刀的皮带也变成了怒气冲冲的蛇。它们的嘴是张开的，仿佛在尖叫。神殿周围的空间中充满了生物：一只蜘蛛、一位蜻蜓武士，还有一朵乌云——云中出现了一位神灵那长着獠牙的脸。整个画面被高频率的线条所贯穿，使构图生动了起来。黑暗与狂乱充斥着神殿的场景，使它因当下释放出的能量和噪声而搏动并颤抖着。在瓶子的另一侧，英雄又出现了，他骑在一条骇人的蜈蚣背上。出现在旧神殿和考维耶霍瓦卡的转角房间的白墙上的图像可能是为了唤起或纪念类似的神圣视觉体验。如果神性在莫切实践中是以声音的形式出现的，那么这种声音的形状可能会使人在脑海中产生一只尖叫的猫头鹰或一条巨蛇的图像，然后在被划刻的墙上被赋予视觉形式。[54]

　　划刻的图像远不如有时它们被划刻之处的色彩鲜艳的壁画那么显眼。眼睛必须离墙很近才能看见它们中最大的一些。显然，可见性并不是最重要的。相反地，作为一种参与形式，创作这一行为可能才是最重要的。在不同的语境中，从蒂克斯伯里修道院到玛雅城市蒂卡尔，涂鸦曾被解释为"还愿、祈祷或代祷"[55]，"对神的图像供奉"[56]，以及"对物质供奉的替代或补充"[57]。也许，在莫切的瓦卡中也发生了类似的情况。作为还愿的图像，这些标记也许是对物质贡品的补充，比如洒在帕尼亚马卡的柱子上的奠酒，或是被留在凤螺怪的壁画前、面朝下的羽毛盾。[58] 包括食物、饮料和珍贵物品在内，个体在这些充满图像的空间内留下的这些东西是他们自己图像创作式的贡品。

在法霍瓦卡的图像室内创造意义

在秘鲁沿海地区的许多地方都发现了前西班牙时代的涂鸦,从形成时期的中心谢钦巴霍(Sechín Bajo)到坦博科罗拉多均有。在那里,印加人像和后来的西班牙铭文都出现在了土质建筑上。[59] 人物涂鸦的强度在莫切时代末期(公元9世纪)向兰巴耶克时代的过渡时期达到了狂热的顶点。[60] 随着壁画艺术在内容上变得更具有示意性和叙事性,其扩散也开始逐渐变得广泛。

正是在这个时候,大约在公元800—900年,研究涂鸦与壁画艺术的自反关系的最有趣的历史遗迹之一建成了。拉勒切(La Leche)谷中大巴坦(Batán Grande)附近的莫切-瓦里建筑法霍瓦卡[61]于1959年被首次记录下来。[62] 20世纪40年代初,庄园主人在一个前西班牙时代的土坯结构中挖开了一条沟,美国自然历史博物馆的詹姆斯·福特(James Ford)后来对其进行了重新发掘。主墙包括二十个壁龛,每个壁龛的尺寸约为80平方厘米(见图4.23)。墙面中心被涂成了红色,凹陷的两侧被涂成了黄色。壁龛内部也使用了交替的颜色,每个壁龛都有黑色的边框(见图4.24)。[63] 第二排壁龛建在结构左右两边的第一排壁龛之上。

图4.23

拉勒切谷中的法霍瓦卡内带壁龛的彩绘结构图。(图画来自詹姆斯·A.福特档案,美国自然历史博物馆的人类学部提供)

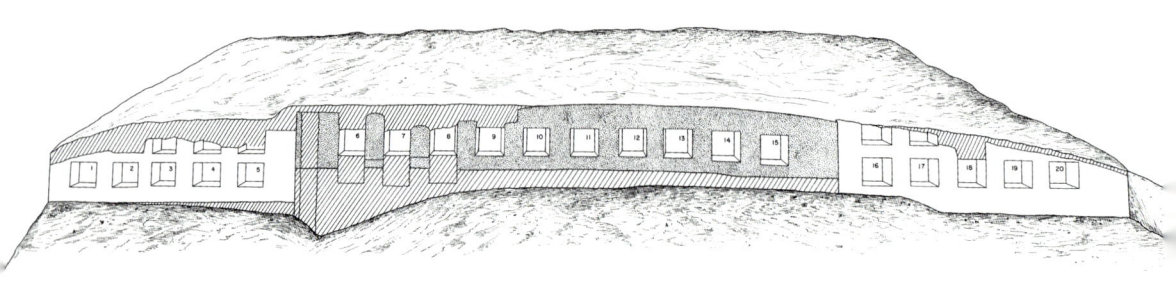

图4.24
―――
1959年，法霍瓦卡的彩绘墙上二十个壁龛中的一部分景象。(照片由詹姆斯·A.福特拍摄，美国自然历史博物馆的人类学部提供)

在每个下层壁龛中，福特和他的团队都记录了一幅拟人化武器堆的多色画（见图4.25）。这些人物面对着建筑的中线，仿佛是在列队中汇聚到一起。每个人物都由一面圆盾和一根棍子，人类的脸、手臂和腿（有时是两条腿），以及一只鸟的翅膀和尾羽组成。每个人都拿着一只高脚杯，有时杯中装着一个水滴状的乌鲁初果。每个人的身前都挂着一块纺织品，底边上有两个圆形的装饰物。大部分面部都被侵蚀破坏了，但在保存较好的地方，可以看到有羽毛附着在锥形的杖头上。与其他的莫切晚期绘画一样，这些人物传达了神话化的尚武思想（有翅膀的会动的武器），以及仪式实践的表现（递上器皿）。在这里，那些想法被整合为一系列重复出现的复合标志，而不是作为一个叙事序列来进行扩展。

法霍瓦卡的二十个壁龛还包含了大量划在侧壁上的多种风格的图像，包括莫切晚期、兰巴耶克和其他类似于卡哈马克东部的查查波亚斯的岩画风格的图像。[64] 最常见的是几何图案，包括建筑阶梯状回纹饰、带有射线状或羽毛头饰的简略的人像，以及对绘在壁龛内的动态

图4.25

1959年,在法霍瓦卡的14号壁龛内绘着的拟人化的盾牌和棍子。(照片由詹姆斯·A.福特拍摄,美国自然历史博物馆的人类学部提供)

武器的模仿。后者在他们的姿势、翅膀、服装和高脚杯的特征上复制了这些动态武器特定的外观(而非动态武器的泛泛的概念)。对绘画武器的多种模仿式刻痕是由多人完成的,他们所展现出的灵巧程度不一(见图4.26)。然而,似乎没有人动过主要形象的彩绘表面。壁龛内划刻的人物变成了重写本。[65]一个人物与下一个人物融合到了一起,正如在岩画艺术消除歧义和描绘的重叠序列中类似的图像被叠刻在一起一样,惠特尼·戴维斯(Whitney Davis)将其称为"复制链"。[66]这些图像是通过个体图像观看、智识理解和图像反应的反复实践所创造的。正如戴维斯所写,"复制的图像和手工艺品可被视为认知的石化证据,在更为狭义的情况下,则是人类意识的证据"[67]。

一方面,这些划刻图像的自反性是数个世纪以来在不同地点发生的对壁画艺术的标记反应的更为广泛的实践的一部分;但另一方面,法霍瓦卡是独一无二的。在某些方面,这些壁龛近似于容器、洞穴和相机。从最实用的角度看来,类似的壁龛在安第斯建筑中通常被理解为放置重要物品的容器,甚至是祖先的木乃伊。但法霍瓦卡的彩绘壁

图4.26

绘在14号壁龛(中央)后墙上的动态武器，两旁是划在侧墙上的涂鸦。(插图来自詹姆斯·A.福特档案，美国自然历史博物馆的人类学部提供)

龛中可能放置了什么呢？没有任何文献记载20世纪40年代庄园主们在那里可能发现了些什么。或许就是那些划刻的图像本身被放置在壁龛中，作为肯定、回忆或还愿献祭的"图像行为"（总是位于侧墙上，从未接触、玷污或遮盖绘画）。[68]

这些壁龛也可以被比作洞穴：半封闭的庇护所，上有大量的图像，如果这些图像出现在石头表面而非灰泥墙上，则会被称为岩画。[69] 带有射线状头饰的划刻人物与北部沿海的壁画艺术中的任何作品都不一样，但它们与查查波亚斯地区的岩画有着相似之处（见图1.7）。附近的墙壁上的一幅涂鸦描绘了一只动物的身体，可能是一头被长矛刺穿的鹿。它与壁龛画毫无关系，但令人想起遍布南美洲岩画中的狩猎场景。[70] 岩画和划刻的涂鸦之间的形式滑移，与将白色绘画人物（如果不是涂鸦，那么也许是划刻或绘出的图像）放置到科托什的神殿墙壁上的图绘实践的换位是相似的（见图1.8a—d）。在这段漫长的视觉史中，从前陶器时代到莫切时代的结束及其后，即兴的图像制作实践与正式的壁画项目形成了稳固的对位。

最后，法霍瓦卡充满图像的壁龛可以被视为相机：用于图像创作和曝光的"室"（见图4.27）。就算不能整个人爬进去，每个图像室也足够容纳成年人的头和上半身，以便近距离观看绘画的表面，或是用手中的工具够到侧壁深处，增加划刻的内容。进入壁龛后，图像的观看者兼痕迹创造者在很大程度上就脱离了外面的世界。这种效果或许

图 4.27

法霍瓦卡的 14 号壁龛内绘制与划刻的图像局部。(数字模型由蒂姆·特朗布利、莉萨·佩克 [Lisa Peck] 和莉萨·特雷弗制作,依据的是詹姆斯·A.福特档案中的记录,美国自然历史博物馆,纽约)

是沉浸在绘画图像及其复制品的世界中。在当时，这种体验或可等同于一种被改变了的或"虚拟的"现实。法霍瓦卡的壁龛的多重性也意味着一个人可以在二十个或更多的图像室中参与平行的视觉体验——既是作为独立个体，同时也是与整体一起。[71]

一重又一重的观看

对一座纪念碑的空间分析能使我们理解其设计是如何暗示了理想的行为举止的形式，并想象在过去它是如何被体验的。从考古学视角对纪念碑进行研究，随着时间的推移，研究它的发展、变化和老化为我们提供了有关它的纪念碑性部分和人性部分的生活纠葛的补充视角。对壁画艺术的形式、风格和意象的观察支持我们解读其创造者试图传达并为其体验者创造的信息、效果和影响。但是，对蕴含在纪念碑及其周围环境的物质性中的生活体验的质地、残留物和印记的关注，传达了有关这些意义是如何被接受并被解读的索引式痕迹。如果说，考古艺术史使我们得以写下随着时间的推移从一个地方到另一个地方、为一个社群或另一个社群而展开的图像制作史，那么考古－图像学就使我们能够看见遥远往昔的感知、识别和反应的时刻。和壁画一起，划刻的图像和过去行为的物质痕迹允许我们间接观察到无法直接测量的现象（这些现象是本地化的意义，也是图像学的主题）。正如在物理学问题的研究上一样，深邃往昔中创造意义的智识行为只能通过观察它们对物质世界里周围领域的影响来研究。

"一重又一重的观看"这一文字游戏有两个面向：一方面，我指的是观察那些能揭示过去的观看方式的物质证据；另一方面，可以肯定的是，视觉不能与其他形式的感官体验分开来。我们还必须越过考古学和艺术史对视觉的强调来理解这些地方的生活现实。虽然视觉主导了现代考古科学，且必然在图像研究中占据中心地位，但考古学的方法十分适合应用于更广泛的对生命体验层面的还原。[72]

在莫切的瓦卡中,对图像的体验和反应不仅是光学或视觉上的。用手中的物体——也许是一块锋利的岩石的凉意,或是一枚破碎的贝壳的隆起——作为工具,在一幅壁画质地不平的表面勾勒出一个人物,这会是一种既包含触感也包含触觉的体验。在视觉和触觉的引导下,将饮料或血洒在柱子和墙上的经历既是可见的,也是可尝和可闻的。在月亮瓦卡的旧神殿中,武士形状的破碎的陶制号角和哨子被特意放置在"复杂主题"浮雕上被反复泼洒液体的地方,作为图像和声音的贡品。1899年,马克斯·乌勒(Max Uhle)注意到一组平行的声音文物组合——音乐家造型的陶制号角和两个哨子——被嵌在旧神殿西侧基底的丧葬结构的墙面中,此结构后来以他的名字命名。[73] 在这个极不寻常的例子中,壁画艺术是由声音手工制品本身组成的。正如黛安娜·斯卡林(Dianne Scullin)所展示的那样,"视觉与听觉的交汇"在莫切神殿及其建筑环境中尤为突出。[74] 通过观察古代的视觉事件,并越过视觉这一终极目标,我们可能会领会到个体与集体的人类经验的时刻,人们"将他们自身的形成之线织入构成生命世界的物质潜流的纹理之中"[75]。这样一来,我们就有可能理解这些纪念碑了,它们是更完整的生命形式。

注　释

1　Trever, *The Archaeology of Mural Painting*, 259-260.

2　Boivin, "Life Rhythms and Floor Sequences," 368.

3　在阿瓦托维（亚利桑那州）的霍皮族部落的祖先墙壁（218室）上可以观察到的一百层灰泥中，有二十六层上装饰着绘画。Smith, *Kiva Mural Decorations at Awatovi and Kawaika-a*, 16-21, fig. 34c.

4　Bailey, "Time Perspectives." 尽管"重写本"最初指的是一种被题写、抹去、再重新题写的书写表面，但现在更常用于描述"具有多个层次的记录"。"Palimpsest, n. and adj.," OED Online, December 2018, Oxford University Press, http://www.oed.com/view/Entry/136319 (accessed February 5, 2019).

5　Lefebvre, *The Production of Space*, 222.

6　最早的柱画已被碳定年定为公元650年左右。最后一次刷白时留下的植物材料可追溯至公元800年。Trever, *The Archaeology of Mural Painting*, 299-300. 如果我们把一代人的时间粗略估计为二十五年，那么这一个半世纪的时间跨度在人类层面上可以被理解为约六代人。

7　我们在帕尼亚马卡的田野调查在柱式神殿内记录了莫切和后莫切时代的陶制器皿、植物遗迹及其他手工制品（包括纺织品、金属制品和羽毛制品）的沉积。Trever, *The Archaeology of Mural Painting*, 203-244.

8　为了拍摄3号柱子和第三章中讨论的东北墙的彩绘细节，我不得不趴在地上，后退至背部几乎碰到极狭窄的走廊对面的彩绘表面，才能拍摄到柱子的全部宽度。

9　Jackson, *Moche Art and Visual Culture*, 37.

10　这个序列在Trever, *The Archaeology of Mural Painting*, 203-292中有详细的记载。

11　据报告，在帕尼亚马卡的其他壁画中所使用的颜料为铁氧化物（红色为赤铁矿，黄色为褐铁矿，灰蓝色为磁铁矿）与碳酸钙中的白色。Bonavia, "Una pintura mural de Pañamarca," 48–49.

12　这些图像学序列在 Trever, *The Archaeology of Mural Painting*, app. 4 中列了出来。

13　Trever, *The Archaeology of Mural Painting*, 267–269.

14　从 3 号和 4 号地板回收的碳化植物残留中产生了校准后的 AMS 年代：674—765, 674—765, 684—766 和 684—767 CE (1-sigma)。这些年代与柱式神殿的翻修、3 号地板的铺设，以及此后不久创作第四个壁画项目的过程有关。Trever, *The Archaeology of Mural Painting*, 299–300.

15　Trever, *The Archaeology of Mural Painting*, 263–264.

16　在一种我们认为可能与尸体发掘相似的实践中，莫切人时常重新进入墓穴内并移动死者的遗体。Millaire, "The Manipulation of Human Remains."

17　Swenson, "Trace, Revelation, and Interpretant," 361.

18　哈佛大学皮尔逊分子生物地球化学与有机地球化学实验室进行的稳定碳同位素分析表明，这种材料是由 C4 来源（可能是玉米）和未知的 C3 来源（δ 13C = –20.0 ± 0.5）的混合物组成的。液相色谱串联质谱（LC-MS/MS）分析是由梅拉妮·米勒在加州波莫纳免疫分析公司实验室的克莉丝汀·摩尔（Christine Moore）和辛西娅·库尔特（Cynthia Coulter）的协助下进行的。这项工作没有发现任何具有精神作用或致幻的化合物。然而，一些迹象表明存在雌性激素和尼古丁。前者与许多种类的芬芳香草有关；后者可能来自一系列植物，包括茄属植物（马铃薯、青椒等），不一定是烟草。

19　中佛罗里达大学的尼尔·邓肯（Neil Duncan）对残留物进行了显微镜分析，发现存在草酸钙晶体或晶簇，与梨果仙人掌一致，但不是仙人掌。邓肯在残留物中发现了晶簇，但在样本的彩绘灰泥中却没有。

20　在其他莫切遗址也发现了浇洒液体以关闭坟墓的证据，以此作为与死者的持续接触，并终止建筑。Koons, "Moche Geopolitical Networks," 145.

21　Tufinio, "Excavaciones en el Frontis Norte" (2006), 52–54.

22　赖特发现血细胞穿透了墙壁表面，证明了反复浇洒行为的存在。她对人类血红蛋白的测试结果呈阴性。由于降解作用，她没能测试血样的 DNA。Wright, *Étude de la polychromie*, 126–128; Wright, "Pigmentos y tecnología artística mochicas."

23　Scullin, "A Materiality of Sound."

24　Tufinio, "Presencia Chimú Temprano."

25　在 2 号柱子附近的后莫切"卡斯马模制"碗旁边留下的玉米棒的年代被测定为：772—861, 776—883, 894—975 和 909—1018 CE (1-sigma). Trever, *The Archaeolo-*

gy of Mural Painting, 299–301.

26 它们与奇穆制作者在卡斯马谷的曼昌（Manchán）留在土坯上的标记相似。Mackey and Klymyshyn, "Construction and Labor Organization in the Chimu Empire," 102-103. 这些涂鸦的创作时间可能与大量有机物和文化材料被放置在 5 号柱子前方的坑里（Rasgo 5）的时间相同。从该坑中发现的植物材料被碳定年定为公元 1050—1250 年，这与奇穆时代（约公元 1000—1470 年）的前半段相重合。Trever, *The Archaeology of Mural Painting*, 226–227, 300.

27 Connerton, *How Societies Remember*.

28 Barthes, "The Photographic Message."

29 Pillsbury, "Reading Art without Writing." 在月亮瓦卡，倒 D、十字形及其他几何形状的后莫切时代涂鸦被深深地刻在莫切墙壁上。见本书中的图 2.18 和图 3.12。要确定人物涂鸦的年代很困难。这些标记出现在奇穆重新占领旧神殿和新神殿时裸露出来的区域，但后来被风沙所掩埋。考古报告没有详述这些标记。它们在 Wellons, "'Graffiti' as Image Making" 中被编目分类。

30 Baird and Taylor, "Ancient Graffiti in Context," 6.

31 Keegan, *Graffiti in Antiquity*; Champion, *Medieval Graffiti*; Russo, *The Untranslatable Image*.

32 Owen, "Traces of Presence and Pleading"; Champion, *Medieval Graffiti*, 61–69.

33 在卡斯马谷形成时期的遗址中，在受限的内部空间的墙上放置划刻的图像被作为"秘密的抵抗"来讨论。Pozorski and Pozorski, "Graffiti as Resistance," 143. 爱德华·斯温森在分析莫切晚期遗址有色瓦卡的涂鸦中的皮尔斯符号学时，反而强调了这些标记"幽灵或鬼魂般的特质"。Swenson, "Trace, Revelation, and Interpretant," 350.

34 Hurst et al., "The Artistic Practice of Cave Painting," 36.

35 Baird and Taylor, "Ancient Graffiti in Context," 6.

36 Oliver and Neal, "Wild Signs: An Introduction," 2.

37 Fowles, *An Archaeology of Doings*.

38 Wellons, "'Graffiti' as Image Making."

39 Franco, Gálvez, and Vásquez, "*Graffiti* mochicas"; Swenson, "Trace, Revelation, and Interpretant"; Ubbelohde-Doering, "Eingeritzte Zeichen auf Tempelwänden Nord-Perus."

40 在有色瓦卡，已经发现了彩绘涂鸦（*dipinti*）的例子。Swenson, "Trace, Revelation, and Interpretant," 366.

41 Winter, "Agency Marked, Agency Ascribed."

42 这些雕像被编号为 A1 和 A2。Franco, Gálvez, and Vásquez, "Graffiti mochicas," 380, 383, fig. 6a and b. 然而，和在帕尼亚马卡一样，划刻的图像与带状壁画的时间关系不甚清晰。在两个划刻的人物的线条中都能看到红色的颜料，这可能是原始壁画的一部分，也可能是重绘的。

43 就它们的外围位置和与壁画意象的偶尔呼应而言，这些图像在概念上类似于划刻在殖民时代墨西哥壁画的 *guardapolvos*（沿着墙基画的神色边框）上的涂鸦。Russo, *The Untranslatable Image*, 76–77.

44 它们被编号为 D3 和 D4。Franco, Gálvez, and Vásquez, "*Graffiti* mochicas," 372, 375, figs. 14–16.

45 Wellons, "'Graffiti' as Image Making," PI-3.

46 划刻的涂鸦对壁画意象的提炼与杰克逊所研究的来自莫切晚期遗址马亚尔山的陶器模具上的抽象图像是一致的。陶工们在模具的外部刻上了简略意象，这些意象选取了模具内部图像突出的方面（她的三种"模具铭文"中的第一种）。Jackson, *Moche Art and Visual Culture*, 94–97.

47 考古学家们将这一特征称为奇穆"祭坛"。Tufinio, "Presencia Chimú Temprano," 254.

48 这些猫头鹰被编号为 A19 和 A20。Franco, Gálvez, and Vásquez, "*Graffiti* mochicas," 387, 392, figs. 20f, 24, and 25a.

49 一只降落中的猫头鹰至少出现在了一个莫切细线陶制绘画的例子中。Donnan and McClelland, *Moche Fineline Painting*, 99, fig. 4.46.

50 Curatola Petrocchi, "La voz de la *huaca*," 290–291.

51 朱丽叶·威尔斯玛（Juliet Wiersema）查明，莫切瓶子中包括带有可以吹出一个或多个音调的哨子的建筑器皿。那些雕塑瓶上所描绘的神殿中传出的哨声的"听觉在场"将进一步表明莫切宗教体验与声音之间的联系。Wiersema, *Architectural Vessels of the Moche*, 119–237.

52 细心的读者可能会注意到，这位陶器画家在描绘英雄的鬣蜥伙伴时似乎犯了一个错误。在大多数的描绘中，这个人物有着一张爬行动物的脸和一条带刺的尾巴，并戴着一个有着秃鹰头和羽扇的头饰。此例有着头饰和尾巴，但他的脸是狐狸的脸。然而，同样的拟人化鬣蜥和狐狸形象的混合可以在拉尔科博物馆藏（ML013653）的另一个莫切瓶子上看到。见 Kutscher, *Nordperuanische Gefäβmalereien des Moche-Stils*, pl. 305。

53 与 Donnan and McClelland, *Moche Fineline Painting*, 109 相比较。

54 作为夜间捕食者，猫头鹰在莫切图像学中与死者的世界、黑暗和囚犯献祭是联系在一起的。Franco, Gálvez, and Vásquez, "*Graffiti* mochicas," 392.

55 Owen, "Traces of Presence and Pleading," 41.

56 Webster, "Tikal Graffiti," 39.

57 Patrois, "Río Bec Graffiti," 444.

58 Trever, *The Archaeology of Mural Painting*, 157–162; Trever et al., "A Moche Feathered Shield," 103–118.

59 Fuchs et al., "Del Arcaico Tardío al Formativo Temprano"; Patzschke, "Die Graffiti der formativzeitlichen Anlage"; Cornejo, "Informe final del Proyecto de Investigación Tambo Colorado: Temporada 2013," 119.

60 例如，莫切与兰巴耶克过渡时期的遗址旗帜瓦卡纳入了祭祀主题图像志的壁画与覆盖着涂鸦的墙壁。Curo and Rosas, "Complejo Arqueológico Huaca Bandera Pacora."

61 Bonavia, *Mural Painting in Ancient Peru*, 99–104.

62 詹姆斯·A. 福特的档案存放在纽约的美国自然历史博物馆（AMNH）。法霍瓦卡的材料包括照片、幻灯片、笔记和原始现场绘图。这些材料中的一部分发表在 Donnan, "Moche-Huari Murals from Northern Peru" 中。1968 年，唐南和霍埃尔·格罗斯曼（Joel Grossman）返回了当时已受到广泛破坏的该遗址。Grossman, "A Huaquero's Discard." 这一讨论是基于我自己对纽约 AMNH 的福特文件的档案研究。

63 在旗帜瓦卡也有类似带有方形壁龛的红黄色建筑的记录。Narváez, "El arte mural moche en Túcume y Pacora," 38–39.

64 唐南在研究福特在法霍瓦卡未发表的作品时，将带翅膀的甲胄画与划刻在壁龛侧墙上的涂鸦分开来说明。Donnan, "Moche-Huari Murals from Northern Peru," 89–90. 克里斯蒂安·克拉多斯（Christiane Clados）使用唐南的出版物复原了一些壁龛的外观。根据唐南的论文和 AMNH 档案中的证据，我不同意她的结论，即划刻的人物是绘画人物的"原型"。Clados, "Pre-Hispanic Graffiti and Social Organization in Peru."

65 在其他地方，像这样增生的图案被解读为过去故事事件的指向性痕迹。Fowles and Arterberry, "Gesture and Performance in Comanche Rock Art."

66 Davis, *Replications*, 2.

67 Ibid., 4.

68 在霍斯特·布雷登坎普（Horst Bredekamp）看来，"图像行为"是基于图像影响观察者的潜在能力，他对此的定义有别于从"言语行为"（或"言语—行为—

事件")的语言学模式中衍生出来的"图像行为"(或"图画行为")概念。Bredekamp, *Image Acts*, 29–35. 我的用法包含了这个术语的施事格和交流性方面。据此,(绘画)图像对参与其中的观察者的影响是他们产生了另一个(划刻的)图像。

69 埃切瓦里亚(Gomi Echevarría)认为,克丘亚语词语 *quilca*(也写作 *quillca*,意为带有标记的表面和标记表面的行为,见《导论》更适合用来描述安第斯山脉中的岩画。他的论点也可以被延伸到涂鸦上,指的是带有标记的墙和标记墙的做法,而没有欧洲词汇中所固有的价值判断和时间性。Echevarría, "'Quilca' y 'arte rupestre.'"

70 Donnan, "Moche-Huari Murals from Northern Peru," 91.

71 这种在共有的视觉体验下身体分离的情景想象呈现出与 19 世纪末的感知奇观相当(尽管不是电气化的、机械化的或人工照明的,但有可能在火炬光的照亮下栩栩如生)的前现代比较,见 Crary, *Suspensions of Perception*。

72 Hamilakis, *Archaeology and the Senses*.

73 Uhle, *Las ruinas de Moche*, 289–290, pl. 5, nos. 8 and 9.

74 斯卡林描述了"建筑、产生声音的人工制品和图像等媒介如何结合起来,以一种特殊的多媒体方式引导莫切人的感觉器官,视觉和听觉不能被即刻分开,并从彼此中获得功效和意义"。Scullin, "A Materiality of Sound," 402.

75 Ingold, "The Textility of Making," 96.

结论

关于瓦卡

在河上的神殿中，工匠们在墙壁上涂抹了又冷又厚重的黏土。[1]当黏土在他们的手上结块并在他们的皮肤上变干时，潮湿的泥土味涌入他们的鼻孔。他们边工作边聊天，分享他们的家庭故事，偶尔开开玩笑。他们讲述自己看到的新事物、最后一支骆驼商队从山上下来时听到的故事，以及关于南北谷中他们邻居的传闻。附近，颜料制作者正在执行他们的任务。他们的研钵发出的咔咔声可以一直传到农民的田地里。他们将白色的贝壳和鲜艳的岩石磨碎，与仙人掌汁混合，搅拌，混合，再研磨。临近中午时，大家的肚子咕咕作响。下方厨房的炊烟传到了神殿中，接着是烤丝兰和烤鱼的气味。孩子们的呼喊声从他们玩耍的运河那里传来。海上那层晨雾正在消散，很快就会烈日炎炎。随之而来的是起风和刮沙，遮蔽了建造者们的视线，使工作变得更加困难。他们加快了工作进度，以完成新墙的跨度。但他们也很注意，避免操之过急，以免抹掉创作于他们祖父母时代的画作。在重建神殿的过程中，他们也明白自己有义务保护旧有的东西。他们协同工作，从一个表面到另一个表面，在潮湿的墙壁干透前将其刷白，将浸有颜料的布在新的表面上摩擦。照料人回归了——他们是知识的主人、讲故事的长者、图像的解读者，他们举起骨尖笔，开始工作，以适合现今的新方式讲述古老的故事。即便如此，他们也明白，自己正在创作的彩绘故事将在下一代人的时间里烟消云散。但他们也知道，就像先人的创作一样，自己的画作会隐藏在瓦卡的身躯里，未来有可能再次回归。

南美洲的古代和前现代史无法以文字档案为基础来撰写（例如，当皮萨罗的部队沿着印加道路行进并因那些他们不理解的景色而感到不安时，那些按顺序记录了他们自身动向的文本）。在缺乏古代文本的情况下，现代研究人员开始将古代图像作为了解过去的切入点。然而，艺术作品和建筑物所呈现的并非世界本来的面目，而是其制作者希望它们被看到的样子。图像与图像制作的实践一直有着自己的社会史。图像是媒介，而不是时间机器。要理解图像，就需要理解其在修辞、情感和说服上的作用，这是它们原本被创作出来时的目的，至今仍在延续。本书的一个主要论点是，南美洲古代史的书写既需要艺术史，也需要考古学。尽管两个领域的从业者之间存在着学科上的竞争，但考古学和艺术史是相互需要的，对于古安第斯地区的前现代研究来说尤其如此。艺术家在墙壁上和其他媒介中展示了古代莫切史的核心叙事、主题和想法。其他叙事形成自在建筑环境和景观中积累下来的物理痕迹。在这些后来的物质叙事中，我们可以看到人类行为的痕迹，以及社群与个体的生命经历，他们在古迹（本书的主题）中创造、邂逅，参与并生活于其中。

这本书从时空变化多端的历史坐标的各个角度来探讨莫切壁画的意义、价值和美学，沿着今秘鲁和智利的海岸，从公元前2300年到约公元900年。在这些章节中，我摒弃了在安第斯研究中已成为常规方法的图像志提取和去语境化，探究了身体性、物质性、拟古主义与复兴、媒介性与复制美学、空间关系学与现象学、地缘政治学、情景化讲述、物化时间性、图像反应的取证和多感官性相互联系的方方面面。在下文中，我试图总结通过这些探索得出的结论与总结性建议。

首先，古代太平洋沿岸的传统存在他异性，这点被南美考古学中对安第斯中部地区（相互交错的海岸、山脉和热带森林）历来的关注所忽略。不加批判地阅读西班牙殖民时代有关印加帝国的文本，并用其反过来阅读更深层的沿海古迹，存在着重演帝国征服的危险——无论是西班牙时代的还是前西班牙时代的。莫切艺术家们对造像的关注只有在其作品被后来的印加及其他高地传统框住时才是反常的。如果考虑到其之前的情况，而非追溯其后的情况，那么莫切模仿的根源可以在公元前第三个千年开始形成的沿海实践中找到。思想与意义在沿海地区广泛传播，从北到南，超越了现代民族－国家或考古学文化区域的边界。在探索沿海壁画艺术的起源的过程中，正如此处所宽泛定义的那样，我发现泥塑浮雕出现在壁画之前，是最重要的造型技术。岩画并非壁画艺术的起源，尽管在从科托什到法霍瓦卡的漫长的图像制作史中，岩画、象形文字和具象涂鸦之间存在亲缘关系，但这些都是即兴实践，与正规化的壁画项目形成了重要的对位。

在最早的前陶器时代的例子中，雕塑壁画更多地借鉴了其他将原始黏土加工成对生命形式的模仿（如小雕像、土质雕塑，甚至是对死者身体的重塑）的做法。在考维耶霍瓦卡的莫切带状壁画上，将骨头嵌入黏土身体的内在物质性在文塔隆瓦卡、布埃纳维斯塔和韦查玛的更早期的元图像中找到了呼应，那里的艺术家们同样呼吁人们关注内部形式与外部形象之间的微妙关系。在莫切造像中，存在着对早先前陶器时代模仿式的身体雕塑传统的复合积聚，有在库比斯尼克和其他传统中的巨型雕塑带状壁画中出现的神圣掠食者的意象，以及莫切艺术家自己对尚武文化的集中体现，这种文化给予了精英武士（包括胜利者和战败者）的男性化身体以特权地位。这种沿海身体性的谱系不是一种坚不可摧的连续性或被动的继承，而往往是一种积极的复兴和持续的协商。

与整个莫切社会的历史一样，[2]莫切壁画艺术史最有效的书写方式是将其以公元 7 世纪所发生的变革为界分为两个部分。在那个时期，秘鲁北部沿海成为一个相互联系日益紧密的地区，与高地社群的关系不时变得紧张。这些变化似乎是由瓦里帝国从南部高地的扩张和其贸易路线在整个北部地区的扩展所催化的。在早期历史中（约公元200—650年），莫切壁画艺术的基础已经建立，结合了对凶恶的祖先的神祇的参考、北部沿海社群广泛共享的相互交错的水生设计，以及对军事战斗和武士文化的强调。在这些组成部分中——于莫切瓦卡建筑群、考维耶霍瓦卡、双头瓦卡和拉米纳都可以看到——艺术家们在建立将成为其时代标志的纪念碑性意象时援引了与过去和现在的联系。从中庭到广场，壁画项目及其相对可见度各不相同，艺术家对媒介及其不同效果的使用也不尽相同。在这个作品库中，艺术家们强调在中庭和纪念碑性建筑的外墙上绘制和雕刻重复出现的人物，有时还将来自一个世纪的壁画项目完整地复制到另一个世纪。至少有一次，他们在其他地方——考维耶霍瓦卡的早期形式之上——复制了旧神殿的完整样貌。

莫切壁画的第二段历史（约公元650—850年）延续了一些较早的时代特征，主要是在大潘帕、加林多、潘帕拉克鲁斯、埃尔卡斯蒂约、瓜达卢皮托和帕尼亚马卡的墙壁上列队行进的武士的绘画上。但在此晚期，这种媒介在很大程度上发生了转变。在雕塑中不再使用耗时耗力的泥塑壁画，壁画的技术变得更加经济和便捷。旧神祇重复的身体开始消失，复制美学和对纺织品设计的模仿大大减少。取而代之的是，艺术家们开始尝试绘画性叙事，不仅是在壁画中，在各种媒介中都是如此。

在壁画中，莫切晚期对共有叙事的讲述适应了当地的情况，正如我们在月亮瓦卡和帕尼亚马卡所见的那样。这些画作不同的主旨或可解释为在中地平线时期，各山谷内沿海与高地关系的性质有所不同。在新神殿，高地武士被描绘为战败的敌人，并成为"物品的反叛"壁画中牺牲在莫切武器与服饰之下的受害者。在帕尼亚马卡，高地男女被纳入虔敬场景的列队和敬拜活动中。即使在帕尼亚马卡的祭祀仪式意象中，被俘身体的民族并没有被标明，暴力也没有被明确地表达出来；而在将囚犯表现为罐子的图像中，血祭是通过隐喻表达的。尽管叙事性绘画可能是为文化越来越多元的社会环境所选择的一种绘画策略，但莫切晚期壁画既是供私人观赏的，也是为公众创作的。

莫切壁画艺术的媒介在7世纪发生了转变，从令人敬畏的人体雕塑变为更具有说教意义的平面意象，可能伴随着从沿海原住民视图像为雕塑形式（*c'häpmong*）到高地克丘亚概念中图像是带有标记的表面（*quillca*）这一观念转变。也就是说，在这个时代，不仅高地主题（月亮瓦卡的"物品的反叛"壁画中牺牲的武士，帕尼亚马卡的壁画中的古柯咀嚼者和可能的结绳管理者）开始以新的方式出现在莫切壁画艺术中，而且图像的本质以及其能产生的作用在这个充满了文化活力的时代可能也发生了根本性的变化。

从考古艺术史（在时间深处的空间、时间和社会差异的坐标中对艺术、图像及其制作的批判性历史学研究）转向我将其更具体地称为考古-图像学（对图像感知、意义生成和反应的取证研究）时，从发掘单位出发的观点变得不可或缺。质地、残留物和生命经验留下的痕迹的微小细节在照片中很容易被忽略，在现代插图中也常被漏掉，但这些物质痕迹有着记录纪念碑、其图像和其中度过的生命的功能。在人物涂鸦的图像行为中，我们可以观察到个体对绘画图像的反应行为的递归，以及可能是宗教体验的精神图像的物质化。法霍瓦卡的图像室中的绘画和划刻图像的复制链提供了关于视觉感知、认知和古代"新媒体"的更深入的视角。考维耶霍瓦卡那栩栩如生、引发了图像暴力行为的黏土身体和法霍瓦卡那充满图像、允许活人进入的壁龛构成了对前现代图像邂逅的扩展研究的另一端。但是，正如通过物质历史的考古学证据所理解的那样，即使在这种对图像及其本地化意义的图像学聚焦中，视觉也不能被理解为一种脱离了其他感官而存在的知觉形式。

莫切瓦卡既是主题，也是方法。也就是说，这些纪念碑位于考古学和环境的完整性之中，既构成又包含了它们自身的物质档案。作为生命空间和生命时间的具体化，瓦卡可能是一种更适合人类历史的多样的、多维度形态的模型——一座有体积的空间-时间建筑——而不是时间线与文本脚本的二维线性展开。³ 串联本书各章的一条主线是沿海地区的艺术家们对内在性与外在性之间关系的巧妙处理（在考维耶霍瓦卡的身体浮雕中对骨头的使用，或是文塔隆瓦卡的织物屏风壁画中隐藏的甲胄），以及制作者们对瓦卡（早期的瓦卡以及祖先的身体）表面之下存在的东西的敏锐感知。在黏土与肉身、瓦卡与身体的核心隐喻之外，还可以加上纪念碑与历史、材料与时间。⁴

瓦卡的彩绘和雕塑墙壁之所以能留存到现代，是因为其制作者决定将它们埋葬，以此来将其保存下来。如果暴露在大自然中且没有得到持续的养护，土坯墙的彩绘黏土表面很快就会开始剥落。它们的制作者深知这一点。瓦卡的物质短暂性要求人类注意修饰、修复、重新上色，并最终彻底重建其充满活力的表面。莫切制造者们理解土质材料的急迫性和要求。作为农民、建筑工人和埋葬死者的人，莫切社群的生活与土地和他们的环境紧密相连，他们敏锐地意识到了地表之下存在着的东西，以及时间是如何影响地上与地下的材料的。他们的行为并非偶然，而是经过深思熟虑的。任何从这种物质记录中阅读历史的努力都要归功于这些人的智慧与照护，他们在很久以前就决定在开始重建之前将他们的建筑及其图像埋葬并包裹起来。

注　释

1 正如读者能猜到的那样，此叙述是基于我在帕尼亚马卡实地工作的那段时间：感受云、太阳和风每天的运动，了解遗址和下游山谷的地形地貌，并被过去的生命与过去的图像创造行为的物质痕迹所包围。在写下这些文字时，我并不是在声称对过去有何种特殊的接触，也不是要虚假地断言经验的普遍性。我提供了这个想象中的建造瓦卡过程中充满生活感的小片段，与开场描写皮萨罗行军作为对照，以抵消主导了前西班牙历史研究的西班牙叙述的力量。

2 Koons and Alex, "Revised Moche Chronology," 1051–1052.

3 Swenson and Roddick, *Constructions of Time and History in the Pre-Columbian Andes*.

4 正如约翰·罗布（John Robb）所写："物质时间性对理解人类历史的形态是有影响的。" Robb, "Material Time," 136.

参考书目

Adorno, Rolena. *Guaman Poma: Writing and Resistance in Colonial Peru*. 2nd ed. Austin: University of Texas Press, 2000.

Alberti, Benjamin. "Designing Body-Pots in the Formative La Candelaria Culture, Northwest Argentina." In *Making and Growing: Anthropological Studies of Organisms and Artefacts*, edited by Elizabeth Hallam and Tim Ingold, 107–125. Burlington, VT: Ashgate, 2014.

Allen, Catherine J. *Foxboy: Intimacy and Aesthetics in Andean Stories*. Illustrations by Julia Meyerson. Austin: University of Texas Press, 2011.

———. "The Incas Have Gone Inside: Pattern and Persistence in Andean Iconography." *Res: Anthropology and Aesthetics* 42 (2002): 180–203.

Alva, Walter. "Los mochica, herederos del Periodo Formativo de la costa norte, y el renacimiento de los antiguos dioses." In *Chavín*, edited by Peter Fux, 207–211. Lima: Museo de Arte de Lima, 2015.

Alva, Walter, and Christopher B. Donnan. *Royal Tombs of Sipán*. Los Angeles: Fowler Museum of Cultural History, 1993.

Alva, Walter L., and Susana Meneses de Alva. "Los murales de Úcupe en el valle de Zaña, norte del Perú." *Beiträge zur allgemeinen und vergleichenden Archäologie* 5 (1983): 335–360.

Alva Meneses, [Néstor] Ignacio. "Spiders and Spider Decapitators in Moche Iconography: Identification from the Contexts of Sipán, Antecedents and Symbolism." In *The Art and Archaeology of the Moche: An Ancient Andean Society of the Peruvian North Coast*, edited by Steve Bourget and Kimberly L. Jones, 247–262. Austin: University of Texas Press, 2008.

———. *Ventarrón y Collud: Origen y auge de la civilización en la costa norte del Perú*. Chiclayo, Peru: Ministerio de Cultura del Perú, Proyecto Especial Naylamp Lambayeque, Unidad Ejecutora 005 Naylamp Lambayeque, 2013.

Anders, Martha B. "Sistema de depósitos en Pampa Grande, Lambayeque." *Revista del Museo Nacional* 43 (1977): 243–279.

Arguedas, José María. *The Fox from Up Above and the Fox from Down Below*. Translated by Frances Horning Barraclough. Pittsburgh: University of Pittsburgh Press, 2000.

Arkush, Elizabeth, and Tiffiny A. Tung. "Patterns of War in the Andes from the Archaic to the Late Horizon: Insights from Settlement Patterns and Cranial Trauma." *Journal of Archaeological Research* 21, no. 4 (2013): 307–369.

Armas, José, Javier Aguilar, Raúl Bellodas, Jorge Gamboa, Olga Haro, and Delicia Regalado. "Excavaciones en la Plaza 1 y el Frontis Norte de la Plataforma I de la Huaca de la Luna (1998–1999)." In *Investigaciones en la Huaca de la Luna 1998–1999*, edited by Santiago Uceda, Elías Mujica, and Ricardo Morales, 55–98. Trujillo, Peru: Universidad Nacional de Trujillo, 2004.

Arriaza, Bernardo T. *Beyond Death: The Chinchorro Mummies of Ancient Chile*. Washington, DC: Smithsonian Institution Press, 1995.

Arriaza, Bernardo T., Vivien G. Standen, Vicki Cassman, and Calogero M. Santoro. "Chinchorro Culture: Pioneers of the Coast of the Atacama Desert." In *Handbook of South American Archaeology*, edited by Helaine Silverman and William H. Isbell, 45–58. New York: Springer, 2008.

Asmat, Miguel, Manuel Asmat, Rafael Gordillo, Jorge Solórzano, Carlos Gamarra, Víctor Fernández, Devorah Gil, Roger Ponce de León, Alex Clavo, Wilder Mostacero, Ricardo Córdova, and José Castañeda. "Acciones de conservación en el Frontis Norte y la Plaza 1." In *Proyecto Arqueológico Huaca de la Luna: Informe técnico 2011*, edited by Santiago Uceda and Ricardo Morales, 657–712. Trujillo, Peru: Universidad Nacional de Trujillo, 2012.

Asmat, Miguel, and César Córdova. "Conservación de escultura en barro." In *Proyecto Arqueológico Huaca de la Luna: Informe técnico 2007*, edited by Santiago Uceda and Ricardo Morales, 531–533. Trujillo, Peru: Universidad Nacional de Trujillo, 2008.

Avila, Francisco de. *The Huarochirí Manuscript: A Testament of Ancient and Colonial Andean Religion*. Translated by Frank Salomon and George L. Urioste. Austin: University of Texas Press, 1991.

Bachir Bacha, Aïcha. "El Edificio de los Frisos de Ánimas Altas: Ser paracas en el valle bajo de Ica." *Boletín de Arqueología PUCP* 22 (2017): 191–225.

Back Danielsson, Ing-Marie, Fredrik Fahlander, and Ylva Sjöstrand, eds. *Encountering Imagery: Materialities, Perceptions, Relations*. Stockholm: Stockholm University, 2012.

Bagley, Robert W. "Meaning and Explanation." In *The Problem of Meaning in Early Chinese Ritual Bronzes*, edited by Roderick Whitfield, 34–55. London: School of Oriental and African Studies, 1992.

Bahn, Paul G. "The Earliest Imagery around the Globe." In *Image and Imagination: A Global Prehistory of Figurative Representation*, edited by Colin Renfrew and

Iain Morley, 3–16. Cambridge: MacDonald Institute for Archaeological Research, 2007.

Bahrani, Zainab. *The Infinite Image: Art, Time and the Aesthetic Dimension in Antiquity*. London: Reaktion, 2014.

Bailey, Geoff. "Time Perspectives, Palimpsests and the Archaeology of Time." *Journal of Anthropological Archaeology* 26, no. 2 (2007): 198–223.

Baird, J. A., and Claire Taylor. "Ancient Graffiti in Context: Introduction." In *Ancient Graffiti in Context*, edited by J. A. Baird and Claire Taylor, 1–19. New York: Routledge, 2011.

Barth, Fredrik, ed. *Ethnic Groups and Boundaries: The Social Organization of Culture Difference*. Oslo: Pensumtjeneste, 1994.

Barthes, Roland. "The Photographic Message" (1961). In *Image, Music, Text*, edited and translated by Stephen Heath, 15–31. New York: Hill and Wang, 1977.

Bauer, Brian S. "The Mummies of the Royal Inca." In *Ancient Cuzco: Heartland of the Inca*, 159–184. Austin: University of Texas Press, 2004.

Bawden, Garth. "The Structural Paradox: Moche Culture as Political Ideology." *Latin American Antiquity* 6, no. 3 (1995): 255–273.

Beekman, Christopher S., and Colin McEwan, eds. *Pacific Maritime Networks Connecting Mexico, Central America, and Northwestern South America*. Washington, DC: Dumbarton Oaks Research Library and Collection, 2022.

Belting, Hans. "Image, Medium, Body: A New Approach to Iconology." *Critical Inquiry* 31, no. 2 (2005): 302–319.

Benfer, Robert A., Jr. "Monumental Architecture Arising from an Early Astronomical-Religious Complex in Perú, 2200–1750 BC." In *Early New World Monumentality*, edited by Richard L. Burger and Robert M. Rosenswig, 313–363. Gainesville: University Press of Florida, 2012.

Benfer, Robert A., Jr., Bernardino Ojeda, Neil A. Duncan, Larry R. Adkins, Hugo Ludeña, Miriam Vallejos, Víctor Rojas, Andrés Ocas, Omar Ventocilla, and Gloria Villareal. "La tradición religioso-astronómica en Buena Vista." *Boletín de Arqueología PUCP* 11 (2007): 53–102.

Benjamin, Walter. "The Work of Art in the Age of Mechanical Reproduction." In *Illuminations*, edited by Hannah Arendt, translated by Harry Zohn, 219–253. New York: Harcourt, Brace and World, 1968.

Bennett, Wendell C. *The Gallinazo Group, Viru Valley, Peru*. New Haven: Yale University Press, 1950.

Benson, Elizabeth P. "Cambios de temas y motivos en la cerámica moche." In *Moche: Hacia el final del milenio*, edited by Santiago Uceda and Elías Mujica, 1:477–495. Lima: Universidad Nacional de Trujillo; Pontificia Universidad Católica del Perú, 2003.

———. "Death-Associated Figures on Mochica Pottery." In *Death and the Afterlife in Pre-Columbian America*, edited by Elizabeth P. Benson, 105–144. Washington, DC: Dumbarton Oaks Research Library and Collection, 1975.

———. "Iconography Meets Archaeology." In *The Art and Archaeology of the Moche: An Ancient Andean Society of the Peruvian North Coast*, edited by Steve Bourget and Kimberly L. Jones, 1–21. Austin: University of Texas Press, 2008.

———. "Maya Political Structure as a Possible Model for the Moche." In *New Perspectives on Moche Political Organization*, edited by Jeffrey Quilter and Luis Jaime Castillo B., 17–46. Washington, DC: Dumbarton Oaks Research Library and Collection, 2010.

———. *The Mochica: A Culture of Peru*. New York: Praeger, 1972.

———. "Women in Mochica Art." In *The Role of Gender in Precolumbian Art and Architecture*, edited by Virginia E. Miller, 63–71. Lanham, MD: University Press of America, 1988.

———. *The Worlds of the Moche on the North Coast of Peru*. Austin: University of Texas Press, 2012.

Berezkin, Yuri E. "An Identification of Anthropomorphic Mythological Personages in Moche Representations." *Ñawpa Pacha* 18 (1980): 1–26.

———. "The Social Structure of the Mochica through the Prism of Mythology (Ancient Peru)." *Vestnik Drevnei Istorii* 3 (1978): 38–59.

Bergh, Susan E. "Death and Renewal in Moche Phallic-Spouted Vessels." *Res: Anthropology and Aesthetics* 24 (1993): 78–94.

———. "Tapestry-Woven Tunics." In *Wari: Lords of the Ancient Andes*, edited by Susan E. Bergh, 158–191. Cleveland: The Cleveland Museum of Art; New York: Thames and Hudson, 2012.

Bernal, Ignacio, Michael D. Coe, Gordon F. Ekholm, Peter T. Furst, Wolfgang Haberland, George Kubler, H. B. Nicholson, J. Eric S. Thompson, and Gordon R. Willey. *The Iconography of Middle American Sculpture*. New York: The Metropolitan Museum of Art, 1973.

Billman, Brian R., and Gary Huckleberry. "Deciphering the Politics of Prehistoric El Niño Events on the North Coast of Peru." In *El Niño, Catastrophism, and Culture Change in Ancient America*, edited by Daniel H. Sandweiss and Jeffrey Quilter, 101–128. Washington, DC: Dumbarton Oaks Research Library and Collection, 2008.

Bird, Junius B., John Hyslop, and Milica Dimitrijevic Skinner. *The Preceramic Excavations at the Huaca Prieta, Chicama Valley, Peru*. New York: American Museum of Natural History, 1985.

Bischof, Henning. "Cerro Sechín y el arte temprano centro-andino." In *Arqueología de Cerro Sechín: Tomo II, Escultura*, 157–184. Lima: Pontificia Universidad Católica del Perú, 1995.

———. "Los murales de adobe y la interpretación del arte de Cerro Sechín." In *Arqueología de Cerro Sechín: Tomo II, Escultura*, 125–156. Lima: Pontificia Universidad Católica del Perú, 1995.

———. "Los periodos Arcaico Tardío, Arcaico Final y Formativo Temprano en el valle de Casma. Evidencias e hipótesis." *Boletín de Arqueología PUCP* 13 (2009): 9–54.

Boivin, Nicole. "Life Rhythms and Floor Sequences: Excavating Time in Rural Rajasthan and Neolithic Catalhoyuk." *World Archaeology* 31, no. 3 (2000): 367–388.

Bonavia, Duccio. *Mural Painting in Ancient Peru*. Translated by Patricia J. Lyon. Bloomington: Indiana University Press, 1985.

———. *Ricchata Quellccani: Pinturas murales prehispánicas*. Lima: Fondo del Libro del Banco Industrial del Perú, 1974.

———. "Una pintura mural de Pañamarca, valle de Nepeña." *Arqueológicas* 5 (1959): 21–54.

Bonavia, Duccio, and Cristóbal [Krzysztof] Makowski. "Las pinturas murales de Pañamarca: Un santuario mochica en el olvido." *Íconos: Revista Peruana de Conservación, Arte y Arqueología* 2 (1999): 40–54.

Boone, Elizabeth Hill, ed. *Andean Art at Dumbarton Oaks*. 2 vols. Washington, DC: Dumbarton Oaks Research Library and Collection, 1996.

———. "Incarnations of the Aztec Supernatural: The Image of Huitzilopochtli in Mexico and Europe." *Transactions of the American Philosophical Society* 79, no. 2 (1989): i–iv, 1–107.

———. *Stories in Red and Black: Pictorial Histories of the Aztecs and Mixtecs*. Austin: University of Texas Press, 2000.

Borić, Dušan, and John Robb, eds. *Past Bodies: Body-Centered Research in Archaeology*. Oxford: Oxbow Books, 2008.

Bourget, Steve. "Cultural Assignations during the Early Intermediate Period: The Case of Huancaco, Virú Valley." In *New Perspectives on Moche Political Organization*, edited by Jeffrey Quilter and Luis Jaime Castillo B., 201–222. Washington, DC: Dumbarton Oaks Research Library and Collection, 2010.

———. "El mar y la muerte en la iconografía moche." In *Moche: Propuestas y perspectivas*, edited by Santiago Uceda and Elías Mujica, 425–447. Lima: Universidad Nacional de la Libertad-Trujillo, 1994.

———. "Rituals of Sacrifice: Its Practice at Huaca de la Luna and Its Representation in Moche Iconography." In *Moche Art and Archaeology in Ancient Peru*, edited by Joanne Pillsbury, 88–109. Washington, DC: National Gallery of Art, 2001.

———. *Sacrifice, Violence, and Ideology among the Moche: The Rise of Social Complexity in Ancient Peru.* Austin: University of Texas Press, 2016.

———. *Sex, Death, and Sacrifice in Moche Religion and Visual Culture*. Austin: University of Texas Press, 2006.

———. "Somos diferentes: Dinámica ocupacional del sitio Castillo de Huancaco, valle de Virú.'" In *Moche: Hacia el final del milenio*, edited by Santiago Uceda and Elías Mujica, 1:245–267. Lima: Universidad Nacional de Trujillo; Pontificia Universidad Católica del Perú, 2003.

———. "Who Were the Priests, the Warriors, and the Prisoners? A Peculiar Problem of Identity in Moche Culture and Iconography, North Coast of Peru." In *Us and Them: Archaeology and Ethnicity in the Andes*, edited by Richard Martin Reycraft, 73–85. Los Angeles: Cotsen Institute of Archaeology Press at UCLA, 2005.

Bourget, Steve, and Margaret E. Newman. "A Toast to the Ancestors: Ritual Warfare and Sacrificial Blood in Moche Culture." *Baessler-Archiv* 46 (1998): 85–106.

Bracamonte Lévano, Edgar. "Un recinto wari con forma 'D.'" *La Industria, Suplemento Dominical*, January 13, 2019, 4–5.

Bradley, Richard. *Image and Audience: Rethinking Prehistoric Art*. Oxford: Oxford University Press, 2009.

Braje, Todd J., Tom D. Dillehay, Jon M. Erlandson, Richard G. Klein, and Torben C. Rick. "Finding the First Americans." *Science* 358, no. 6363 (2017): 592–594.

Bredekamp, Horst. *Image Acts: A Systematic Approach to Visual Agency*. Translated, edited, and adapted by Elizabeth Clegg. Berlin: De Gruyter, 2018.

Brittenham, Claudia. *The Murals of Cacaxtla: The Power of Painting in Ancient Central Mexico*. Austin: University of Texas Press, 2015.

———. "Style and Substance, or Why the Cacaxtla Paintings Were Buried." *Res: Anthropology and Aesthetics* 55–56 (2009): 135–155.

———. "When Pots Had Legs: Body Metaphors on Early Classic Maya Vessels." In *Vessels: The Object as Container*, edited by Claudia Brittenham, 81–119. Oxford: Oxford University Press, 2019.

Brokaw, Galen. *A History of the Khipu*. Cambridge: Cambridge University Press 2010.

Bruhns, Karen Olsen. "The Moon Animal in Northern Peruvian Art and Culture." *Ñawpa Pacha* 14 (1976): 21–39.

Brüning, Hans Heinrich. *Mochica Wörterbuch = Diccionario mochica: Mochica-Castellano / Castellano-Mochica*, edited by José Antonio Salas García. Lima: Universidad de San Martín de Porres, 2004.

Burger, Richard L. *Chavin and the Origins of Andean Civilization*. New York: Thames and Hudson, 1992.

———. "The Emergence of Figuration in Prehistoric Peru." In *Image and Imagination: A Global Prehistory of Figurative Representation*, edited by Colin Renfrew and Iain Morley, 241–254. Cambridge: MacDonald Institute for Archaeological Research, 2007.

———. "The Radiocarbon Evidence for the Temporal Priority of Chavin de Huantar." *American Antiquity* 46, no. 3 (1981): 592–602.

Burger, Richard L., and Lucy C. Salazar. "The Manchay Culture and the Coastal Inspiration for Highland Chavín Civilization." In *Chavín: Art, Architecture, and Culture*, edited by William J. Conklin and Jeffrey Quilter, 85–105. Los Angeles: Cotsen Institute of Archaeology Press at UCLA, 2008.

Burger, Richard L., and Lucy Salazar-Burger. "A Sacred Effigy from Mina Perdida and the Unseen Ceremonies of the Peruvian Formative." *Res: Anthropology and Aesthetics* 33 (1998): 28–53.

———. "The Second Season of Investigations at the Initial Period Center of Cardal, Peru." *Journal of Field Archaeology* 18, no. 3 (1991): 275–296.

Calancha, Antonio de la. *Corónica moralizada del Orden de San Augustín en el Perú*. Barcelona: Pedro Lacavalleria, 1639.

Campana, Cristóbal, and Ricardo Morales. *Historia de una deidad mochica*. Lima: A & B S.A., 1997.

Cañizares-Esguerra, Jorge. *How to Write the History of the New World: Histories, Epistemologies, and Identities in the Eighteenth-Century Atlantic World*. Stanford, CA: Stanford University Press, 2001.

Caramanica, Ari, Luis Huamán Mesía, Claudia R. Morales, Gary Huckleberry, Luis Jaime Castillo B., and Jeffrey Quilter. "El Niño Resilience Farming on the North Coast of Peru." *PNAS* 117, no. 39 (2020): 24127–24137.

Carlín, Ernesto. "Descubren nuevos frisos de la cultura Caral en sitio arqueológico de Vichama." Andina: Agencia Peruana de Noticias. Published online August 19, 2019. Accessed November 9, 2020. https://andina.pe/agencia/noticia-descubren-nuevos-frisos-de-cultura-caral-sitio-arqueologico-vichama-763858.aspx.

Carmichael, Patrick. "The Life from Death Continuum in Nasca Imagery." *Andean Past* 4 (1994): 81–90.

Castillo, Feren, Jermi Mejía, Estefania Avalos, Ray Paredes, Jessica Pérez, Jair Rodríguez, Darwin Samaniego, Karla Villanueva, and Elvis Chávez. "Excavaciones en la Plaza 1 de Huaca de la Luna, temporada 2014." In *Proyecto Arqueológico Huaca de la Luna: Informe técnico 2014*, edited by Santiago Uceda and Ricardo Morales, 95–175. Trujillo, Peru: Universidad Nacional de Trujillo, 2015.

Castillo [Butters], Luis Jaime. "Gallinazo, Vicús, and Moche in the Development of Complex Societies along the North Coast of Peru." In *Gallinazo: An Early Cultural Tradition on the Peruvian North Coast*, edited by Jean-François Millaire, with Magali Morlion, 223–231. Los Angeles: Cotsen Institute of Archaeology Press at UCLA, 2009.

———. "La presencia de Wari en San José de Moro." *Boletín de Arqueología PUCP* 4 (2000): 143–179.

———. "The Last of the Mochicas: A View from the Jequetepeque Valley." In *Moche Art and Archaeology in Ancient Peru*, edited by Joanne Pillsbury, 306–332. Washington, DC: National Gallery of Art, 2001.

——. "Moche Politics in the Jequetepeque Valley: A Case for Political Opportunism." In *New Perspectives on Moche Political Organization*, edited by Jeffrey Quilter and Luis Jaime Castillo B., 83–109. Washington, DC: Dumbarton Oaks Research Library and Collection, 2010.

——. *Personajes míticos, escenas y narraciones en la iconografía mochica*. Lima: Pontificia Universidad Católica del Perú, 1989.

Castillo, Luis Jaime, and Christopher B. Donnan. "Los mochica del norte y los mochica del sur." In *Vicús*, edited by Krzysztof Makowski, 143–181. Lima: Banco de Crédito del Perú, 1994.

Castillo B., Luis Jaime, Francesca Fernandini P., and Luis Muro Y. "The Multidimensional Relations between the Wari and the Moche States of Northern Peru." *Boletín de Arqueología PUCP* 16 (2012): 53–77.

Castillo Butters, Luis Jaime, and Solsiré Cusicanqui Marsano. "Mochicas y Cajamarcas en la costa norte del Perú: Una historia de encuentros y desencuentros." In *Moche y sus vecinos: Reconstruyendo identidades*, edited by Cecilia Pardo and Julio Rucabado, 82–99. Lima: Museo de Arte de Lima, 2016.

Cerrón-Palomino, Rodolfo. "Contactos y desplazamientos lingüísticos en los Andes centro-sureños: El puquina, el aimara y el quechua," *Boletín de Arqueología PUCP* 14 (2010): 255–282.

——. *La lengua de Naimlap: Reconstrucción y obsolescencia del mochica*. Lima: Pontificia Universidad Católica del Perú, 1995.

Certeau, Michel de. *The Practice of Everyday Life*. Translated by Steven F. Rendall. Berkeley: University of California Press, 1984.

Champion, Matthew. *Medieval Graffiti: The Lost Voices of England's Churches*. London: Ebury Press, 2015.

Chapdelaine, Claude. "Moche and Wari during the Middle Horizon on the North Coast of Peru." In *Beyond Wari Walls: Regional Perspectives on Middle Horizon Peru*, edited by Justin Jennings, 213–232. Albuquerque: University of New Mexico Press, 2010.

——. "Moche Art Style in the Santa Valley: Between Being 'à la Mode' and Developing a Provincial Identity." In *The Art and Archaeology of the Moche*, edited by Steve Bourget and Kimberly L. Jones, 129–152. Austin: University of Texas Press, 2008.

——. "Moche Political Organization in the Santa Valley: A Case of Direct Rule through Gradual Control of the Local Population." In *New Perspectives on Moche Political Organization*, edited by Jeffrey Quilter and Luis Jaime Castillo B., 252–279. Washington, DC: Dumbarton Oaks Research Library and Collection, 2010.

Chapdelaine, Claude, and Gérard Gagné. "A Temple for the Dead at San Juanito, Lower Santa Valley, during the Initial Period." In *Funerary Practices and Models in the Ancient Andes: The Return of the Living Dead*, edited by Peter Eeckhout and Lawrence S. Owens, 34–54. New York: Cambridge University Press, 2015.

Chapdelaine, Claude, and Víctor Pimentel. "Un tejido único Moche III del sitio Castillo de Santa: Una escena de cosecha de yuca." *Bulletin de l'Institut Français d'Études Andines* 32, no. 1 (2003): 23–50.

Chapdelaine, Claude, Víctor Pimentel, and Jorge Gamboa. "Gallinazo Cultural Identity in the Lower Santa Valley: Ceramics, Architecture, Burial Patterns, and Sociopolitical Organization." In *Gallinazo: An Early Cultural Tradition on the Peruvian North Coast*, edited by Jean-François Millaire, with Magali Morlion, 181–206. Los Angeles: Cotsen Institute of Archaeology Press at UCLA, 2009.

Chauchat, Claude, and Belkys Gutiérrez. "Excavaciones en el Conjunto Arquitectónico 18 (Plataforma Uhle) durante las temporadas 1999 y 2000." In *Investigaciones en la Huaca de la Luna 2000*, edited by Santiago Uceda, Elías Mujica, and Ricardo Morales, 103–147. Trujillo, Peru: Universidad Nacional de Trujillo, 2006.

——. "Excavaciones en la Plataforma Uhle." In *Proyecto Arqueológico Huaca de la Luna: Informe técnico 2007*, edited by Santiago Uceda and Ricardo Morales, 33–78. Trujillo, Peru: Universidad Nacional de Trujillo, 2008.

Cherkinsky, Alexander, and Gary Urton. "Radiocarbon Chronology of Andean Khipus." *Open Journal of Archaeometry* 2, no. 5260 (2014): 32–36.

Chicoine, David. "Death and Religion in the Southern Moche Periphery: Funerary Practices at Huambacho, Nepeña Valley, Peru." *Latin American Antiquity* 22, no. 4 (2011): 525–548.

Chicoine, David, Hugo Ikehara, and Koichiro Shibata. "Beyond Chavín: The First Millennium BC in Nepeña." In *Reconsidering the Chavín Phenomenon in the Twenty-First Century*, edited by Richard L. Burger and Jason Nesbitt. Washington, DC: Dumbarton Oaks Research Library and Collection, forthcoming.

Chinchilla Mazariegos, Oswaldo. *Art and Myth of the Ancient Maya*. New Haven: Yale University Press, 2017.

Clados, Christiane. "Pre-Hispanic Graffiti and Social Organization in Peru." In *Grafficity: Visual Practices and Contestations in Urban Space*, edited by Eva Youkhana and Larissa Förster, 55–83. Paderborn, Germany: Wilhelm Fink, 2015.

Cobo, Bernabé. *Historia del Nuevo Mundo*. Edited by Marcos Jiménez de la Espada. 4 vols. Seville: Imp. de E. Rasco, 1890–1893 [1653].

——. *Inca Religion and Customs*. Translated by Roland Hamilton. Austin: University of Texas Press, 1990.

Cohen Suarez, Ananda. *Heaven, Hell, and Everything in Between: Murals of the Colonial Andes*. Austin: University of Texas Press, 2016.

Colonna-Preti, Kusi, Peter Eeckhout, and Milton R. Luján-Dávila. "Pinturas y pintores en Pachacamac: Un estudio multidisciplinario del Edificio B15." *Boletín de Arqueología PUCP* 26 (2019): 9–32.

Conklin, William J. "Moche Textile Structures." In *The Junius B. Bird Pre-Columbian Textile Conference*, edited by Ann Pollard Rowe, Elizabeth P. Benson, and Anne-Louise Schaffer, 165–184. Washington, DC: The Textile Museum and Dumbarton Oaks, Trustees for Harvard University, 1979.

Connerton, Paul. *How Societies Remember*. Cambridge: Cambridge University Press, 1989.

Conrad, Geoffrey W. "Burial Platforms and Related Structures on the North Coast of Peru: Some Social and Political Implications." PhD diss., Harvard University, 1974.

Cook, Noble David. *Demographic Collapse: Indian Peru, 1520–1620*. Cambridge: Cambridge University Press, 1981.

Cordy-Collins, Alana. "Archaism or Tradition?: The Decapitation Theme in Cupisnique and Moche Iconography." *Latin American Antiquity* 3, no. 3 (1992): 206–220.

——. "An Iconographic Study of Chavín Textiles from the South Coast of Peru: The Discovery of a Pre-Columbian Catechism." PhD diss., University of California, Los Angeles, 1976.

——. "The Moon Is a Boat!: A Study in Iconographic Methodology." In *Pre-Columbian Art History: Selected Readings*, edited by Alana Cordy-Collins and Jean Stern, 421–434. Palo Alto, CA: Peek, 1977.

Cornejo Rivera, Isabel Rosario. "Informe final del Proyecto de Investigación Tambo Colorado: Temporada 2013." Report submitted to the Ministry of Culture, Peru, 2013.

Cornell, Per, and Fredrik Fahlander, eds. *Encounters, Materialities, Confrontations: Archaeologies of Social Space and Interaction*. Newcastle, UK: Cambridge Scholars Press, 2007.

Coronado, Jorge. *The Andes Imagined: Indigenismo, Society, and Modernity*. Pittsburgh: University of Pittsburgh Press, 2009.

Crary, Jonathan. *Suspensions of Perception: Attention, Spectacle, and Modern Culture*. Cambridge, MA: MIT Press, 2001.

Crossland, Zoë. *Ancestral Encounters in Highland Madagascar: Material Signs and Traces of the Dead*. New York: Cambridge University Press, 2014.

Cummins, Thomas B. F. "The Figurine Tradition of Coastal Ecuador: Technological Style and the Use of Molds." In *Andean Ceramics: Technology, Organization, and Approaches*, edited by Izumi Shimada, 199–212. Philadelphia: Museum Applied Science Center for Archaeology, University of Pennsylvania Museum of Archaeology and Anthropology, 1998.

——. *Toasts with the Inca: Andean Abstraction and Colonial Images on Quero Vessels*. Ann Arbor: University of Michigan Press, 2002.

——. "*Tocapu*: What Is It, What Does It Do, and Why Is It Not a Knot?" In *Their Way of Writing: Scripts, Signs, and Pictographies in Pre-Columbian America*, edited by Elizabeth Hill Boone and Gary Urton, 277–317. Washington, DC: Dumbarton Oaks Research Library and Collection, 2011.

Curatola Petrocchi, Marco. "La voz de la *huaca*: Acerca de la naturaleza oracular y el trasfondo *aural* de la religión andina antigua." In *El Inca y la huaca: La religión del poder y el poder de la religión en el mundo andino antiguo*, edited by Marco Curatola Petrocchi and Jan Szemiński, 259–316. Lima: Pontificia Universidad Católica del Perú, 2016.

Curo Chambergo, James Max Manuel, and Jorge Alberto Rosas Fernández. "Complejo Arqueológico Huaca Bandera Pacora: Un sitio transicional Moche-Lambayeque en el contexto de la costa norte del Perú," edited by Julio César Fernández Alvarado and Carlos Eduardo Wester La Torre, 245–270. Chiclayo, Peru: EMDECOSEGE, 2014.

D'Altroy, Terence N. *The Incas*. 2nd ed. Chichester, West Sussex, UK: Wiley Blackwell, 2015.

Daston, Lorraine, ed. *Things That Talk: Object Lessons from Art and Science*. New York: Zone Books, 2008.

Davis, Whitney. *Replications: Archaeology, Art History, Psychoanalysis*. With the editorial assistance of Richard W. Quinn. University Park: Pennsylvania State University Press, 1996.

Dean, Carolyn. "The Inka Married the Earth: Integrated Outcrops and the Making of Place." *The Art Bulletin* 89, no. 3 (2007): 502–518.

——. "Metonymy in Inca Art." In *Presence: The Inherence of the Prototype within Images and Other Objects*, edited by Robert Maniura and Rupert Shepherd, 105–120. Aldershot, UK: Ashgate, 2006.

——. "The Trouble with (the Term) Art." *Art Journal* 65, no. 2 (2006): 24–32.

de Bock, Edward K. *Human Sacrifices for Cosmic Order and Regeneration: Structure and Meaning in Moche Iconography, Peru, AD 100–800*. Oxford: John and Erica Hedges, 2005.

——. "Templo de la Escalera y Ola y la hora del sacrificio humano." In *Moche: Hacia el final del milenio*, edited by Santiago Uceda and Elías Mujica, 1:307–324. Lima: Universidad Nacional de Trujillo; Pontificia Universidad Católica del Perú, 2003.

Deetz, James. *In Small Things Forgotten: An Archaeology of Early American Life*. Expanded and revised edition. New York: Anchor Books, 1996.

Delibes Mateos, Rocío. *Desenterrando tesoros en el siglo XVI: Compañías de huaca y participación indígena en Trujillo del Perú*. Madrid: Consejo Superior de Investigaciones Científicas; Seville: Universidad de Sevilla; Seville: Diputación de Sevilla, 2012.

DeMarrais, Elizabeth. "Animacy, Abstraction, and Affect in the Andean Past: Toward a Relational Approach to Art." *Cambridge Archaeological Journal* 27, no. 4 (2017): 655–669.

Dillehay, Tom D. "Un comentario sobre los vínculos entre la arqueología y las lenguas andinas." *Boletín de Arqueología PUCP* 14 (2010): 85–93.

Dillehay, Tom D., and Alan L. Kolata. "Long-Term Human Response to Uncertain Environmental Conditions in the Andes." *PNAS* 101, no. 12 (2004): 4325–4330.

DiPeso, Charles C. "The Northern Sector of the Mesoamerican World System." In *Forgotten Places and Things: Archaeological Perspectives on American History*, edited by Albert E. Ward, 11–22. Albuquerque: Center for Anthropological Studies, 1983.

Dolorier Torres, Camilo, and Lyda Casas Salazar. "Ritos, tránsito a lo sagrado y búsqueda de equilibrio en el mundo moche." In *Cosmos moche*, edited by Roberto Ochoa Berreteaga, 138–152. Lima: Museo Andrés del Castillo, 2012.

Donnan, Christopher B. *Chotuna and Chornancap: Excavating an Ancient Peruvian Legend*. Los Angeles: Cotsen Institute of Archaeology Press at UCLA, 2011.

——. "Dance in Moche Art." *Ñawpa Pacha* 20 (1982): 97–120.

——. "Deer Hunting and Combat: Parallel Activities in the Moche World." In *The Spirit of Ancient Peru: Treasures from the Museo Arqueológico Rafael Larco Herrera*, edited by Kathleen Berrin, 50–59. San Francisco: Fine Arts Museums of San Francisco, 1997.

——. "Huaca Dos Cabezas." *Ñawpa Pacha* 34, no. 2 (2014): 117–146.

——. *La Mina: A Looted Moche Tomb*. Los Angeles: UCLA Cotsen Institute of Archaeology Press at UCLA, forthcoming.

——. *Moche Art and Iconography*. Los Angeles: UCLA Latin American Center, 1976.

——. *Moche Art of Peru: Pre-Columbian Symbolic Communication*. Los Angeles: Fowler Museum of Cultural History, 1978.

——. "Moche-Huari Murals from Northern Peru." *Archaeology* 25, no. 2 (1972): 85–95.

——. *Moche Portraits from Ancient Peru*. Austin: University of Texas Press, 2004.

——. "Moche State Religion: A Unifying Force in Moche Political Organization." In *New Perspectives on Moche Political Organization*, edited by Jeffrey Quilter and Luis Jaime Castillo B., 47–69. Washington, DC: Dumbarton Oaks Research Library and Collection, 2010.

——. "Moche Substyles: Keys to Understanding Moche Political Organization." *Boletín del Museo Chileno de Arte Precolombino* 16, no. 1 (2011): 105–118.

——. *Moche Tombs at Dos Cabezas*. Los Angeles: Cotsen Institute of Archaeology Press at UCLA, 2007.

——. "The Thematic Approach to Moche Iconography." *Journal of Latin American Lore* 1, no. 2 (1975): 147–162.

Donnan, Christopher B., and Luis Jaime Castillo Butters. "Excavaciones de tumbas de sacerdotisas moche en San José de Moro, Jequetepeque." In *Moche: Propuestas y perspectivas*, edited by Santiago Uceda and Elías Mujica, 415–424. Lima: Universidad Nacional de la Libertad–Trujillo, 1994.

Donnan, Christopher B., and Donna McClelland. *The Burial Theme in Moche Iconography*. Washington, DC: Dumbarton Oaks Research Library and Collection, 1979.

———. *Moche Fineline Painting: Its Evolution and Its Artists*. Los Angeles: Fowler Museum of Cultural History, 1999.

Donnan, Christopher B., David A. Scott, and Todd Bracken. "Moche Forms for Shaping Sheet Metal." In *The Art and Archaeology of the Moche: An Ancient Andean Society of the Peruvian North Coast*, edited by Steve Bourget and Kimberly L. Jones, 113–128. Austin: University of Texas Press, 2008.

Echevarría López, Gori Tumi. "'Quilca' y 'arte rupestre': Disquisiciones en el contexto del arte, la arqueología y la ciencia peruana." *Arqueología y Sociedad* no. 31 (2016): 11–22.

Eco, Umberto. "Function and Sign: The Semiotics of Architecture." In *Rethinking Architecture: A Reader in Cultural Theory*, edited by Neil Leach, 182–202. Abingdon, UK: Routledge, 1997.

El Comercio. "Este es el último descubrimiento de la cultura Mochica." Published online January 11, 2018. https://elcomercio.pe/peru/lambayeque/descubrimiento-arqueologico-hallan-nuevos-vestigios-mochicas-noticia-487066.

Elkins, James, and Maja Naef, eds. *What Is an Image?* University Park, PA: Penn State University Press, 2011.

Eloranta, Rita. "Language Contact across the Andes: The Case of Mochica and Hibito-Cholón." In *Language Contact and Change in Mesoamerica and Beyond*, edited by Karen Dakin, Claudia Parodi, and Natalie Operstein, 319–334. Amsterdam: John Benjamins, 2017.

Eloranta, Rita, and Angela Bartens. "New Mochica and the Challenge of Reviving an Extinct Language." In *Variation and Evolution: Aspects of Language Contact and Contrast across the Spanish-Speaking World*, edited by Sandro Sessarego, Juan J. Colomina-Almiñana, and Adrián Rodríguez-Riccelli, 253–273. Amsterdam: John Benjamins, 2020.

Estete, Miguel de. "La relación del viaje que hizo el señor capitán Hernando Pizarro."
In Francisco de Jeréz, "Verdadera relación de la Conquista del Perú." In *Crónicas tempranas del siglo XVI. Tomo 1: Estrategia hispana: La invasión del Tawantinsuyu en la época de Huáscar y Atahualpa (1530–1533)*, edited by Carlos Velaochaga Dam, Alejandro Herrera Villagra, and Rafael Warthon Calero, 104–121. Cusco: Dirección Desconcentrada de Cultura de Cusco—Ministerio de Cultura, 2017.

———. "Noticia del Perú: De los papeles del Arca de Santa Cruz." In *Crónicas tempranas del siglo XVI. Tomo 1: Estrategia hispana: La invasión del Tawantinsuyu en la época de Huáscar y Atahualpa (1530–1533)*, edited by Carlos Velaochaga Dam, Alejandro Herrera Villagra, and Rafael Warthon Calero, 235–276. Cusco: Dirección Desconcentrada de Cultura de Cusco—Ministerio de Cultura, 2017.

Feldman, Robert A. "Preceramic Corporate Architecture: Evidence for the Development of Non-Egalitarian Social Systems in Peru." In *Early Ceremonial Architecture in the Andes*, edited by Christopher B. Donnan, 71–92. Washington, DC: Dumbarton Oaks Research Library and Collection, 1985.

———. "Preceramic Unbaked Clay Figurines from Aspero, Peru." In *The New World Figurine Project: Volume 1*, edited by Terry Stocker, 5–19. Provo, UT: Research Press, 1991.

Ferguson, Leland. *Uncommon Ground: Archaeology and Early African America, 1650–1800*. Washington, DC: Smithsonian Books, 1992.

Finegold, Andrew. *Vital Voids: Cavities and Holes in Mesoamerican Material Culture*. Austin: University of Texas Press, 2021.

Fonseca Santa Cruz, Javier, and Brian S. Bauer. *The Wari Enclave of Espíritu Pampa*. Los Angeles: Cotsen Institute of Archaeology Press at UCLA, 2020.

Fowles, Severin. "Absorption, Theatricality and the Image in Deep Time." *Cambridge Archaeological Journal* 27, no. 4 (2017): 679–689.

———. *An Archaeology of Doings: Secularism and the Study of Pueblo Religion*. Santa Fe: School for Advanced Research Press, 2013.

Fowles, Severin, and Jimmy Arterberry. "Gesture and Performance in Comanche Rock Art." *World Art* 3, no. 1 (2013): 67–82.

Franco Jordán, Régulo G. "Aproximaciones al significado de las representaciones murales mochica de la fachada principal
y el patio superior de la Huaca Cao Viejo, Complejo El Brujo, costa norte del Perú." *Quingnam* 2 (2016): 7–52.

———. "El complejo arqueológico El Brujo en la costa norte del Perú." *Quingnam* 1 (2015): 35–53.

———. *Mocollope: Pasado prehispánico*. Chiclayo, Peru: Imprenta Ingenium, 2016.

———. "Mocollope: Últimos descubrimientos en un centro cívico ceremonial moche en la costa norte." *Arkinka: Revista de Arquitectura, Diseño y Construcción* 20, no. 242 (2016): 98–107.

———. "Sacrificios humanos en el mundo moche: Una nueva mirada a la iconografía y a los hallazgos arqueológicos." *Quingnam* 5 (2019): 83–132.

Franco [Jordán], Régulo, César Gálvez [Mora], and Segundo Vásquez [Sánchez]. "Arquitectura y decoración mochica en la Huaca Cao Viejo, Complejo El Brujo: Resultados preliminares." In *Moche: Propuestas y perspectivas*, edited by Santiago Uceda and Elías Mujica, 147–180. Lima: Universidad Nacional de la Libertad–Trujillo, 1994.

———. "*Graffiti* mochicas en la Huaca Cao Viejo, Complejo El Brujo." *Bulletin de l'Institut Français d'Études Andines* 30, no. 2 (2001): 359–395.

———. "Modelos, función y cronología de la Huaca Cao Viejo, Complejo El Brujo." In *Moche: Hacia el final del milenio*, edited by Santiago Uceda and Elías Mujica, 2:125–177. Lima: Universidad Nacional de Trujillo; Pontificia Universidad Católica del Perú, 2003.

———. "Un cielorraso moche polícromo en la Huaca Cao Viejo, El Brujo." *1/2C: Medio de Construcción* 144 (1998): 37–42.

Franco Jordán, Régulo G., and Juan V. Vilela Puelles. "Aproximaciones al calendario ceremonial mochica del Complejo El Brujo, valle Chicama." In *Moche: Hacia el final del milenio*, edited by Santiago Uceda and Elías Mujica, 1:383–423. Lima: Universidad Nacional de Trujillo; Pontificia Universidad Católica del Perú, 2003.

———. *El Brujo: El mundo mágico religioso mochica y el calendario ceremonial*. Trujillo, Peru: Minka, 2005.

Freedberg, David. *The Power of Images: Studies in the History and Theory of Response*. Chicago: University of Chicago Press, 1989.

Freidel, David, Michelle Rich, and F. Kent Reilly III. "Resurrecting the Maize King: Figurines from a Maya Tomb Bring a Royal Funeral to Life." *Archaeology* 63, no. 5 (2010): 42–45.

Fuchs, Peter R. "Nuevos datos arqueométricos para la historia de ocupación de Cerro Sechín—Período Lítico al Formativo." In *Arquitectura y civilización en los Andes prehispánicos*, edited by Elisabeth Bonnier and Henning Bischof, 145–161. Mannheim: Sociedad Arqueológica Peruano-Alemana; Reiss-Museum Mannheim, 1997.

Fuchs, Peter R., Renate Patzsche, Germán Yenque, and Jesús Briceño. "Del Arcaico Tardío al Formativo Temprano: Las investigaciones en Sechín Bajo, valle de Casma." *Boletín de Arqueología PUCP* 13 (2009): 55–86.

Gálvez Mora, César, and Jesús Briceño Rosario. "The Moche in the Chicama Valley." In *Moche Art and Archaeology in Ancient Peru*, edited by Joanne Pillsbury, 140–157. Washington, DC: National Gallery of Art, 2001.

Gálvez Mora, César A., and María Andrea Runcio. "El life (*Trichomycterus* sp.) y su importancia en la iconografía mochica." *Arqueobios* 3, no. 1 (2009): 55–87.

Gambini E., Wilfredo. *Santa y Nepeña: Dos valles, dos culturas*. Lima: Imprenta Castillo, 1984.

García Caputi, Mariella. *La figurina como reflejo de un modo de vida valdivia: Cronología y uso social de la figurina a través de un método comparativo entre colecciones*. Guayaquil, Ecuador: Escuela Superior Politécnica del Litoral, 2016.

———. *Las figurinas de Real Alto: Reflejos de los modos de vida valdivia*. Quito: Ediciones Abya Yala, 2006.

Garrido, José Eulogio. "Descubrimiento de un muro decorado en la 'Huaca de la Luna' (Moche)." *Chimor: Boletín del Museo de Arqueología de la Universidad Nacional de Trujillo* 4, no. 1 (1956): 25–31.

———. *Visiones de Chan Chan*. Trujillo, Peru: Patronato de Artes Plásticas de Trujillo, 1981.

Gayoso Rullier, Henry Luis. "¿Por qué *Aiapaec* y *Chicopaec* no son nombres de dioses?" *Chungara: Revista de Antropología Chilena* 46, no. 3 (2014): 345–354.

Gell, Alfred. *Art and Agency: An Anthropological Theory*. Oxford: Clarendon, 1998.

———. "The Technology of Enchantment and the Enchantment of Technology." In *Anthropology, Art, and Aesthetics*, edited by Jeremy Coote and Anthony Shelton, 40–63. Oxford: Clarendon, 1992.

———. "Vogel's Net: Traps as Artworks and Artworks as Traps." *Journal of Material Culture* 1, no. 1 (1996): 15–38.

Ghezzi, Iván. "Religious Warfare at Chankillo." In *Andean Archaeology III: North and South*, edited by William H. Isbell and Helaine Silverman, 67–84. New York: Springer, 2006.

Giersz, Miłosz. "Los guardianes de la frontera sur: La presencia moche en Culebras y Huarmey." In *Arqueología de la costa de Ancash*, edited by Miłosz Giersz and Iván Ghezzi, 271–310. Lima: Institut Français d'Études Andines; Centro de Estudios Precolombinos de la Universidad de Varsovia, 2011.

Giersz, Miłosz, and Krzysztof Makowski. "El fenómeno wari: Tras las huellas de un imperio prehispánico." In *Castillo de Huarmey: El mausoleo imperial wari*, edited by Miłosz Giersz and Cecilia Pardo, 34–67. Lima: Museo de Arte de Lima, 2014.

Giersz, Miłosz, and Cecilia Pardo, eds. *Castillo de Huarmey: El mausoleo imperial wari*. Lima: Museo de Arte de Lima, 2014.

Giersz, Miłosz, and Patrycja Prządka. "Cronología cultural y patrones de asentamiento prehispánico en el valle del río Culebras, Costa Norcentral del Perú." *Arkeos: Revista Electrónica de Arqueología PUCP* 4, no. 11 (2009): 1–40.

———. "Variabilidad y personalidad iconográfica: Una aproximación estadística." In *El mundo sobrenatural mochica: Imágenes escultóricas de las deidades antropomorfas en el Museo Arqueológico Rafael Larco Herrera*, edited by Miłosz Giersz, Krzysztof Makowski, and Patrycja Prządka, 121–147. Lima: Pontificia Universidad Católica del Perú, 2005.

Gillespie, Susan D. "Journey's End(?): The Travels of La Venta Offering 4." In *Things in Motion: Object Itineraries in Anthropological Practice*, edited by Rosemary A. Joyce and Susan D. Gillespie, 39–61. Santa Fe: School for Advanced Research Press, 2015.

Giuntini, Christine. "Feathered Panels (Cat. No. 48)." In *Golden Kingdoms: Luxury Arts in the Ancient Americas*, edited by Joanne Pillsbury, Timothy Potts, and Kim N. Richter, 158–159. Los Angeles: The J. Paul Getty Museum and The Getty Research Institute, 2017.

Golte, Jürgen. *Iconos y narraciones: La reconstrucción de una secuencia de imágenes moche*. Lima: Instituto de Estudios Peruanos, 1994.

———. *Las aventuras del dios Quismique y su ayudante Murrup*. Lima: Instituto de Estudios Peruanos, 1993.

———. *Moche: Cosmología y sociedad: Una interpretación iconográfica*. Lima: Instituto de Estudios Peruanos; Cusco: Centro Bartolomé de Las Casas, 2009.

González Holguín, Diego. *Vocabulario de la lengua general de todo el Peru llamada lengua qquichua, o del Inca*. Lima: Francisco del Canto, 1608.

Gordilla, Rafael, Jorge Solórzano, Blanca Sánchez, and Ricardo Córdova. "Acciones de conservación en el Frontis Norte y la Plaza 1." In *Proyecto Arqueológico Huaca de la Luna: Informe técnico 2008*, edited by Santiago Uceda and Ricardo Morales, 527–540. Trujillo, Peru: Universidad Nacional de Trujillo, 2009.

Graubart, Karen. "Estete, Miguel de (ca. 1507–1550)." In *Guide to Documentary Sources for Andean Studies, 1530–1900*, edited by Joanne Pillsbury, 2:206–210. Norman: University of Oklahoma Press, 2008.

Grieder, Terence. *The Art and Archaeology of Pashash*. Austin: University of Texas Press, 1978.

Grossman, Joel W. "A Huaquero's Discard: Eleven Associated Molds from Huaca Facho, Peru." *Ñawpa Pacha* 7–8 (1969–1970): 29–39.

Gudemos, Mónica L. "Huayllaquepa: El sonido del mar en la tierra." *Revista Española de Antropología Americana* 31 (2001): 97–130.

Guernsey, Julia. *Human Figuration and Fragmentation in Preclassic Mesoamerica: From Figurines to Sculpture*. New York: Cambridge University Press, 2020.

Guffroy, Jean. *Imágenes y paisajes rupestres del Perú*. Lima: Universidad de San Martín de Porres, 2009.

Guidon, Niède. *Peintures préhistoriques du Brésil: L'art rupestre du Piaui*. Paris: Éditions Recherche sur les Civilisations, 1991.

Haas, Jonathan. "Excavations on Huaca Grande: An Initial View of the Elite of Pampa Grande, Peru." *Journal of Field Archaeology* 12, no. 4 (1985): 391–409.

Hamilakis, Yannis. *Archaeology and the Senses: Human Experience, Memory, and Affect*. New York: Cambridge University Press, 2013.

Hamilakis, Yannis, Mark Pluciennik, and Sarah Tarlow. "Introduction." In *Thinking through the Body: Archaeologies of Corporeality*, edited by Yannis Hamilakis, Mark Pluciennik, and Sarah Tarlow, 1–21. New York: Springer, 2002.

———, eds. *Thinking through the Body: Archaeologies of Corporeality*. New York: Springer, 2002.

Hamilton, Andrew James. "New Horizons

in Andean Art History." *Record of the Princeton University Art Museum* 75–76 (2016–2017): 42–101.

Haraway, Donna. "Animal Sociology and a Natural Economy of the Body Politic, Part II: The Past Is the Contested Zone: Human Nature and Theories of Production and Reproduction in Primate Behavior Studies." *Signs: Journal of Women in Culture and Society* 4, no. 1 (1978): 37–60.

Harth-Terré, Emilio. *El vocabulario estético de los mochicas. Una lengua muerta que vive en su arte*. Lima: J. Mejía Baca, 1976.

Helmer, Matthew, David Chicoine, and Hugo Ikehara. "Plaza Life and Public Performance at the Early Horizon Center of Caylán, Nepeña Valley, Perú." *Ñawpa Pacha* 32, no. 1 (2012): 85–114.

Herrera Wassilowsky, Alexander. "Multilingualism on the North Coast of Peru: An Archaeological Perspective on Quingnam, Muchik, and Quechua Toponyms from the Nepeña Valley and Its Headwaters." *Indiana* 33, no. 1 (2016): 161–176.

Herring, Adam. *Art and Vision in the Inca Empire: Andeans and Europeans at Cajamarca*. New York: Cambridge University Press, 2015.

Hocquenghem, Anne Marie. *Iconografía mochica*. Lima: Pontificia Universidad Católica del Perú, 1987.

Hocquenghem, Anne Marie, and Patricia J. Lyon. "A Class of Anthropomorphic Supernatural Females in Moche Iconography." *Ñawpa Pacha* 18 (1980): 27–48.

Holmquist Pachas, Ulla Sarela. "El personaje mítico femenino de la iconografía mochica." BA thesis, Pontificia Universidad Católica Perú, 1992.

Holstein, Otto. "Chan-Chan: Capital of the Great Chimu." *The Geographical Review* 17, no. 1 (1927): 36–61.

Hostnig, Rainer. *Arte rupestre del Perú: Inventario nacional*. Lima: CONCYTEC, 2003.

Houston, Stephen D. "The Best of All Things: Beauty, Materials, and Society among the Classic Maya." In *Ancient Maya Art at Dumbarton Oaks*, edited by Joanne Pillsbury, Miriam Doutriaux, Reiko Ishihara-Brito, and Alexandre Tokovinine, 85–99. Washington, DC: Dumbarton Oaks Research Library and Collection, 2012.

Houston, Stephen, and Mallory E. Matsumoto. "Molded Meaning." *Res: Anthropology and Aesthetics* 71–72 (2019): 1–5.

Houston, Stephen, David Stuart, and Karl Taube. *The Memory of Bones: Body, Being, and Experience among the Classic Maya*. Austin: University of Texas Press, 2006.

Hurst, Heather, Leonard Ashby, Mary Pohl, and Christopher L. von Nagy. "The Artistic Practice of Cave Painting at Oxtotitlán, Guerrero, Mexico." In *Murals of the Americas*, edited by Victoria I. Lyall, 14–41. Denver: Denver Museum of Art, 2019.

Hvidtfeldt, Arild. *Teotl and Ixiptlatli: Some Central Conceptions in Ancient Mexican Religion*. Copenhagen: Munksgaard, 1958.

Hyland, Sabine. "Writing with Twisted Cords: The Inscriptive Capacity of Andean Khipus." *Current Anthropology* 58, no. 3 (2017): 412–419.

Hyland, Sabine, and Christine Lee. "Indigenous Record-Keeping and Hacienda Culture: Modern Khipu Accounting on the Island of the Sun." *Hispanic American Historical Review* 101, no. 3 (2021): forthcoming.

Ikehara [Tsukayama], Hugo C. "The Final Formative Period in the North Coast of Peru: Cooperation during Violent Times." *World Archaeology* 48, no. 1 (2016): 70–86.

———. "Leadership, Crisis and Political Change: The End of the Formative Period in the Nepeña Valley, Perú." PhD diss., University of Pittsburgh, 2015.

———. "Multinaturalismo y perspectivismo en los centros ceremoniales formativos." In *Los desafíos del tiempo, el espacio y la memoria: Ensayos en homenaje a Peter Kaulicke*, edited by Rafael Vega-Centeno and Jahl Dulanto, 339–373. Lima: Pontificia Universidad Católica del Perú, 2020.

Ikehara, Hugo, and David Chicoine. "Hacia una reevaluación de Salinar desde la perspectiva del valle de Nepeña, costa de Ancash." In *Arqueología de la costa de Ancash*, edited by Miłosz Giersz and Iván Ghezzi, 153–184. Lima: Institut Français d'Études Andines; Centro de Estudios Precolombinos de la Universidad de Varsovia, 2011.

Ingold, Tim. *Making: Anthropology, Archaeology, Art and Architecture*. Abingdon, Oxon: Routledge, 2013.

———. "The Textility of Making." *Cambridge Journal of Economics* 34 (2010): 91–102.

Izumi, Seiichi. "The Development of the Formative Culture in the Ceja de Montaña: A Viewpoint Based on the Materials from the Kotosh Site." In *Dumbarton Oaks Conference on Chavín*, edited by Elizabeth P. Benson, 49–72. Washington, DC: Dumbarton Oaks Research Library and Collection, 1971.

Izumi, Seiichi, and Toshihiko Sono, eds. *Andes 2: Excavations at Kotosh, Peru, 1960*. Tokyo: Kadokawa, 1963.

Izumi, Seiichi, and Kazuo Terada, eds. *Andes 4: Excavations at Kotosh, Peru, 1963 and 1966*. Tokyo: University of Tokyo Press, 1972.

Jackson, Margaret A. "La narrativa de las Pléyades: Análisis de los murales moche 'Temas Míticos' y 'Temas Complejos' de la Huaca de la Luna y la Huaca Cao Viejo." In *El arte antes de la historia: Para una historia del arte andino antiguo*, edited by Marco Curatola Petrocchi, Cécile Michaud, Joanne Pillsbury, and Lisa Trever, 353–386. Lima: Pontificia Universidad Católica del Perú, 2020.

———. *Moche Art and Visual Culture in Ancient Peru*. Albuquerque: University of New Mexico Press, 2008.

———. "Moche as Visual Notation: Semasiographic Elements in Moche Ceramic Imagery." In *Their Way of Writing: Scripts, Signs, and Pictographies in Pre-Columbian America*, edited by Elizabeth Hill Boone and Gary Urton, 227–249. Washington, DC: Dumbarton Oaks Research Library and Collection, 2011.

———. "Proto-Writing in Moche Pottery at Cerro Mayal, Peru." In *Andean Archaeology II: Art, Landscape, and Society*, edited by Helaine Silverman and William H. Isbell, 107–135. New York: Springer, 2002.

Jiménez Díaz, María Jesús. "The Evolution and Changes of Moche Textile Style: What Does Style Tell Us about Northern Textile Production?" *Textile Society of America Symposium Proceedings* 403 (2002). Accessed June 5, 2019, http://digitalcommons.unl.edu/tsaconf/403.

Jones, Andrew Meirion, and Andrew Cochrane, eds. *The Archaeology of Art: Materials, Practices, Affects*. Abingdon, Oxon: Routledge, 2018.

Joralemon, Donald, and Douglas Sharon. *Sorcery and Shamanism: Curanderos and Clients in Northern Peru*. Salt Lake City: University of Utah Press, 1993.

Joyce, Rosemary A. "Archaeology of the Body." *Annual Review of Anthropology* 34 (2005): 139–158.

———. "Performing the Body in Pre-Hispanic Central America." *Res: Anthropology and Aesthetics* 33 (1998): 147–165.

———. "When the Flesh Is Solid but the Person Is Hollow Inside: Formal Variation in Hand-Modelled Figurines from Formative Mesoamerica." In *Past Bodies: Body-Centered Research in Archaeology*, edited by Dušan Borić and John Robb, 37–45. Oxford: Oxbow Books, 2008.

Kaltmeier, Olaf. "On the Advantage and Disadvantage of Heritage for Latin America: Heritage Politics and Nostalgia between Coloniality and Indigeneity." In *Entangled Heritages: Postcolonial Perspectives on the Uses of the Past in Latin America*, edited by Olaf Kaltmeier and Mario Rufer, 13–35. Abingdon, Oxon: Routledge, 2017.

Kauffmann Doig, Federico. *Los chachapoyas*. Lima: Banco de Crédito del Perú, 2013.

Kaulicke, Peter. *Las cronologías del Formativo: 50 años de investigaciones japonesas en perspectiva*. Lima: Pontificia Universidad Católica del Perú, 2010.

Keegan, Peter. *Graffiti in Antiquity*. London: Routledge, 2014.

King, Heidi. "The Wari Feathered Panels from Corral Redondo, Churunga Valley: A Re-Examination of Context." *Ñawpa Pacha* 33, no. 1 (2013): 23–42.

Klaus, Haagen D., Walter Alva, Steve Bourget, and Luis Chero. "Biological Distance Patterns among the Northern Moche Lords: Dental Phenotypes and Political Organization in Ancient Peru." *Latin American Antiquity* 29, no. 4 (2018): 696–717.

Knight, Vernon James, Jr. *Iconographic Method in New World Prehistory*. New York: Cambridge University Press, 2013.

Kolar, Miriam A. "Conch Calls into the Anthropocene: *Pututus* as Instruments of Human-Environmental Relations at Monumental Chavín de Huántar." *Yale Journal of Music & Religion* 5, no. 2 (2019): 22–63.

Koons, Michele Lorraine. "Moche Geopolitical Networks and the Dynamic Role of Licapa II, Chicama Valley, Peru." PhD diss., Harvard University, 2012.

———. "Moche Sociopolitical Dynamics and the Role of Licapa II, Chicama Valley, Peru." *Latin American Antiquity* 26, no. 4 (2015): 473–492.

Koons, Michele L., and Bridget A. Alex. "Revised Moche Chronology Based on Bayesian Models of Reliable Radiocarbon Dates." *Radiocarbon* 56, no. 3 (2014): 1039–1055.

Krickeberg, Walter. "Mexikanisch-peruanische Parallelen: Ein Überblick und eine Ergänzung." In *Festschrift, Publication d'hommage offerte au P.W. Schmidt*, edited by Wilhelm Koppers, 378–393. Vienna: Mechitharisten-Congregations-Buchdruckerei, 1928.

Kroeber, Alfred L. *Archaeological Explorations in Peru. Part II: The Northern Coast*. Field Museum of Natural History, Anthropology, Memoirs 2, no. 2. Chicago: Field Museum of Natural History, 1930.

Kubler, George. "Aesthetics since Amerindian Art before Columbus." In *Collecting the Pre-Columbian Past*, edited by Elizabeth Hill Boone, 35–48. Washington, DC: Dumbarton Oaks Research Library and Collection, 1993.

———. "History—or Anthropology—of Art?" *Critical Inquiry* 1, no. 4 (1975): 757–767.

———. "Period, Style and Meaning in Ancient American Art." *New Literary History* 1, no. 2 (1970): 127–144.

———. "Science and Humanism among Americanists." In *The Iconography of Middle American Sculpture*, 163–167. New York: The Metropolitan Museum of Art, 1973.

———. "Towards Absolute Time: Guano Archaeology." *Memoirs of the Society for American Archaeology* 4 (1948): 29–50.

Kutscher, Gerdt. *Chimu: Eine altindianische Hochkultur*. Berlin: Gebr. Mann, 1950.

———. *Nordperuanische Gefäßmalereien des Moche-Stils*. Munich: C. H. Beck, 1983.

———. *Nordperuanische Keramik: Figürlich verzierte Gefässe der Früh-Chimu*. Berlin: Gebr. Mann, 1954.

Langlois, Louis. "Utcubamba: Investigaciones arqueológicas en este valle del Departamento de Amazonas (Perú) (Conclusión)." Translated by Eugenio Garro. *Revista del Museo Nacional* 9, no. 2 (1940): 191–228.

Larco Hoyle, Rafael. *Cronología arqueológica del norte del Perú*. Buenos Aires: Sociedad Geográfica Americana, 1948.

———. *Los mochicas*. Vol. 1. Lima: Casa Editora La Crónica y Variedades, 1938.

———. *Los mochicas*. Vol. 2. Lima: Empresa Editorial Rimac S.A., 1939.

———. *Los mochicas*. 2 vols. Lima: Museo Arqueológico Rafael Larco Herrera, 2001.

Lathrap, Donald W. "Jaws: The Control of Power in the Early Nuclear American Ceremonial Center." In *Early Ceremonial Architecture in the Andes*, edited by Christopher B. Donnan, 241–267. Washington, DC: Dumbarton Oaks Research Library and Collection, 1985.

Lathrap, Donald W., Donald Collier, and Helen Chandra. *Ancient Ecuador: Culture, Clay, and Creativity, 3000–300 BC*. Chicago: Field Museum of Natural History, 1975.

Lau, George F. *Ancient Alterity in the Andes: A Recognition of Others*. New York: Routledge, 2012.

———. *Andean Expressions: Art and Archaeology of the Recuay Culture*. Iowa City: University of Iowa Press, 2011.

———. "Culturas en contacto: La interacción entre Recuay y Moche en el norte del Perú." In *Moche y sus vecinos: Reconstruyendo identidades*, edited by Cecilia Pardo and Julio Rucabado, 56–67. Lima: Museo de Arte de Lima, 2016.

———. "The First Millennium AD in North-Central Peru: Critical Perspectives on a Linguistic Prehistory." In *Archaeology and Language in the Andes: A Cross-Disciplinary Exploration of Prehistory*, edited by Paul Heggarty and David Beresford-Jones, 163–195. Oxford: Oxford University Press, 2012.

———. "Intercultural Relations in Northern Peru: The North Central Highlands during the Middle Horizon." *Boletín de Arqueología PUCP* 16 (2012): 23–52.

———. "Metal in the Recuay Culture of Ancient Peru: Art, Imagery, and Social Context." In *Archaeological Interpretations: Symbolic Meaning within Andes Prehistory*, edited by Peter Eeckhout, 145–179. Gainesville: University Press of Florida, 2020.

———. "Object of Contention: An Examination of Recuay-Moche Combat Imagery." *Cambridge Archaeological Journal* 14, no. 2 (2004): 163–184.

———. "An Offering Context at Pashash (A.D. 200–600): Camelid Imagery and the Lordly Commitment in the Ancient Andes." Lecture presented to the Pre-Columbian Society of New York, March 9, 2021.

Lechtman, Heather. "Andean Value Systems and the Development of Prehistoric Metallurgy." *Technology and Culture* 25, no. 1 (1984): 1–36.

———. "Cloth and Metal: The Culture of Technology." In *Andean Art at Dumbarton Oaks*, edited by Elizabeth Hill Boone, 1:33–43. Washington, DC: Dumbarton Oaks Research Library and Collection, 1996.

Ledderose, Lothar. *Ten Thousand Things: Module and Mass Production in Chinese Art*. Princeton: Princeton University Press, 2000.

Lefebvre, Henri. *The Production of Space*. Translated by Donald Nicholson-Smith. Oxford: Blackwell, 1991.

Lehmann, Walter, and Heinrich Doering. *The Art of Old Peru*. London: Ernest Benn, 1924.

Lepinski, Sarah, and Susanna McFadden, eds. *Beyond Iconography: Materials, Methods, and Meaning in Ancient Surface Decoration.* Boston: Archaeological Institute of America, 2015.

Lieske, Bärbel. *Mythische Bilderzählungen in den Gefässmalereien der altperuanischen Moche-Kultur: Versuch einer ikonographischen Rekonstruktion.* Bonn: Holos, 1992.

Lockard, Gregory D. "A New View of Galindo: Results of the Galindo Archaeological Project." In *Arqueología mochica: Nuevos enfoques,* edited by Luis Jaime Castillo Butters, Hélène Bernier, Gregory Lockard, and Julio Rucabado Yong, 275–294. Lima: Pontificia Universidad Católica del Perú, 2008.

———. "Political Power and Economy at the Archaeological Site of Galindo, Moche Valley, Peru." PhD diss., University of New Mexico, 2005.

Lockhart, James. *The Men of Cajamarca: A Social and Biographical Study of the First Conquerors of Peru.* Austin: University of Texas Press, 1972.

Lumbreras, Luis Guillermo. *Chavín de Huántar en el nacimiento de la civilización andina.* Lima: Instituto Andino de Estudios Arqueológicos, 1989.

———. *El arte y la vida vicus.* Lima: Banco Popular del Perú, 1979.

Lyon, Patricia J. "Arqueología y mitología: La escena de 'los objetos animados' y el tema de 'el alzamiento de los objetos.'" *Scripta Ethnológica* 6 (1981): 105–108.

MacCormack, Sabine. "Calancha, Antonio de la (1584–1654)." In *Guide to Documentary Sources for Andean Studies, 1530–1900,* edited by Joanne Pillsbury, 2:95–101. Norman: University of Oklahoma Press, 2008.

———. "The Fall of the Incas: A Historiographical Dilemma." *History of European Ideas* 6, no. 4 (1985): 421–445.

Mackey, Carol J., and Charles M. Hastings. "Moche Murals from the Huaca de la Luna." In *Pre-Columbian Art History: Selected Readings,* edited by Alana Cordy-Collins, 293–312. Palo Alto, CA: Peek, 1982.

Mackey, Carol J., and Alexandra M. Ulana Klymyshyn. "Construction and Labor Organization in the Chimu Empire." *Ñawpa Pacha* 19 (1981): 99–114.

Mackey, Carol J., and Andrew J. Nelson. *Life, Death and Burial Practices during the Inca Occupation of Farfán on Peru's North Coast.* Andean Past Monograph 2. Orono, ME: University of Maine, 2020.

Maitland, Frederic William. *The Collected Papers of Frederic William Maitland.* Edited by H. A. L. Fisher. 3 vols. Cambridge: Cambridge University Press, 1911.

Makowski, Krzysztof. "Hacia la reconstrucción del panteón moche: Tipos, personalidades iconográficas, narraciones." In *El mundo sobrenatural mochica: Imágenes escultóricas de las deidades antropomorfas en el Museo Arqueológico Rafael Larco Herrera,* edited by Miłosz Giersz, Krzysztof Makowski, and Patrycja Prządka, 15–117. Lima: Pontificia Universidad Católica del Perú, 2005.

———. "La deidad suprema en la iconografía mochica: ¿Como definirla?" In *Moche: Hacia el final del milenio,* edited by Santiago Uceda and Elías Mujica, 1:343–381. Lima: Universidad Nacional de Trujillo; Pontificia Universidad Católica del Perú, 2003.

———. "Las divinidades en la iconografía mochica." In *Los dioses del antiguo Perú,* 1:137–175. Lima: Banco de Crédito del Perú, 2000.

———. "Religion, Ethnic Identity, and Power in the Moche World: A View from the Frontiers." In *New Perspectives on Moche Political Organization,* edited by Jeffrey Quilter and Luis Jaime Castillo B., 280–305. Washington, DC: Dumbarton Oaks Research Library and Collection, 2010.

———, ed. *Vicús.* Lima: Banco de Crédito del Perú, 1994.

Maldonado, Elena. *Arqueología de Cerro Sechín: Tomo I, Arquitectura.* Lima: Pontificia Universidad Católica del Perú, 1992.

Martin, Simon, and Nikolai Grube. *Chronicle of the Maya Kings and Queens: Deciphering the Dynasties of the Ancient Maya.* London: Thames and Hudson, 2000.

Martínez Compañón y Bujanda, Baltasar Jaime. *Trujillo del Perú.* Facsimile edition. 12 vols. Madrid: Ediciones Cultura Hispánica, 1978–1994.

Matsuzawa, Tsugio. "Constructions." In *Andes 4: Excavations at Kotosh, Peru, 1963 and 1966,* edited by Seiichi Izumi and Kazuo Terada, 55–176. Tokyo: University of Tokyo Press, 1972.

McClelland, Donna. "*Ulluchu*: An Elusive Fruit." In *The Art and Archaeology of the Moche: An Ancient Andean Society of the Peruvian North Coast,* edited by Steve Bourget and Kimberly L. Jones, 43–65. Austin: University of Texas Press, 2008.

McClelland, Donna, Donald McClelland, and Christopher B. Donnan. *Moche Fineline Painting from San José de Moro.* Los Angeles: Cotsen Institute of Archaeology Press at UCLA, 2007.

McEwan, Gordon F. "Some Formal Correspondences between the Imperial Architecture of the Wari and Chimu Cultures of Ancient Peru." *Latin American Antiquity* 1, no. 2 (1990): 97–116.

Means, Phillip Ainsworth. *Ancient Civilizations of the Andes.* New York: Scribner, 1931.

Mejía Xesspe, Toribio. "Pintura chavinoide en los lindes del arte rupestre." In *Historia de Cajamarca,* edited by Fernando Silva Santisteban, Waldemar Espinoza Soriano, and Rogger Ravines, 1:199–206. Cajamarca, Peru: Instituto Nacional de Cultura, 1985.

Meneses, Jorge, Sofía Linares, José Gómez, and Margarita Peñaranda. "Excavaciones en el Frontis Norte y en la Plaza 1 de la Huaca de la Luna." In *Proyecto Arqueológico Huaca de la Luna: Informe técnico 2008,* edited by Santiago Uceda and Ricardo Morales, 79–100. Trujillo, Peru: Universidad Nacional de Trujillo, 2009.

———. "Excavaciones en el Frontis Norte y en la Plaza 1 de la Huaca de la Luna." In *Proyecto Arqueológico Huaca de la Luna: Informe técnico 2009,* edited by Santiago Uceda and Ricardo Morales, 51–96. Trujillo, Peru: Universidad Nacional de Trujillo, 2010.

Merleau-Ponty, Maurice. *The Visible and the Invisible.* Edited by Claude Lefort and translated by Alphonso Lingis. Evanston, IL: Northwestern University Press, 1968.

Mesía, Christian. "Intrasite Spatial Organization at Chavín de Huantar during the Andean Formative: Three Dimensional Modeling, Stratigraphy and Ceramics." PhD diss., Stanford University, 2007.

Meskell, Lynn. "The Nature of the Beast: Curating Animals and Ancestors at Çatalhöyük." *World Archaeology* 40, no. 3 (2008): 373–389.

Middendorf, Ernst W. *Das Muchik oder die Chimu-Sprache.* Leipzig: Brockhaus, 1892.

Mikecz, Jeremy M. "Beyond Cajamarca: A Spatial Narrative Reimagining of the Encounter in Peru, 1532–1533." *Hispanic American Historical Review* 100, no. 2 (2020): 195–232.

Millaire, Jean-François. "Gallinazo and the *Tradición Norcosteña.*" In *Gallinazo: An Early Cultural Tradition on the Peruvian North Coast,* edited by Jean-François Millaire, with Magali Morlion, 1–16. Los Angeles: Cotsen Institute of Archaeology Press at UCLA, 2009.

———. "The Manipulation of Human Remains

in Moche Society: Delayed Burials, Grave Reopening, and Secondary Offerings of Human Bones on the Peruvian North Coast." *Latin American Antiquity* 15, no. 4 (2004): 371–388.

———. "Moche Political Expansionism as Viewed from Virú: Recent Archaeological Work in the Close Periphery of a Hegemonic City-State System." In *New Perspectives on Moche Political Organization*, edited by Jeffrey Quilter and Luis Jaime Castillo B., 223–251. Washington, DC: Dumbarton Oaks Research Library and Collection, 2010.

———. "Woven Identities in the Virú Valley." In *Gallinazo: An Early Cultural Tradition on the Peruvian North Coast*, edited by Jean-François Millaire, with Magali Morlion, 149–165. Los Angeles: Cotsen Institute of Archaeology Press at UCLA, 2009.

Millaire, Jean-François, with Magali Morlion, eds. *Gallinazo: An Early Cultural Tradition on the Peruvian North Coast*. Los Angeles: Cotsen Institute of Archaeology Press at UCLA, 2009.

Miller, Mary. "The Willfulness of Art: The Case of Bonampak." *Res: Anthropology and Aesthetics* 42 (2002): 8–23.

Mitchell, W. J. T. *Picture Theory: Essays on Verbal and Visual Representation*. Chicago: University of Chicago Press, 1994.

———. *What Do Pictures Want? The Lives and Loves of Images*. Chicago: University of Chicago Press, 2005.

———. "What Is an Image?" *New Literary History* 15, no. 3 (1984): 503–537.

Mollenhauer, Jillian. "Sculpting the Past in Preclassic Mesoamerica: Olmec Stone Monuments and the Production of Social Memory." *Ancient Mesoamerica* 25, no. 1 (2014): 11–27.

Moore, Jerry D. "The Archaeology of Plazas and the Proxemics of Ritual: Three Andean Traditions." *American Anthropologist* 98, no. 4 (1996): 789–802.

Morales Gamarra, Ricardo. "Iconografía litúrgica y contexto arquitectónico en Huaca de la Luna, valle de Moche." In *Moche: Hacia el final del milenio*, edited by Santiago Uceda and Elías Mujica, 1:425–476. Lima: Universidad Nacional de Trujillo; Pontificia Universidad Católica del Perú, 2003.

———. "Max Uhle: Murales y materiales pictóricos en las Huacas de Moche (1899–1900)." In *Investigaciones en la Huaca de la Luna 1997*, edited by Santiago Uceda, Elías Mujica, and Ricardo Morales, 235–266. Trujillo, Peru: Universidad Nacional de Trujillo, 2000.

Morales Gamarra, Ricardo, and Miguel Asmat Valverde. "Acondicionamiento turístico. Sector: Frontis Norte, forado colonial." In *Proyecto Arqueológico Huaca de la Luna: Informe técnico 2004*, edited by Santiago Uceda and Ricardo Morales, 535–538. Trujillo, Peru: Universidad Nacional de Trujillo, 2005.

Morales Gamarra, Ricardo, Jorge Solórzano Solano, and Manuel Asmat Sánchez. "Superficies arquitectónicas: Tipología, tecnología y materiales." In *Investigaciones en la Huaca de la Luna 1996*, edited by Santiago Uceda, Elías Mujica, and Ricardo Morales, 211–219. Trujillo, Peru: Universidad Nacional de La Libertad, Trujillo, 1998.

Morley, Iain. "Material Beginnings: An Introduction to *Image and Imagination*." In *Image and Imagination: A Global Prehistory of Figurative Representation*, edited by Colin Renfrew and Iain Morley, xvii–xxii. Cambridge: MacDonald Institute for Archaeological Research, 2007.

Moseley, Michael E., and Alana Cordy-Collins, eds. *The Northern Dynasties: Kingship and Statecraft in Chimor*. Washington, DC: Dumbarton Oaks Research Library and Collection, 1990.

Moseley, Michael E., and Kent C. Day. *Chan Chan: Andean Desert City*. Albuquerque: University of New Mexico Press, 1982.

Moseley, Michael E., Christopher B. Donnan, and David K. Keefer. "Convergent Catastrophe and the Demise of Dos Cabezas: Environmental Change and Regime Change in Ancient Peru." In *The Art and Archaeology of the Moche: An Ancient Andean Society of the Peruvian North Coast*, edited by Steve Bourget and Kimberly L. Jones, 81–91. Austin: University of Texas Press, 2008.

Moseley, M. Edward, and Luis Watanabe. "The Adobe Sculpture of Huaca de los Reyes." *Archaeology* 27, no. 3 (1974): 154–161.

Mould de Pease, Mariana. "Squier, Ephraim George (1821–1888)." In *Guide to Documentary Sources for Andean Studies, 1530–1900*, edited by Joanne Pillsbury, 3:651–655. Norman: University of Oklahoma Press, 2008.

Muelle, Jorge C., and Rogger Ravines. "Toquepala." In *Arte rupestre del Perú: Inventario general (Primera aproximación)*, edited by Rogger Ravines, 56–88. Lima: Instituto Nacional de Cultura, 1986.

Muelle, Jorge C., and J. Robert Wells. "Las pinturas del Templo de Pachacamac." *Revista del Museo Nacional* 8, no. 2 (1939): 265–282.

Mujica Barreda, Elías, Régulo Franco Jordán, César Gálvez Mora, Jeffrey Quilter, Antonio Murga Cruz, Carmen Gamarra de la Cruz, Víctor Hugo Ríos Cisneros, Segundo Lozada Alcalde, John Verano, Marco Aveggio Merello, and Eduardo Hirose Maio. *El Brujo: Huaca Cao, centro ceremonial moche en el valle de Chicama / Huaca Cao, a Moche Ceremonial Center in the Chicama Valley*. Lima: Integra AFP and Fundación Wiese, 2007.

Muro, Luis Armando, Luis Jaime Castillo, and Elsa Tomasto-Cagigao. "Moche Corporeal Ontologies: Transfiguration, Ancestrality, and Death: A Perspective from the Late Moche Cemetery of San José de Moro, Northern Peru." In *Andean Ontologies: New Archaeological Perspectives*, edited by María Cecilia Lozada and Henry Tantaleán, 116–149. Gainesville: University Press of Florida, 2019.

Murra, John V. "Cloth and Its Functions in the Inca State." *American Anthropologist* 64, no. 4 (1962): 710–728.

———. "El control vertical de un máximo de pisos ecológicos en la economía de las sociedades andinas (1972)." In *Formaciones económicas y políticas del mundo andino*, 59–115. Lima: Instituto de Estudios Peruanos, 1975.

Nakatsuka, Nathan, Iosif Lazaridis, Chiara Barbieri, . . . , Bastien Llamas, David Reich, and Lars Fehren-Schmitz. "A Paleogenomic Reconstruction of the Deep Population History of the Andes." *Cell* 181, no. 5 (2020): 1131–1145.

Narváez V., Alfredo. "La Mina: Una tumba Moche I en el valle de Jequetepeque." In *Moche: Propuestas y perspectivas*, edited by Santiago Uceda and Elías Mujica, 59–81. Lima: Universidad Nacional de la Libertad–Trujillo, 1994.

Narváez Vargas, Alfredo. "El arte mural moche en Túcume y Pacora." In *Huaca las Balsas de Túcume: Arte mural lambayeque*, edited by Alfredo Narváez and Bernarda Delgado, 25–53. Lambayeque, Peru: Museo de Sitio Túcume, 2011.

Núñez Jiménez, Antonio. *Petroglifos del Perú: Panorama mundial del arte rupestre*. 4 vols. Havana: Editorial Científico-Técnica, 1986.

Ochatoma Paravicino, José, Martha Cabrera Romero, and Carlos Mancilla Rojas. *El área sagrada de Wari: Investigaciones arqueológicas en Vegachayuq Moqo*. Ayacucho, Peru: Universidad Nacional de San Cristóbal de Huamanga, 2015.

Ochoa Berreteaga, Roberto, ed. *Cosmos moche*. Lima: Museo Andrés del Castillo, 2012.

Oliver, Jeff, and Tim Neal. "Wild Signs: An Introduction." In *Wild Signs: Graffiti in Archaeology and History*, edited by Jeff Oliver and Tim Neal, 1–4. Oxford: Archaeopress, 2010.

O'Neil, Megan E. *Engaging Ancient Maya Sculpture at Piedras Negras, Guatemala*. Norman: University of Oklahoma Press, 2012.

Onuki, Yoshio. "La iconografía en los objetos del sitio de Kuntur Wasi." *Boletín de Arqueología PUCP* 12 (2008): 203–218.

———. "Pottery and Clay Artifacts." In *Andes 4: Excavations at Kotosh, Peru, 1963 and 1966*, edited by Seiichi Izumi and Kazuo Terada, 177–248. Tokyo: University of Tokyo Press, 1972.

———. "Prólogo: Cincuenta años de estudios arqueológicos en el Perú realizados por japoneses." In Peter Kaulicke, *Las cronologías del Formativo: 50 años de investigaciones japonesas en perspectiva*, 11–83. Lima: Pontificia Universidad Católica del Perú, 2010.

———. "Una reconsideración de la fase Kotosh Mito." In *El centro ceremonial andino: Nuevas perspectivas para los Períodos Arcaico y Formativo*, edited by Yuji Seki, 105–122. Senri Ethnological Studies 89. Osaka: National Museum of Ethnology, 2014.

Ortman, Scott G. "Conceptual Metaphor in the Archaeological Record: Methods and an Example from the American Southwest." *American Antiquity* 65, no. 4 (2000): 613–645.

O'Sullivan, Simon. *Art Encounters Deleuze and Guattari: Thought Beyond Representation*. Basingstoke, UK: Palgrave Macmillan, 2006.

Owen, Kirsty. "Traces of Presence and Pleading: Approaches to the Study of Graffiti at Tewkesbury Abbey." In *Wild Signs: Graffiti in Archaeology and History*, edited by Jeff Oliver and Tim Neal, 35–46. Oxford: Archaeopress, 2010.

Panofsky, Erwin. "Iconography and Iconology: An Introduction to the Study of Renaissance Art." In *Meaning in the Visual Arts: Papers in and on Art History*, 26–54. Garden City, NY: Doubleday, 1955.

Pardo, Cecilia, and Julio Rucabado, eds. *Moche y sus vecinos. Reconstruyendo identidades*. Lima: Museo de Arte de Lima, 2016.

Pardo Grau, Cecilia. "Objeto ritual, ofrenda funeraria, obra de arte: El lugar del pasado precolombino en la historia del arte en el Perú." In *El arte antes de la historia: Para una historia del arte andino antiguo*, edited by Marco Curatola Petrocchi, Cécile Michaud, Joanne Pillsbury, and Lisa Trever, 213–233. Lima: Pontificia Universidad Católica del Perú, 2020.

Parikka, Jussi. *What Is Media Archaeology?* Cambridge: Polity Press, 2012.

Pasztory, Esther. *Pre-Columbian Art*. Cambridge: Cambridge University Press, 1998.

Paternosto, César. *The Stone and the Thread: Andean Roots of Abstract Art*. Translated by Esther Allen. Austin: University of Texas Press, 1996.

Patrois, Julie. "Río Bec Graffiti: A Private Form of Art." *Ancient Mesoamerica* 24, no. 2 (2013): 433–447.

Patzschke, Renate. "Die Graffiti der formativzeitlichen Anlage von Sechín Bajo und ihre zeitliche Einordnung." PhD diss., Freie Universität Berlin, 2008.

Paul, Anne. "Procedures, Patterns, and Deviations in Paracas Embroidered Textiles: Traces of Creative Process." In *To Weave for the Sun: Ancient Andean Textiles in the Museum of Fine Arts, Boston*, edited by Rebecca Stone-Miller, 25–33. Boston: Thames and Hudson; Museum of Fine Arts, Boston, 1992.

Paz Campuzano, Óscar. "Vichama: El pueblo que sobrevivió a la hambruna." *El Comercio*, published online June 28, 2015. Accessed June 27, 2017. https://elcomercio.pe/lima/vichama-pueblo-sobrevivio-hambruna-169014.

Pillsbury, Joanne. "Luminous Power: Luxury Arts in the Ancient Americas." In *Golden Kingdoms: Luxury Arts in the Ancient Americas*, edited by Joanne Pillsbury, Timothy Potts, and Kim N. Richter, 1–13. Los Angeles: Getty, 2017.

———, ed. *Moche Art and Archaeology in Ancient Peru*. Washington, DC: National Gallery of Art, 2001.

———. "Reading Art without Writing: Interpreting Chimú Architectural Sculpture." In *Dialogues in Art History, from Mesopotamia to Modern: Readings for a New Century*, edited by Elizabeth Cropper, 72–89. Washington, DC: National Gallery of Art, 2009.

———. "Sculpted Friezes of the Empire of Chimor." PhD diss., Columbia University, 1993.

Pillsbury, Joanne, and Lisa Trever. "The King, the Bishop, and the Creation of an American Antiquity." *Ñawpa Pacha* 29 (2008): 191–219.

Pizarro, Hernando. "A los magníficos señores, los señores oydores de la Audiencia Real de Su Magestad, que residen en la cibdad de Sancto Domingo." In *Cartas del Perú (1524–1543)*, edited by Raúl Porras Barrenechea, 77–84. Lima: Edición de la Sociedad de Bibliófilos Peruanos, 1959.

Popol Vuh: The Sacred Book of the Maya. Translated by Allen J. Christenson. Norman: University of Oklahoma Press, 2007.

Pozorski, Shelia, and Thomas Pozorski. "Graffiti as Resistance: Early Prehistoric Examples from the Casma Valley of Peru." In *Understanding Graffiti: Multidisciplinary Studies from Prehistory to the Present*, edited by Troy Lovata and Elizabeth Olton, 143–157. Walnut Creek, CA: Left Coast Press, 2015.

———. "Recent Excavations at Pampa de las Llamas-Moxeke, a Complex Initial Period Site in Peru." *Journal of Field Archaeology* 13, no. 4 (1986): 381–401.

Pozorski, Shelia, Thomas Pozorski, and Rosa Marín Jave. "Newly Discovered Friezes at the Peruvian Site of Taukachi-Konkán: A Possible Glimpse into Initial Period Cosmology." *Latin American Antiquity* 28, no. 4 (2017): 541–557.

Pozorski, Thomas. "The Early Horizon Site of Huaca de los Reyes: Societal Implications." *American Antiquity* 45, no. 1 (1980): 100–110.

———. "El complejo Caballo Muerto: Los frisos de barro de la Huaca de los Reyes." *Revista del Museo Nacional* 41 (1975): 211–251.

Protzen, Jean-Pierre. "Max Uhle and Tambo Colorado a Century Later." *Ñawpa Pacha* 28 (2006): 11–40.

Proulx, Donald A. *An Analysis of the Early Cultural Sequence of the Nepeña Valley, Peru*. Amherst, MA: Department of Anthropology, University of Massachusetts, 1985.

———. *Archaeological Investigations in the Nepeña Valley, Peru*. Amherst, MA: Department of Anthropology, University of Massachusetts, 1973.

———. *An Archaeological Survey of the Nepeña Valley, Peru*. Amherst, MA: Department of Anthropology, University of Massachusetts, 1968.

———. "Stylistic Variation in Proliferous Nasca Pottery." *Andean Past* 4 (1994): 91–107.

———. "Territoriality in the Early Intermediate Period: The Case of Moche and Recuay." *Ñawpa Pacha* 20 (1982): 83–96.

Prümers, Heiko. *Der Fundort "El Castillo" im Huarmeytal, Peru: Ein Beitrag zum*

Problem des Moche-Huari Textilstils. Bonn: Holos, 1990.

———. "'El Castillo' de Huarmey: Una plataforma funeraria del Horizonte Medio." *Boletín de Arqueología PUCP* 4 (2000): 289–312.

———. "Los textiles de la tumba del 'Señor de Sipán', Perú." *Zeitschrift für Archäologie Außereuropäischer Kulturen* 2 (2007), 255–324.

Prządka-Giersz, Patrycja. "*Ai Apaec*: ¿Una divinidad suprema prehispánica o una manipulación en la traducción intercultural?" *Politeja* 6, no. 38 (2015): 7–16.

Quilter, Jeffrey. "Continuity and Disjunction in Pre-Columbian Art and Culture." *Res: Anthropology and Aesthetics* 29–30 (1996): 303–317.

———. "Moche Mimesis: Continuity and Change in Public Art in Early Peru." In *Moche Art and Archaeology in Ancient Peru*, edited by Joanne Pillsbury, 20–45. Washington, DC: National Gallery of Art, 2001.

———. "The Moche Revolt of the Objects." *Latin American Antiquity* 1, no. 1 (1990): 42–65.

———. "The Narrative Approach to Moche Iconography." *Latin American Antiquity* 8, no. 2 (1997): 113–133.

———. "Representational Art in Ancient Peru and the Work of Alfred Gell." In *Art's Agency and Art History*, edited by Robin Osborne and Jeremy Tanner, 135–157. Malden, MA: Blackwell, 2007.

Quilter, Jeffrey, and Luis Jaime Castillo B., eds. *New Perspectives on Moche Political Organization*. Washington, DC: Dumbarton Oaks Research Library and Collection, 2010.

Quilter, Jeffrey, Régulo Franco J., César Galvez M., William Doonan, Catherine Gaither, Victor F. Vásquez S., Teresa E. Rosales T., Jaime Jiménez S., Hal Starratt, and Michele L. Koons. "The Well and the Huaca: Ceremony, Chronology, and Culture Change at Huaca Cao Viejo, Chicama Valley, Peru." *Andean Past* 10 (2012): 101–131.

Quilter, Jeffrey, and Michele L. Koons. "The Fall of the Moche: A Critique of Claims for South America's First State." *Latin American Antiquity* 23, no. 2 (2012): 127–143.

Quilter, Jeffrey, Marc Zender, Karen Spaulding, Régulo Franco Jordán, César Gálvez Mora, and Juan Castañeda Murga. "Traces of a Lost Language and Number System Discovered on the North Coast of Peru." *American Anthropologist* 112, no. 3 (2010): 357–369.

Rapoport, Amos. *The Meaning of the Built Environment: A Nonverbal Communication Approach*. Tucson: University of Arizona Press, 1990.

Rappaport, Joanne, and Tom Cummins. "Between Images and Writing: The Ritual of the King's *Quillca*." *Colonial Latin American Review* 7, no. 1 (1998): 7–32.

Ravines, Rogger, ed. *Chanchán: Metrópoli chimú*. Lima: Instituto de Estudios Peruanos, 1980.

Ravines, Rogger, and William H. Isbell. "Garagay: Sitio ceremonial temprano en el valle de Lima." *Revista del Museo Nacional* 41 (1975): 253–275.

Reid, David A., Patrick Ryan Williams, Donna J. Nash, and Elizabeth J. Olson. "The Role of Drought in Wari State Expansion: Reevaluating the Paleoclimate and Archaeological Records." In *AD 600: Cultural and Environmental Transformations in Ancient Peru*, edited by Ana Cecilia Mauricio and Francesca Fernandini. Provo: The University of Utah Press, forthcoming.

Reindel, Markus. *Monumentale Lehmarchitektur an der Nordküste Perus: Eine repräsentative Untersuchung nach-formativer Großbauten vom Lambayeque-Gebiet bis zum Virú-Tal*. Bonn: Holos, 1993.

Relatos de la Campiña de Moche. Trujillo, Peru: Universidad Nacional de Trujillo; Proyecto Arqueológico Huacas del Sol y de la Luna, 2014.

Rengifo, Carlos. "Moche Social Boundaries and Settlement Dynamics at Cerro Castillo (c. AD 600–1000), Nepeña Valley, Peru." PhD diss., University of East Anglia, 2014.

———. "Shaping Local and Regional Identities: Techné in the Moche Presence at Cerro Castillo, Nepeña Valley, Peru." In *Making Value, Making Meaning: Techné in the Pre-Columbian World*, edited by Cathy Lynne Costin, 361–390. Washington, DC: Dumbarton Oaks Research Library and Collection, 2016.

Restall, Matthew. "Black Conquistadors: Armed Africans in Early Spanish America." *The Americas* 57, no. 2 (2000): 171–205.

Restrepo Manrique, Daniel. "'Trujillo del Perú' en la Biblioteca Nacional de Colombia." *Reales Sitios* 28, no. 107 (1991): 65–68.

Rick, John W., Christian Mesia, Daniel Contreras, Silvia R. Kembel, Rosa M. Rick, Matthew Sayre, and John Wolf. "La cronología de Chavín de Huántar y sus implicancias para el Periodo Formativo." *Boletín de Arqueología PUCP* 13 (2009): 87–132.

Rick, John W., Rosa Rick, Lisseth Rojas Pelayo. "¿Chavín pictórico? Repensando la escena nuclear de Chavín de Huántar." Paper presented at the VII Congreso Nacional de Arqueología, Peru, October 21, 2020.

Robb, John. "Material Time." In *The Oxford Handbook of History and Material Culture*, edited by Ivan Gaskell and Sarah Anne Carter, 123–139. New York: Oxford University Press, 2020.

Roberts, Jennifer L. "Landscapes of Indifference: Robert Smithson and John Lloyd Stephens in Yucatán." *The Art Bulletin* 82, no. 3 (2000): 544–567.

Rostworowski de Diez Canseco, María. *Costa peruana prehispánica*. Lima: Instituto de Estudios Peruanos, 1989.

———. *Curacas y sucesiones: Costa norte*. Lima: N.p., 1961.

Rowe, John Howland. "Cultural Unity and Diversification in Peruvian Archaeology." In *Men and Cultures*, edited by Anthony F. C. Wallace, 627–631. Philadelphia: University of Pennsylvania Press, 1960.

———. "The Influence of Chavín Art on Later Styles." In *Dumbarton Oaks Conference on Chavín*, edited by Elizabeth P. Benson, 101–124. Washington, DC: Dumbarton Oaks Research Library and Collection, 1971.

———. "The Kingdom of Chimor." *Acta Americana* 6, no. 1–2 (1948): 26–59.

———. "La posibilidad de una historia del arte del antiguo Perú." *Boletín del Instituto Riva-Agüero* 13 (1984): 309–313.

———. "Stages and Periods in Archaeological Interpretation." *Southwestern Journal of Anthropology* 18, no. 1 (1962): 40–54.

Rucabado Yong, Julio. "Los otros, los 'no-moche': Reflexiones en torno a la formación y representación de identidades colectivas." In *El arte antes de la historia: Para una historia del arte andino antiguo*, edited by Marco Curatola Petrocchi, Cécile Michaud, Joanne Pillsbury, and Lisa Trever, 259–290. Lima: Pontificia Universidad Católica del Perú, 2020.

Russell, Glenn S., and Margaret A. Jackson. "Political Economy and Patronage at Cerro Mayal, Peru." In *Moche Art and Archaeology in Ancient Peru*, edited by Joanne Pillsbury, 158–175. Washington, DC: National Gallery of Art, 2001.

Russo, Alessandra. "Plumes of Sacrifice: Transformations in Sixteenth-Century

Mexican Feather Art." *Res: Anthropology and Aesthetics* 42 (2002): 226–250.

———. *The Untranslatable Image: A Mestizo History of the Arts in New Spain, 1500–1600*. Translated by Susan Emanuel. Austin: University of Texas Press, 2014.

Salas [García], José Antonio. *Diccionario Mochica-Castellano: Castellano-Mochica*. Lima: Universidad de San Martín de Porres, 2002.

———. *Etimologías mochicas*. Lima: Academia Peruana de la Lengua, 2012.

Salazar-Burger, Lucy, and Richard L. Burger. "La araña en la iconografía del Horizonte Temprano en la costa norte del Perú." *Beiträge zur allgemeinen und vergleichenden Archäologie* 4 (1982): 213–253.

Salomon, Frank. "Introductory Essay: The Huarochirí Manuscript." In *The Huarochirí Manuscript: A Testament of Ancient and Colonial Andean Religion*, 1–38. Austin: University of Texas Press, 1991.

Salomon, Frank, Carrie J. Brezine, Reymundo Chapa, and Víctor Falcón Huayta. "Khipu from Colony to Republic: The Repaz Patrimony." In *Their Way of Writing: Scripts, Signs, and Pictographies in Pre-Columbian America*, edited by Elizabeth Hill Boone and Gary Urton, 353–378. Washington, DC: Dumbarton Oaks Research Library and Collection, 2011.

Samaniego Román, Lorenzo A. "Arte mural de Punkurí, Nepeña, Ancash." *Investigaciones Sociales* 16, no. 28 (2012): 15–33.

———. "La escultura del edificio central de Cerro Sechín." In *Arqueología de Cerro Sechín: Tomo II, Escultura*, Lorenzo Samaniego Román et al., 19–41. Lima: Pontificia Universidad Católica del Perú, 1995.

Samaniego Román, Lorenzo, Mercedes Cárdenas, Henning Bischof, Peter Kaulicke, Erman Guzmán, and Wilder León. *Arqueología de Cerro Sechín: Tomo II, Escultura*. Lima: Pontificia Universidad Católica del Perú, 1995.

Sandweiss, Daniel H., and Jeffrey Quilter, eds. *El Niño, Catastrophism, and Culture Change in Ancient America*. Washington, DC: Dumbarton Oaks Research Library and Collection, 2008.

Schaedel, Richard P. "Coast-Highland Interrelationships and Ethnic Groups in Northern Peru (500 B.C.–A.D. 1980)." In *Andean Ecology and Civilization: An Interdisciplinary Perspective on Andean Ecological Complementarity*, edited by Shozo Masuda, Izumi Shimada, and Craig Morris, 443–473. Tokyo: University of Tokyo Press, 1985.

———. *La etnografía muchik en las fotografías de H. Brüning, 1886–1925*. Lima: Ediciones COFIDE, 1989.

———. "Mochica Murals at Pañamarca." *Archaeology* 4, no. 3 (1951): 145–154.

Scher, Sarahh. "Destituir a los sacerdotes: La iconografía moche, la falsa ubicuidad y la creación de un canon." In *El arte antes de la historia: Para una historia del arte andino antiguo*, edited by Marco Curatola Petrocchi, Cécile Michaud, Joanne Pillsbury, and Lisa Trever, 237–257. Lima: Pontificia Universidad Católica del Perú, 2020.

———. "Dressing the Other: Foreign Women in Moche Ceramic Art." *West 86th: A Journal of Decorative Arts, Design History, and Material Culture* 26, no. 2 (2019): 188–213.

———. "Malleable Victims and Discourses of Dominance at Huaca de la Luna." *World Art* 8, no. 2 (2018): 111–136.

———. "Markers of Masculinity: Phallic Representation in Moche Art." *Bulletin de l'Institut Français d'Études Andines* 41, no. 2 (2012): 169–196.

Schmidt, Max. *Kunst und Kultur von Peru*. Berlin: Propyläen, 1929.

Schnapp, Alain. "The Birth of the Archaeological Vision: From Antiquaries to Archaeologists." Translated by Martina Dervis. *West 86th: A Journal of Decorative Arts, Design History, and Material Culture* 21, no. 2 (2014): 216–229.

Schreiber, Katharina J. *Wari Imperialism in Middle Horizon Peru*. Ann Arbor: Museum of Anthropology, University of Michigan, 1992.

Schumacher de Peña, Gertrud, ed. *El vocabulario mochica de Walter Lehmann (1929) comparado con otras fuentes léxicas*. Lima: Instituto de Investigación de Lingüística Aplicada, Universidad Nacional Mayor de San Marcos, 1991.

Scott, David A., Douglas H. Doughty, and Christopher B. Donnan. "Moche Wall-painting Pigments from La Mina, Jequetepeque, Peru." *Studies in Conservation* 43, no. 3 (1998): 177–182.

Scullin, Dianne. "A Materiality of Sound: Musical Practices of the Moche of Peru." PhD diss., Columbia University, 2015.

Seler, Eduard. "Archäologische Reise in Süd- und Mittel-Amerika." *Zeitschrift für Ethnologie* 44 (1912): 201–242.

———. *Peruanische Alterthümer*. Berlin: E. Mertens, 1893.

———. "Viaje arqueológico en Perú y Bolivia." *Inca* 1, no. 2 (1923): 355–374.

Sepúlveda, Marcela, Denise Pozzi-Escot, Rommel Angeles Falcón, Nicolas Bermeo, Matthieu Lebon, Christophe Moulhérat, Phillipe Sarrazin, and Phillipe Walter. "Unraveling the Polychromy and Antiquity of the Pachacamac Idol, Pacific Coast, Peru." *PLoS ONE* 15, no. 1 (2020): e0226244.

Shady, Ruth, Marco Machacuay, Pedro Novoa, Edna Quispe, and Carlos Leyva, eds. *Centros urbanos de la civilización Caral: 21 años recuperando la historia sobre el sistema social*. Lima: Zona Arqueológica Caral, UE 003, Ministerio de Cultura, 2015.

Shady, Ruth, Marco Machacuay, Edna Quispe, Pedro Novoa, and Carlos Leyva, eds. *Vichama: Historia social de la civilización en Végueta: 3800 años de memoria colectiva de nuestros ancestros de Vichama ante el cambio climático*. Lima: Zona Arqueológica Caral, UE 003, Ministerio de Cultura, 2015.

Shady, Ruth, Edna Quispe, Marco Machacuay, and Pedro Novoa, eds. *Historia recuperada de Vichama, Ciudad Agropesquera de Végueta, Huaura: El agua y el simbolismo, 4000 años de tradición*. Lima: Zona Arqueológica Caral, UE 003, Ministerio de Cultura, 2013.

Shady Solís, Ruth. *Caral: La ciudad del fuego sagrado*. Lima: Interbank, 2004.

Sharon, Douglas, and Christopher B. Donnan. "Shamanism in Moche Iconography." In *Ethnoarchaeology*, edited by Christopher B. Donnan and C. William Clewlow Jr., 51–77. Los Angeles: Institute of Archaeology, University of California, 1974.

Shibata, Koichiro. "Cosmología tripartita en Huaca Partida, valle bajo de Nepeña." *Indiana* 34, no. 1 (2017): 13–29.

———. "El sitio de Cerro Blanco de Nepeña dentro de la dinámica interactiva del Periodo Formativo." *Boletín de Arqueología PUCP* 12 (2008): 287–315.

Shimada, Izumi. *Cultura sicán: Esplendor preincaico de la costa norte*. Translated by Gabriela Cervantes. Lima: Fondo Editorial del Congreso del Perú, 2014.

———. *Pampa Grande and the Mochica Culture*. Austin: University of Texas Press, 1994.

Shimada, Izumi, Crystal Barker Schaaf, Lonnie G. Thompson, and Ellen Mosley-Thompson. "Cultural Impacts of Severe Droughts in the Prehistoric Andes: Application of a 1,500-Year Ice Core

Precipitation Record." *World Archaeology* 22, no. 3 (1991): 247–270.

Smail, Daniel Lord, and Andrew Shryock. "History and the 'Pre.'" *The American Historical Review* 118, no. 3 (2013): 709–737.

Smith, Watson. *Kiva Mural Decorations at Awatovi and Kawaika-a: With a Survey of Other Wall Paintings in the Pueblo Southwest*. Cambridge, MA: Peabody Museum of American Archaeology and Ethnology, Harvard University, 1952.

Souvatzi, Stella, Adnan Baysal, and Emma L. Baysal. "Is There *Pre*-History?" In *Time and History in Prehistory*, edited by Stella Souvatzi, Adnan Baysal, and Emma L. Baysal, 1–27. Abingdon, UK: Routledge, 2019.

Spence-Morrow, Giles, and Edward Swenson. "Moche Mereology: Synecdochal Ontologies at the Late Moche Site of Huaca Colorada, Peru." In *Andean Ontologies: New Archaeological Perspectives*, edited by María Cecilia Lozada and Henry Tantaleán, 150–182. Gainesville: University Press of Florida, 2019.

Splitstoser, Jeffrey C. "Wari Khipus." In *Written in Knots: Undeciphered Accounts of Andean Life*, 6–9. Washington, DC: Dumbarton Oaks Museum, 2019.

Squier, E. George. *Peru: Incidents of Travel and Exploration in the Land of the Incas*. New York: Harper and Brothers, 1877.

Standen, Vivien G., Bernardo T. Arriaza, and Calogero M. Santoro. "Chinchorro Mortuary Practices on Infants: Northern Chile Archaic Periods (BP 7000–3600)." In *Tracing Childhood: Bioarchaeological Investigations of Early Lives in Antiquity*, edited by Jennifer L. Thompson, Marta P. Alfonso-Durruty, and John J. Crandall, 58–74. Gainesville: University Press of Florida, 2014.

Stephens, Janet G. "Cómo leer ruinas: Sir Clements Markham, la arquitectura y la prehistoria andina." In *El arte antes de la historia: Para una historia del arte andino antiguo*, edited by Marco Curatola Petrocchi, Cécile Michaud, Joanne Pillsbury, and Lisa Trever, 133–153. Lima: Pontificia Universidad Católica del Perú, 2020.

Stevanović, Mirjana. "The Age of Clay: The Social Dynamics of House Destruction." *Journal of Anthropological Archaeology* 16, no. 4 (1997): 334–395.

Stone, Rebecca R. *Art of the Andes: From Chavín to Inca*. London: Thames and Hudson, 2012.

——. "Technique and Form in Huari-Style Tapestry Tunics: The Andean Artist, A.D. 500–800." PhD diss., Yale University, 1987.

Stone-Miller, Rebecca. "An Overview of 'Horizon' and 'Horizon Style' in the Study of Ancient American Objects." In *Latin American Horizons*, edited by Don Stephen Rice, 15–39. Washington, DC: Dumbarton Oaks Research Library and Collection, 1993.

——. "To Weave for the Sun: An Introduction to the Fiber Arts of the Ancient Andes." In *To Weave for the Sun: Ancient Andean Textiles in the Museum of Fine Arts, Boston*, edited by Rebecca Stone-Miller, 11–24. Boston: Thames and Hudson; Museum of Fine Arts, Boston, 1992.

Stone-Miller, Rebecca, and Gordon F. McEwan. "The Representation of the Wari State in Stone and Thread." *Res: Anthropology and Aesthetics* 19–20 (1990–1991): 53–80.

Stumer, Louis M. "Contactos foráneos en la arquitectura de la Costa Central." *Revista del Museo Nacional* 27 (1958): 11–30.

Summers, David. *Real Spaces: World Art History and the Rise of Western Modernism*. London: Phaidon Press, 2003.

Surette, Flannery K. "Virú and Moche Textiles on the North Coast of Peru during the Early Intermediate Period: Material Culture, Domestic Traditions and Elite Fashions." PhD diss., University of Western Ontario, 2015.

Swenson, Edward. "Trace, Revelation, and Interpretant in Archaeological Research: The Graffiti of Huaca Colorada, Peru." *Signs and Society* 6, no. 2 (2018): 349–378.

Swenson, Edward, and Andrew P. Roddick, eds. *Constructions of Time and History in the Pre-Columbian Andes*. Boulder: University Press of Colorado, 2018.

Szumilewicz, Amy, Izumi Shimada, Carlos Elera Alvarado, and César Samillán Torres. "Biography and Symbolism of Sicán Painted Textiles: First Approximation." Paper presented for the 80th Annual Meeting of the Society for American Archaeology, San Francisco, 2015.

Tantaleán, Henry. "Andean Ontologies: An Introduction to Substance." In *Andean Ontologies: New Archaeological Perspectives*, edited by María Cecilia Lozada and Henry Tantaleán, 1–48. Gainesville: University Press of Florida, 2019.

Taylor, Gerald. *Camac, camay y camasca y otros ensayos sobre Huarochirí y Yauyos*. Lima: Institut Français d'Études Andines; Cuzco: Centro de Estudios Regionales Andinos Bartolomé de Las Casas, 2000.

Tello, Julio C. *Arqueología de Cajamarca: Expedición al Marañón—1937*. Lima: Universidad Nacional Mayor de San Marcos, 2004.

——. *Arqueología del valle de Casma. Culturas: Chavín, Santa o Huaylas Yunga y Sub-Chimú. Informe de los trabajos de la Expedición Arqueológica al Marañón de 1937*. Lima: Editorial San Marcos, 1956.

——. *Arqueología del valle de Nepeña: Excavaciones en Cerro Blanco y Punkurí*. Cuadernos de Investigación del Archivo Tello 4. Lima: Museo de Arqueología y Antropología, Universidad Nacional Mayor de San Marcos, 2005.

——. "Discovery of the Chavín Culture in Peru." *American Antiquity* 9, no. 1 (1943): 135–160.

Terada, Kazuo. "Conclusions." In *Andes 4: Excavations at Kotosh, Peru, 1963 and 1966*, edited by Seiichi Izumi and Kazuo Terada, 303–312. Tokyo: University of Tokyo Press, 1972.

Tilley, Christopher. *The Materiality of Stone: Explorations in Landscape Phenomenology*. With the assistance of Wayne Bennett. Oxford: Berg, 2004.

Toohey, Jason L., and Patricia Chirinos. "La tradición cajamarca y la sierra norte del Perú." In *Perú prehispánico: Un estado de la cuestión*, edited by Luis Jaime Castillo Butters and Elías Mujica Barreda, 185–207. Cusco: Dirección Desconcentrada de Cultura de Cusco, Ministerio de Cultura, 2018.

Topic, John R. "Settlement Patterns in the Huamachuco Area." In *Andean Civilization: A Tribute to Michael E. Moseley*, edited by Joyce Marcus and Patrick Ryan Williams, 211–239. Los Angeles: Cotsen Institute of Archaeology Press at UCLA, 2009.

Topic, John R., and Theresa Lange Topic. "Coast-Highland Relations in Northern Peru: Some Observations on Routes, Networks, and Scales of Interaction." In *Civilization in the Ancient Americas: Essays in Honor of Gordon R. Willey*, edited by Richard M. Leventhal and Alan L. Kolata, 237–259. Albuquerque: University of New Mexico Press; Cambridge, MA: Peabody Museum of Archaeology and Ethnology, Harvard University, 1983.

Topic, Theresa Lange, and John R. Topic. "Contextualizing the Wari-Huamachuco Relationship." In *Beyond Wari Walls: Regional Perspectives on Middle Horizon Peru*, edited by Justin Jennings, 188–212. Albuquerque: University of New Mexico Press, 2010.

Torero, Alfredo. "Deslindes lingüísticos en la costa norte peruana." *Revista Andina* 4, no. 2 (1986): 523–548.

Torres, Neil, and Manuel Asmat. "Frontis Norte." In *Proyecto Arqueológico Huaca de la Luna: Informe técnico 2000*, edited by Santiago Uceda and Ricardo Morales, 243–247. Trujillo, Peru: Universidad Nacional de Trujillo, 2001.

Townsend, Richard Fraser. *State and Cosmos in the Art of Tenochtitlan*. Washington, DC: Dumbarton Oaks Research Library and Collection, 1979.

Toyne, J. Marla, Christine D. White, John W. Verano, Santiago Uceda Castillo, Jean-François Millaire, and Fred J. Longstaffe. "Residential Histories of Elites and Sacrificial Victims at Huacas de Moche, Peru, as Reconstructed from Oxygen Isotopes." *Journal of Archaeological Science* 42 (2014): 15–28.

Trever, Lisa. *The Archaeology of Mural Painting at Pañamarca, Peru*. With contributions by Jorge Gamboa, Ricardo Toribio, and Ricardo Morales. Washington, DC: Dumbarton Oaks Research Library and Collection, 2017.

———. "The Artistry of Moche Mural Painting and the Ephemerality of Monuments." In *Making Value, Making Meaning. Techné in the Pre-Columbian World*, edited by Cathy Lynne Costin, 253–279. Washington, DC: Dumbarton Oaks Research Library and Collection, 2016.

———. "Cómo escribir una historia del arte para el 'Nuevo Mundo antiguo': Perspectivas desde una superficie pintada." In *El arte antes de la historia: Para una historia del arte andino antiguo*, edited by Marco Curatola Petrocchi, Cécile Michaud, Joanne Pillsbury, and Lisa Trever, 101–129. Lima: Pontificia Universidad Católica del Perú, 2020.

———. "A Moche Riddle in Clay: Object Knowledge and Art Work in Ancient Peru." *The Art Bulletin* 101, no. 4 (2019): 18–38.

Trever, Lisa, Jorge Gamboa Velásquez, Ricardo Toribio Rodríguez, and Flannery Surette. "A Moche Feathered Shield from the Painted Temples of Pañamarca, Peru." *Ñawpa Pacha* 33, no. 1 (2013): 103–118.

Trouillot, Michel-Rolph. *Silencing the Past: Power and the Production of History*. Boston: Beacon Press, 1995.

Tufinio, Moisés. "Excavaciones en el Frontis Norte y Plaza 1 de Huaca de la Luna." In *Proyecto Arqueológico Huaca de la Luna: Informe técnico 2004*, edited by Santiago Uceda and Ricardo Morales, 57–89. Trujillo, Peru: Universidad Nacional de Trujillo, 2005.

———. "Excavaciones en el Frontis Norte y Plaza 1 de Huaca de la Luna." In *Proyecto Arqueológico Huaca de la Luna: Informe técnico 2005*, edited by Santiago Uceda and Ricardo Morales, 41–77. Trujillo, Peru: Universidad Nacional de Trujillo, 2006.

———. "Excavaciones en la Unidad 12A (Ampliación Norte), Plataforma 1, Huaca de la Luna." In *Investigaciones en la Huaca de la Luna 1998–1999*, edited by Santiago Uceda, Elías Mujica, and Ricardo Morales, 21–39. Trujillo, Peru: Universidad Nacional de Trujillo, 2004.

———. "Excavaciones en la Unidad 15 de la Plataforma I." In *Proyecto Arqueológico Huaca de la Luna: Informe técnico 2000*, edited by Santiago Uceda and Ricardo Morales, 17–26. Trujillo, Peru: Universidad Nacional de Trujillo, 2001.

———. "Presencia Chimú Temprano en Huaca de la Luna." In *Proyecto Huaca de la Luna: Informe técnico 2006*, edited by Santiago Uceda and Ricardo Morales, 253–264. Trujillo, Peru: Universidad Nacional de Trujillo, 2007.

Tufinio, Moisés, Milagros Orbegoso, Ronny Vega, and Carol Rojas. "Excavaciones en la Plataforma III de Huaca de la Luna." In *Proyecto Arqueológico Huaca de la Luna: Informe técnico 2008*, edited by Santiago Uceda and Ricardo Morales, 113–195. Trujillo, Peru: Universidad Nacional de Trujillo, 2009.

Tufinio, Moisés, Carol Rojas, and Ronny Vega. "Excavaciones en la Plataforma III de Huaca de la Luna." In *Proyecto Arqueológico Huaca de la Luna: Informe técnico 2009*, edited by Santiago Uceda and Ricardo Morales, 109–180. Trujillo, Peru: Universidad Nacional de Trujillo, 2010.

Tufinio, Moisés, Carol Rojas, Ronny Vega, and Liz Ramírez. "Excavaciones en la Plataforma III de Huaca de la Luna. In *Proyecto Arqueológico Huaca de la Luna: Informe técnico 2010*, edited by Santiago Uceda and Ricardo Morales, 163–175. Trujillo, Peru: Universidad Nacional de Trujillo, 2011.

Tung, Tiffiny A. "Making Warriors, Making War: Violence and Militarism in the Wari Empire." In *Embattled Bodies, Embattled Places: War in Pre-Columbian Mesoamerica and the Andes*, edited by Andrew K. Scherer and John W. Verano, 227–256. Washington, DC: Dumbarton Oaks Research Library and Collection, 2014.

Ubbelohde-Doering, Heinrich. "Eingeritzte Zeichen auf Tempelwänden Nord-Perus." In *Proceedings of the Thirty-Second International Congress of Americanists*, 405–411. Copenhagen: Munksgaard, 1958.

———. *On the Royal Highways of the Inca: Archaeological Treasures of Ancient Peru*. Translated by Margaret Brown. New York: Praeger, 1967.

Uceda [Castillo], Santiago. "El complejo arquitectónico religioso moche de Huaca de la Luna: El templo del Dios de las Montañas." *Sian: Revista Arqueológica Sian* 6, no. 11 (2001): 10–17.

———. "Huaca de la Luna, el Templo del Dios de las Montañas." In *Proyecto Arqueológico Huaca de la Luna: Informe técnico 2007*, edited by Santiago Uceda and Ricardo Morales, 269–280. Trujillo, Peru: Universidad Nacional de Trujillo, 2008.

———. "Investigations at Huaca de la Luna, Moche Valley: An Example of Moche Religious Architecture." In *Moche Art and Archaeology in Ancient Peru*, edited by Joanne Pillsbury, 46–67. Washington, DC: National Gallery of Art, 2001.

———. "La presencia foránea en el complejo Huacas del Sol y de la Luna: Relaciones políticas y sociales de los mochicas." In *Moche y sus vecinos: Reconstruyendo identidades*, edited by Cecilia Pardo and Julio Rucabado, 68–81. Lima: Museo de Arte de Lima, 2016.

———. "Theocracy and Secularism: Relationships between the Temple and Urban Nucleus and Political Change at the Huacas de Moche." In *New Perspectives on Moche Political Organization*, edited by Jeffrey Quilter and Luis Jaime Castillo B., 132–158. Washington, DC: Dumbarton Oaks Research Library and Collection, 2010.

Uceda [Castillo], Santiago, and José Canziani [Amico]. "Análisis de la secuencia arquitectónica y nuevas perspectivas de investigación en la Huaca de la Luna." In *Investigaciones en la Huaca de la Luna 1996*, edited by Santiago Uceda, Elías Mujica, and Ricardo Morales, 139–158. Trujillo, Peru: Universidad Nacional de La Libertad, 1998.

———. "Evidencias de grandes precipitaciones en diversas etapas constructivas de la Huaca de la Luna, costa norte del Perú." *Bulletin de l'Institut Français d'Études Andines* 22, no. 1 (1993): 313–343.

Uceda, Santiago, Claude Chapdelaine, Claude Chauchat, and John Verano. "Fechas radiocarbónicas para el complejo arqueológico Huacas del Sol y la Luna: Una primera cronología del sitio." In

Uceda, Santiago, and Ricardo Morales, eds. *Proyecto Arqueológico Huaca de la Luna: Informe técnico 2001*, edited by Santiago Uceda and Ricardo Morales, 215–225. Trujillo, Peru: Universidad Nacional de Trujillo, 2002.

Uceda, Santiago, and Ricardo Morales, eds. *Moche: Pasado y presente*. Trujillo, Peru: Patronato Huacas del Valle de Moche, 2010.

Uceda, Santiago, and Moisés Tufinio. "El complejo arquitectónico religioso moche de Huaca de la Luna: Una aproximación a su dinámica ocupacional." In *Moche: Hacia el final del milenio*, edited by Santiago Uceda and Elías Mujica, 2:179–228. Lima: Universidad Nacional de Trujillo, Pontificia Universidad Católica del Perú, 2003.

Uceda C., Santiago, and Elías Mujica B. "Los problemas de nomenclatura y asignación de edificaciones en Huaca de la Luna: A manera de introducción." In *Investigaciones en la Huaca de la Luna 2004*, edited by Santiago Uceda, Elías Mujica, and Ricardo Morales, 13–17. Trujillo, Peru: Universidad Nacional de Trujillo, 2013.

Uceda C., Santiago, Moisés Tufinio C., and Elías Mujica B. "El Templo Nuevo de Huaca de la Luna: Primera parte: Evidencias recientes sobre el moche tardío." *Arkinka: Revista de Arquitectura, Diseño y Construcción* 15, no. 184 (2011): 86–99.

———. "El Templo Nuevo de Huaca de la Luna: Segunda parte: Preludio al colapso de los moche." *Arkinka: Revista de Arquitectura, Diseño y Construcción* 15, no. 185 (2011): 94–103.

Uceda Castillo, Santiago, Ricardo Morales Gamarra, José Canziani Amico, and María Montoya Vera. "Investigaciones sobre la arquitectura y relieves polícromos en la Huaca de la Luna, valle de Moche." In *Moche: Propuestas y perspectivas*, edited by Santiago Uceda and Elías Mujica, 251–303. Lima: Universidad Nacional de la Libertad—Trujillo, 1994.

Uceda Castillo, Santiago, Ricardo Morales Gamarra, and Elías Mujica Barreda. *Huaca de la Luna: Templos y dioses moche; Moche Temples and Gods*. Lima: World Monuments Fund Peru, 2016.

Uhle, Max. *Las ruinas de Moche*. Edited and translated by Peter Kaulicke. Lima: Pontificia Universidad Católica del Perú, 2014.

Underhill, Justin. "Forensic Visualization of Two Kwakwaka'wakw *kíkw*." *World Art* 6, no. 2 (2016): 293–313.

Urban, Matthias. "Is There a Central Andean Linguistic Area? A View from the Perspective of the 'Minor' Languages." *Journal of Language Contact* 12, no. 2 (2019): 271–304.

———. "Linguistic and Cultural Divisions in Pre-Hispanic Northern Peru." *Language Sciences* 85 (2021): 101354.

———. *Lost Languages of the Peruvian North Coast*. Berlin: Ibero-Amerikanisches Institut Preußischer Kulturbesitz; Gebr. Mann, 2019.

Valdez, Francisco. "Complejo cerámico: Mayo Chinchipe." In *Cerâmicas Arqueológicas da Amazônia: Rumo a uma nova síntese*, edited by Christiana Barreto, Helena Pinto Lima, and Carla Jaimes Betancourt, 510–525. Belém, Brazil: IPHAN, Museu Paraense Emílio Goeldi, 2016.

Van Buren, Mary. "Rethinking the Vertical Archipelago: Ethnicity, Exchange, and History in the South Central Andes." *American Anthropologist* 98, no. 2 (1996): 338–351.

Vargas Llosa, Mario. *Death in the Andes*. Translated by Edith Grossman. New York: Farrar, Straus and Giroux, 1996.

Vega-Centeno Sara-Lafosse, Rafael. "Patrones y convenciones en el arte figurativo del Formativo Temprano en la costa norte de los Andes centrales." *Bulletin de l'Institut Français d'Études Andines* 27, no. 2 (1998): 183–211.

———. "Punkurí en el contexto del Formativo Temprano de la costa norcentral del Perú." *Gaceta Arqueológica Andina* 25 (1999): 5–21.

Velásquez, César, and Carolina Carranza. "Acciones de conservación en la Plataforma III durante el 2009." In *Proyecto Arqueológico Huaca de la Luna: Informe técnico 2009*, edited by Santiago Uceda and Ricardo Morales, 549–560. Trujillo, Peru: Universidad Nacional de Trujillo, 2010.

Verano, John W. "Características físicas y biología osteológica de los moche." In *Moche: Propuestas y perspectivas*, edited by Santiago Uceda and Elías Mujica, 307–319. Lima: Universidad Nacional de la Libertad–Trujillo, 1994.

———. "War and Death in the Moche World: Osteological Evidence and Visual Discourse." In *Moche Art and Archaeology in Ancient Peru*, edited by Joanne Pillsbury, 110–125. Washington, DC: National Gallery of Art, 2001.

———. "Warfare and Captive Sacrifice in the Moche Culture: The Battle Continues." In *Embattled Bodies, Embattled Places: War in Pre-Columbian Mesoamerica and the Andes*, edited by Andrew K. Scherer and John W. Verano, 283–309. Washington, DC: Dumbarton Oaks Research Library and Collection, 2014.

Victorio Cánovas, Patricia. "Reflexiones en torno al estudio del arte del Perú antiguo." *Revista del Museo Nacional* 50 (2010): 47–64.

Villareal, Federico. *La lengua yunga o mochica según el Arte publicado en Lima en 1644 por el licenciado d. Fernando de la Carrera*. Lima: E. Z. Casanova, 1921.

Vizenor, Gerald, ed. *Survivance: Narratives of Native Presence*. Lincoln: University of Nebraska Press, 2008.

Vogel, Melissa A. *The Casma City of El Purgatorio: Ancient Urbanism in the Andes*. Gainesville: University Press of Florida, 2016.

Webster, Helen T. "Tikal Graffiti." *Expedition* 6, no. 1 (1963): 36–47.

Weismantel, Mary. "Cuni Raya Superhero: Ontologies of Water on Peru's North Coast." In *Powerful Places in the Ancient Andes*, edited by Justin Jennings and Edward R. Swenson, 175–208. Albuquerque: University of New Mexico Press, 2018.

———. "Moche Sex Pots: Reproduction and Temporality in Ancient South America." *American Anthropologist* 106, no. 3 (2004): 495–505.

———. "Obstinate Things." In *The Archaeology of Colonialism: Intimate Encounters and Sexual Effects*, edited by Barbara L. Voss and Eleanor Conlin Casella, 303–320. New York: Cambridge University Press, 2012.

———. "Seeing Like an Archaeologist: Viveiros de Castro at Chavín de Huantar." *Journal of Social Archaeology* 15, no. 2 (2015): 139–159.

Wellons, Gabriella Marie. "'Graffiti' as Image Making: Pictorial Incisions at Huaca de la Luna." BA thesis, University of California, Berkeley, 2018.

Wengrow, David. *The Origins of Monsters: Image and Cognition in the First Age of Mechanical Reproduction*. Princeton: Princeton University Press, 2014.

Wernke, Steven Arlyn. "An Archaeo-History of Andean Community and Landscape: The Late Prehispanic and Early Colonial Colca Valley, Peru." PhD diss., University of Wisconsin–Madison, 2003.

Whalen, Michael E., and Paul E. Minnis. *Casas Grandes and Its Hinterland: Prehistoric Regional Organization in Northwest Mexico*. Tucson: University of Arizona Press, 2001.

Wiersema, Juliet B. *Architectural Vessels of*

the Moche: Ceramic Diagrams of Sacred Space in Ancient Peru. Austin: University of Texas Press, 2015.

Wilkie, Laurie A., Christopher B. Lowman, David G. Hyde, and Mark C. Emerson. "Ode to a Grecian Boy: Queering the Fort Davis Antinous." Historical Archaeology (forthcoming).

Willey, Gordon R., and Philip Phillips. Method and Theory in American Archaeology. Chicago: University of Chicago Press, 1958.

Wilson, David J. "Prehispanic Settlement Patterns in the Casma Valley, North Coast of Peru: Preliminary Results to Date." Journal of the Steward Anthropological Society 23, nos. 1–2 (1995), 189–227.

——. Prehispanic Settlement Patterns in the Lower Santa Valley, Peru: A Regional Perspective on the Origins and Development of Complex North Coast Society. Washington, DC: Smithsonian Institution Press, 1988.

Winter, Irene J. "After the Battle Is Over: The Stele of the Vultures and the Beginning of Historical Narrative in the Art of the Ancient Near East." In Pictorial Narrative in Antiquity and the Middle Ages, edited by Herbert K. Kessler and Marianna Shreve Simpson, 11–32. Washington, DC: National Gallery of Art, 1985.

——. "Agency Marked, Agency Ascribed: The Affective Object in Ancient Mesopotamia." In Art's Agency and Art History, edited by Robin Osborne and Jeremy Tanner, 42–69. Malden, MA: Blackwell, 2007.

Wright, Véronique. Étude de la polychromie des reliefs sur terre crue de la Huaca de la Luna Trujillo, Pérou. Oxford: Archaeopress, 2008.

——. "Pigmentos y tecnología artística mochicas: Una nueva aproximación en la comprensión de la organización social." Bulletin de l'Institut Français d'Études Andines 39, no. 2 (2010): 299–330.

Wright, Véronique, Ignacio Alva Meneses, and Éric Laval. "The Origins of Mural Painting in Ancient Peru: Archaeometric Preliminary Study of the Ventarrón Mural Paintings, Valle de Lambayeque." Heritage Science 3, no. 31 (2015): 1–10.

Wright, Véronique, Gianella Pacheco, Henry Torres, Oliver Huaman, Aldo Watanave, Elvira L. Zeballos-Velasquez, Matthew R. Suchomel, Leopoldo Suescun, Cléa Moulin, and Patricia Carola Melero Sandoval. "Mural Paintings in Ancient Peru: The Case of Tambo Colorado, Pisco Valley." STAR: Science & Technology of Archaeological Research 1, no. 2 (2016): 11–21.

Younging, Gregory. Elements of Indigenous Style: A Guide for Writing by and about Indigenous Peoples. Edmonton, Canada: Brush, 2018.

Zavaleta Paredes, Luis Enrique, Henry Chávarri García, Martin Gómez Acosta, and Lourdes Ramirez Campero, "Investigación arqueológica en el patio norte de la Plataforma Uhle." In Investigaciones en la Huaca de la Luna 2016–2017, edited by Santiago Uceda, Ricardo Morales, and Carlos Rengifo, 21–57. Trujillo, Peru: Universidad Nacional de Trujillo, 2018.

Zevallos Quiñones, Jorge. Huacas y huaqueros en Trujillo durante el virreinato, 1535–1835. Trujillo, Peru: Editora Normas Legales, 1994.

Zighelboim, Ari. "Mountain Scenes of Human Sacrifice in Moche Ceramic Iconography." Journal of the Steward Anthropological Society 23, no. 1–2 (1995): 153–188.

索 引

注：正体的页码为边码（原书页码），斜体的页码表示注释所在的本书页码

A

accelerator mass spectrometry (AMS)，加速器质谱法（AMS），9，*60*n46

additive *vs.* subtractive/extractive process，递增与递减的 / 提炼过程，42，170

"aesthetics of replication"，复制美学，30—31，61—64，182—183。另见 replication as design approach 以复制作为设计方法

agriculture, development of，农业发展，12—13，15，20

Ai-Apaec（"Creator"/hero figure）阿依·阿巴艾克（"造物者" / 英雄人物）：Old Temple rhomboid friezes of，旧神殿的菱形带状壁画，67—70；overview of iconography，图像学概述，23—26；table/ timeline of names for，名称的表格 / 时间线，24。另见 divine combat imagery，神圣战斗的意象；Divinidad de las Montañas (the Mountain God)，山神；Moche hero imagery，莫切英雄的意象；snake belt figure，佩着蛇形腰带的人物；twins myth and imagery，双胞胎的神话与意象

Allen, Catherine，凯瑟琳·艾伦，116

Alva, Ignacio，伊格纳西奥·阿尔瓦，40

American Museum of Natural History (AMNH)，美国自然历史博物馆（AMNH），175，*307*n62

ancestral divinities, imagery of，祖先的神祇的意象，62—63，67，157。另见 Decapitator imagery，斩首者的意象；Moche hero imagery，莫切英雄的意象

Andean cross (*chacana*) design，安第斯十字架（*chacana*）设计，42

Andean cultures, overview, 安第斯文化概述, 图0.11, 17—20

Ánimas Altas site, 上阿尼马斯遗址, 54

anthropomorphic imagery, examples of: 拟人化意象的例子: aggressor/combative images, 攻击者/战斗的图像, 22, 141; amphibious creatures, 两栖动物, 46—48; divinity/ hero figures, 神祇/英雄形象, 22, 86, 140; spiders, 蜘蛛, 33, 图1.4, 75; weapons, 武器, 图3.1, 109—117, 119, 163, 175, 图4.25—图4.26

aquatic imagery: catfish, 水生意象: 鲇鱼, 12, 68—69, 70, 图2.12, 102, 104, 143; graffiti on, 涂鸦, 173; late Moche period, 莫切晚期, 117, 143; as *norcosteño* coastal form, 作为北部沿海形式, 12, 62, 67, 68—69, 70, 92—93, 96; textile figures, 纺织物上的形象, 61。另见 wave imagery, 海浪的意象

"archaeo art history", "考古艺术史", definition and concept overviews, 定义与概念概述, 28—31, 178, 183

archaeohistory, 考古史, 60n37。另见 historical archaeology, 历史考古学

"archaeo-iconology": definition and concept overviews, "考古-图像学": 定义与概念概述, 28—31, 159—160, 178, 183, 71n200; pictorial interactive responses (graffiti), 图像的互动反应（涂鸦）, 31, 图1.2, 33, 57, 160, 168—178, 121n124; pillared temple analysis, 柱式神殿分析, 161—168

archaeology of art, 艺术的考古学, 69n176

arm/hand symbolism, interpretations of, 手臂/手的象征意义的解读, 38—39, 图2.14—图2.18, 75

Áspero site, 艾斯佩罗遗址, 52, 116n63

Atahualpa, 阿塔瓦尔帕, 1

"auto-icon" concept, "自体偶像"的概念, 54

Azabache, Pedro, 佩德罗·阿扎瓦切, 图0.5

B

backgrounds, analysis of, 背景分析, 70, 117, 124, 140, 157, 161, 263n36

Bahrani, Zainab, 扎伊纳布·巴赫拉尼, 119n96

Baird, J. A., J. A. 贝尔德, 171

belief systems and supranatural beings, overviews, 信仰体系与超自然存在的概述, 23, 表0.1, 25—28

Benfer, Robert, 罗伯特·本弗, 44—45

Benson, Elizabeth, 伊丽莎白·本森, 23, 75, 81

Berlin fineline bottle, iconographic interpretations of, 柏林的细线描画的莫切瓶子的图像学解读, 25—26, 174—175

bird imagery, 鸟的意象, 153, 图 3.54a—b; bird-women imagery, 鸟女的意象, 145, 图 3.43—图 3.44; carrion birds, 食腐鸟, 27-28; condors, 秃鹰, 81, 86, 104, 106; headdresses, 头饰, 141; hummingbirds, 蜂鸟, 116, 163; owls, 猫头鹰, 174, 175, *306*n54; Owl Warrior, 猫头鹰武士, 26, 118, 119, 124; sea birds, 海鸟, 12, 61, 62, 70, 图 2.12, 148, 图 3.47

"black mummies", "黑木乃伊", 53—54

blood: and pouring of libations, 血和浇洒酒奠, 168, 179; representations of, 表示, 50, 图 1.22, 140—141; sacrifice, 献祭, 22, 63, 140—141, 183

bodies as vessels metaphor, 以身体作为容器的隐喻, 59, 114, 141, 145, 图 3.44—图 3.45, 156, 183

Bonavia, Duccio, 杜乔·博纳维亚, 36, 38, *266*n81, *266*n89

bone as structural element, 以骨头作为结构元素, 33, 图 1.5, 36

boustrophedon arrangement of figures, 交互书写式人物排列, 94—95

Bredekamp, Horst, 霍斯特·布雷登坎普, *307*n68

broken (purposely) effigies, 被（有目的地）打碎的雕像, 52, 57—59

Brüning, Hans Heinrich, 汉斯·海因里希·布吕宁, 29

Buena Vista site, 布埃纳维斯塔遗址, 44—46

burial practices: elite tombs, 埋葬习俗：精英墓室, 7, 23, 104; "entombment" of structures/art, 结构／艺术的"埋葬", 39—40, 65, 67; mummification/encasement, 木乃伊化／封存, 53—54; proxy figurines, 代理性小雕像, 48, 52

Burial Theme imagery and narrative, 丧葬主题的意象与叙事, 27—28, 72, 141

C

Caballo Muerto site, 卡瓦略－穆埃尔托遗址, 56, 图 2.16

Cajamarca, as Inca center, 作为印加中心的卡哈马卡, 1

Cajamarca, as pre-Inca culture, 作为前印加文化的卡哈马卡, 图 0.15, 15, 114—116, 156

Calancha, Antonio de la, 安东尼奥·德·拉·卡兰查, 3—4, 26—28, *58*n19

camay (essence), camay（本质），29

cameras, image niches as, 以图像壁龛作为相机，178

Campiña de Moche (contemporary village), 莫切村（当代村庄），64, 68

Caral site, 卡拉尔遗址，46—49

carbon dating, 碳定年，9

Casma Valley, 卡斯马谷，49, 56

Castillo de Huarmey site, 瓦尔梅堡遗址，117, 138

catfish imagery, 鲇鱼的意象，12, 68—70, 图 2.12, 102, 104, 143

celestial imagery/associations, 天体意象／关联，44—45, 95, 96

ceramics, chronologies of, 陶器年代学，9, 13—15

Cerro Blanco (mountain) myth, 布兰科山的神话，64—65, 68, 72

Cerro Sechín site, 赛钦山遗址，49—50, 图 1.22

Chachapoyas cultural area, 查查波亚斯文化区，37, 177, 58n21, 118n91

Chan Chan (Chimor capital), 昌昌（奇莫首都），5, 15

c'häpmong (image), 图像，29, 183。另见 "image", definitions and concepts, "图像"的定义与概念

Chavín de Huántar site, 查文－德万塔尔遗址，55—56, 156

Chicama Valley, 奇卡马谷，12, 13, 97

Chimor (Chimú empire), 奇莫（奇穆帝国），5, 15—16

Chinchorro "mummies", 钦乔罗"木乃伊"，52—54

chronologies overview, 年代学概述，9, 13—15

chullpas (burial towers), 墓塔，图 0.19

ch'uspa (woven bag), 编织袋，115

clay as medium: flesh, clay as, 以黏土作为媒介：以黏土作为肉体，30, 36, 52, 54; Preceramic art, 前陶器时代艺术，52—54, 57—59

climatic conditions, 气候条件，15。另见 El Niño Southern Oscillation (ENSO) 厄尔尼诺南方涛动（ENSO）

coastal cultural traditions: figuration and corporealities, overviews, 沿海地区的文化传统：造像与身体性概述，33, 35—36, 54—55, 57, 59, 182; vs. highland models, 与高地模式的对比，17—20; imagery formulation, interpretation of, 意象表述方式的解读，63—64。另见 *norcosteño* tradition/style, 北部沿海传统／风格

Cobo, Bernabé, 贝尔纳韦·科沃，3

coca chewing, 咀嚼古柯, 图 0.17, 115, 153, 156, 183

colonial interpretation, imposition of, 强加的殖民主义解读, 9, 17—20, 26—28, 35, 182

colors, paint: late Moche period styles, 颜色, 颜料: 莫切晚期风格, 117, 124, 129, 140, 145—150; pigments, analysis of, 对颜料的分析, 115n37; Preceramic images, 前陶器时代的图像, 40; Preceramic techniques, 前陶器时代的技术, 42-44。另见 backgrounds, analysis of, 背景分析

colossal imagery: early and middle periods, 巨型意象: 早期和中期, 33, 图 1.3—图 1.4, 59, 72, 75, 图 2.19—图 2.21, 98, 100; Preceramic period, 前陶器时代时期, 11, 65-66, 图 1.26—图 1.27, Punkurí feline, 蓬库里的猫科动物, 49; repetitive, 重复出现的, 64

Complex Theme mural: graffiti on, "复杂主题" 壁画上的涂鸦, 171; liquid poured on, 液体浇洒, 160, 168, 图 4.14, 179; Old Temple corner structure, 旧神殿的转角结构, 93-96, 图 2.44; re-creation of Old Temple designs at Huaca Cao Viejo, 在考维耶霍瓦卡复现旧神殿的设计, 99, 图 2.48—图 2.49

compositional logic and repetitive designs, 构图逻辑与重复性设计, 30—31, 81, 84, 102

constellations, 星座, 45, 95。另见 celestial imagery/associations, 天体意象/联系

cords/strands imagery, interpretation of, 绳/缕意象的解读, 154—156

Corónica moralizada (Calancha), 《道德的编年史》(卡兰查), 26—28

corporealities of figuration in coastal tradition, 沿海传统中造像的身体性, 33, 35—36, 54—55, 57, 59, 182

counting devices, theory on, 关于计数装置的理论, 156

creator deity, 造物之神。另见 Ai-Apaec ("Creator" / hero figure), Ai-Apaec ("造物主" / 英雄人物)

"critical-historical" approach to art history, 艺术史的 "批判性历史学" 方法, 28, 183

Crossland, Zoë, 佐薇·克罗斯兰, 70n197

Cupisnique culture: revival of in Moche art, 库比斯尼克文化: 莫切艺术中的复兴, 59, 75, 86; visual styles/traditions, 视觉风格/传统, 36—37, 54—56, 182

Cusco, as Inca capital, 作为印加首都的库斯科, 1, 15—16

D

dating techniques and observations,年代测定技术与观察,9,60n45,113n12,185n26,259n1,261n29,303n6

Davis, Whitney,惠特尼·戴维斯,177,68n166

Dean, Carolyn,卡罗琳·迪安,28

Decapitator imagery: graffiti on,斩首者意象上的涂鸦,171—173; Huaca Cao Viejo,考维耶霍瓦卡,104,106; Old Temple,旧神殿,84,图2.31,86,图2.33—图2.34; Pañamarca, late Moche period,莫切晚期的帕尼亚马卡,129,图3.25,图3.27,133,141。另见 Spider Decapitator imagery,蜘蛛斩首者的意象

deep history concepts,深度历史的概念,9,11,28—30,183

deer,鹿,33,35,图1.5,40—44

deities,神祇。另见 Ai-Apaec ("Creator"/hero figure) ("造物者"/英雄人物); belief systems and supranatural beings, overviews,信仰系统和超自然生物概述

dipinti (painted graffiti),彩绘涂鸦,177,305n40

divine combat imagery,神圣战斗的意象,86,图2.32,92—93,128—133,138,141。另见 Moche hero imagery,莫切英雄意象

Divinidad de las Montañas (the Mountain God): as Decapitator,作为斩首者,106,129; graffiti on imagery,意象上的涂鸦,图4.18; Huaco Cao Viejo imagery,考维耶霍瓦卡的意象,图2.49—图2.50,106; interpretations of imagery,意象的解读,23,25; Old Temple imagery,旧神殿的意象,67—70。另见 Ai-Apaec ("Creator"/hero figure) ("造物者"/英雄人物)

doll/puppet-like effigies,娃娃/木偶似的雕像,120n110

Donnan, Christopher B.,克里斯托弗·B. 唐南,133

Dos Cabezas site,多斯卡贝萨斯遗址,15,54

"Dragon" imagery: Old Temple figures,"龙"的意象:旧神殿的形象,图2.24—图2.25,81,图2.31,91; Recuay "Dragon" (Moon Animal),雷瓜伊"龙"(月兽),图0.16,15,81,104—106

droughts,干旱,15

E

Early Horizon period overview，早地平线时期概述，9，55—56

Edificio Principal，Vichama site，韦查玛遗址的主区，46—49

Edificios of Old Temple，旧神殿的各区。另见 facades, Old Temple，旧神殿外墙；platform, Old Temple，旧神殿平台

effigy figures，雕像人物，52，57—59，*120*n110

El Brujo (The Sorcerer) complex，埃尔布鲁霍（魔法师）建筑群，7，33。另见 Huaca Cao Viejo，考维耶霍瓦卡

El Castillo de Santa site，埃尔卡斯蒂约德平塔遗址，122

elite class power symbolism，精英阶级的权力象征，7，20，22—23，64，104

El Niño Southern Oscillation (ENSO)，厄尔尼诺南方涛动（ENSO），5，15，59

embodied seeing，具身的观看，54，161—168

embroidery design，刺绣设计，69，图 2.11

emergence themes，"浮出"主题，46—49，52，67，*116*n63

"encounters"，definition，"邂逅"的定义，30，*70*n197

"entombment" of structures/art，结构/艺术的"埋葬"，5，38，39—40，65，67，184，*114*n28

espingo seeds (*Nectandra* sp.)，美洲桂树种子（甘蜜树属），154

exteriority and interiority, conceptualizations of，外在性与内在性的概念化，30，45—46，52，57，182，184

F

facades, Old Temple: Edificio A，旧神殿外墙：A 区，81—84，86，97；Edificio AB，AB 区，图 2.15—图 2.17，75—81；Edificio B，B 区，84—85；Edificio BC，BC 区，86，图 2.32；Edificio C (penultimate facade)，C 区（倒数第二版外墙），图 2.15，84，86，图 2.33—图 2.36，91；Edificio D，D 区，92；Edificio DE (antepenultimate facade)，DE 区（倒数第三版外墙），86，92，99；Edificio E，E 区，92；facade and plaza imagery，外墙与广场的意象，图 0.9，72—96；facade renewals, timeline and section profile，外墙翻新的时间线与剖面图，65，图 2.6—图 2.7，84，图 2.31，93

fanged figures: Decapitators，长着獠牙的人物：斩首者，81，86；divine predators，神圣掠食者，11，26—27，36，67—68，102，106，182；effigy figures，

雕像人物，*120*n110；Fisherman，渔夫，75，91；marine monster，海怪，86，92—93，133，138。另见 feline figures, examples of；猫科动物形象举例，snake belt figure，佩着蛇形腰带的人物

Feldman, Robert A., 罗伯特·A. 费尔德曼，52

feline figures, examples of: graffiti, 猫科动物形象举例：涂鸦，171；large-scale，大型，49，50，55，56，图1.26—图1.27；relief and painted images，浮雕和彩绘图像，26，118，140，图3.37—图3.39，148，163，图4.9—图4.10

female figures, 女性人物，25—28，140，145，图3.43—图3.45，153，168—169

figuration, evolution of and overviews, 造像的演变与概述，11，20，30—31，36—37，182，*61*n51

figurines，雕像，52—54，57—59，*120*n110

fineline ceramic painting, examples of, 细线陶画举例，20，23，25，140

Fisherman imagery and interpretations, 渔夫的意象与解读，75，图2.22—图2.23，81，86，图2.35，图2.36，91，*189*n83。另见 Moche hero imagery，莫切英雄的意象

fish imagery，鱼的意象。另见 catfish imagery，鲇鱼的意象；Fisherman imagery and interpretations，渔夫的意象与解读

flat painting *vs.* relief techniques: art historical preferences for, 平面绘画与浮雕技术：艺术史上的偏好，7—8，38；change to flat art, early and middle periods，向平面艺术转变的早期与中期，86，91，92，93，117，122，157；early dominance of relief，浮雕的早期主导地位，30，36，40，44，50，52，55

flesh, clay as, 以黏土作为肉体，30，36，52，54

floods，洪水，15，59

floreros (vases)，*floreros*（花瓶），图3.51，167

Ford, James A., 詹姆斯·A. 福特，175，*307*n62

Franco, Régulo, 雷古洛·佛朗哥，171，*191*n102

G

Galindo site，加林多遗址，122

Gallinazo culture，加伊纳索文化，12，*61*n62

Garagay site，加拉盖遗址，55，92，*120*n110

Garrido, José Eulogio，若泽·欧洛希奥·加里多，54

Gell, Alfred，艾尔弗雷德·盖尔，*69*n170

gender, markers of，性别标志，26，28，145，*68*n162，*262*n35。另见 genitals, representation of，生殖器的表现

genitals, representation of，生殖器的表现，46，图 1.17，59

genomic profiles of Andean cultures，安第斯文化的基因组图谱，18

geometric designs：abstractions of coastal life forms，几何设计：沿海生命形态的抽象化，61—62，106，117—118，图 3.12，157；Preceramic period，前陶器时代，38；and textile design，纺织品设计，12，44

graffiti：congruous marginalia，涂鸦：一致的旁注，171—173；*dipinti* (painted graffiti)，*dipinti*（彩绘涂鸦），177，*305*n40；of divine visionary encounters，描绘神圣的视觉邂逅，174—175；as pictorial response to art，作为对艺术的图像反应，31，图 1.1—图 1.2，33，57，160，168—178，*121*n124；on plain walls，在无装饰的墙上，173—174

grids：in mural planning，壁画规划中的网格，104，106，140；and traditional textile structure，传统纺织结构中的网格，69；urban settlement layout，城市居住区布局，64—65。另见 geometric designs，几何设计

Guadalupito site (Inka Pampa/Pampa de los Incas)，瓜达卢皮托遗址（印加潘帕/Pampa de los Incas），122，图 3.17

Guernsey, Julia，茱莉娅·格恩齐，30

H

Harth-Terré, Emilio，埃米利奥·阿特－特雷，29

heads, bodiless, symbolism of，没有身体的头颅的象征，44—45

hero figure, Moche，莫切英雄形象。另见 Moche hero imagery，莫切英雄的意象

highland cultures：Cajamarca culture，高地文化：卡哈马卡文化，图 0.15，114—115，116；Chavín de Huántar site，查文－德万塔尔遗址，11，55—56，156；Huamachuco culture，瓦马丘科文化，图 0.15，15；Kotosh site，科托什遗址，37—40，50，52，177；privileging of in iconographic interpretation，高地文化在图像学解读中的特权，17—20，35，182；relations and cultural exchange，关系与文化交流，15，17—20，116，118，128—129，156，182—183；Wari culture，瓦里文化，15，图 0.18，116，117—128。另见

Recuay culture，雷瓜伊文化

"history"，definition and modern concepts of，"历史"的定义与现代概念，8—9

Hocquenghem, Anne Marie，安妮·玛丽·奥康让，116

"horizontal"/"vertical" exchange patterns，"水平"/"垂直"交流模式，18

Huaca Cao Viejo，考维耶霍瓦卡，图 0.2—图 0.3；corner room of courtyard，中庭的转角房间，70—71，99—100，104—106；early shared designs in Moche culture，莫切文化中的早期共有的设计，102—107；Old Temple re-creations，旧神殿的复现，96—102；prisoners, figural representations of，囚犯形象的表现，图 1.1—图 1.2，33—35，57，59

Huaca Colorada，有色瓦卡，143，163，167，171

Huaca de la Luna，月亮瓦卡。另见 New Temple (Huaca de la Luna)，新神殿（月亮瓦卡）；Old Temple (Huaca de la Luna)，旧神殿（月亮瓦卡）

Huaca de los Reyes，国王瓦卡，56

Huaca del Sol (Huaca Capuxaida/ Pachacamac)，太阳瓦卡（卡普赛达瓦卡/帕查卡马克），3—4，5—6，65

Huaca Dos Cabezas site，双头瓦卡遗址。另见 Dos Cabezas site，多斯卡瓦萨斯遗址

Huaca El Castillo (Mocollope)，城堡瓦卡（莫可洛佩），97

Huaca Facho (La Mayanga)，法霍瓦卡（拉马扬加），160，175—178

Huaca Licapa，利卡帕瓦卡，12

Huaca Limón，利蒙瓦卡，189n83

Huaca Partida site，帕蒂达瓦卡遗址，49，56，图 1.27，267n97

huacas, definition，瓦卡的定义，2，56n6，183n4

Huaca Santa Rosa de Pucalá，普卡拉的圣罗莎瓦卡，117

Huacas de Moche (Huacas del Sol y de la Luna)，莫切瓦卡建筑群（太阳与月亮瓦卡群），64—65。另见 Huaca de la Luna，月亮瓦卡；Huaca del Sol (Huaca Capuxaida/ Pachacamac)，太阳瓦卡（卡普赛达瓦卡/帕查卡马克）

Huaca Ventarrón，文塔隆瓦卡，40—44，62

Huamachuco culture，瓦马丘科文化，图 0.15，15

Huancaco site，万卡科遗址，62n69，193n131

Huarochirí Manuscript，瓦罗奇里手稿，23，113—114

hunting imagery，狩猎的意象，36，43—44，177

Hyland, Sabine，萨拜因·海兰，156

I

Iguana imagery，鬣蜥的意象，图 2.39，141，图 3.37—图 3.38

"image"，definitions and concepts，"图像"的定义与概念，29—30

"image acts"，"图像行为"，177，*307*n68

Inca Empire，印加帝国，1，16，17—20

incised designs: as preparatory sketches，划刻的设计：作为预备草图，8，67，118，122，140，153，*269*n125；to represent interiority，表现内在性，45—46，52。另见 graffiti，涂鸦

inclusions in relief sculptures，浮雕雕塑中的内含物。另见 support strategies for art/structures，艺术／结构的支撑策略

indigenismo and indigeneity，原住民主义与本土性，17，20，*64*n96

Inka Pampa site (Guadalupito)，印加潘帕遗址（瓜达卢皮托），122—123

interiority and exteriority, conceptualizations of，内在性与外在性的概念化，30，45—46，52，57，182，184

interregional/intercultural dynamics，跨区域／跨文化动态，15，17—20，116，118，128—129，156，182—183

irrigation technology，灌溉技术，12—13，15

Isique, Isidora，伊西多拉·伊希克，29，*70*n193

J

Jackson, Margaret，玛格丽特·杰克逊，29，*190*n96

jars, bound, symbolism of，被捆绑的罐子的象征。另见 bodies as vessels metaphor，以身体作为容器的隐喻

Jequetepeque Valley，赫克特佩克谷，14，106，143，166—167。另见 Pacatnamú site，帕卡特纳穆遗址

K

Koons, Michele，米歇尔·孔斯，157

Kotosh site，科托什遗址，37—40，50，52，177

Kubler, George，乔治·库布勒，30，*60*n45

L

La Leche Valley，拉勒切谷，175

La Mayanga (Huaca Facho)，拉马扬加（法霍瓦卡），160，175—178

La Mina site，拉米纳遗址，54，107

languages, Andean profile，安第斯语言概况，18，图 0.20

Larco Herrera, Rafael，拉斐尔·拉尔科·埃雷拉，13

Larco Hoyle, Rafael，拉斐尔·拉尔科·奥伊莱，13—14，24，65，124

Lefebvre, Henri，亨利·列斐伏尔，159，*188*n69

Lehmann, Walter，沃尔特·莱曼，29，*70*n193

libations as offerings，以酒奠作为祭品。另见 poured/splashed liquids on mural art，壁画上浇洒/泼洒的液体

linguistics, profiles and cultural interaction，语言学概况与文化互动，18—20，29—30，35

lizard imagery，蜥蜴的意象，75，图 2.19，81

lo andino concept，"安第斯传统"概念，20

longue durée approach，长时段方法，9，11—17。另见 deep history concepts，深度历史的概念

looting, damage from，掠夺造成的损坏，3，72，*117*n70，*267*n102

Lummis, Charles F.，查尔斯·F.拉米斯，图 0.7

luxury symbols and elite power，奢华的符号与精英权力，22，64

M

Manchay culture，曼查伊文化，55—56

marine monster，海怪，92—93，133，138

Markham, Clements，克莱门茨·马卡姆，9

martial-themed imagery: New Temple, late Moche，军事主题的意象：新神殿，莫切晚期，117—119，图 3.13，122—128; and sociopolitical relations，与社会政治的关系，124，128; as symbol of power，作为权力的象征，20，22—23，59，182。另见 divine combat imagery，神圣战斗的意象; prisoner/captive imagery，囚犯/俘虏的意象; warrior imagery，武士的意象

Martínez Compañón y Bujanda, Baltasar Jaime，巴尔塔萨·海梅·马丁内斯·康帕农-布汉达，图 0.6，5

mascarones (suprahuman faces as confrontational ornaments),怪诞面具（以超人类面孔作为对抗性装饰品），67—68

masculinized power,男性化权力，36，59，64，182

material preservation issues,物质保护问题，5—7，*114*n28。另见"entombment" of structures/art,结构/艺术的"埋葬"

material remains as history,以物质遗迹作为历史，8—9，30

McClelland, Donna,唐纳·麦克莱兰，133

Mellizo Marino (Marine Twin),海洋双子，81，133，143。另见 Fisherman imagery and interpretations,渔夫的意象与解读；Moche hero imagery,莫切英雄的意象

Mellizos Divinos (Divine Twins),神圣双子，133，138，*265*n76。另见 twins myth and imagery,双胞胎的神话与意象

Mellizo Terrestre (Terrestrial Twin),陆地双子，133。另见 Moche hero imagery,莫切英雄的意象

Merleau-Ponty, Maurice,莫里斯·梅洛-庞蒂，54

"meta-images" (metapicture),"元图像"（元图画），52，182，*118*n79

metaphors and Moche art: bodies as vessels,隐喻与莫切艺术：以身体作为容器，59，114，141，145，图 3.43—图 3.45，156，183；clay as flesh/bone as armature,以黏土作为肉体/骨头作为支架，30，36，52，54；heads, bodiless,没有身体的头颅，44—45

Middendorf, Ernst,恩斯特·米登多夫，29

Mitchell, W. J. T.,W. J. T. 米切尔，29，30，*118*n79

Moche culture, overviews: art and culture,莫切文化概述：艺术与文化，1—3，20；cultural identity and modern interpretive perspectives,文化认同与现代解读角度，17—20；early exploration and discoveries,早期探索与发现，5—6；early shared image and architecture designs,早期共有的图像和建筑设计，102—107；evolution of,演变，11—15；post-Moche regional profiles,后莫切时代地区概况，15—17，117，160；social and artistic development,社会与艺术发展，20—28；southern environs and territories,南部周边与领土，128—129

Moche hero imagery: Fisherman imagery and interpretations,莫切英雄的意象：渔夫的意象与解读，75，图 2.22—图 2.23，81，86，图 2.35—图 2.36，91，*189*n83；and marine monster, combat with,与海怪的战斗，91—92；

Pañamarca examples，帕尼亚马卡的例子，141—143，145，148，图 3.47—图 3.50；supranatural and cultural context for，超自然与文化背景，23—24，174—175。另见 Ai-Apaec（"Creator"/hero figure），阿依·阿巴艾克（"造物者"/英雄人物）；divine combat imagery，神圣战斗的意象

Mochera con la Huaca del Sol (Azabache)，《莫切人与太阳瓦卡》（阿扎瓦切），图 0.5

"Mochica" label，"莫奇卡"标签，13

Mocollope site，莫可洛佩遗址，96—97

modularity in design，设计中的模块化。另见 replication as design approach，以复制作为设计方法

mold-made ceramics，模制陶器，26，64，*118*n85

Mollep legend，莫莱普的传说，27—28

monumental imagery, early discoveries，早期发现的纪念碑性意象，6—7

Moon Animal imagery，月兽的意象，图 0.16，15，81，104—106。另见 "Dragon" imagery，"龙"的意象

Morales, Ricardo，里卡多·莫拉莱斯，*183*n7

mountain god，山神。另见 Divinidad de las Montañas (the Mountain God)，山神

Moxeke site (Pampa de las Llamas-Moxeke)，莫瑟克遗址（潘帕德拉亚马斯－莫瑟克），56，图 1.25

Muchik language and terminology，穆奇克语和专有词汇，18，图 0.20，20，23，29—30，45，156

multiplicity in design，设计中的多重性。另见 replication as design approach，以复制作为设计方法

mummies，木乃伊，52—54

mural art overviews：early exploration and discoveries，壁画艺术概述：早期探索与发现，6—7；focus of this study，本研究的聚焦对象，1—2；medium, survey and analysis of，对媒介的调查与分析，7—8；origins of and Preceramic period，起源与前陶器时代，36—37

Mural Garrido，加里多壁画，图 2.1—图 2.2，61，67，68

Mural Painting in Ancient Peru (Bonavia)，《古代秘鲁壁画》（博纳维亚），36

music/instruments，音乐/乐器。另见 sound, aural experience and objects，声音、听觉体验与对象

N

Neal, Tim, 蒂姆·尼尔, 171

Neciosup, Pedro, 佩德罗·内吉奥萨普, 图 0.10

Nepeña Valley, 内佩尼亚谷, 49, 56。另见 Huaca Partida site, 帕蒂达瓦卡遗址; Pañamarca site, 帕尼亚马卡遗址

New Temple (Huaca de la Luna): late Moche evolution of design, 新神殿（月亮瓦卡）: 莫切晚期设计的演变, 116—117; late Moche martial imagery, 莫切晚期的军事意象, 117—119, 图 3.13, 122—128; Revolt of the Objects murals, 物品的反叛系列壁画, 图 3.1, 109—116; site of, 遗址, 65, 图 2.6

niches, 壁龛, 38, 39, 56, 图 2.54—图 2.55, 106, 175—178

norcosteño tradition/style: aquatic imagery, 北部沿海传统/风格: 水生意象, 12, 62—63, 67, 68—69, 70, 92—93, 96; decline/evolution in use of, 使用的减少/演变, 116—117, 140, 143, 157; definition, 定义, 12; early shared designs in Moche culture, 莫切文化中早期共有的设计, 102—107

O

Ocular Being imagery, 眼状生物的意象, *119*n105

offerings: as part of viewing experience, 贡品: 作为观看体验的一部分, 167—168, 175; post-Moche era continuation of, 后莫切时代的延续, 59, 160, 174

Old Temple (Huaca de la Luna): art overviews, 旧神殿（月亮瓦卡）: 艺术概述, 61-63, 65; corner structure of plaza, 广场的转角结构, 93—96, 图 2.44; early shared designs in Moche culture, 莫切文化中早期共有的设计, 102—107; historical profile and physical overview, 历史概况与物理概述, 64—67; levels, diagrams of, 层次图, 图 2.7; Mural Garrido, 加里多壁画, 图 2.1—图 2.2, 61, 67, 68; pre-Hispanic graffiti in, 前西班牙时代的涂鸦, 171, 173—174; re-creation of designs at Huaca Cao Viejo, 在考维耶霍瓦卡复现设计, 96—102; rhomboid friezes, iconographic analysis, 菱形带状壁画的图像学分析, 67—71; unfired clay effigies, smashed, 被砸碎的未经烧制的黏土雕像, 图 1.28, 59。另见 facades, Old Temple, 旧神殿外墙; platform, Old Temple, 旧神殿平台

Oliver, Jeff, 杰夫·奥利弗, 171

owl imagery，猫头鹰的意象，174，175，*306*n54

Owl Warrior images，猫头鹰武士的图像，26，118，119，124

P

Pacatnamú site，帕卡特纳穆遗址，图0.22，140，171

Pachacamac site, temples, and oracle，帕查卡马克遗址的神殿与神谕，3，15，29，174

Pampa Grande site，大潘帕遗址，7，119，122

Pampa la Cruz site，潘帕拉克鲁斯遗址，122

Pañamarca site: Decapitator imagery，帕尼亚马卡遗址：斩首者的意象，129—133; early discoveries，早期发现，7; late Moche imagery, overview，莫切晚期意象概述，124，图3.20—图3.23; pillared temple，柱式神殿，图0.10，图3.19，143—157，163，167—168; regional (Nepeña Valley) profile，地区（内佩尼亚谷）概况，128—129; site maps，遗址示意图，图3.19，图3.25; twins in combat imagery，战斗的双子的意象，图3.25，133—138

Panofsky (Erwin) iconographic method，潘诺夫斯基（埃尔温）图像学方法，22，*67*n144

Pardo, Cecilia，塞西莉娅·帕尔多，30

petroglyph techniques，岩画技术，42

Pez Demonio, "Split Top" (marine divinity)，佩斯·迪莫尼奥，"头顶裂开者"（海神），86，92—93。另见 marine monster，海怪

pigments, sources of，颜料的来源，107，*115*n37，*263*n36，*303*n11

pillared temple at Pañamarca，帕尼亚马卡的柱式神殿。另见 Pañamarca site，帕尼亚马卡遗址

Pizarro, Francisco，弗朗西斯科·皮萨罗，1

Pizarro, Hernando，埃尔南多·皮萨罗，3

placement of images and viewing experience，图像的放置与观看体验，161，163。另见 viewing distance，观看距离

Plataforma Uhle, funerary，用于丧葬的乌勒平台，图2.6，86

platform, Old Temple: Edificio A，旧神殿平台：A区，97，*187*n50，*192*n109; Edificio BC，BC区，61—62，图2.9，70，图2.12; Edificio D，D区，67—70; Edificio E，E区，图2.7，*186*n33; Edificio F，F区，图2.7，*186*n33; platform imagery，平台的意象，61—62，67—71; platform renewals, timeline and section profile，平台翻新的时间线与剖面图，65，图 2.7，67，69—70，*185*n26

political evolution models，政治演变模式，13—14

Popol Vuh (K'iche' Maya sacred narrative)，《波波尔·乌》（基切语写就的玛雅神圣叙事），113，*260*n7

post-iconographic interpretive methods，后图像学解读方法，28。另见 archaeo art history，definition and concept overviews，考古艺术史的定义与概念概述；archaeo-iconology，考古-图像学

poured/splashed liquids on mural art，壁画上浇洒/泼洒的液体，图 3.47—图 3.48，100，107—108，179

Preceramic art and techniques，前陶器时代的艺术与技术，9，36—40，44—50，52，117，182

predator figures: divine predators，掠夺者/掠食者形象：神圣的掠夺者/掠食者，11，26—27，36，68，102，106，182；miscellaneous animals，种类混杂的动物，174，*306*n54。另见 Decapitator imagery，斩首者的意象；"Dragon" imagery，"龙"的意象；feline figures，examples of，猫科动物形象举例

prehistory，definition and modern concepts of，史前史的定义与现代概念，8—9

preservation issues，保护问题，5—7，*114*n28。另见 "entombment" of structures/art，结构/艺术的"埋葬"

prisoner/captive imagery: ceramic jar，囚犯/俘虏的意象：陶罐，图 0.24；Huaca Cao Viejo examples，考维耶霍瓦卡的例子，图 1.1—图 1.2，33—35，57，59；late Moche imagery，莫切晚期意象，118—121，122—124；Old Temple imagery，旧神殿意象，图 2.14—图 2.17，75；Old Temple re-creation at Huaca Cao Viejo，在考维耶霍瓦卡复现旧神殿，98—99；Pañamarca pillared temple，帕尼亚马卡的柱式神殿，145，图 3.43—图 3.44；Sacrifice Ceremony/ Presentation Theme imagery，祭祀仪式/献礼主题的意象，23，63，图 3.34，140—141；smashed effigies，被打碎的雕像，57—59

proxemics，consideration of，空间关系学的考虑，70，84。另见 viewing distance，观看距离

punctum，definition and example，斑点的定义与例子，169

Punkurí site，蓬库里遗址，49—50

Q

Quechua language and terminology,克丘亚语和专有词汇,18,图 0.20,20,23,29,113,156,183

quilca/quillca (marked surface),*quilca/quillca*(带有标记的表面),29,183,*70*n195,*308*n69。另见"image", definitions and concepts,"图像"的定义与概念

Quingnam language,钦纳穆语,18,图 0.20

quipus (twisted and knotted cords),结绳文字(扭曲打结的绳索),3,154,156

R

"radiocarbon revolution","放射性碳革命",9

Recuay culture: influence of,雷瓜伊文化:影响,81,104,116; interregional dynamics with,跨区域动态,128—129,156; Recuay "Dragon" (Moon Animal),雷瓜伊"龙"(月兽),图 0.16,15,81,104—106

red frames/separators, as style convention,以红框/分隔物作为风格惯例,124,129,140,145—150

relations, cultural,文化关系。另见 interregional/ intercultural dynamics,跨区域/跨文化动态

relief techniques,浮雕技术。另见 flat painting *vs.* relief techniques,平面绘画与浮雕技术

repetition,重复。另见 replication as design approach,以复制作为设计方法

replication as design approach: "aesthetics of replication",以复制作为设计方法:"复制美学",30—31,61—64,182—183; amplification of theme through repetition,通过重复放大主题,67; heterogeneity in, analyses of,异质性的分析,38—39,40,75; longevity of iconographic components,图像学组成的持久性,69—70; and narrative approach, evolution to,叙事方法的演变,107,117,143,183; Old Temple analyses,旧神殿的分析,67—71。另见 grids,网格

reproduction/procreation imagery,繁殖/生殖的意象,45

Revolt of the Objects myth and imagery,物品的反叛的神话与意象,图 3.1,109—117

rock art,岩石艺术,36—37,38,177。另见 graffiti,涂鸦

rupestrian art practices，石洞艺术实践。另见 graffiti，涂鸦；rock art，岩石艺术

S

sacrifice, human：bodies as vessels metaphor, 活人祭祀：以身体作为容器的隐喻，59，114，141，145，图 3.43—图 3.45，156，183；and breaking of figurines，打碎小雕像，52；and emphasis on martial culture，对尚武文化的强调，22，36；Sacrifice Ceremony/Presentation Theme imagery，祭祀仪式/献礼主题的意象，23，63，图 3.34—图 3.35，140—141

Sacrifice Ceremony/Presentation Theme imagery，祭祀仪式/献礼主题的意象，23，63，图 3.34—图 3.35，140—141

San José de Moro site，圣何塞-莫罗遗址，15，116

San Juanito site，圣胡安西托遗址，117n71

San Pedro cactus (*Echinopsis pachanoi*)，圣佩德罗仙人掌，95，167

scale of images：Chavín *vs.* Moche techniques, 图像的规模：查文和莫切的技术，121n129；as symbol of status/domination，作为地位/统治的象征，75，124；and viewing distance considerations，观看距离的考虑，46，70，72。另见 colossal imagery，巨型意象；viewing distance，观看距离

Scullin, Dianne，黛安娜·斯卡林，179

Seler, Eduard，爱德华·泽勒，114

Señora de Cao tomb，考女士墓，104，图 2.54—图 2.55

serpent imagery，蛇的意象，56，图 2.15，81。另见 snake belt figure，佩着蛇形腰带的人物

sexualization of figures，人物的性别化，46，图 1.17，59。另见 gender, markers of，性别标志；masculinized power，男性化权力

Shady, Ruth，鲁思·沙迪，46，48，52

Shibata, Koichiro，芝田幸一郎，56

Sipán, royal tombs of，西潘的王室陵墓，7，23，61，图 2.4

"situated telling" concept，"情景化讲述"的概念，116

size of images，图像的大小。另见 scale of image，图像的规模

smashed figurines，被打碎的小雕像。另见 broken (purposely) effigies，被（有目的地）打碎的雕像

snake belt figure，佩着蛇形腰带的人物，23，86，116—117，148。另见 Ai-Apaec ("Creator"/hero figure)，阿依·阿巴艾克（"造物者"/英雄人物）；Mellizos Divinos (Divine Twins),神圣双子；Moche hero imagery,莫切英雄的意象

sound, aural experience and objects,声音、听觉体验与对象, 45, 154, 168, 179, *306*n51

Spanish Conquest, impacts of,西班牙征服的影响, 1, 3—4, 17, 84, 118, 129

Spider Decapitator imagery: Huaca Cao Viejo,蜘蛛斩首者的意象：考维耶霍瓦卡, 33,图1.4, 59, 98, 100; Old Temple,旧神殿, 72, 75,图2.18,图2.20—图2.21, 81,图2.28—图2.30,图2.33—图2.34; stirrup spout bottle,镫形口瓶,图2.30; textiles,纺织品,图3.28。另见 Decapitator imagery,斩首者的意象

"Split Top" (Pez Demonio),"头顶裂开者"（佩斯·迪莫尼奥）, 86, 92。另见 marine monster,海怪

Squier, E. George, E.乔治·斯奎尔, 9

Strombus Monster,凤螺怪, 140, 141, 148,图3.37,图3.39,图3.49,图4.16

support strategies for art/structures,艺术/结构的支撑策略, 33,图1.5, 40,图1.14, 44, 53—54, 143

Swenson, Edward,爱德华·斯温森, 163, 167

synecdoche, visual,视觉提喻法, 114

T

Tambo Colorado site,坦博科罗拉多遗址, 6, 175

Taylor, Claire,克莱尔·泰勒, 171

Tello, Julio C.,胡利奥·C.特略,图1.20, 55, 56, 115

Templo Blanco, Kotosh,科扦什的布兰科神殿, 38, 52

Templo de las Manos Cruzadas,有双手交叉图像的神殿, 38,图1.9

Templo del Disco Amenazante, Buena Vista,布埃纳维斯塔的有着恐吓形圆盘的神殿, 44—46

textiles, and aesthetics links to mural design: cultural exchange of,纺织品与壁画设计的美学关联：文化交流, 15, 117—118; early and middle period,早期和中期,图0.13—图0.14,图2.4,图2.10, 61—62, 92, 103,图2.54—图2.55; late Moche period overview,莫切晚期概述,图0.22,图2.11, 106, 117, 129,图3.28, 140; pre-Hispanic period overview,前西班牙时代

概述，44；Wari examples，瓦里的例子，图0.18，图3.33，117；weaving，编织，15，*260*n4

Toquepala rock paintings，托克帕拉的岩画，36，图1.6，38

trade, evidence of，贸易的证据，15。另见 interregional/intercultural dynamics，跨区域/跨文化动态

trifacial forms，三面的形式，81

Tufinio, Moisés，莫伊塞斯·图菲尼奥，*189*n80，*261*n24

Tumbes, Peru，秘鲁通贝斯，1

tumi knives，图米弯刀，33，图1.4，59，81，86，102，133

tuna (prickly pear cactus fruit)，梨果仙人掌，107

twins myth and imagery，双子神话与意象，23，表0.1，26，图3.25—图3.26，133–138

U

Uceda, Santiago，圣地亚哥·乌塞达，*183*n7

Uhle, Max，马克斯·乌勒，179

ulluchu (fruit)，乌鲁初果，59，140，175

unfired clay as medium，以未经烧制的黏土作为媒介，52—54，*120*n110

V

"vertical"/"horizontal" exchange patterns，"垂直"/"水平"交流模式，18

Vichama site，韦查玛遗址，46—49

Victorio, Patricia，帕特里夏·维多利奥，28

Vicús culture，比库斯文化，12，图0.15

viewing distance: and embodied seeing，观看距离与具身观看，161—168；images designed for close viewing，为近距离观看而设计的图像，94；and size/scale of imagery，意象的大小/规模，46，70，72，84

violent imagery: graffiti as interactive response，暴力的意象：以涂鸦作为互动反应，图1.1—图1.2，33，57，171，*121*n124；overviews，概述，22，49—50；symbolic interpretations，象征解读，55。另见 martial-themed imagery，军事主题的意象；predator figures，掠夺者/掠食者形象

Vizenor, Gerald，杰拉尔德·维泽诺，17

W

wachuma (San Pedro cactus)，圣佩德罗仙人掌，167

Wari culture，瓦里文化，15，图0.18，116，117—128

War of the Pacific，硝石战争，20

warrior imagery: late Moche period，武士的意象：莫切晚期，118—121，122—124; and Moche chronologies，莫切年代史，14—15; Old Temple corner structure，旧神殿的转角结构，94—95; Old Temple plaza and facade imagery，旧神殿广场和外墙的意象，图2.14—图2.17，75，图2.18，81，图2.26—图2.27; Old Temple re-creation at Huaca Cao Viejo，在考维耶霍瓦卡复现旧神殿，98—100，图2.48; Pañamarca pillared temple，帕尼亚马卡的柱式神殿，145，图3.43—图3.44; Preceramic, Cerro Sechín，前陶器时代的赛钦山，49—50; as symbol of elite power，作为精英权力的象征，22。另见 divine combat imagery，神圣战斗的意象; martial-themed imagery，军事主题的意象; Revolt of the Objects myth and imagery，物品的反叛的神话与意象

water sources and irrigation，水源和灌溉，12—13，15

wave imagery: in geometric patterns，几何图案中的海浪意象，70，图2.12，104，106，107; as hair，作为头发，61，67; late Moche period，莫切晚期，117，140; as *norcosteño* form，作为北部沿海形式，96

weather and climate，天气与气候，15。另见 El Niño Southern Oscillation (ENSO)，厄尔尼诺南方涛动（ENSO）

weaving，编织。另见 textiles, and aesthetics links to mural design，纺织品和壁画的美学关联

Wellons, Gabriella，加布里埃拉·韦伦斯，171，173

Winter, Irene，艾琳·温特，157

Women，女性。另见 female figures，女性人物

written language, study of history without，在没有书面语言的情况进行历史研究，3，8—9，23，29，157

Z

zarigüeya (type of opossum)，一种负鼠，40，图1.11

图书在版编目(CIP)数据

图像的邂逅：莫切壁画与考古艺术史 /（美）莉萨·特雷弗著；徐蔷译；林蓉校. — 北京：商务印书馆，2024
（考古 × 艺术）
ISBN 978-7-100-23923-3

Ⅰ.①图… Ⅱ.①莉… ②徐… ③林… Ⅲ.①壁画—美术考古—秘鲁 ②壁画—绘画史—秘鲁 Ⅳ.① K887.789.41 ② J218.6

中国国家版本馆 CIP 数据核字（2024）第 087063 号

权利保留，侵权必究。

考古 × 艺术
图像的邂逅
莫切壁画与考古艺术史
〔美〕莉萨·特雷弗 著
徐蔷 译
林蓉 校

商 务 印 书 馆 出 版
（北京王府井大街36号 邮政编码100710）
商 务 印 书 馆 发 行
北京雅昌艺术印刷有限公司印刷
ISBN 978-7-100-23923-3

2024年10月第1版　　　开本 710×1000　1/16
2024年10月北京第1次印刷　印张 23½
定价：168.00 元